本书出版获国家自然科学基金项目（No.72371166）资助

管理博弈论

Game Theory in Management

陈 靖 主编

上海交通大学出版社
SHANGHAI JIAO TONG UNIVERSITY PRESS

内容提要

本书在介绍博弈论的发展、基本假设与分类的基础上,对完全信息静态博弈与完全信息动态博弈两种基本博弈类型做了系统阐述,并从管理学的视角,介绍了博弈论在战略管理、组织管理、人力资源管理、运营管理、财务管理与营销管理六个管理领域的体现与应用,通过案例重点介绍了完全信息静态博弈、完全且完美信息动态博弈、完全但不完美信息动态博弈在管理问题上的应用。本书的特色在于通过"社会通识案例-理论知识-管理案例"的从现象到理论再到应用的闭环学习形式,创新性地采用了很多实践中的管理案例,对每一个博弈论的知识点进行展示。本书主要适合高等院校经济或管理相关专业的本科生和研究生作为教材使用,对从事管理工作的社会人士也有较高的参考价值。

图书在版编目(CIP)数据

管理博弈论/ 陈靖主编. -- 上海 : 上海交通大学出版社, 2024. 6. -- ISBN 978 - 7 - 313 - 31036 - 1

Ⅰ. C93

中国国家版本馆 CIP 数据核字第 2024VC1629 号

管理博弈论

GUANLI BOYILUN

主　编:陈　靖

出版发行:上海交通大学出版社　　　　　　　地　　址:上海市番禺路 951 号

邮政编码:200030　　　　　　　　　　　　　电　　话:021 - 64071208

印　　制:浙江天地海印刷有限公司　　　　　经　　销:全国新华书店

开　　本:787 mm×1092 mm　1/16　　　　　印　　张:20.5

字　　数:374 千字

版　　次:2024 年 6 月第 1 版　　　　　　　印　　次:2024 年 6 月第 1 次印刷

书　　号:ISBN 978 - 7 - 313 - 31036 - 1

定　　价:78.00 元

前 言 | Foreword

博弈是指在一定的规则约束下,各参与人基于直接相互作用的环境条件,依靠自身所掌握的信息,选择各自策略,以实现自身目标的过程。博弈论正是研究人们博弈决策环境中的策略选择,以及可能产生的结果的一门学科。该理论是在20世纪40年代形成并发展起来的,它原是数学运筹中的一个分支,用来处理博弈中各博弈方最理想的策略选择的均衡。在博弈中,每个博弈方都在特定条件下争取最大的利益。博弈的均衡结果不仅依赖于博弈方自身的策略选择,还依赖于其他博弈方的策略选择。

随着博弈论的不断发展,其应用价值逐渐被发现,最先被广泛应用于经济学领域。经济学是一门研究人类如何在稀缺资源下进行选择的社会科学。经济学的核心问题是如何配置资源,如何分配收入,如何促进增长,如何稳定价格,如何规制市场,如何设计制度,等等。这些问题都涉及多个经济主体之间的相互作用和影响,也就是说,经济活动本质上就是一种博弈。因此,博弈论的引入为经济学家研究众多经济问题提供了一个有利的工具,研究成果对经济学发展产生了重大的影响。随着博弈论在经济领域的应用价值逐渐被发现以后,其他学科领域也开始注意到博弈论对发展自身学科的价值。因此,除了经济学以外,当前博弈论也被广泛应用于金融学、心理学、管理学、伦理学、证券学、生物学、国际关系、计算机科学、政治学、社会学、军事学和其他很多学科。

随着世界各国经济联系越来越紧密,企业发展与管理逐渐延伸,使得企业竞争力的构建从单个企业视角向着多企业合作的供应链视角转变。企业间越来越相互依赖又相互制约,企业间关系日益博弈化。因此,管理学领域学者也意识到博弈论对于解决管理决策的作用与价值。管理学是一门研究人类社会管理活动中各种现象及规律的学科,是近代社会化生产条件下在自然科学与社会科学日益发展的基础上而形成的。管理活动自有人群出现便存在,而当有人群的管理后就存在利益的矛盾,就需要进行选择与决策,自然也就伴随着各种博弈问题。当前,博弈论已经被应用到战略管理、组织管理、人力资源管理、运营管理、财务管理与营销管理等各个管理细分领域。实际上,不论懂不懂博弈论,作为一个在社会上生活、在各种类型岗位工作的个人,都避免不了处在某个博弈之中,需要不定时地做出一些决策或策略选择。正如著名经济学家保罗·萨缪尔森说:"要想在现代社会做一个有文化的人,你必须对博弈论有一个大致了解。"而作为管理者,若想做好管理,也必须对博弈论有一个大致了解。

基于此,本书以本科生为对象,在介绍博弈论的发展、博弈论的基本假设与分类的基础上,对完全信息静态博弈与完全信息动态博弈两种基本博弈类型进行了系统阐述。本书还从管理学的视角介绍了博弈论在战略管理、组织管理、人力资源管理、运营管理、财务管理与营销管理六个管理领域的体现与应用,结合案例重点介绍了完全信息静态博弈、完全且完美信息动态博弈、完全但不完美信息动态博弈在管理问题上的应用。希望能够帮助读者了解完全信息的博弈理论,以及如何在具体工作中理论联系实际,熟练应用。

最后,欢迎广大读者对本书存在的不足之处提出批评、建议,帮助本书进一步完善。

目 录 | Contents

第一篇　走进博弈论

第一章　博弈论的历史 ·· 2

   第一节　博弈论的起源 ·· 2

   第二节　博弈论的形成 ·· 4

   第三节　博弈论的发展 ·· 6

   第四节　博弈论的成熟 ·· 8

   第五节　博弈论的未来 ·· 9

第二章　博弈思维及概念 ·· 12

   第一节　典型的博弈案例 ·· 12

   第二节　博弈与博弈论的含义 ······································ 18

   第三节　博弈的组成要素 ·· 21

第三章　博弈的基本假设及意义 ······································ 26

   第一节　理性人假设 ·· 26

   第二节　理性共识假设 ·· 30

   第三节　理性人假设与理性共识假设的意义 ·························· 34

第四章　博弈的分类 ·· 36

   第一节　依博弈方数量分类 ·· 36

   第二节　依博弈方策略数量分类 ···································· 39

第三节　依博弈得益总和分类 ································ 41

第四节　依博弈方决策顺序分类 ····························· 42

第五节　依博弈重复次数分类 ······························· 43

第六节　依博弈信息结构分类 ······························· 45

第七节　依博弈方理性程度分类 ····························· 47

第八节　依博弈方式分类 ··································· 49

第九节　博弈的分类与博弈论的结构 ························· 50

第五章　博弈论在管理领域的体现、应用局限及应用前景 ··········· 53

第一节　博弈论在管理领域的体现 ··························· 53

第二节　博弈论在管理领域的应用局限 ······················· 65

第三节　博弈论在管理领域的应用前景 ······················· 66

本篇总结 ··· 68

本篇习题 ··· 68

第二篇　完全信息静态博弈

第六章　完全信息静态博弈概述 ····························· 72

第一节　得益矩阵 ······································· 72

第二节　完全信息静态博弈经典案例 ························· 74

第三节　完全信息静态博弈的特征 ··························· 82

第七章　策略式分析方法 ··································· 85

第一节　上策均衡法 ····································· 85

第二节　严格下策反复消去法 ······························· 87

第三节　箭头分析法 ····································· 90

第四节　划线法 ··· 93

第八章　纯策略纳什均衡 ·· 97

　　第一节　纯策略纳什均衡的定义 ······································· 97

　　第二节　纯策略纳什均衡与策略式分析方法的关系 ············· 99

　　第三节　纯策略纳什均衡的应用 ······································ 100

第九章　混合策略纳什均衡 ·· 110

　　第一节　严格竞争博弈的分析思路 ·································· 110

　　第二节　多重均衡博弈的分析思路 ·································· 113

　　第三节　混合策略纳什均衡 ·· 115

　　第四节　混合策略纳什均衡与策略式分析方法的关系 ·········· 119

　　第五节　混合策略纳什均衡的应用 ·································· 123

　　第六节　混合策略的反应函数法 ···································· 128

第十章　纳什均衡的性质 ·· 132

　　第一节　纳什均衡的一致性预期 ···································· 132

　　第二节　纳什均衡的存在性 ·· 134

第十一章　多重纳什均衡的筛选 ·· 136

　　第一节　帕累托优势标准 ·· 136

　　第二节　风险优势标准 ··· 137

　　第三节　聚点均衡 ·· 140

　　第四节　相关均衡 ·· 141

　　第五节　防共谋均衡 ··· 142

第十二章　完全信息静态博弈在管理领域的应用 ··················· 146

　　第一节　汽车制造商竞争合作博弈 ·································· 146

　　第二节　产业集群技术创新博弈 ···································· 150

本篇总结 ··· 156

本篇习题 ·· 156

第三篇 完全信息动态博弈

第十三章 完全且完美信息动态博弈 ······································ 166
第一节 完全且完美信息动态博弈的概念 ·························· 166
第二节 博弈树 ··· 167
第三节 完全且完美信息动态博弈经典案例 ··················· 170
第四节 完全且完美信息动态博弈的特征 ······················ 174

第十四章 纳什均衡适用性问题 ·· 176
第一节 序贯理性 ··· 176
第二节 许诺的可信性 ·· 178
第三节 威胁的可信性 ·· 179
第四节 纳什均衡适用性问题 ······································ 182

第十五章 子博弈完美纳什均衡 ·· 184
第一节 子博弈 ··· 184
第二节 子博弈完美纳什均衡 ······································ 188
第三节 逆推归纳法 ·· 189

第十六章 子博弈完美纳什均衡的应用 ·································· 193
第一节 无同时选择的完全且完美信息动态博弈分析 ·········· 193
第二节 有同时选择的完全且完美信息动态博弈分析 ·········· 213

第十七章 完全且完美信息动态博弈扩展讨论 ························ 222
第一节 逆推归纳法的问题 ·· 222
第二节 颤抖手完美均衡 ··· 224
第三节 蜈蚣博弈 ··· 227

第十八章　完全且完美信息动态博弈在管理领域的应用 ·············· 230

　　第一节　供应采购博弈 ···································· 230

　　第二节　技术创新绿色信贷博弈 ···························· 232

　　第三节　制造商双零售渠道供应链博弈 ······················ 236

第十九章　完全但不完美信息动态博弈 ······················ 243

　　第一节　完全但不完美信息动态博弈的概念 ···················· 243

　　第二节　有不完美信息的博弈树 ···························· 244

　　第三节　完全但不完美信息动态博弈经典案例 ·················· 249

　　第四节　完全但不完美信息动态博弈的特征 ···················· 254

第二十章　完美贝叶斯均衡 ···························· 256

　　第一节　完全但不完美信息动态博弈的子博弈 ·················· 256

　　第二节　完美贝叶斯均衡 ·································· 259

　　第三节　完美贝叶斯均衡中"判断"的含义 ···················· 264

第二十一章　完美贝叶斯均衡的应用 ························ 268

　　第一节　单一价格二手产品交易博弈 ························ 268

　　第二节　双价二手产品交易博弈 ···························· 276

第二十二章　完全但不完美信息动态博弈在管理领域的应用 ·········· 284

　　第一节　双价房产购买博弈 ································ 284

　　第二节　知识共享伙伴选择博弈 ···························· 290

本篇总结 ·· 297

本篇习题 ·· 298

参考文献 ·· 307

第一篇

走进博弈论

本篇首先对博弈论的历史进行介绍,然后通过对一些经典案例的探讨,论述博弈与博弈论的基本概念、特征、要素、假设与分类,并概要阐述博弈论在管理中的应用,帮助读者更好地理解博弈论,为本书后续各种具体博弈类型的学习打好基础。

本篇学习要点:

(1) 理解博弈论的历史。

(2) 掌握博弈的概念、要素、假设与分类。

(3) 了解博弈论在管理中的应用。

第一章
博弈论的历史

博弈在我们生活与工作中无处不在。对博弈思维的关注与研究最早集中在数学领域。后来向经济学、政治学、军事学、管理学、国际关系、计算机科学等领域延伸。本章主要对博弈论的起源、形成、成长、成熟与未来进行系统介绍,便于读者全面了解博弈论。

第一节　博弈论的起源

博弈从 19 世纪被经济学界所认识。其本质是人类的决策选择,特别是人们相互之间存在互动关系、策略对抗情况下的决策选择。实际上,最早体现博弈思维的记载可追溯到 2 000 多年前中国著名典故"田忌赛马"。该故事讲述的是在战国时期,赛马是一种非常流行的娱乐方式。一天,齐威王与大将田忌赛马。每个人各出上等、中等、下等三匹马。但齐威王的上等马、中等马和下等马分别好于田忌的上等马、中等马和下等马。因此,如果田忌与齐威王硬碰硬,那必输无疑。这时田忌身边的谋士孙膑给他出了一计。虽然田忌各等级的马匹分别低于齐威王的相应等级马匹,但是田忌的中等马与上等马的赛马速度分别比齐威王的下等马与中等马快。因此,田忌可以用其下等马对齐威王的上等马、中等马对齐威王的下等马、上等马对齐威王的中等马,这样可以获得三局两胜的结果。田忌按照孙膑的计谋实施,最终赢得了本次比赛。由于当时的社会经济竞争程度比较低,也没有现代意义上的经济学,因此也就未产生类似现代博弈论的从研究层面的经济博弈分析。

如果从现代博弈论的各种引述来看,最早包含典型博弈思维的文献是 1838 年安东尼・奥古斯丁・库尔诺(Antoine Augustin Cournot)提出的关于寡头生产企业之间通过产量决策进行竞争的"古诺模型",可近似看作博弈思维早期研究的起点。在这之后,也有一些学者应用博弈思维对经济体进行分析。如 1881 年弗朗西斯·伊西德罗·埃奇沃斯(Francis Ysidro Edgeworth)提出的"合同曲线"、1883 年约瑟夫·伯特兰德(Joseph Bertrand)提出的替代产品价格竞争的寡头竞争模型等。但在他们的研究中,并未使用"博弈"(game)这个词,也未用博弈思维进行更多经济问题的分析,更未从这些研究中引申出博弈理论。因此,虽然这些研究是包含博弈思维的重要发现,对博弈论的发展产生重要影响,但仍然是对博弈问题的早期零星研究,而不是博弈论产生的开端。

　　20 世纪初期,博弈问题开始被比较系统、密集地研究。在该时期,德国数学家和逻辑学家恩斯特·弗里德里希·费狄南·策梅洛(Ernst Friedrich Ferdinand Zermelo)对象棋博弈等的研究可被看作是博弈理论被系统研究的发端。1913 年,策梅洛发表了一篇关于象棋博弈的论文。在这篇论文中,策梅洛以象棋博弈为例,分析了一个完美信息下双方利益严格相反的两人动态博弈,并提出了策梅洛定理。策梅洛定理被认为是博弈论中的第一个形式定理。该定理可以简要概述为:在国际象棋中,或者白棋可以强制胜利①,或者黑棋可以强制胜利,或者两方玩家至少可以平局。1927 年,匈牙利数学家科尼希·德奈什(Kőnig Dénes)指出策梅洛证明的局限,并提供了一个新的思路对其进行再次证明。一年后,匈牙利数学家和计算机科学家卡尔·马尔(László Kalmár)对策梅洛和科尼希的研究成果进行了总结和一般化,进一步发展了策梅洛定理。同时,在该时期还有两位学者为博弈理论发展做出了重要贡献,他们分别是法国数学家费力克斯-爱德华-朱斯坦-埃米尔·博雷尔(Félix-Édouard-Justin-Émile Borel)与匈牙利犹太裔美籍数学家约翰·冯·诺依曼(John von Neumann)。博雷尔分别于 1921 年、1924 年与 1927 年发表了三篇关于战略博弈的论文,首次提出了混合策略的现代表述并阐述了劣势策略的消去,且在其 1927 年的论文中,博雷尔还提出了两人对称博弈的双线性形式,并给出了有限策略两人博弈的极小化极大解。博雷尔的这一研究成果为博弈论的发展提供了重要的思想和方法。但是,博雷尔未能证明两人零和博弈中极大极小解的一般存在性。1928 年,冯·诺依曼运用拓扑概念,提出并证明了极小极大值定理(Minmax Theory)。该定理指出在一个具有有限个纯策略的两人零和博弈中,博弈中的一方应该选择能够最小化另一方在博弈中所获利益的策略。1937 年,冯·诺依曼发表论文,应用不动点定理证明了博弈中一般竞争均衡的存在,首次提出并证明了现代一般均衡理论模型。一年后,博雷尔的学生让·维勒(Jean Ville)也证明出了同样的结论,并首次提出了基本的、非拓扑的极大极

---

　　①　强制胜利(force a win):无论黑棋如何下,白棋都可以在一定步数内取得胜利。原文表述见 Schwalbe 和 walker(1995)对策梅洛论文的英文译本。

小定理证明。

在这个时期,对博弈问题感兴趣并实行研究的主要是数学家。虽然这些数学家证明了很多分析定理,但这些研究只是从一个点或者一个博弈问题给出一些科学结果,没有形成完整的博弈论体系。因此,这个时期只能称作博弈论的萌芽期。虽然这些博弈理论的早期探索和早期文献并没有形成系统的博弈理论,可它们对博弈论的形成产生了巨大的推动作用。正是这些对博弈问题理论分析的早期探索,孕育出了现代博弈理论,有些理论直到现代还被广泛学习。

第二节　博弈论的形成

虽然在 20 世纪上半时期形成了很多解决特定博弈问题的方法与定理,但仅有这些零星研究和思想火花还不够发展出一个完整的博弈论体系。最终,冯·诺依曼对博弈论的形成起着至关重要的作用。这位天才数学家,在玩纸牌游戏的过程中不断思考,通过运用概率论的知识来指导自己的出牌策略。尽管如此,他仍然十次九输。当他输了很多次的时候,他突然意识到玩纸牌不仅仅是概率问题。他发现自己之所以输牌,主要是自己出牌缺乏对对方行为的思考。要想获得胜利,游戏者必须会运用策略,一方面要迷惑别人,另一方面将自己的真实意图隐藏起来。于是,他时常研究游戏的取胜策略。在对游戏策略研究了一段时间后,他不断地总结游戏博弈中取胜的道理,并逐渐意识到这种博弈思维可能会对经济学产生巨大的影响。因此,他找到自己的大学同事、著名的经济学家奥斯卡·摩根斯坦(Oskar Morgenstern)共同研究博弈理论及其在经济学中的应用。最终于 1944 年,两位学者出版了《博弈论和经济行为》(*Theory of Games and Economic Behavior*)一书。该书在总结以往博弈研究成果的基础上,给出了博弈论研究的一般框架、概念术语和表述方法,提出了比较系统的博弈论。事实上,这本书共写了两次。第一次是用数学符号写成,第二次才是经济学的文本。但不幸的是,这本书刚一问世,并没有受到很多人的关注。随着博弈理论的不断完善与广泛应用,这本关于博弈论的著作才被人们所熟知。因此,这本书的出版标志着现代博弈论的初步形成,而冯·诺依曼也被称为"博弈论之父"。

冯·诺伊曼和摩根斯坦在《博弈论和经济行为》中,从讨论经济行为出发,对建立博弈论的必要性进行了细致的阐述;引进了博弈论的矩阵形(Matrix Form)和扩展形(Extensive Form)的表示方法;详细论述了由不同人数组成的"零和博弈"的表示法与均衡获得的方法;清晰地定义了极小化极大解(Minmax Solution),并说明了这种解在任何形式的"两人零和博弈"中都存在；等等。虽然该书主要以"零和博弈"为研究对象，从现代博弈眼光来看，该书并不全面，甚至与现代博弈论在研究方向和重心方面有很大差距。但该书对博弈论的发展所起的巨大促进作用是不可否认的。因为在冯·诺伊曼和摩根斯坦以前，博弈论主要是数学家们研究的课题，主要是一种数学的而不是经济学的理论。该书的出版拓展了博弈论的范畴，使得博弈论找到了经济学这个最好的用武之地、思想源泉和实验领域。即便在冯·诺伊曼和摩根斯坦的这本著作出版后的相当长时期，博弈论仍然被许多人认为只是一门应用数学，但很大程度上正是因为该著作的推动，博弈论最终完全融入了现代经济学体系，被广大经济学家所接受，对博弈论的发展起到了巨大的推动作用。

尽管《博弈论和经济行为》出版后，较为系统的博弈论初步形成，但此时的博弈论还只是处于基本概念与框架体系的发展初期，没有构建起统一的分析方法、分析范式与求解定理。此时，博弈论的学者仍然主要集中在数学家领域，研究内容则主要是"零和博弈"及少数类型的合作博弈。这时非合作博弈论还未形成，博弈论的应用还比较少，仅是在经济学领域有少量应用，在其他领域还未得到应用。但此时已经有大量经济学家开始关注到博弈论的应用价值。

20 世纪 40 年代末 50 年代初，迎来到了博弈论研究的第一个高潮。由于《博弈论和经济行为》的出版及第二次世界大战期间博弈论在军事领域逐渐得到应用，越来越多的研究者加入博弈论的研究队伍中。例如，对博弈论发展极为重要的学者——约翰·纳什（John Nash）。1950 年，22 岁的纳什以非合作博弈（Non-cooperative Games）为题撰写了 27 页博士毕业论文。在该论文中，他提出"纳什均衡"（Nash Equilibrium）概念与"纳什均衡存在性定理"。该理论将古诺模型和伯特兰德模型中均衡概念进行了自然一般化，奠定了数十年后他获得诺贝尔经济学奖的基础。现在"纳什均衡"已经成为完全信息静态博弈中获得均衡解的一个重要概念，成为众多领域博弈问题分析的关键概念。"纳什均衡"与"纳什均衡存在性定理"将博弈论扩展到了非零和博弈，成为非合作博弈论奠基石的成果，推动了博弈论与经济学的发展。此外，纳什还提出了关于两人讨价还价的纳什解法，对后来合作博弈理论的发展起到了非常重要的作用。后来很多合作博弈的解概念都是以纳什解为基础发展起来的。当然，除了以上那些重要的理论成果，纳什还提出了很多其他对博弈论发展与完善很重要的理论，如"纳什规划"（Nash Program）等。纳什对非合作博弈的研究成果奠定了博弈论的基础。除了纳什，其他学者的研究也对博弈论的完善起到重要作用。例如，1950年美国兰德公司的梅里尔·弗勒德（Merrill Flood）和梅尔文·德雷希尔（Melvin Dresher）率先进行了"囚徒的困境"（Prison's Dilemma）的博弈实验，并拟定出相关困境的理论。后来由顾问阿尔伯特·塔克(Albert Tucker)在 1950 年以囚徒方式阐述，并命名为"囚徒困境博弈"。至今，该博弈仍然是非合作博弈的经典案例之一。

与此同时，合作博弈的研究也得到了飞速的发展。1952—1953 年期间，唐纳德·B. 吉利斯(Donald B. Gillies)提出了"核心"的概念，被认为是最早出现的合作博弈的解。同时，该理论也是其他合作博弈求解理论出现的基础。随后，经济学家罗伊德·S. 沙普利(Lloyd S. Shapley)与吉利斯又提出了"核"(Core)作为合作博弈的一般解概念。沙普利提出合作博弈的"夏普里值"(Shapley Value)概念，对解决合作利益分配问题有很大的帮助，是一种既合理又科学的分配方式。这些工作对合作博弈论的发展都起了非常重要的作用。因此，著名经济学家罗伯特·J. 奥曼(Robert J. Aumann)认为，20 世纪 40 年代末 50 年代初是博弈形成的重要时期，此时博弈原理已经破茧而出，博弈论作为一门独立的理论已初步形成。

第三节　博弈论的发展

20 世纪 50 年代中后期至 70 年代，博弈论的发展达到第二次高潮，是博弈论走向快速成长的黄金期。

1954—1955 年间，美国空军在开展军事对抗中双方追讨问题研究时，将最优控制与博弈论相结合提出了"微分博弈"(Differential Games)概念。该理论为求解协调控制问题打开了崭新思路。随着博弈种类的拓展与解法的完善，微分博弈论后被广泛应用于经济学、管理学、环境科学等越来越多的领域。20 世纪 50 年代末，开始有学者对重复博弈(Repeated Games)进行研究。在这期间，关于重复博弈的"民间定理"(Folk Theorem)被提出。1959 年，经济学家罗伯特·J. 奥曼通过对许多具体的合作行为的考察，提出了"强均衡"(Strong Equilibrium)概念，指出没有任何参与者团体可以通过单方面改变他们的决策来获益的理论。同时，他也将"强均衡"与重复博弈相结合，指出重复博弈的"强均衡"与一次博弈的"核"相一致，并在此基础上，定义和研究了经济理论中极为重要的非转移效用博弈，开拓了博弈领域的研究空间。1960 年，托马斯·C. 谢林(Thomas C. Schelling)撰写的《冲突的策略》(*The Strategy of Conflict*)一书，对社会、经济与军事等各领域存在的博弈问题进行分析，并在该书中首次提出"焦点"(Focal Point)概念。20 世纪 60 年代初，博弈论开始公开应用到进化生物学(Evolutionary Biology)领域。

1960 年后，博弈论与数理经济、经济理论建立起牢固而持久的联系。正是在这一时期,约翰·C.海萨尼(John C. Harsanyi)提出了不完全信息博弈论。此后,莱茵哈德·泽尔腾(Reinhard Selten)于1965提出了子博弈完美均衡点的理论,后被称为"子博弈完美纳什均衡"(Subgame Perfect Nash Equilibrium)。该理论认为在动态博弈过程中,由于各参与人存在相机选择行为,因此可能会存在不可信的威胁或者不可信的许诺等问题,所以"纳什均衡"存在不适用性。这对动态博弈论的构建具有非常重要的意义。但由于子博弈均衡点集合取决于扩展型博弈的细节,同时不能完全排除所有不直观不合理的纳什均衡点。为弥补不足,泽尔滕后来又提出了"颤抖手完美点"的理论,指出在博弈中各参与人按纳什均衡点进行策略选择时难免会犯错误,即偶尔会偏离均衡策略(所谓的"可能手会颤抖")。因此,参与人应选择的纳什均衡点要满足:即使自己犯错误,其他参与人也会按照他们的最佳反应策略,如同自己未发生错误一样做出同样的策略选择。"颤抖手均衡"理论的提出,对理性局限影响动态博弈分析提供了一种处理方法,使得博弈论得到了进一步的完善。20世纪60年代末期,学者们对不完全信息的研究逐步走向深入。1967—1968年间,约翰·C.海萨尼撰写了三篇对于不完全信息博弈的研究。在这些研究中,他提出不完全信息博弈问题的标准方法与"贝叶斯纳什均衡"(Bayesian Nash Equilibrium)的概念等。这些研究成果在现代博弈理论中占据极其重要的地位,成为信息经济学的奠基石。

20世纪70年代,博弈理继续快速发展,如"进化博弈论"(Evolutionary Game Theory)逐渐完善。代表性的发展节点主要有1972年约翰·梅纳德·史密斯(John Maynard Smith)提出的"进化稳定策略"(Evolutionarily Stable Strategy)的概念等。同时,不完全信息博弈也迎来了解决办法。1973年,海萨尼又提出关于"混合策略"的不完全信息解释,以及"严格纳什均衡"(Strict Nash Equilibrium)概念,再一次将博弈论向着更加全面系统的理论体系方向推进。而且博弈的假设理论也得到了深入发展。除了理性人假设,1976年,博弈信息结构的决定性概念"共同知识"(Common Knowledge)由罗伯特·奥曼(Robert Aumann)提出,成为博弈论应用的另一前提和假设。

当然,除了以上的研究成果,20世纪50年代中期至70年代末发展出来的博弈理论还有很多,该段时期可谓是博弈论发展的飞跃阶段。虽然在这个时期博弈理论仍然没有完全成熟,理论体系呈现比较乱,还未形成完整的、层次感的体系,而且各种博弈的概念和分析方法也不是很统一,博弈论的应用领域还比较局限,在所应用的领域发挥的作用体现也并不明显,但该时期博弈论研究具有明显的进展,整个领域的研究呈现繁荣景象。除了博弈论自身的发展规律的作用,此时全球的经济、政治与军事等特定外部环境条件也影响、推动着博弈论的发展,为后来博弈论走向成熟打下了坚实的基础,并发生了对经济学的博弈论革命。

第四节　博弈论的成熟

　　20世纪80年代至90年代,博弈论发展逐步走向成熟。在该时期,博弈论的理论框架逐渐完整、系统起来,博弈论越来越广泛地被应用在经济学领域,与其他学科之间的关系也越来越清晰。1981年艾隆·科尔伯格(Elon Kohlberg)提出"顺推归纳法"(Forward Induction)。该方法根据参与人在动态博弈中其他参与人前面阶段的行为,包括偏离特定均衡路径的行为,推断他们的思路并为后面阶段博弈提供依据的分析方法。该方法与"逆推归纳法"是完美纳什均衡的两大重要的求解均衡方法。随后,1982年戴维·M.克瑞泼斯(David M. Kreps)和罗伯特·威尔孙(Robert Wilson)提出的"序列均衡"(Sequential Equilibria)概念。同年,约翰·梅纳德·史密斯(John Maynard Smith)出版的《进化和博弈论》(*Evolution and the Theory of Games*),研究生物之间所参与的博弈中的互动性和平衡。该书将博弈论在生物学中的应用推向了新高度。之后,1984年贝努瓦·D.伯恩海姆(Benoît D. Bernheim)和大卫·乔治·皮尔斯(David George Pearce)提出的"可理性化性"(Rationalizability)概念。1988年,海萨尼和泽尔腾提出在非合作和合作博弈中均衡选择的一般理论。1991年丹尼尔·弗得伯格(Daniel Fudenberg)和让·梯若尔(Jean Tirole)首先提出了"完美贝叶斯均衡"(Perfect Bayesian Equilibrium)的概念。当然,在该时期还有很多学者对博弈论的各种特定问题给出了重要的研究成果,这些都促进了博弈论快速走向成熟。

　　该时期学者对博弈论的深入发展具有很大的推进,也正是在这个时期经济学家才真正开始广泛关注博弈论。博弈论成为经济学的一个核心分析方法,贯穿于微观经济学、产业组织学、宏观经济学、金融学、国际经济学等几乎与经济学相关的所有学科,在经济学相关领域占据越来越重要的地位。博弈论在这时期的快速发展与对经济学的占领,快速"吞噬"着现代西方经济理论的气势,使其成为西方国家经济学专业及相关专业学生的必修课程。各大经济学杂志与书籍开始广泛摄入博弈论,使得不懂博弈论的学者在做经济学研究时遭受到很大的困难。同时,1994年纳什、海萨尼、塞尔顿由于对非合作博弈理论的杰出贡献获得经济学诺贝尔奖,使得博弈论作为重要的经济学分支学科的地位和作用被权威所肯定。此后,1996年詹姆斯·A.莫里斯(James A. Mirrlees)和威廉·维克瑞(William Vickrey)从不对称信息条件下激励问题视角,研究不完全信息博弈的成果获得了经济学诺贝尔奖。这两次经济学诺贝尔奖的获得将博弈论在经济学中的重要地位推向新高度,导致当时整个经济学界推行与重视博弈论的风潮更加盛行,博弈论与经济学结合的程度越来越紧密。

实际上,当时随着现代经济活动的规模发展、竞争对抗加剧,使得经济主体越来越重视竞争者与合作者反应,经济决策的博弈表现越来越强。此外,信息技术和社会经济信息化的不断发展,使得人们认识信息的作用和规律的要求逐步提高,信息不对称性对经济决策的影响越来越被关注。而博弈论以应用数学与逻辑等科学的方法为基础,在信息对称与信息不对称下都能全面分析经济主体中决策相互依存性的特点,使得当时经济学亟须与博弈论进行深度融合,清晰揭示社会经济事务的内在规律。这也是博弈论一直得到经济相关学科领域重视并发展快速的主要原因。正式基于这些背景与经济学发展的要求,使得博弈论在 20 世纪末至 21 世纪初获得了飞速发展,并在经济学理论与应用领域引发了一场博弈论革命,这不仅对学界的经济学理论、国家的经济政策,同时对企业的经济决策都产生了极为深刻的影响。与此同时,2001年乔治·A. 阿克洛夫(George A. Akerlof)、迈克尔·斯潘塞(Michael Spence)、约瑟夫·斯蒂格利茨(Joseph Stiglitz)因对信息不对称的非合作博弈相关理论的研究成果获得诺贝尔经济学奖。弗农·史密斯(Vernon Smith)将经济学实验作为工具用于经济买证分析,开创了一系列实验法,为通过实验室实验进行可靠的经济学研究奠定了基础。因此,2002 年弗农·史密斯获得了诺贝尔经济学奖。弗农·史密斯在实验设计中采用了博弈的思想来设计实验场景。后来,学术界也有学者将这样的实验设计方式理解为实验博弈理论;2005 年罗伯特·约翰·奥曼(Robert John Aumann)和托马斯·谢林(Thomas Schelling)因非合作博弈论的研究成果获诺贝尔经济学奖。这一系列诺贝尔奖让各个领域都提高了对博弈论的重视,对博弈论的进一步发展具有极大的推动作用。当前,现代博弈论已经被广泛应用到经济、金融、管理、政治、信息等多个领域,具有重要的理论价值。

第五节　博弈论的未来

尽管 20 世纪八九十年代博弈论就已经发展成熟,并在随后的 30 多年里得到进一步的发展,应用的领域越来越广泛,但并不意味着博弈论的发展已经达到了巅峰。恰恰相反,博弈论的未来具有更加广阔的前景。

博弈论究其本质而言始于人与人之间的对抗行为。那么只要这种对抗存在,博弈论就会一直发展。而且随着科学技术、通信及交通等领域的不断完善与发展,经济主体竞争越发激烈,经济分工逐渐加深,经济活动的规模范围逐渐扩大,产业与经济形态越来越多样化,供应链网越来越宽,经济、政治、军事、外交、环境资源保护与人口等众多问题互相交互、互相影响等,将各学科领域运营推向更加复杂的地步。各个领域隐藏的博弈问题与矛盾越来越强。因此,各学科领域越来越重视博弈论的价值。随着大数据、物联网、云计算、人工智能等新信息技术的不断发展,博弈论在各个学科领域的应用显现出更大的应用价值。总结博弈论现有研究进展,未来博弈论在以下几个方面会得到进一步的发展:

(1)非合作博弈论及其应用会得到进一步发展。当前,非合作博弈论虽然已经形成了比较完善的理论结构与方法体系。但目前为止,大多数非合作博弈模型仍比较简单,只是针对信息完全与完全竞争等简单场景下的少数经济主体,在信息不完美与不完全方面的博弈分析的理论成果还不完善。同时,虽然很多学科领域都体现出不完全信息的博弈问题,但是应用博弈论知识进行分析与解决还不够多。这主要受限于实际问题特征抽象出的模型与分析方法的理论还很有限。因此,非合作博弈论未来的第一发展方向为不完全信息博弈论及其在各个学科领域(如管理学、经济学、生物学、计算机科学等)的全面应用。同时这一方向的发展也会推动信息经济学的进一步发展。非合作博弈论的另一个发展方向是微分博弈。现代经济、社会与技术的快速发展使得当前很多学科领域不再是阶段式决策行为,而逐渐演变成连续式决策行为,且这种决策策略间还伴有对抗或互动的连续性控制特征。解决具有这些特征的博弈问题正是微分博弈理论的范畴。由此可见,基于整体学科发展的需要,未来微分博弈的理论势必会得到进一步发展,而该理论的应用也会得到进一步加深。

(2)合作博弈论及其应用会得到更加深入的发展。目前,合作博弈论中由于缺乏一致的核心解的概念与标准化的理论,发展存在瓶颈,很难突破并快速发展。由此带来的博弈研究学者对合作博弈研究没有非合作博弈研究那么热门。随着国际形势与市场经济的变化,竞争与合作并存的新型竞合关系,是当下经济主体未来发展的重点,很多企业为了得到更好的发展,不受资源限制,开始寻求联盟,这必然带来合作博弈论的进一步发展。因为在众多学科中只有博弈论最能体现经济体间的决策相互影响特征,所以博弈论中用于处理协同合作的合作博弈理论才能更加有效地理解和分析现代经济行为与当今社会经济规律。这种外部需求将会吸引一批学者关注并探索合作博弈论,对其进行延展。当然,合作博弈论的逐渐成熟也会被用到各种领域,体现其价值。未来可能会在很多不同的领域发现合作博弈论应用的研究成果与解决方法。

(3)进化博弈论及其应用将得到快速的发展。虽然自20世纪70年代以来,进化博弈论的研究就得到了经济学与博弈论两大学科领域学者的广泛关注。但是鉴于进化博弈论是生物进化理论与博弈理论的结合产物,是通过生物进化模型研究有限理性人类行为及相关社会经济问题的方法,所以它的发展将受限于生物进化理论的认识及对有限理论的了解。随着未来基因学、生物学、行为科学、社会学及经济学的逐步发展,将对进化博弈论提出一些新的问题,这将进一步推动进化博弈论的发展。同时,当前进化博弈论的研究与应用还处于初级阶段,甚至还没有形成比较成熟的学科,但基于进化理论与现代科技的需要,进化博弈论这个领域在未来具有很大的发展前景。

(4)实验博弈论未来将被广为接受且得到发展。实验博弈论是实验经济学与博弈论相结合的产物。是通过精心设计、用货币诱发真人被试的可控实验方法,复制真实的现场环境,直接检验被试如何进行有效决策策略博弈行为过程。该方法源于20世纪60年代由弗农·史密斯开创的实验经济学。实际上,实验经济学在经济学发展初期并没有被主流经济学所承认,更不用说接受了。但由于经济学研究的对象是人类经济行为及其产生的后果,且随着经济学逐渐走向微观层次,人类的经济行为规律是其研究的基础。此时,经济学领域逐步对人类经济行为假设、理性等问题进行设计,实验方法开始被接受与应用。这时也为实验经济学与博弈论相结合提供了土壤。同时,博弈论主要是研究微观经济行为与决策,这些经济行为的主题有时并不是完全理性的,因此博弈论很多研究阶段需要用大量的行为实验进行验证。这使得实验博弈论的应用成为必然。随着行为科学、计算机科学、仿真模拟技术及心理科学等多学科的完善,面对经济、管理、贸易等多学科领域涉及的有限理性行为博弈决策的需要,实验博弈论将被更广泛接受。随着这些学科的接受与适用范围的扩大,从各维度促进实验博弈理论的发展。

表1-1列出了博弈论的发展与应用简史。

表1-1　博弈论的发展与应用简史

19世纪30年代	博弈论被作为应用数学的分支
19世纪40年代	《博弈论和经济行为》出版意味着现代博弈论诞生
19世纪50年代	纳什均衡概念被提出,非零和博弈被应用于分析大国冷战问题
20世纪60年代	博弈论开始全面应用于社会科学领域,如政治、经济、管理等领域
20世纪70年代	进化博弈得到发展,进化稳定策略被提出
20世纪80年代至90年代	博弈论逐渐走向成熟
20世纪90年代至21世纪10年代	博弈论广泛应用于管理领域、市场设计和机制设计等问题
21世纪20年代后	在互联网和通信协议、大数据和人工智能领域等推动下,博弈论将得到进一步的发展

第二章
博弈思维及概念

博弈思维是指在解决冲突、竞争和合作问题时,运用策略性、互动性和前瞻性的思维方式。该思维方式是博弈论的特有思维方式。在实际应用中,博弈思维要求人们在考虑自身行动方案的同时,充分预计并分析对手可能的反应与对策,通过预测和推理来制定最优策略。博弈思维不仅渗透到人们日常生活决策中,帮助人们更好地理解和处理复杂的人际互动与竞争关系,同时在经济学、管理学、政治学、生物学、社会学与计算机科学等多个领域都得到了广泛的应用。本章通过几个经典博弈案例的研究,系统介绍博弈的特征与组成要素。

第一节 典型的博弈案例

博弈论中有许多非常经典的案例,这些案例都深刻揭示了博弈的思维。本节将引用五个经典博弈案例来阐述博弈的基本思维。

1. 囚徒困境博弈

囚徒困境博弈是 1950 年由艾伯特·塔克(Albert Tucker)提出。该博弈讲述甲、乙两人进行联合偷盗。警察将其抓获后,由于没有直接的证据可以证明他们犯罪,需要对两人进行审问。只要有一个人供出犯罪事实,那么就可以给他们定罪。为了可以尽快破案并防止两人串供,所以将甲、乙两人分别放在两个不同的房间进行审问。审讯时会分别告知两人,如果两人都不认罪,那么警察只能以妨碍社会秩序罪,判处他们每个人 2 年的有期徒刑;如果一方坦白,另一方不认罪,那么认罪的一方可以被从轻处理,只判 1 年有期徒刑,而不认罪的一方则从严处理被判处有期徒刑 8 年;如果两人都认罪则两人都将面临 4 年的有期徒刑[①]。

在该博弈案例下,甲、乙两个嫌疑人都有两种策略,即"坦白"与"不坦白"。因此,甲、乙两人都要决定选择哪个策略,且他们的选择直接影响他们最后会被判几年。那么他们该如何选择呢?由于两个犯罪嫌疑人的选择策略是完全相同的,且对于任何一个犯罪嫌疑人来说,他们面对警察给他们的规则也是相同的,没有偏向任何一方。因此,我们只分析一个犯罪嫌疑人的策略选择自然就能得到另一个犯罪嫌疑人的策略选择。不失一般性,我们来分析犯罪嫌疑人甲的策略选择。

对于嫌犯甲来说,他在决策"坦白"与"不坦白"时会考虑嫌犯乙如何决策。当乙选择坦白时,如果自己也选择坦白策略,那么他将面临 4 年的监禁;但如果自己选择不坦白策略,那么乙因为坦白了犯罪事实,会被从轻处理,只被关押 1 年,而自己因为没有坦白,将面临 8 年的从重处罚。因此,当甲猜测乙选择坦白时,甲会选择坦白策略。当乙选择不坦白时,如果自己选择了坦白,可以被从轻发落,只被判 1 年监禁;但如果自己选择不坦白策略,由于警察没有证据证明他们偷盗,自己和乙都将面临 2 年的监禁。因此,当甲猜测乙选择不坦白时,甲也会选择坦白策略。最终,无论乙作何选择,甲的最终选择都是坦白策略。正如前面所述,乙的选择与甲一样,也是无论甲作何选择,自己最终都只会选择坦白策略。那么,这个博弈最终的结果就是两个人都选择坦白,被判处 4 年监禁。

经过深入对比分析,我们不难发现对于甲乙两人来说,如果他们都选择不坦白策略,那他们都只会被监禁 2 年,比现在这个都选择坦白策略双方被监禁 4 年的结果要好。但由于两个人被分别审讯,没有机会商量,也存在彼此担心对方在自己选择不坦白时选择了坦白,自己反而因为不坦白被监禁 8 年。所以,两个人只能明知都选择不坦白策略好,但最终仍都选择了坦白策略。该案例的两个嫌犯就像被困在某个囚笼里一样,因此该博弈也得名"囚徒困境博弈"。

囚徒困境博弈是不合作博弈领域的经典案例。我们现实中的很多现象都可以用囚徒困境来解释。例如,很多零售商在竞争时,明知降价销售会导致竞争对手也降价,从而让最终利润变薄,形成恶性竞争,但仍然会选择这样的策略来刺激消费者购买自己的产品。又如,公共资源的使用,很多情况下是有限的公共资源只能服务有限数量的人,若大家按照规则来执行,则会让公共资源得到合理的利用及修缮。但很多时候仍然存在无视规定的人,无限制地消耗公共资源,导致公共资源被过度使用、遭到损害,无法被修缮,最终大家都不能再使用该项公共资源。

---

① 这里涉及的所有数据均为学习理论所用,不具备实际意义和价值。

2. 石头剪刀布博弈

石头剪刀布博弈是我们日常生活中很常见的一种游戏。该游戏描述的是两个人用出手势的方式来决定输赢。每个人均有三种可选手势(策略),分别是"石头""剪刀"和"布"。在这三种手势中,石头可以胜剪刀、剪刀可以胜布、布又可以胜石头。双方需要同时亮出手势,观察胜负。若假设胜一局代表收益1。那么,每局胜者收益1,负者损失1。如果双方手势一致,则不分胜负,双方平局。显然,在这一博弈中,对每个游戏者来说,其最优策略完全取决于对方选择的手势。当对方手势发生变化时,己方最优策略也应发生变化。因此,在这类型的博弈中需要深入研究是否存在某种特定的习惯或者偏好。有时这种习惯和偏好可能会和玩游戏人的生长环境及个人习惯有关。而且在这个博弈中一个比较有趣的现象是,不论两个博弈方如何出策略,每次是谁赢谁输,两个人总的收益永远是零。一方的收益永远等于另一方的损失。游戏者间存在着严格的竞争关系、绝对的对立面,且输赢的总和为零,这就是我们常提到的的"零和博弈"。

在现实的企业经营中,零和博弈是我们不愿看到的。企业间的竞争若出现一部分企业的收益完全来自另一部分企业的损失,那么整个市场环境将变得非常的紧张。企业之间应该寻求通过竞争博弈来做大市场,把现有的蛋糕做大,这样在竞争中寻求合作,就会带来良性循环。

3. 智猪博弈

智猪博弈是约翰·纳什于1950年提出的博弈案例。该案例讲述了猪舍里面有两头聪明的猪,一头大猪,一头小猪。在猪舍的两端分别有一个食槽和一个控制食槽的踏板。每踩动踏板一次,食槽会有10单位的食物注入,但每次踩踏板会消耗猪2单位的能量。假设不论是大猪还是小猪吃1单位食物可以获得1单位的能量。我们来分析一下会有哪些情况发生。

第一种情况,如果小猪去踩踏板,大猪等待并吃食物,那么大猪可以吃得9单位的食物,而小猪由于抢不过大猪,只吃剩下1单位的食物。这样大猪可获得9单位能量,而小猪由于踩踏板消耗2单位能量,最终小猪吃完剩下的食物后还损失1单位能量。第二种情况,如果大猪去踩踏板,小猪在大猪返回来前可以吃得4单位的食物,大猪回来后抢占食槽吃完剩下6单位的食物。因此,小猪可以获得4单位能量,大猪在踩踏板消耗能量和吃食物增加能量后剩余4单位能量。第三种情况,两头猪都去踩踏板,那么大猪和小猪返回食槽分别可以吃7单位和3单位的食物,减去踩踏板各自消耗的2单位的能量,大猪和小猪分别剩下5单位和1单位的能量。第四种情况,两头猪都不去踩踏板,那么两头猪都没消耗能量,但也没吃到食物,因此两头猪的能量剩余都为零。那么这两头猪将如何行动呢?

事实上从这个故事背景可以发现两头猪都有两个策略,即"踩踏板"和"等待"。如果我们考虑两头猪一起做决策,且每头猪都知道以上四种情况各自剩余的能量。我们先来考虑小猪应选择什么策略。作为小猪,它会先思考在大猪每个策略下自己最好的策略是什么,当大猪踩踏板时,若小猪选择等待,它会得到4单位能量;但若小猪选择踩踏板,它只能得到1单位能量。此时,小猪最好的选择应该是等待。而当大猪选择等待时,小猪也选择等待将不会获得任何能量,但它如果选择踩踏板,还会损失1单位的能量。所以小猪不论大猪如何行动都会选择等待。在两头猪都了解这些信息的情况下,大猪会知道小猪只会选择等待。那么如果大猪也选择等待,它将什么能量也不会获得。但是如果它去踩踏板,反而还能剩余5单位能量。因此,大猪为了能获得更多的能量,会主动去踩踏板。最后,智猪博弈的结果就是"大猪去踩踏板,小猪等待食物到来"。

智猪博弈反映了一个非常经典的现象——搭便车现象。该案例中的小猪什么也不需要做,只需等待就可以获得因为大猪踩踏板而带来的1单位的能量。小猪在本次博弈中搭了大猪的便车。智猪博弈里的大猪与小猪可以分别引申为市场竞争中的大企业与小企业。大企业最终会选择做行业的领头羊,研发新技术,不断创新,培育新市场;而小企业在不具备技术创新条件时通常会选择等待大企业的研发成果出来,紧随其后,顺势而为。

实际上,这种现象已经被很多行业的企业竞争所验证。例如,当年滴滴和快的烧钱大战,神州租车就没有盲目入场,而是借助正逐渐被打车软件培育好的市场环境打造自己的高端用车品牌——神州专车。类似的商业案例还有立邦公司。立邦公司能跻身全球涂料业前十强的主要原因是对外市场的开拓,特别是中国市场的开拓成功。从最初中国消费者不知道"立邦"为何物,到"立邦"成为水性建筑材料的代名词,立邦的市场拓展得到成功。但经过十多年的高速发展,也有很多傍名牌的山寨产品层出不穷,并分享立邦花巨资建立的市场份额。面对这种情况,立邦公司作为行业龙头企业不是将主要精力放在打假上,而是专注于创新研发新产品,调整全球推广战略,在中国大力推广木器漆等系列产品,这种技术的研发和推广给立邦又赢回了市场和荣誉,创造出更大的利润空间。

4. 海盗分金博弈

海盗分金博弈讲述了多个海盗如何分配一定数量的金币的故事。在一座荒岛上,有5个海盗找到了100枚非常珍贵的金币,需要想办法分配金币。他们商定了一个分配金币的规则,根据他们之间的等级(海盗1<海盗2<海盗3<海盗4<海盗

5),由等级高的海盗提议一个分配方案,所有海盗(包括提议人)投票决定是否接受该分配方案。并且在票数相同的情况下,提议人有决定权。如果提议通过,海盗们则按照提议分配金币。如果提议没有通过,那么提议人将被扔进海里,然后由下一个最高等级的海盗提议新的金币分配方案。所有海盗都基于三个因素来提出金币分配方案和决定是否支持比自己等级高的海盗的提议。① 他们都想活下来;② 他们都想自己得到的利益最大化;③ 在所有其他条件相同的情况下,优先选择把别人扔进海里。那么当等级最高的海盗 5 提议时,他应该给出什么样的金币分配方案才不会让自己被扔进大海里呢?

直觉上认为,海盗 5 会给自己分配很少,以免避免被扔进海里。但理论的结果可能和这个想法截然不同。分析这个博弈的关键是需要换位思考,与其苦思冥想自己要给出什么金币分配方案,不如先想想最后剩下两个海盗时会出现什么结果。假设现在就只剩下海盗 1 和海盗 2 了,因此海盗 2 先提议金币分配方案,那么海盗 2 会如何进行分配呢?很明显,他将把 100 枚金币留给自己,然后投自己一票。由于在票数相同的情况下提议人有决定权,那么无论海盗 1 同不同意,海盗 2 都将实现自己的目的。当然海盗 1 和海盗 2 的这种分配结果,当海盗 3 进行提议金币分配方案时,海盗 1 和海盗 3 也能预判到。所以当只剩下海盗 1、海盗 2 和海盗 3 时,海盗 1 和海盗 3 都知道如果海盗 3 提议不被通过,被扔进海里后,那么海盗 1 将一枚也得不到。因此,海盗 3 在提议分配方案时只要给海盗 1 一点点利益,海盗 1 就会投票支持他的提议。此时,海盗 3 的提议应该是 99 枚金币给自己,1 枚金币给海盗 1,不给海盗 2 金币。再向前思考该博弈,当海盗 4 在提议时,他需要得到 50% 的支持,所以他只需要让一个人同意他的分配方案就可以了,那么在海盗 3 的提议中,他只需要最小的成本 1 枚金币争取海盗 2,而要是想争取到海盗 1 需要给其 2 枚金币。因为如果海盗 4 给海盗 1 也是 1 枚硬币,根据我们设定的前提,在同等的收益下,海盗 1 会优先选择将人扔下去,因为这样看似可以实现更少的人来瓜分金币。所以,海盗 4 提议的金币分配方案将是 99 枚金币给自己,1 枚金币给海盗 2,不给海盗 3 和海盗 1 金币。当然以上分析的一切在海盗 5 提议分金币方案时也能预想到。海盗 5 需要至少争取到两个海盗同意自己的提议。在剩余的海盗中,争取成本最小的就是海盗 3 和海盗 1。如果海盗 3 和海盗 1 在不接受海盗 5 的提议时,当海盗 4 提议时他们一分也得不到。因此,海盗 5 只要提议给他们各 1 枚金币就能赢得他们的支持。因此,最后的结果是海盗 5 最先提议,分配方案是给自己 98 枚金币,给海盗 3 和海盗 1 各 1 枚金币,不给海盗 4 和海盗 2 分金币。当然,海盗 1、海盗 3 和海盗 5 会同意这个金币分配方案,海盗 2 和海盗 4 不会同意这个分配方案。根据原则,3 比 2,最后海盗 5 的这个金币分配方案会被通过。

海盗分金博弈的结果和直觉的感知有很大的差异,看似好像海盗5先决策,那么海盗1至海盗4有更多的机会不同意,他会遭到不好的结果。但也正是因为他最先决策,只要他能掌握足够的信息,那么就有可能通过对其他海盗的决策思考来谋取最大的收益。实际上,海盗分金博弈在现实企业的管理中非常常见。例如,当公司合伙人间存在利益分配时,每位合伙人需要协商股权结构或利润分成方案,确保自己的利益最大化同时防止被其他合伙人"投反对票"。又如,政策制定过程中,不同政治力量间就法案进行谈判时,各方需预见自身支持或反对可能带来的结果,以求达成对自己最有利的妥协。除此之外,商业谈判、国际合作中的资源分享协议制定等许多现实场景也可以借助海盗分金博弈来进行解释和分析。通过海盗分金博弈,可以更好地理解人们如何在有限的资源下进行合作与竞争,以及如何在不确定性中做出最优的选择。

5. 懦夫博弈

懦夫博弈讲的是两个所谓勇士举着长枪,准备从独木桥的两端上桥中央进行决斗。每位勇士都只有两个策略,即"冲上去"和"退下来"。若两个人都冲上去,则会两败俱伤。若一方冲上而另一方退下来,那么冲上去的一方取胜,退下来的一方输了。若两个人都退下来,那么两个人平局。

在这个博弈中,若两位勇士都选择冲上去策略,那么两败俱伤,每个人都损失4单位的成本。但两位勇士对获胜、输或者平局的心理价值感知与自身的性格有关。假设将人的性格只分为"强硬"或者"软弱"两种。且强硬性格的人会表现出争强好胜、不达目的誓不罢休的性格特点;而软弱性格的人会表现出胆小怕事、遇事希望息事宁人的性格特点。若两个性格都是强硬的勇士碰到一起,当两个人是一方选择冲上去策略,一方选择退下来策略而结束战斗时,冲上去的勇士收益为2,退下来的勇士则感到挫败而损失2;但若双方都选择退下来,双方没有损失也没有收益。当两个性格都是软弱的勇士碰到一起,如果两个人是一方选择冲上去策略,一方选择退下来策略而结束战斗时,虽然是有一个人赢了,一个人输了,但是赢的勇士也不是他喜欢的结果,输的勇士也不会感觉沮丧,此时双方收益都是0。若双方都选择退下来,则是符合两个人息事宁人的共同心愿,因此双方的收益都为1。若一个强硬的勇士碰到了一个软弱的勇士,当两个人是一方选择冲上去策略,一方选择退下来策略而结束战斗时,若选择冲上去的勇士是强硬的勇士,则其收益为2,选择退下去的软弱性格的勇士收益为0;若选择冲上去的勇士是软弱的勇士时,则其收益为0,选择退下去的强硬性格的勇士损失2。若两个人都选择退下去策略,那么强硬性格的勇士没有收益也没损失,软弱性格勇士则会因为看到自己想看到的结果获得收益 1。

从上面的不同性格的勇士相对在不同策略下的不同收益可见,每个勇士在选择什么策略时不仅取决于对方的策略,还取决于自己和对方的性格。虽然在决斗博弈之前,每位勇士都知道自己的性格属于什么类型,但对对手的性格是什么类型都不甚了解。这意味着当博弈真的开始的时候,双方对"冲上去、退下去""退下去、冲上去"与"退下去、退下去"这三个策略组合发生时自己的收益具体会是什么并不清楚。在这种情况下,对每位勇士而言,存在事先的不确定性,也就是博弈开始之前就不知道这些信息。例如,对于性格强硬的勇士来说,虽然他知道自己的性格类型,但他并不知道对手的性格是强硬还是软弱。因此,他需要预判对方的性格。这种预判就带有概率的特点,如他可以预判对方 20% 可能性是强硬性格,80% 的可能性是软弱性格。然后再根据对方的性格概率分布确定对方出不同策略时自己的最优策略,最终通过权衡给出一个自己最终的策略选择。

实际上,这种博弈在企业管理博弈中经常发生,如供应商与制造商的采购谈判博弈。制造商往往不能清楚知道供应商的制造成本,因此在进行谈判时只能根据自己的供应市场、供应商及供应商的客户等一些信息的收集来预估供应商的制造成本。同时根据自己在本次博弈中自己对于供应商的价值来确定采购价格。

第二节　博弈与博弈论的含义

博弈,大多数情况下被译为对策或者游戏,最早由德国哲学家、数学家戈特弗里德·威廉·莱布尼茨 (Gottfried Wilhelm Leibniz)提出,起初算是一个数学理论,随着不断发展才应用到经济学领域。博弈是对多个人在策略相互作用状态下的抽象表述。在博弈过程中,每个人的收益不仅仅取决于他的决策,也受其他人行为的影响。因此,个人的最优策略的选择取决于他对其他参与人选择策略的预期。例如,在石头剪刀布博弈中,一方的策略选择完全依据他对对方所选策略的预期。如果预期对方出石头,那么自己会出布;但如果预期对方出剪刀,自己则会出石头。为了更清晰地认识博弈,先来学习一下博弈的基本特征。

1. 博弈具有一定规则

博弈都是在一定的规则下进行的,我们可以将这种规则称为博弈规则。这些规则规定了参与人或团体什么能做、什么不能做、如何做,以及做了不同行为后会有什么奖励或者惩罚等。例如,在囚徒困境博弈中,警察会先告诉两个犯罪嫌疑人(甲和乙），每个人可选择的策略有两个，即"坦白"与"不坦白"，并且说明当两个人都选择坦白时、只有一个人选择坦白时与两个人都选择不坦白时两个人需要服刑的时间，而将两个人分别关在不同的房间意味着让他们不进行信息互通，这个博弈近似看成是甲和乙同时做出策略选择，因此也不存在一方的策略选择会影响另一方的情况。又如，在海盗分金博弈中，规定了由等级高的海盗先提出分金方案，若票数相同，提议人有决定权，以及各海盗心理都考虑要活下来、想要自己得到的利益最大化、在相同条件下优先把别人扔进海里。这些都是维持一个博弈能够进行的规则。一个博弈如果不具备规则，将没有办法分析，也没有办法进行博弈，整个博弈将没有任何秩序。因此，如果想进行一场博弈或者预分析一个博弈，必须定义清楚该博弈的规则。

2. 博弈都有一个结果

每场博弈都会有结果，即博弈的各参与人在本次博弈中做的策略组合对应的各参与人获得的结果。例如，在囚徒困境博弈中，甲乙两个人最后都选择坦白，形成（坦白、坦白）的策略组合，这里（坦白、坦白）中第一个"坦白"代表犯罪嫌疑人甲的策略选择，第二个"坦白"代表犯罪嫌疑人乙的策略选择。在该策略组合下两个人的都要被监禁 4 年，若 1 年监禁代表收益 -1，那么囚徒困境博弈最终的结果可写成（-4，-4）。这里，（-4，-4）中第一个"-4"代表甲的损失，第二个"-4"代表乙的损失。又如，在智猪博弈中，最后的策略组合是（踩踏板，等待），对应的结果是（4，4），代表的含义是大猪选择去踩踏板获得 4 单位收益，小猪选择等待也获得 4 单位收益。在很多情况下，博弈结果中的收益组合不一定意味着各参与人是赢，还是输，只是在本次博弈中各参与人在选择策略时所导致的结果。具体每个博弈的结果代表什么需要依据不同博弈的含义来定义。

3. 各参与人的策略影响自身博弈的结果

从上一节很多例子可以看出，博弈中各参与人所选策略不同，会导致其最后获得不同的博弈结果。例如，在囚徒困境博弈中，当甲选择"坦白"策略时，他都会面临比他选择"不坦白"策略较好的结果。又如，在懦夫博弈中，如果勇士是软弱的性格，那么他选择"退下去"更符合他的内心需求，也会相应获得比自己"冲上去"更好的结果。因此，在一场博弈中，各参与人的博弈结果是与自身选择的策略密不可分的。这就要求参与人在了解博弈规则的前提下认清自己有哪些策略可以选择，当选择不同策略时，自己的博弈结果可能有哪些，然后再进一步做出正确的选择。

4. 各参与人的策略与博弈结果存在相互依存性

在博弈过程中，除了第 3 个特征所说的参与人的策略影响其博弈结果，同时其他参与人的策略也会影响他的博弈结果。所有参与人的策略选择之间存在相互依存性,这也导致了所有参与人的博弈结果存在相互依存关系。例如,在石头剪刀布博弈中,若某个参与人选择出石头,那么另一个参与人如果出剪刀,则自己获胜;若另一个参与人选择出布,则自己将会输。因此,在这个博弈中,参与人到底应该选择什么策略以及获得什么博弈结果都依赖于另外参与人的策略选择。博弈中每个参与人的策略选择都会受到其他人策略选择的影响,因此博弈的结果不单单取决于自己的策略选择,也取决于其他参与人的策略选择。这种各参与人的策略与博弈结果的相互依存关系正是博弈分析的关键。

通过对以上博弈特征的分析,我们可以给博弈下一个非技术的定义。博弈是指在一定的规则约束下,各参与人基于直接相互作用的环境条件,依靠自身所掌握的信息,选择各自策略(也可称为行动),以实现自己目标(最大化收益、最小化风险等)的过程。

博弈论是正式研究博弈的一种理论,它既是现代数学的一个新分支,也是运筹学的一个重要学科。这里,本书给博弈论下一个定义。博弈论又称对策论(Game Theory),是研究人们决策环境中的策略选择,以及可能产生的结果的一门学科。

博弈论在生物学、经济学、管理学、国际关系、计算机科学、环境科学、政治学、军事战略和其他很多学科都有广泛的应用,是未来分析多方主体决策的一个非常有效的理论方法。通常情况下,该理论研究在多个人或者团队已知彼此策略会相互影响的前提下,各参与人应该如何制定最优策略。由于博弈过程中的参与人或者团体的策略选择会相互影响,因此某个人或团体所选择的策略会影响到博弈整体结果。例如,假设企业 1 和企业 2 正在竞标,两企业都想以较高的合同价格获得更多的利润。但是,两个企业都担心对方会以较低的价格赢得合同。这样,两个企业就面临一个策略选择,若出价较高,利润会高,但赢得合同的可能性会降低;若出价较低,利润会低,可赢得合同的可能性却会升高。很显然,企业 1 的合同价格取决于他对企业 2 合同价格的预判。同样,企业 2 合同价格也是取决于他对企业 1 合同价格的预期。因此,这个企业 1 与企业 2 在合同价格博弈权衡的过程及最后博弈的策略、结果组合就是博弈论。

实际上,我们在生活中遇到的很多问题都可以看作是博弈问题。例如,对于一些服饰、时尚单品、电子产品等更新换代比较快的产品,由于产品可能会随着时间出现降价等情况,因此,对于经营此类产品的商家而言,如何对这类产品进行不同时间下的定价也是一个博弈问题。这个博弈问题不仅仅是同类产品之间竞争的博弈问题,更是自己产品同上一代产品之间的博弈问题,简单来说,就是经常会出现当新产品刚刚发布时,会有许多人去购买上一代产品的现象。那么,新产品和上一代产品的定价问题就是一个新的博弈问题。例如，华为最新款手机一经发布上线，其上一代手机就可能会降价，这就会出现企业经营的产品与自己新产品之间的定价博弈问题。这种策略的了解不仅仅可以让企业更加了解消费者的需求，同时也可以让消费者更好地做出自己的购买决策。因此，学好博弈论不仅对生活与人际关系有帮助，而且不论未来从事何种工作都可以发挥作用。

第三节　博弈的组成要素

通过前文对典型博弈的介绍及博弈、博弈论的定义，可以发现，博弈的整个过程有以下 8 个组成要素：

1. 博弈方

博弈方就是博弈的参与者，是博弈中选择策略以实现特定目标的决策主体。该决策主体可以是自然人，也可以是企业、国家甚至是很多国家组成的一个集团或团体（如欧盟组织）等。例如，因徒困境博弈中的犯罪嫌疑人甲和犯罪嫌疑人乙就是组成该博弈的两个博弈方；智猪博弈中的大猪与小猪也是该博弈的两个博弈方；海盗分金博弈中 5 个海盗则是该博弈的 5 个博弈方。此外，博弈方常常表现为具有身份要求的特点，符合相关要求的个人/组织才有资格参与博弈。博弈方的身份要求由博弈的规则所规定。例如，大学生运动会只允许大学生参加；女子足球赛只允许女子参加，不允许男子参加；举重比赛各级别只允许符合体重要求的运动员参加；等等。同时，在博弈过程中，各个博弈方都是在同一个规则下进行博弈的，因此博弈方间具有平等性，每个博弈方都必须遵守博弈规则。每个博弈方还必须有可供选择的策略和可以表达选择不同策略时自己目标的衡量方式（如一个被定义好的偏好函数）。有时为了实现分析，博弈中还会引入某个虚拟博弈方（pseudo-player）来处理"自然"的选择。这里的"自然"是决定外生的随机变量的概率分布的机制。例如，农产品生产中，"自然"可以表达天气或者气候，该博弈方的策略可以是"天气好"或"天气坏"等。

2. 策略

策略，有时也被称为行动，是指博弈中博弈方能够选择的变量。例如，在囚徒困境博弈中，犯罪嫌疑人甲和乙都有两个可选择的策略"坦白"和"不坦白"；在石头剪刀布博弈中，玩游戏的博弈方都有三个可选择的策略"石头""布"和"剪刀"；智猪博弈中，大猪和小猪都有两个可选择的策略"等待"和"踩踏板"；懦夫博弈中，两名勇士都有两个选择策略"冲上去"和"退下来"；海盗分金博弈中，每个海盗的选择策略则有很多,可以选择给自己从 0 枚金币到 100 枚金币,给剩下的其他海盗也是从 0 枚金币到 100 枚金币。在一场博弈中,各博弈方可选择的策略可以是相同的,也可以是不相同的;可以是有限可数的,也可以是无限不可数的。有时各博弈方的策略可以理解为是逻辑上一起执行的。例如,囚徒困境中,虽然两个犯罪嫌疑人选择自己的策略可能是不同的,比如甲先坦白,乙后坦白,但由于他们被关在不同的房间里,不存在信息的互通,乙虽然是后选择坦白的,但是他并不知道甲已经选择坦白了,因此可以看成是近似一起做出的策略选择。有的时候各博弈方的策略又存在先后顺序,例如,在海盗分金博弈中,规定由等级最高的海盗 5 先提议金币分配的方案,若大家不同意,海盗 4 才能提议自己的金币分配方案,所以 5 个海盗是先后进行策略选择。博弈中各博弈方的策略选择顺序会影响博弈的分析方法,这个我们会在后续阐述各种博弈的分析时进行详细论述。

3. 信息

信息是指博弈方有关博弈的知识,如有关对手的类型与策略的知识等。在一个博弈中,博弈方在博弈中行驶的行为选择总是在一定的信息条件下进行的。正所谓"知己知彼,百战不殆",当博弈方与其他博弈方进行对抗、竞争的博弈时,对自己和对手的处境是否清楚非常重要。关于博弈环境与博弈方情况的信息,是影响各博弈方决策和博弈结果的重要因素。在一场博弈中,各博弈方不同策略组合下所获的结果可以算是一种信息。例如,在囚徒困境博弈中,甲乙都知道如果两个人都选择坦白后需要各自服刑 4 年。各个博弈方所属的类型也可以算作一种信息,如在懦夫博弈中,某个勇士知道对方的性格类型。但有时,对博弈信息掌握的越全面并不代表会获得越好的结果。曾经有一位心理学家做过一个实验,他先是让 10 个人跟随自己穿过一间黑暗的房子。在他的指引下,这 10 个人都全部顺利完成这项任务。然后,这位心理学家打开房内的一盏灯。在昏黄的灯光下,这些人看清了房内的一切,全都吓出了一身冷汗,因为这间房子里有一个很大的水池,里面有十几条恐怖的大鳄鱼,水池上方有一座窄窄的小木桥。刚才他们正是从这座桥上走过去的。此时,心理学家问:"现在你们当中还有谁愿意走过这座木桥,再次穿过这间房子呢?"大家都沉默,不愿意穿过。在心理学家不断地疏导下,有三个胆子大的年轻人站了出来,但他们走得并不顺利,有的甚至在桥上趴了半小时,最后爬过去的。因此,在信息不全时大家反而可以完成任务,当大家知道了水下的危险情况时反而会退缩。

4. 战略

战略是指博弈方在策略选择之前准备好的一套完整的应对其他博弈方不同策略组合的策略选择应对方案。战略是博弈分析的核心之一,是博弈中各博弈方进行策略选择时所带有的"策略选择思维"。因此,博弈论有时也被称为"策略思维"。通俗的解释就是在策略选择之前各博弈方就想好了,当遇到何种情况时采用什么策略,即进行博弈的完整的策略选择预案。例如,在囚徒困境博弈中,两个犯罪嫌疑人通过分析发现不论对方如何选择,自己都会选择"坦白"。在整个博弈的过程中,战略建立起了从信息到策略选择关系,也就是博弈方选择的是战略,然后才是根据最新的信息做出策略选择。有了战略,意味着建立了从信息到策略的快速反应机制,进而能够以快速的方式做出策略选择。一般来说,战略具有完整性、多样性和不可观察性三个基本属性。战略的完整性意味着博弈方对所有可能的情况都要加以充分的分析和考虑,没有任何遗漏。例如,若根据"人不犯我,我不犯人;人若犯我,我必犯人"的战略,针对对方犯与不犯的两种可能都进行了充分的准备。保证战略完整性的前提是需要将信息进行全面的分类,就是将可能出现的情况按照一定的规则进行完整的分类。战略的多样性意味着有很多战略可以选择。例如,"人不犯我,我不犯人;人若犯我,我必犯人"只是一个战略,还可以有"人不犯我,我不犯人;人若犯我,我也不犯人"的战略。相应的能想到的类似的战略还有很多,战略的数量取决于信息的数量与策略的数量的乘积。如果有 N 种情况,且每个战略下又有 M 种策略可以选择,那么可选择的战略就有 $N \times M$ 个。同时,战略是对策略的预想,是不可观察的。你可以看到对方这么做,但是不一定了解对方是如何想的,或者对方的战略是什么。一般来说,战略主要与四个相关的知识论要素有关:① 多种多样的知识与经验,② 丰富和全面的想象力,③ 初期甚至超强的联系构建能力,④ 合理地在现实条件下梳理与过滤战略可操作性的能力。如果把博弈理解为人与人之间的比拼,那么优秀战略表现出的运筹帷幄的能力决定了博弈最终的胜负。

5. 得益

得益在博弈中指的是在一个特定的策略组合下,博弈方从博弈中获得的利益。这也是博弈方决策行为的主要依据。得益可以是数量的利润、收入,甚至是损失,也可以是以量化形式衡量的效用、社会福利等。得益可以是正的,也可以是负的,正的往往代表收益,负的往往代表损失。例如,在囚徒困境博弈中,当甲乙都选择坦白时,两个人得益都是 -4,代表着损失,服刑 4 年。得益与策略不同,得益可以被观测到,并在数量上是可以进行比较的。当然,在许多博弈中,最后的得益并不代表金钱,而是金钱以外的收益,如幸福感、开心程度、公平感、荣誉感、成就感等,或者是金钱以外的损失,如沮丧、悔恨、懊恼、悲痛等。但是为了对博弈能够进行分析,更多的时候会用不同的数值来进行度量。有的时候博弈方得益的计算依赖于某个特定的函数,而且一个比较重要的点是在博弈分析中,很多情况下得益数值的绝对大小并不重要,博弈更关注于数值之间的相互关系。例如,你或许难以计算出做某件事给你带来的愉悦程度,但是当你做完了这件事后,能明确知道自己的情绪变化,例如,是感到比以前更开心了,还是更不开心了,或者与没有干这件事之前一样,心情没有变化。

6. 结果

结果是指博弈中所有博弈方选择各自的策略以后的结果,也指某种策略的组合。例如,两个人去打猎时共同协商说一旦遇到了老虎就一起联合进攻。也可以是某种行动的组合,例如,两个人遇到老虎后的结果是一个往西狂奔,一个往东狂奔。也可以是指得益的组合,如最后一个被老虎吃掉了,另一个活下来。这里所说的结果是一场博弈可能获得结果。例如,在囚徒困境博弈中,两个犯罪嫌疑人博弈的结果可以是"坦白,坦白""不坦白,坦白""坦白,不坦白"与"不坦白,不坦白"四个策略组合中某个策略组合形成的博弈结果。当各博弈方的行动是有限数量时,博弈的结果是比较容易列举出来的。当博弈方中存在某个博弈方的行动是无限多数量时,那么博弈可能出现的结果将比较难用列举的方式给出。例如,当多个企业在市场销售具有一定替代关系的产品时,若各企业博弈决策各自产品的售价,那么由于每个企业定价可以有多个行动,那么整个市场可能存在的博弈价格的结果将非常多。这也是为什么当博弈应用到管理决策时变得比我们之前提到的几个典型的博弈分析复杂的原因之一。

7. 均衡

均衡是指博弈中所有博弈方的最优策略组合,特指某类博弈结果。在该类博弈结果中,博弈方已经无法通过改变自身的策略选择来增加得益。换言之,在博弈均衡结果下,没有哪个博弈方愿意偏离现在的状态。所以,只要博弈的各种组成要素(博弈方、信息、行动、策略、结果、得益等)没有发生变化,那么该博弈的均衡状态就不会发生改变。由此可见,均衡是一种相对稳定的状态。因此,如果想改变某个不好的稳定状态,如改革,则需要理由,需要改变整体博弈环境中的基本组成要素。需要注意的是虽然均衡是指所有博弈方的最优策略组合,但并不表示均衡状态下所有博弈方都得到最好的结果。例如,在囚徒困境博弈中,博弈的均衡是两个犯罪嫌疑人甲和乙都选择坦白,被监禁4年。但是这个结果并不是对两个人都好的选择,如果两个人都选择不坦白,那么他们只会被监禁2年。因此,有的时候博弈的均衡恰恰是一个博弈中各博弈方最差的结果。

8. 规则

规则是指博弈中博弈方、策略和结果合起来的统称。正如本书介绍博弈特征时阐述的一样,博弈的规则必须明确地指出博弈方是谁,每个博弈方可使用的选择变量(策略)是什么,以及博弈方群体的一组选择中,每个博弈方会从中得到多少(结果)。

简单地说,规则规定了某个博弈游戏可以如何进行。从另一个角度来看,规则也可以理解成一种限制,一种人为的限制,包括对于博弈方的资格限制,对于可选行动的限制等。博弈规则决定了博弈方的策略选择,因此也决定着博弈最终可能发生的结果。大多数情况下,博弈规则直接决定了博弈的均衡结果。这也揭示出博弈规则对博弈结果的决定性影响。因此,作为一个博弈的博弈方要时刻牢记,在博弈之前,你便早已置身于博弈之中。因为在制定博弈规则的时候就已经对博弈的均衡结果具有影响,甚至决定着这个结果。另外,博弈规则还决定了每个博弈方未来能力发展的方向。如果你有极大的力量,那么应该制定博弈规则。如果你有较大的力量,那么应该挑选适合自己的博弈规则。如果你缺乏足够的力量,那么只能努力适应博弈规则,在博弈中成长,使自己某天可以改变这个规则。如果你无法适应这个博弈规则,那么可能未来的某天会被其他博弈方踢出这个博弈。

第三章
博弈的基本假设及意义

博弈论有两个基本假设,分别是理性人假设(Rationality Assumption)和理性共识假设(Common Knowledge Assumption)。虽然这两个基本假设具有一定的局限性,但是它们的存在具有巨大的意义。

第一节 理性人假设

理性人假设是博弈论的基本理论假设。理性人要有一个明确的偏好目标,然后在一定的约束条件下,该人总能追求自我偏好满足的最大化。简单地说,就是假设人在每一项活动中都追求自身偏好满足的最大化。这里的"偏好"是经济学里面的一个非常重要概念,它指的是一个人在面临多种选择时所表现出来的相对喜爱程度,反映人们在决策中所遵循的行为准则和价值观念,是人类行为中最基本和最普遍的心理倾向之一。具体来讲,理性人假设具有博弈方具有认知理性与行为理性两层含义,同时理性也存在个体理性与集体理性、有限理性与无限理性的特点。

1. 理性人假设的两层含义

理性人假设具有两层含义:① 博弈方都是认知理性的。这层含义讲的是每个博弈方都是自我利益的判断者,只有每个博弈方自己知道他最喜欢什么,什么是对他最好的。正如在囚徒困境博弈中,犯罪嫌疑人甲和乙都知道坐牢年数少是对自己最有利的。② 博弈方都是行为理性的。这层含义说明博弈方都追求自身利益最大化,也就是说,他们进行博弈所选择的策略或者行使的行动都是为了达到自己的利益最大,即在任何条件或情况下,博弈方总是会选择自己认知中对自己最好的策略。例如,在囚徒困境中,两个犯罪嫌疑人选择坦白与不坦白的行为基础是希望自己能够被监禁的时间更短。因此,甲在分析时会考虑乙的行为选择对自己服刑年限的影响,他选择了一个让自己相对来说在乙选择不同行为下都安全的做法,就是坦白。行为理性也映射出我们之前说的博弈中各博弈方的策略与结果具有相互依存的特点。因为博弈方之间的策略匹配不同,意味着每个博弈方会得到不同的结果。例如,在智猪博弈中,如果大猪去踩踏板,那么小猪一定选择等待;如果小猪去踩踏板,对于大猪来说最好的行为应该是等待。正是因为博弈中各博弈方的行为理性,追求对自己来说最好的结果,就必须要考虑到其他博弈方行为选择对自己结果的影响,因此才会出现博弈的关键特征,即博弈方之间的策略与结果具有相互依存关系。

如果我们将认知理性看成是"萝卜青菜,各有所爱",那么行为理性则可表达成"萝卜青菜,各有所选"。因此,博弈论中假设所有博弈方都是理性的,那么每个博弈方都能在进行策略选择时充分考虑他自身当前面临的局势,也会考虑其他博弈方的策略选择对自己带来的影响,根据各种分析与推断选择使得自己利益最大化的策略。所有博弈方都不会不知道自己的偏好,所有博弈方在综合考虑其他博弈方策略对自己影响的基础上不会放弃一定会让自己更好的策略。

2. 个体理性与集体理性

理性人假设是以个体利益最大化为目标的,但现实中并不是全部的决策者都会以个体利益最大化为目标进行决策。存在一部分决策者是以团体或者集体利益最大化为目标进行决策的,那么我们将这种以集体或者团体利益最大化为目标的称为集体理性,而把个体利益最大化这个目标称为个体理性。一般情况下,博弈中的行为准则是个体理性而不是集体理性,除非有一个有效力的合约,能够克服集体利益最大化和个体利益最大化之间的矛盾,从而使个体舍弃个体利益最大化为目标,而去追求集体利益最大化。

前面章节给出的例子中,博弈方都是个体独立行为的。例如,在囚徒困境博弈中,犯罪嫌疑人甲和乙在思考自己的策略选择时都是从自己的利益出发,都是为了让自己的监禁时间最短。可是社会经济中也有许多问题没办法由个体分散的行为解决,必须各方合作才能有效解决。例如,一个很常见的交易,小王想把一部已经淘汰的手机转卖给一个需要这部手机的小李。若小王觉得这部手机价值 500 元,低于 500元宁可不卖,而小李则认为这部手机最多值 800 元,一旦高于 800 元,宁可买一部新手机,那么以 500 元到 800 元之间的任何价格成交都能够使双方双赢。但是能否成交或者以什么价格成交则不是任何一方单独决策或者两个人分散决策能够决定的,需要双方对交易价格达成共识才能够解决。单方面决定的交易等于强买强卖,在买卖自由的市场是不成立的。此类问题在企业运作中也很常见,但凡有交易利益、合作利益、利益分配的地方就会包含此类问题。人们合作创办企业时确定股权、利润分配比例是这样的问题,企业破产清算时债权人分配剩余资产也是同样的问题。局限于个体独立决策、竞争策略的非合作博弈框架显然无法很好地解决此类问题,必须引入博弈方之间的协商机制。此类问题的核心实际上是利益分配,解决问题的关键是议价谈判。由此,这类问题也引出了有关议价的博弈理论。

议价博弈大多数是在两个博弈方之间进行,但并不是意味着只能局限在两个博弈方之间,实际上普遍存在三个或者以上博弈方的议价问题。多个博弈方的议价往往可以引出新的问题,那就是部分博弈方之间串谋形成利益联盟的问题。例如,上述手机交易中,如果增加一个竞买者小红,她对手机的估价为 900 元,就可能引出此类问题。如果小红和小李联合向小王压价,或者小红和小王串通争抢小李将要谈成的生意,这些都会给交易带来影响。因此,多人议价问题必须讨论出现各种联盟的可能性及其影响,否则任何分析预测都不可靠。这又引出了有关联盟问题的联盟博弈理论。联盟博弈同样不是博弈方的个体独立决策能完成,必须包含博弈方的协调合作。议价博弈和联盟博弈一起构成"合作博弈"。这里的"合作"指博弈方的合作,而不是博弈方策略或行为的合作。相对于这种合作博弈,博弈方个体独立决策行为的博弈称为"非合作博弈"。虽然非合作博弈包含博弈方的利益依存和策略互动,博弈结果由所有博弈方的行为共同决定,可能包含不同程度的合作,但博弈本身并不要求博弈方相互协调配合。

依据以上的论述,不难发现在合作博弈中必须要形成一个相互协调配合机制。换言之,合作博弈需要博弈方以追求集体利益最大化而舍弃考虑自身利益的最大化,形成一个相互协调配合机制。而非合作博弈的本质,即个体独立追求自身利益最大化。显然,非合作博弈在实际中更加常见。因此,本书主要介绍非合作博弈,主要原因在现实生活中大多数个体或者团体都是以竞争为基础的,而且基本上都会以追求自身利益最大化为目标。博弈各方能够达成一致,且各自舍弃追求自身利益最大化,转而追求集体利益最大化的还是很少一部分。更为重要的是合作大多数是有条件和暂时的,合作的基础一旦缺失,双方就会立刻转为竞争关系。因此,鉴于合作博弈在实际生活中相比非合作博弈少,且获得完好的合作之约源于对非合作的深入分析。所以,本书主要阐述非合作博弈的理论、方法及在管理中的应用,且无特殊说明,所基于的假设都是个体理性假设。

3. 有限理性与无限理性

虽然理性人假设的两层含义告诉我们所有博弈方都知道自己的偏好,并且能够在考虑其他博弈方策略选择的基础上选择使自己利益最大化的策略。但在实际中,不仅人们的智力和能力有差距,并且在判断、决策执行等方面都有很大差距,因此理性人的假设存在局限性,对博弈分析的可靠性有很大影响。如果要保证博弈分析的价值,就必须要考虑博弈方的理性局限。这里,我们将博弈方在选择最优策略过程中出现的失误等不完美情况称为有限理性(Bounded Rationality)。而将博弈方在选择最优策略中具有很强的分析能力且不会出现选择错误的称为无限理性(Infinite Rationality),有时也称为完全理性(Perfect Rationality)。

有限理性包括从相对盲目到非常精明、从相对无私到特别自私,从较为谨慎到冲动冒险,从目光短浅到见识远大等许多情况。比较可行和现实的方法就是根据博弈分析的需要和博弈方行为特征,总结一些性质特征相似的典型类型。现代博弈论考虑了三类有限理性问题。第一类有限理性问题是指基于接近理性人但偶尔会犯错的问题。此类问题对理性人作为基础的博弈最终结果、分析方法的可靠性具有一定的影响。解决此类问题的方法是引入适当的博弈结果概念及相对应的解决方法,去修正或者替代理性人假设为基础的博弈分析。第二类有限理性问题是指尽管不符合理性人的博弈假设,但理性程度还是相对较高的,只是在判断分析、预见性、决策能力等方面存在一定缺陷,但是具有很强的学习、调整和模仿能力的特点。在现实中,此类有限理性问题十分普遍。处理这类有限理性问题的方法是,在博弈模型中引入特定的学习模仿、策略调整模式。这方面的研究发展就成了博弈学习理论。第三类有限理性问题是指理性程度非常低,决策过程非常盲目的博弈问题。这种问题在现实中十分普遍,特别当现实问题较为复杂时更是如此。处理此类问题的解决方法是超越个体决策和博弈最终稳定结果的分析方法,在集体行为的意义上,讨论集体淘汰选择和个体盲目行为的演化博弈稳定结果,这方面的研究推动了演化博弈论的产生和发展。

有限理性问题促进了博弈论新的研究方向,即引入超纯粹理论研究的博弈实验研究方法。该研究方法通过实验探究人们的行为和博弈问题,同时对人类的决策行为、理性特征等进行深入探究,为更加科学的博弈分析提供基础。这方面的研究同时也促进了行为经济学、实验经济学的发展。

在博弈论中,以完全理性假设为基础的分析过程和以有限理性为假设的分析是完全不同的,有限理性的决策者最终做出的策略选择和无限理性的决策者做出的策略集合是完全不同的。而且博弈方之间的分析是相互作用、相互影响的。如果有一方是基于有局限的理性假设下分析的,而其余都是基于无限理性下分析的,那么最后得到的结果会因为个别的有限理性而破坏整个分析结论,也就是整个结论会失效。随着博弈理论的发展,尽管考虑到有限理性引出的许多新的研究和发展,但是大多数还是基于无限理性假设(完全理性假设)。因此,如无特殊说明,本书所涉博弈理论的分析与方法都是基于无限理性假设展开的。

第二节　理性共识假设

除理性人假设外,理性共识假设是博弈论的另一基本假设。所谓理性共识,是指博弈中的各博弈方在无穷递归意义上均知悉的事实。例如,每个博弈方都知道 A 事件,所有博弈方都知道每个博弈方也知道 A 事件,每个博弈方知道所有博弈方知道每个博弈方知道 A 事件等,以此类推。

1. 理性共识假设存在的必要性

实际上,在本书前面提到的所有博弈中,都隐含着这种理性共识的假设。例如,在囚徒困境博弈中,犯罪嫌疑人甲知道犯罪嫌疑人乙会在考虑自己的策略的同时选择使乙监禁最少的策略,同样的犯罪嫌疑人乙也知道犯罪嫌疑人甲也会在考虑自己的策略的同时选择使甲监禁最少的策略。所以,他们才会最终都不约而同的选择"坦白"。这正是两个犯罪嫌疑人甲和乙在理性人的假设基础上,同时具备理性共识的假设,我们才能够对囚徒困境博弈进行分析,获得博弈结果。同样的,在智猪博弈中,如果两头猪只满足理性人假设,那么大猪将不会拥有小猪会在自己不论选择何种行为都会选择"等待"的知识,那么大猪就有可能会误选"等待",而且小猪也不会知道大猪的思考模式,也有可能出现同样选择"等待"的结果。理性共识假设是所有博弈方能够理性分析博弈问题,获得稳定博弈结果的一个非常重要的基础假设。

可以想象,当人们的知识背景越来越脱离常识,那么人们的行为将会越来越难以被预期,那么很多事情的发展将变得很复杂,有时甚至出现混乱。例如,有甲、乙两支部队从山的东西两边分别攻击山头上的敌人。如果两支部队单独进攻的话,就会被敌军击败,只有一起进攻才能获胜。因此,两支部队要约定一个共同进攻的时间。甲部队指挥官 A 派手下的传令兵去通知乙部队指挥官 B,告诉其明天凌晨 4 点共同出发进攻。传令兵得到命令后,火速赶去乙部队,并传达给 B 明天发起进攻的时间。等传令兵返回甲部队后,报告 A 说 B 已经知道了进攻的时间。但现在的问题是,传令兵是否算完成了信息沟通任务呢?是否真的可以保证两支部队一定会在第二天凌晨 4 点一起进攻敌军呢?

答案是否定的。因为 A 虽然知道了 B 知道了明天凌晨 4 点会发起进攻,但 B 不知道 A 是否知道自己已经知道了明天 4 点发起总攻。如果传令兵在返回甲部队的途中牺牲了,那么 A 就不知道 B 已经知道了他提出的进攻时间,第二天凌晨 4 点可能会放弃进攻敌军的行动,以免被敌军消灭。因此,B 不知道传令兵是否把自己同意进攻的事情回报给 A,担心 A 会放弃行动,所以自己也就会放弃进攻了。如果 A 再次派传令兵去告诉 B,他已经知道了 B 知道了明天的进攻时间。传令兵再次到乙部队告诉 B,是否就可以了呢?

答案仍然是不行。如果传令兵第二次去乙部队的路上牺牲了呢? A 就无法知道 B 已经知道他已经知道 B 知道进攻的时间。传令兵还得再次返回到 A 这里。那么,来回两趟可以吗? 答案也是不可以。要几趟才可以呢? 按照这种分析方法,应该需要无数趟。总之,依靠传令兵无法确保两名指挥官之间就第二天进攻时间达成共识。从这个故事我们可以看出,确保信息传递线路的通畅,是一件非常重要的事情。

从这个故事可以发现即便事情是有规则的,但如果一个博弈方不再肯定其他博弈方知道了他知道的规则,他将不能肯定其他博弈方是否清楚他会或者不会采取合作行动。而博弈方心中的这些疑惑,将对他们的最终行为产生重大的影响。由此可见,博弈方之间是否具有理性共识至关重要。

2. 理性共识的阶数

在一个博弈的理性共识假设中,最为重要的是定义博弈共同知识的阶数。理性共识严格来说有零阶(zero-order)、一阶(first-order)、二阶(second-order),直至无限阶次的理性共识。其中,零阶理性共识是指博弈中的每个博弈方都是理性的,但是不知道其他博弈方是否理性。例如,在智猪博弈中,如果假设零阶理性共识是指大猪和小猪知道自己是理性的,即都按照使自己获得更多能量的策略来行使行为选择。一阶理性共识是指除了要求博弈中每个博弈方都是理性的,还要求所有博弈方都知道其他博弈方是理性的。例如,在智猪博弈中,不仅要求大猪和小猪知道自己是理性的,同时大猪还知道小猪是理性的,小猪也同样知道大猪是理性的。二阶理性共识则需要在满足一阶的基础上更进一步,首先博弈中的每个博弈方都是理性的,同时所有博弈方知道其他博弈方都是理性的,并且所有博弈方知道其他博弈方知道自己是理性的。例如,在智猪博弈中,除了大猪和小猪都知道自己是理性、大猪知道小猪是理性的及小猪知道大猪是理性的外,大猪知道小猪知道它(大猪)是理性的,小猪也知道大猪知道它(小猪)是理性的。以此类推,可以类似地给出三阶、四阶,甚至 N 阶理性共识的定义,直至到无穷阶理性共识的定义。

一般博弈论中的理性共识假设都是指无穷阶的理性共识假设。但这个假设在现实中很难满足,这也是博弈分析结果很大程度与现实有所偏离的一个非常重要的原因。生活中之所以有计谋的存在,就是因为参与人不满足理性共识的要求。否则,博弈的结果就是任何人都能预测的,所有的计谋都无法得逞。例如,甲乙两个人博弈。甲很聪明,乙也清楚甲很聪明,但是甲不知道乙也是同样聪明,甚至比自己更聪明。那么在这种情况下,甲若想通过某个计谋蒙骗乙,那么乙就可以将计就计,最后甲反倒没有算计成功乙，反而被乙算计了。但是，若甲知道乙非常聪明，那么甲就会有自知之明，知道用任何计谋不可能蒙骗乙，那么乙也就没有将计就计的机会了。例如，我们在本书开篇讲的"田忌赛马"的例子，齐威王的上、中、下三等马分别优于田忌的上、中、下三等马。可田忌运用计谋，用他的下等马对齐威王的上等马，上等马对齐威王的中等马，中等马对齐威王的下等马，结果田忌以 2∶1 获胜。这个典故中田忌之所以能够获得胜利，是因为齐威王并不知道田忌会用计谋。若齐威王足够聪明，想到田忌在与自己比赛时会使用计谋。那么，他只要改变博弈规则，要求田忌先出马，那么齐威王肯定可以大获全胜。这也告诉我们在生活或者工作中，不应把事情都想得很简单，应该通过全面的分析，正确地看待事情、看待所有的人，才能做出正确的决策。

虽然说现实生活中不存在各博弈方都满足无穷阶理性共识的情况，但在很多博弈分析中，我们并不需要博弈方具备无穷阶理性共识这么高的要求。例如，在囚徒困境博弈中，只需要求甲和乙是一阶理性共识就可以获得博弈结果。犯罪嫌疑人甲和乙知道自己是理性的（零阶理性共识要求），那么甲在乙不论选择什么行动时都会选择坦白，乙也是同样的；然后甲和乙都知道对方是理性的（一阶理性共识），那么甲就会知道乙会选择坦白，乙也会知道甲也会选择坦白，那么他们最后就会不改变行动，都选择坦白。

当然，随着博弈方的可选行为增加，分析博弈获得稳定结果所需要的理性共识阶数会增加。分析一场博弈具体需要多少阶理性共识应根据具体问题来定。例如，博弈方 R 和博弈方 C 进行一场博弈。其中，博弈方 R 可选策略有四个，分别是 R_1、R_2、R_3 和 R_4；博弈方 C 的可选策略也有四个，分别为 C_1、C_2、C_3 和 C_4。当博弈 R 选择策略 R_1 时，博弈方 C 分别选择 C_1 至 C_4，两博弈方的得益组合分别为（5，10）、（0，11）、（1，20）和（10，10）。这里括号里第一个数字表示博弈方 R 的得益，第二个数字表示博弈方 C 在其不同策略下的得益。例如，第一个组合（5，10）表示当博弈方 R 选择 R_1 行为且博弈方 C 选择 C_1 行为时，博弈方 R 的得益为 5，博弈方 C 的得益为 10。类似的，当博弈方 R 选择 R_2 行为时，博弈方 C 选择 C_1 至 C_4，两博弈方的得益组合分别为（4，0）、（1，1）、（2，0）和（20，0）；当博弈方 R 选择 R_3 行为，博弈方 C 选择 C_1 至 C_4，两博弈方的得益组合分别为（3，2）、（0，4）、（4，3）和（50，1）；当博弈方 R 选择 R_4 行为，博弈方 C 选择 C_1 至 C_4，两博弈方的得益组合分别为（2，93）、（0，92）、（0，91）和（100，90）。在这个博弈中，不难发现若预分析这个博弈，需要更高阶的理性共识。那么具体需要多少阶呢？

我们首先来分析一下这个博弈。首先考虑博弈方 R 的选择，若博弈方 C 选择

C_1,则博弈方 R 会选择 R_1;若博弈方 C 选择 C_2,则博弈方 R 会选择 R_2。同理,不难得出博弈方 C 选择 C_1 和 C_2 行为对应的博弈方的最优选择行为应该分别是 R_3 和 R_4。很显然,博弈方 R 所做的任何一个选择都是理性的,具体取决于他对博弈方 C 选择的判断。其次,对于博弈方 C,如果博弈方 R 选择 R_1,则博弈方 C 选择 C_3;若博弈方 R 选择 R_2,则博弈方 C 会选择 C_2。类似的,博弈方 R 选择 R_3 和 R_4 行为时,博弈方 C 的最好选择应该分别是 C_2 和 C_1。在这个博弈中,无论博弈方 R 的选择是什么,博弈方 C 都不会选择 C_4,也就是说 C_4 是博弈方 C 一个最差的选择行为。若博弈方 R 知道博弈方 C 是理性的,即已知博弈方 C 不会选择 C_4,那么博弈方 R 也不会选策略 R_4。进一步的,博弈方 C 会选择 C_1 的唯一理由是博弈方 R 会选择 R_4。若此时已知博弈方 R 不选策略 R_4,博弈方 C 必然不会选择 C_1。因此,在这个博弈中可以永远不考虑博弈方 C 选择 C_1。同理,博弈方 R 也会永远都不选择 R_1。以此类推,我们还可以确定博弈方 C 不会选择 C_3,博弈方 R 不会选择 R_3。最后,这个博弈就只剩下博弈方 C 可以选择 C_2,博弈方 R 可以选择 R_2,双方的得益均都是 1。

通过以上对博弈结果的分析容易看出,这个博弈中各博弈方的可选策略比我们之前讲的囚徒困境博弈与智猪博弈要多,因此也需要更高阶的理性共识。实际上,求出上述例子中的博弈结果共需要五阶理性共识,它们分别为:

（1）零阶理性共识:博弈方 C 是理性的,这说明他不会选择 C_4。

（2）一阶理性共识:博弈方 R 知道博弈方 C 是理性的,这说明他知道博弈方 C 不会选择 C_4,所以自己也不会选 R_4。

（3）二阶理性共识:博弈方 C 知道博弈方 R 清楚自己是理性的,这说明博弈方 C 知道博弈方 R 将不会选择 R_4,所以自己也不会选择 C_1。

（4）三阶理性共识:博弈方 R 知道博弈方 C 知道博弈方 R 知道博弈方 C 是理性的,这意味着博弈方 R 清楚博弈方 C 不会选择策略 C_1,所以自己也不会选择 R_1。

（5）四阶理性共识:博弈方 C 知道博弈方 R 知道博弈方 C 知道博弈方 R 知道博弈方 C 是理性的,这反映出博弈方 C 此时已知博弈方 R 不会选择 R_1,所以自己也不会选择 C_3。

（6）五阶理性共识:博弈方 R 知道博弈方 C 知道博弈方 R 知道博弈方 C 知道博弈方 R 知道博弈方 C 是理性的,这说明博弈方 R 清楚博弈方 C 不会选择 C_3,所以自己也不会选择 R_3。

经过以上对该博弈的分析和推断,最终结果是博弈方 R 选择 R_2 策略,博弈方 C 选择 C_2 策略。虽然以上对这个博弈分析需要理性共识阶数的过程让人感觉到复杂,但这实际说明了理性共识对于预测和求解一个博弈的要求非常高,现实中所有博弈方实际上很难达到这个要求。这也是导致很多时候博弈论的理论预测与现实结果存在偏差的一个主要原因。虽然无穷阶的理性共识假设有些偏离现实,但对于我们去研究博弈问题还是有很大帮助的。著名经济学家罗伯特·约翰·奥曼强调,理性共识假设是许多经济理论和博弈论的基础。我们基于博弈论构建模型,无论在什么情况下都是默认满足理性共识假设的,否则分析就不会连贯,且模型也不能被充分的构建。理性共识假设让人们对预测未来产生可能。同时,理性共识假设也是分析是否能够获得博弈结果的基础。因此,如果本书没有特别说明,博弈都是基于无穷阶的理性共识假设。

第三节 理性人假设与理性共识假设的意义

虽然理性人假设与理性共识假设看似都有些极端,但是它们是构成博弈理论的重要基本假设,对博弈论具有重要意义。著名经济学家罗杰·迈尔森(Roger Myerson)给出了这两个假设存在的三大权威的理由,也间接回应了这两个假设的存在意义。

第一个理由是尽管理性人假设和理性共识假设有些极端,但是由于目前没有一个更好或者其他可以选择的理论来代替它,因此退而求其次我们只能选择基于这两个理论来进行研究。显而易见,虽然我们不是一个完全理性或者理性共识的人,但是现在还没有基于非理性和非理性共识建立的完整的、可信赖的、更加适应实际生活、具有解决问题能力的研究框架。尽管已经有一部分学者开始探索关于有限理性假设下的博弈理论及其分析方法,但是目前尚未形成体系。因此,目前理性人假设仍然是现存的对博弈方理性程度的各种假设中非常具有竞争优势的假设之一,理性共识假设也是现存对于博弈方间的理性共识程度的各种假设中极具竞争优势的假设之一。所以从以不同理性人或者不同理性共识程度来看,没有给予其他理性人假设或理性共识假设发展起来的比较成熟的博弈理论体系,这也是为什么很多博弈理论的分析还都是以这两个基本假设为前提的主要原因。

第二个理由是指在社会演化的角度下,虽然人不是一直都是理性的或者充分了解他人的理性程度,但是如果一个人一直不理性或者不了解他人的话也很难生存下去。例如,某个人要选择 A、B、C 三种产品中的一个产品,而他的选择策略是这样的:当你让他在 A、B 中选择,他会选择 A;当你让他在 B 和 C 中去选择,他会选择 B,很显然,如果这个人是理性的,那么你让他在 A 和 C 中选择,他应该选择 A。但是我们假设这个人不是理性的，他选择了 C。此时，如果有人跟他进行 A、B、C 交换博弈，很快他就会一无所有。原因是当他手里有 A 产品时，你用 C 产品跟他交换，并且索取 1 元钱的补偿；而交换后他手中是 C 产品，此时你用 B 产品跟他再进行交换，而他又要补偿你 1 元钱；最后你再用 A 产品和他手里的 B 产品换，他又需要补偿你 1 元钱。如果一直重复这个博弈，很快他就会一无所有。这个例子说明了，如果一个人在长期角度下都处于一个非理性状态，他将很快失去一切。类似的，如果一个人长期不具有理性共识，不了解他人的话也是很容易被这个社会淘汰。正如之前提到的甲乙两个部队同时攻打敌人的例子一样，他们会永远无法确定一起进攻的时间，最终被敌军一个一个歼灭。因此，一个人即使不能时时刻刻都保持理性状态，或不能与他人形成无穷阶的理性共识，但从长期来看也要尽可能地保持理性和比较高阶的理性共识。

第三个理由是，我们的整个社会科学的目的除了要分析和预测人的行为，更重要的是评价一个社会体制的优劣和评价各种改革方案。因此，尤其在评价社会体制等情景下，我们需要假定人是理性的，假设人们具有一定的共同知识，否则所有弊端都可以归结为人的非理性因素或者人的差异知识导致的，那么就无法进行制度的改进和评价，因此就也无法设计制度，人类就无法改进了。而有了理性人和理性共识假设，我们可以不断地改进，持续地优化所有的政策、制度、规范等，从而可以提高全社会的福利。

总而言之，理性人和理性共识的假设不论是对博弈的理论构建与方法分析，还是对整个社会的发展都具有非常重大的意义。即便这两个假设并不是完美的，但是我们仍需接受。因此，在后面的章节中，我们都假设博弈中的所有博弈方都是理性的，且都具有无穷阶理性共识。

第四章
博弈的分类

为了更好地认识博弈的类型,本章将从博弈方数量、博弈方策略数量、博弈得益总和、博弈方决策顺序、博弈重复次数、博弈信息结构、博弈方理性程度与博弈方式等八个方面对博弈类型进行更加详细的划分和介绍,并给出比较系统的博弈结构。

第一节　依博弈方数量分类

博弈的本质特点是博弈方之间的策略存在相互依存性。博弈方数量越多,代表要分析的博弈方策略依存性就越复杂,博弈分析也会越难。因此,博弈方的数量是构成博弈结构的关键参数之一。依据博弈方数量的多少,可以将博弈类型分为"单人博弈""两人博弈"与"多人博弈"。

1. 单人博弈

单人博弈,顾名思义就是指只有一个博弈方的博弈。例如,选择什么样的方式回家过新年、今天出门是否需要带伞、毕业之后是直接找工作还是选择考研等。由于单人博弈中只需要考虑一个人的策略选择,不存在其他博弈方的反应和作用,这样的博弈类型往往相对比较简单。实际上,单人博弈在理论上已经转变为个体(企业)在面对一定约束条件下的最优化问题了。例如,某个企业生产了一批产品,总价值为9万元,根据客户要求需要将这批产品从该企业工厂所在地A运至客户所在地B。目前企业可选择的运输策略有两种:一种是水路运输,成本比较低,只要7 000元;另一种是陆路运输,成本比较高,需要1万元。若天气晴朗,两种运输方式都能安全抵达。若遇到恶劣天气,陆路运输相对比较安全,水路一般会受到比较大的影响。假设遇上恶劣天气时水路运输的货物将遭受货物总价值10%的损坏。根据历史天气的统计数据来看,预计有25%的概率会出现恶劣天气。那么该企业应该选择哪种运输策略来完成这批产品的运输呢？

如果从博弈论的角度来分析这个博弈,需要引入一个虚拟博弈方——"自然",形成"自然"与"企业"之间的博弈。"自然"选择天气好还是坏两种策略。在本例中,"自然"选择好天气的概率为 75%,恶劣天气的概率是 25%。由于"自然"是一个虚拟的博弈方,因此是没有得益的,这其实就是单个博弈方的运输最优化问题。

此外,单人博弈又可以被划分为两种情况:一种是博弈方与"自然"的博弈(如上面的产品运输的例子),是无法控制的,因此被称为"概率博弈";另一种则是博弈方可以控制全部结果的博弈。例如,考试,博弈方自己可以控制结果,被称为"技能博弈"。但不论何种单人博弈,单人博弈已经完全可以通过最优化理论来进行分析了,而且单人博弈本身没有体现博弈方之间策略相互依存的博弈论分析的本质特征,因此本书不做过多介绍。

2. 两人博弈

两人博弈是由可以独立决策的两个博弈方组成,且各博弈方的策略选择与所获利益具有相互依存关系的博弈决策问题。例如,我们之前讲的"囚徒困境博弈""智猪博弈""懦夫博弈"等都属于两人博弈。两人博弈是个比较常见的博弈类型,比如两寡头企业之间的竞争、两个国家之间的竞争、一个供应商与一个制造商的合约博弈、一个制造商与一个零售商的合约博弈等。

(1) 两人博弈中博弈方之间并不总是竞争对立的,有时他们的利益方向也存在一致性。例如,我们来看下面这个"新技术选择博弈"的例子。市场上有两家企业,分别为企业 A 和企业 B,它们都生产同一种产品。随着科技的不断发展,出现了一种新的生产技术,这种技术不仅仅可以提高企业的生产效率,同时还能提高产品的质量,很受消费者的青睐。那么,此时企业 A 和企业 B 面对的是使用新技术生产还是继续沿用老技术生产的决策问题。若假设企业 A 和企业 B 继续使用老技术生产,那么两家企业会平分市场份额。但是,由于使用老技术时的生产成本会更高,因此两家企业的得益都比较低,这里设定为 1。若两家企业都选择使用新技术,市场也会被企业 A 和企业 B 平分。由于使用新技术会降低生产成本,因此两家企业的收益可以假设为 2。如果企业 A 或企业 B 中只有一家企业采用新技术生产,而另一家企业继续沿用老技术,那么新技术生产的产品更受到消费者喜欢,因此市场上会选择新技术生产的产品,此时采用新技术生产的产品收益可以假设为 5,采用老技术生产的产品收益为 0。那么这两家企业会如何选择呢?

由于这个博弈中企业 A 和企业 B 具有可选策略与得益的对称性,因此我们只需要分析一个博弈方的最终选择就可以同样获得另一个博弈方的最终选择。不失一般性,我们来分析企业 A 应如何选择。作为企业 A,如果它选择老技术,那么在企业 B 也选择老技术下自己的得益为 1,在企业 B 选择新技术下自己得益为 0。这显然比企业 A 选择新技术时不划算,因为在它选择新技术时,若企业 B 选择老技术,它将得益 5,而当企业 B 选择新技术时,自己也能得益 2。怎么看都是企业 A 应该选择新技术,对于企业 B 也一样,它也会斩钉截铁地选择新技术。由此可见,两家企业在选择技术的这件事上并不存在矛盾,利益的方向是一致的。并不像我们之前提到的"石头剪刀布博弈"中所论述的那样,博弈方是严格的竞争关系。实际上带有这种博弈方利益方向一致特点的两人博弈,都可以被看成是只有"合作"与"不合作"两个选择策略的博弈。例如,上面的新技术博弈问题,选择新技术意味着合作,选择老技术意味着不合作。有时这类博弈甚至是只有当两个博弈方都选择合作时,才能达成合作,各自获得得益;否则只要有一方不选择合作,那么合作就无法达成,双方都没有任何得益。例如,由合作合同带来各种博弈问题,只有双方都愿意签订合同,这样收益才会发生。

(2) 在两人博弈中,掌握信息较多的博弈方并不一定能在博弈中获得较多利益。例如,本书之前提到的心理学家带领 10 个人黑灯时可以走过恐怖的独木桥,但是开灯后大部分人就不敢走过去了,即便敢走过去的也需要经过很长时间才能完成,这是为什么呢? 主要是因为信息较多的博弈方会更加清楚接下来的博弈可能会带来更多的危险,为了避免这种危险导致的两败俱伤的局面,他宁愿采取保守策略。相反,信息较少的博弈方,因为无法预知竞争的危险,因此就会放手去做,掌握了主动,当然也就会获得更多的得益,正所谓"初生牛犊不怕虎"。这个特征在创业问题中表现得特别明显,有些新项目不是只有某位创业者看到了机会,很多情况下是因为其他看到这个机会的人想得太多、瞻前顾后,不敢执行。而有些创业者掌握的信息量少,自然不会预见到这个机会存在的风险,摸着石头过河,反而走向了成功。因此,对一件事情的信息掌握不能太少,但掌握得太多也可能导致较次的博弈结果,因为完全掌握信息后反而会禁锢思想和行动。

(3) 两人博弈中每个博弈方都是追求最大自身得益的行为,常常不会带来社会的总体得益最大化,自然也不能真正实现各博弈方的最大利益。例如,在囚徒困境博弈中,犯罪嫌疑人甲和犯罪嫌疑人乙都选择使自身得益最大的策略"坦白"。但在这个博弈中如果两个人都选择"不坦白",将会获得更大的总得益,也会使每个人的得益比选择"坦白"的时候大。这说明我们在考虑很多事情的时候如果完全从自身的利益出发,会损失掉博弈合作、获取更多利益的机会。例如,企业间的价格战,职位竞选时的相互拆台,还有很多企业管理人之间的内耗问题,等等,都导致博弈方与自己可以获得最大得益失之交臂,退而求其次地执行第二或者第三策略选择,获得较低的得益。

3. 多人博弈

多人博弈是指一个博弈中存在三个或者三个以上的博弈方。多人博弈与两人博弈相似,通常可以使用两人博弈的方法和思路进行分析,或者将两人博弈分析的相关结论推广到多人博弈。而且,在两人博弈中讲到的三个特征在多人博弈中也常常出现。但多人博弈比两人博弈更加复杂,因为随着博弈方的增多,策略组合也会增加,需要考虑的策略会更加复杂,各博弈方间的策略依存关系必然也更为繁杂。例如,如果我们在囚徒困境中引入第三个犯罪嫌疑人丙,那么事情将变得更加复杂。对于甲、乙、丙三个博弈方的某一个博弈方来说,其他两个博弈方不仅会对他的策略选择做出反应,他们相互之间也会有彼此策略的相互影响和反应,那么每个人选择的策略将更加难以预料。

同时,在多人博弈中也很有可能出现破坏者,破坏者就是指在博弈过程中该博弈方的策略选择对自己没有影响,但是会影响到其他人,甚至可能会对博弈的结果产生决定性的影响。例如,小王、小李、小红三个人竞选某个职位,根据 80 个人最终的投票结果来确定,得票多的人最终获胜。最终的得票结果为:小王有 33 票,小李有 29 票,小红有 18 票。显然,如果三个人都坚持到最后则小王获胜。小红知道自己已经不可能竞选获胜,那么她如果选择放弃,只要她的 18 个支持者里有 11 人以上支持小李,小李就会获胜。如果我们把这场竞选看作一个三人博弈的话,那么三个人所面临的策略选择就是参加竞选和放弃这两个选择。其中博弈方小红就是一个破坏者,因为她的策略选择对他自身而言其实没有影响,她无论参加竞选或者不参加竞选都不可能获胜,但是他的策略选择却对整个结果产生决定性的影响。

此外,多人博弈也为部分博弈方进行合谋提供了可能。正如以上这个投票选择的破坏者问题。也许小红的退出正是小红与小李进行合谋的结果。多人博弈的合谋现象在现实经济管理中非常常见,如两个供应商进行合谋,蓄意抬高某个零部件的价格,让制造商无奈只能接受支付高价来购买用于生产的这个零部件,否则将面临停产的危险。

因此,当企业或者个人身处在多人博弈中时,不仅需要考虑自己与其他各个博弈方的策略选择问题,同时还需要考虑其他部分博弈方的合谋问题及单纯的破坏者问题。

第二节　依博弈方策略数量分类

在博弈过程中各博弈方可选策略的数量会影响到博弈分析的复杂程度,这主要因为各博弈方间的策略选择存在相互依存性。博弈方可选策略数量越多,将会使博弈的分析越发复杂。在博弈过程中,各个博弈方可以选择的全部策略或策略范围是博弈中需要确定的重要方面。

不同的博弈可以选择的策略数量是不同的。例如,在囚徒困境中,甲、乙两个嫌疑犯可以选择的策略都只有两个,即坦白和不坦白;而在竞争企业产品的定价中,可以选择的产品价格就是无限多个。需要强调的是,并不是所有博弈的博弈方可以选择的策略都是相同的,有时博弈方可以选择的策略是不同的,并且博弈方可以选择的策略数量也是不同的。例如,A 和 B 两家企业在谈一笔生意,假设 A 企业是销售方,向 B 企业出售产品,而 A 企业可以选择出高价、中价、低价三个价格选择策略。B 企业则只能选择接受或者不接受这两个可选策略。该博弈中,各博弈方的可选策略数量就是不同的。另外,在一些博弈中,还有可能会出现部分博弈方可以选择有限种策略,而另一部分博弈方可以有无限种策略可以选择的情况。例如,在一个市场上,先进入市场的一个大厂占领了 C 市场,而一些后进入市场中的小厂商也向 C 市场供应少量的产品。小厂商如果供应的数量比较少,那么大厂商就不会打击,因为此时打击小厂商也会给大厂商带来很大的损失;而当小厂商的供应量达到一定规模时,大厂商就不得不进行打击了。因为如果再不打击会给大厂商的利润带来巨大损失。在这个博弈中,小厂商可以选择的策略就是它决定的供应量有无限个策略可以选择。而大厂商的行为只有两个,即打击或者不打击。因此,按照博弈中博弈方可选策略的数量是否有限将博弈分为有限策略博弈与无限策略博弈。

1. 有限策略博弈

一般来说,如果一个博弈中所有博弈方的可选策略都是有限多个,那么我们称这种博弈为有限策略博弈。有限策略博弈只有有限多种可能的结果。所以,这种博弈相对来说比较好分析,这里的结果就是指策略组合。全部可能出现的结果是各个博弈方可选策略数量的乘积,可以通过枚举的方式进行分析。例如,我们在分析智猪博弈时,先分析大猪在选择不同策略下,小猪会选择的策略;然后同样再分析小猪在选择不同策略下,大猪会选择的策略。最后再将所分析的两个结论整合在一起获得该博弈的最终结果。因此,一般情况下,有限策略博弈总是可以用一些矩阵或者罗列的方法将全部的结果及得益表示出来。但有时博弈方的数量比较多,或者某个或者某几个博弈方的可选策略虽然是可数的,但仍然特别多。对于这种博弈,虽然可以用列举全部结果及得益的方式表示出来,但这种列举的情况将会非常多。例如,如果有 N 个博弈方,每个博弈方有 M 个策略可以选择,那么结果将会有 M^N 个策略组合结果。因此,当有限策略博弈中博弈方或/与某些博弈方的可选策略很多时,我们需要寻找一些能够表示某个博弈方关于其他博弈方选择策略的数学函数来表示,才能对这个博弈进行分析。

2. 无限策略博弈

与有限博弈相比，如果在一个博弈中，至少有一个或者一个以上的博弈方的可选策略是无限多个时，那么就称这个博弈为无限策略博弈。例如，我们上述提到的厂商博弈，小厂商的产品供应量行为就是无限多个。这类博弈由于拥有无限可选行为的博弈方使得无法通过对这类博弈方的策略进行列举将全部的结果表示出来。一般情况下，无限策略博弈常常用数集或者函数的方式进行表示，以实现对这类博弈的分析。具体的分析方法会在本书后续章节阐述不同博弈的分析时进行系统介绍。

有限策略博弈与无限策略博弈表示方法的差异也导致这两种博弈的分析方法有很大差别。而博弈方可选策略数量的有限和无限常常会对博弈最终结果的稳定产生很大的影响，因此区分有限策略博弈和无限策略博弈具有重要意义。

第三节　依博弈得益总和分类

正如本书之前所述，每个博弈方的得益代表了该博弈方在博弈过程中的收益，也是博弈方选择策略的主要依据。不同类型的博弈问题的得益会有不同的特征，博弈方的总体或各个博弈方得益差异也会影响博弈方选择策略的思路与最终选择的策略。在两人博弈或者多人博弈中，各个博弈方在不同的策略组合下都会有不同的得益。将每个博弈方在同一结果下的得益相加可以得到所有博弈方得益的总和，也可以称为社会总收益。不同的博弈中的总得益一般也是不同的，有时这个总得益是一个不变的值，甚至是零，有时却是一个可以变化的值。我们分析一个博弈时，除了关心各博弈方的得益，同时也关心这个博弈的总得益。因此，依博弈的得益总和对博弈进行分类，对我们分析不同博弈类型下的社会总体效益具有很大作用。那么，根据博弈总得益可能出现的结果，可以将博弈分为零和博弈、常和博弈和变和博弈。

1. 零和博弈

我们将博弈方的总得益永远是零的博弈称为零和博弈。在我们的实际生活中，其实常常出现零和博弈。零和博弈总是一方的得益必定是另一方的损失。例如，我们之前提到的"石头剪刀布博弈"，在这个博弈中，赢的博弈方的收益就等于输的博弈方的损失。因此，两个博弈方的得益总和永远都是零。类似的还有赌博，一方的赢必定会伴随另一方的输，而且赢的数量一定等于输的数量。实际上，零和博弈在法律诉讼和经济活动中都是相当普遍的。零和博弈中博弈方之间的利益总是对立的，无法达成一个对大家都有利的局面，且博弈方的偏好也不相同。这样，零和博弈中的博弈方往往无法和平相处,两人的零和博弈在博弈中被称为严格竞争博弈。因此,我们在企业的经营过程及与人相处中,应该尽量避免产生这种零和博弈的情况。

2. 常和博弈

我们将博弈中总得益始终是某个常数(非零)的博弈称为常和博弈。常和博弈在生活中也很常见。比如,在几个人之间分配固定数额的财产、奖金或者利润的讨价还价。又如,本书之前讲的"海盗分金博弈",在这个博弈中不论每个海盗提出怎样的分金方案,最后都是要把 100 枚金币分光,同时也只能分 100 枚金币,没有更多。常和博弈其实是零和博弈的一个延伸,在常和博弈中博弈方同样也是对立的,博弈方之间也是竞争的关系。但是,常和博弈与零和博弈的不同在于,常和博弈的对立体现在利益的分配上,最终的分配结果也可能会出现合理或者各方满意的份额,因此常和博弈相对容易出现妥协的情况。但不论如何,在企业的经营管理过程中,我们都不愿意看到类似于分割固定蛋糕的常和博弈,因为这意味着收益是存在上限的,而且企业之间的竞争是永远会存在的,甚至会在某种恶劣情况下被加强。

3. 变和博弈

我们将随各博弈方选择策略形成的策略组合不同时,博弈总得益也不同的博弈称为变和博弈。变和博弈是最常见的一种博弈类型,在不同的策略组合下博弈方的总得益常常不同。例如,本书之前提到的"囚徒困境博弈"与"新技术博弈"等。同时,很多供应链中的横向企业间(如制造商与制造商之间)和纵向企业间(如供应商与制造商之间)的多数博弈都是变和博弈。变和博弈的结果使得博弈方之间存在相互配合追求社会总得益和各博弈方得益最大化的可能。因此,这种博弈可以从社会总得益的角度区分该博弈属于有效博弈或是无效博弈,可以站在社会总福利的角度对博弈做出评价。变和博弈也是我们企业间博弈时最喜欢看到的博弈,这类博弈多数可以通过设计有效的契约实现社会总体效益的提高,同时也比各博弈方纯竞争时所获得的得益高。因此,如果我们身处在变和博弈中,应想方设法进入变和博弈,并试图通过寻找有效的方法,提高博弈的总体得益,挣脱由于博弈方之间的策略依存关系所带来的得益损失。

第四节　依博弈方决策顺序分类

博弈方决策顺序是指在博弈的过程中各博弈方选择行为的顺序。我们之前所提到的大多数博弈都可以看成是各博弈方的同时决策,如囚徒困境博弈、智猪博弈、石头剪刀布博弈和新技术博弈等。但很多博弈过程中各博弈方是先后选择策略的,如之前提到的海盗分金博弈等。博弈中所有博弈方决策顺序的差异对博弈结果和博弈分析具有非常大的影响。换句话说,对于相同的博弈方与各博弈方相同的博弈决策,各博弈方同时决策的博弈与各博弈方先后决策的博弈在博弈分析方法及博弈的稳定结果上有所不同。基于此,依据一次博弈的过程中各博弈方的决策顺序,博弈被分为静态博弈和动态博弈。

1. 静态博弈

在博弈中,如果各个博弈方是同时决策的,或者即使博弈方决策的时间可能不相同但他们在决策之前不知道对方的策略,又或者即使知道对方的策略之后也不能修改自己的策略,这都属于同时做出决策,这种博弈被称为静态博弈。虽然说从物理时间点上,现实企业管理间的很多博弈都不是同时决策的,但由于企业之间信息的保密性或者一些外部条件导致了很多企业间的决策可以近似看成是逻辑时间同时决策的。例如,在"双十一"来临时,很多电商采用什么促销策略或者产品销售价格并不是同一时间决策的,但由于大家都在"双十一"零点发布促销价格,因此会存在商家之间无法提前预知到别的商家的销售信息的现象,可以近似理解为同时决策商品价格的静态博弈。

2. 动态博弈

除了静态博弈,还有很多更加贴近现实的博弈,这些博弈类型不仅仅表现出行动上具有先后次序,而且后选择的、后行动的博弈方可以观察到先选择的、先行动的博弈方的行动和策略,甚至还包含自己的行动和选择。这种博弈类型显然不属于静态博弈,我们将这种类型的博弈称为动态博弈。最典型的动态博弈的例子就是下棋。两个下棋的人可以看作是博弈方,两个人分别按照既定的规则进行对弈。这个博弈中,每个博弈方都有很多次选择策略的机会,并且每个博弈方在行动之前都可以看到前一个博弈方的完整的策略选择。除此之外,商业活动、企业竞争等都有轮流制定决策,都表现出动态博弈的情况。比如,商业活动中的谈判,经常会出现讨价还价的情况,你来我往进行多次较量,实际上都是动态博弈。

第五节　依博弈重复次数分类

不管是静态博弈还是动态博弈,实际上都是单次博弈。即使动态博弈中可能存在多个轮次的博弈,但究其根本其实是不同的行动集合,所以还是属于单次博弈。但有时各博弈方的博弈还会存在反复或者重复的博弈行为。例如,在现实中供应商与制造商的多次销售合同、寡头零售企业长期的价格竞争等。因此,除了静态博弈和动态博弈,还有一类博弈类型以静态博弈或动态博弈为基础,进行不断的重复,有时甚至可能重复无限次。同时,这类博弈由于博弈过程中的多次重复导致博弈的分析方法与稳定结果具有较大的差异。因此,依据博弈的重复次数,可以将博弈分为有限次重复博弈和无限次重复博弈,它们统称为重复博弈,即指同一个博弈(静态博弈或动态博弈)反复进行所构成的博弈过程。

1. 有限次重复博弈

有限次博弈是指将一个博弈反复进行有限次所构成的博弈过程。从有限次重复博弈的定义中可见,只要两次重复同一个博弈就可以构成一个有限次重复博弈,所以有限次重复博弈的最少重复次数为两次。而且定义中所论述的构成该有限次博弈的一次博弈,我们称为"阶段博弈"或"原博弈",可以是静态博弈也可以是动态博弈。在博弈论中,大部分的有限次重复博弈的原博弈是静态博弈。在现实生活中,很多重复博弈问题都是在经过一个有限次的重复后,博弈才会结束。例如,我们提到的商业活动中两个企业的合作,一般合作会签订一个合作合同,而这个合同一般会显示出阶段性,每个阶段结束后双方会选择是否继续合作。因此,维持合作或者中止合作都可以看作是一个阶段博弈,这些博弈都可以看作是合同期内的重复博弈。例如,合同期内制造商与零售商的采购博弈、合同期内零售商与物流企业的运输博弈等。所以,这种重复有限次数并且会结束的博弈都可以看成是有限次重复博弈。

2. 无限次重复博弈

还有一些博弈的重复是无限的,会一直重复下去,这种类型的博弈可以称为无限次重复博弈。在一个双寡头垄断市场下,两个寡头企业之间的长期稳定的相互竞争,就可以看作是个无限次重复博弈。例如,中国联通和中国移动企业的竞争博弈。当然,我们不能完全确定一个博弈一定会永远重复下去,如果博弈方之间都认为自己的重复不会停止,或者没有预期的结束时间,那么这些博弈方的决策思路就类似一个无限次重复博弈的思路,反映出无限次重复博弈的一些基本特征。因此,在博弈理论中我们常把这种博弈理解成无限次重复博弈。同时,与有限次重复博弈类似,无限次重复博弈的原博弈或者阶段博弈也都是静态博弈或动态博弈。例如,在一次销售过程中,卖家与买家的讨价还价博弈是动态博弈。那么,这个买家作为回头客与卖家进行的长期交易的商业活动的"回头客问题"就是一个无限次博弈问题。

重复博弈与一次性博弈是有很明显的差异的,无限次重复博弈与有限次重复博弈也是有很大差异的。例如,在一次性博弈中,由于博弈只存在一次,故各博弈方只会考虑眼前的短期利益,就如第三章中理性人假设和理性共识假设提到的,博弈方都以实现自身利益最大化为目标进行决策,每个博弈方都会不惜一切代价甚至伤害对方的利益来最大化自身利益。但如果多次重复博弈的话,博弈方可能会在开始之初尝试合作,以对各方都有利的方式进行策略选择。如果一开始就不惜损伤他人利益来最大化自身利益的话,后面的博弈不仅不会再有合作的机会,甚至会遭到其他博弈方的报复。这种未来利益的约束可能使各博弈方的得益都得到改善,或者说重复博弈给博弈提供了实现获得更有效博弈结果的新可能性,重复的次数越多,这种可能性就越大。当博弈重复无限次的时候,结果可能会发生根本性变化。而且,构成重复博弈的原博弈不同时,其结果也是不同的。例如,如果原博弈是一个零和博弈,由于各博弈方是严格的竞争关系,因此不论将这个博弈重复有限次还是无限次,各博弈方都不会有合作的可能。如果原博弈是一个变和博弈,由于各博弈方的选择策略形成的策略组合不同,利益也会不同,可能会存在各博弈方由于需要进行多次重复博弈而出现部分单次博弈环节选择合作双赢的策略组合,导致各博弈方在重复博弈下与单次博弈下选择不同的策略。

第六节 依博弈信息结构分类

在博弈时,各博弈方对其他博弈方的信息结构的掌握程度会直接影响自身的策略选择及其博弈的得益。例如,在《三国演义》的空城计故事中,如果魏将司马懿知道西城中诸葛亮身边无一大将,只有一班文官和 2500 名士兵在城里,那么就不会选择退兵。而且我们通常讲的信息结构包含两种信息,即博弈结果信息与博弈进程信息。博弈结果信息表现为每个博弈方在不同策略组合下的得益的信息。虽然各博弈方对自身策略组合的得益情况非常了解,但其未必对其他博弈方的得益信息都很清楚。因此,博弈依据各博弈方对所有博弈方得益(博弈结果信息)的掌握程度,可以被分为完全信息博弈和不完全信息博弈。

1. 完全信息博弈

完全信息博弈是指各博弈方都完全了解所有博弈方各种策略组合下的得益的博弈。在这种博弈类型下,博弈方不仅对自身策略组合的得益情况非常了解,同时也对其他博弈方的得益情况也很清楚。例如,在囚徒困境博弈中,甲、乙两个犯罪嫌疑人所处的环境相同,面临的情况也相同,并且都被警察告知在坦白与不坦白下的结果。因此博弈双方都对博弈的每种策略组合下的结果十分了解。又如,海盗分金博弈中,每个海盗在提出自己的分金方案时都可以看到之前其他海盗的分金方案。

2. 不完全信息博弈

但是并不是所有博弈下，博弈方都有关于各个博弈方得益的全部信息。在大多数现实的企业案例中，博弈方都或多或少对其他博弈方的得益具有某些方面的不了解。不完全信息博弈是指博弈中至少部分博弈方不完全了解其他博弈方得益的博弈。例如，商业中比较典型的拍卖和投标活动。由于竞拍者（竞标者）关于其他竞拍者（竞标者）的估价并不清楚，因此虽然大家都能看到最后的结果，但是各个博弈方仍然无法知道其他博弈方中标或者拍卖的实际得益是多少。一般情况下，不完全信息通常是指博弈方之间的得益信息存在某种程度的不对称。因此，有些学者也将不完全信息博弈称作不对称信息博弈，将不完全了解其他博弈方得益的博弈方被称为具有不完全信息的博弈方或不对称信息的博弈方。

根据以上的说明不难发现，是否了解所有博弈方的得益情况是一个非常重要的差别，这直接会影响对其他博弈方策略选择的判断，进而最终影响各个博弈方自己的策略选择，最终会影响博弈结果。因此，如果是信息对称性不同的博弈，即使博弈要素中其他方面都是完全相同的两个博弈，结果也会相差很远。这就要求我们在分析一个博弈的时候，除了要关注博弈方不同的策略组合下的得益情况，还应该要关注到各个博弈方对于彼此得益信息的了解程度。正因为博弈方得益信息在博弈中十分重要，所以很多博弈理论将博弈主要分为不完全信息博弈和完全信息博弈两个大类。

博弈中的信息结构这个概念在动态博弈中表现出比静态博弈更加复杂的现象。因为在静态博弈中，我们可以按照博弈方是否了解其他博弈方全部的得益信息，将静态博弈分成完全信息博弈和不完全信息博弈两大类。而在动态博弈中，信息并没有那么简单。动态博弈具有各博弈方先后行为的特点。因此，轮到博弈方决策时，它不仅有可能无法知道上一个博弈方的得益，甚至有可能都无法观察到上一个博弈方的行为。也就是说，不仅各个博弈方不了解其他博弈方的得益，也有可能部分博弈方不了解之前某个或者某些博弈方的策略选择，即博弈信息结构的第二种信息——博弈进程信息。该信息表现为每个博弈方对其他博弈方在博弈过程中选择什么策略的信息是否了解。因此，在动态博弈中，依据后行为的博弈方对先行为的博弈方的策略选择信息（博弈进程信息）的掌握程度，博弈可被分为完美信息动态博弈和不完美信息动态博弈。

3. 完美信息动态博弈

在有些动态博弈中，轮到行为的博弈方全部能看到之前所有博弈方的策略选择信息，也就是说对前面的博弈过程的历史信息具有完美的了解，我们将这类动态博弈称为完美信息动态博弈。例如,下棋博弈中两个人进行动态博弈,双方的每一步棋都是大家可以看见的、一目了然的,每个博弈方在走每步棋之前,都清楚此前的对局过程。又如,我们之前提到的海盗分金博弈中,每个海盗提议的分金方案都可以被后续提议的海盗所看见。因此,完美信息动态博弈相对来说比较好分析,至少在每个博弈方决策时可以判断之前博弈方做了什么行为,就有可能通过这些行为推算出其他博弈方在自己本次不同策略选择下的后续行为与得益。

4. 不完美信息动态博弈

另一种情况是在我们的经济社会中经常会出现的,商业竞争或者商业合作时各博弈方常会有意无意地隐藏自己的行为,因此在动态博弈中就会有某些轮到行为的博弈方,不完全清楚此前博弈方的策略选择结果,对前面阶段博弈过程没有完美信息的了解,我们称这类动态博弈为不完美信息动态博弈。比如企业之间在争夺市场时,一方对另一方之前行使的行为或策略不一定完全清楚。因为在商业竞争中,作为一个博弈方不可能对另一个企业的所有行为都了解,而且作为竞争的企业常常会或多或少地隐藏自己的行为,这主要是为了不让对方了解自己的全部信息,而在对方博弈决策的时候有能够制定符合其利益最大化的机会可能。而且为了区分不完美信息动态博弈中不同博弈方对其他博弈方的策略选择的掌握程度,将动态博弈中轮到行为时对博弈的进程完全了解的博弈方,称为具有完美信息的博弈方;而将动态博弈中轮到行为时对博弈的进程不完全了解的博弈方,称为具有不完美信息的博弈方。

在动态博弈中各个博弈方是否有完美的信息,对博弈方的策略选择和博弈结果是有很大影响的,没有关于博弈过程的完美信息,就等于决策和行为必然有一定的盲目性,只能靠对博弈过程中其他博弈方选择各个策略可能性的判断来综合确定自己应选择的最优策略。因此,在分析一个动态博弈的时候,需要区分它是完美信息博弈还是不完美信息博弈。而在分析一个博弈时,不论是动态博弈还是静态博弈,都要分析它是完全信息博弈还是不完全信息博弈。只有正确的定义博弈的类型,才能选择相应的博弈理论与方法进行分析。

第七节　依博弈方理性程度分类

除了之前阐述的按照博弈方数量、博弈方策略数量、博弈得益总和、博弈方决策顺序、博弈重复次数、博弈信息结构等有关博弈结构的影响因素,还有一些会影响博弈理论与分析方法的因素,博弈方理性程度就是其中一个重要的影响因素。由于博弈论是从经济的应用中得到不断完善的,因此受经济学理性人假设的影响,同时由于假设理性人,使得万事都很容易把握,能够用标准化的方法来表达和研究。因此,绝大多数博弈论的理论与分析方法是基于博弈方的理性人假设,即按照博弈方自身利益或效用最大化的原则来决策选择行为。但是在现实生活中,人们的智力、能力不可能实现理性人那样的行为,而且博弈方的判断、决策和执行决策行为或多或少会出现偏差,甚至会犯错误,出现博弈方的决策与其偏好目标不一致的情况。因此,理性人假设的现实性常常是存在明显问题的。而这个问题对博弈分析的可靠性具有极大的影响,如果要保障博弈分析具有价值,必须考虑博弈方理性的局限性。因此,如果从博弈方决策的理性程度来分,可将博弈大致分为完全理性博弈和有限理性博弈。

1. 完全理性博弈

完全理性博弈是指所有博弈方的决策都是遵从理性的博弈。这类博弈符合本书之前提到的理性人与理性共识的基本假设。在本书之前所提到的所有博弈论的示例,如囚徒困境博弈、石头剪刀布博弈、懦夫博弈、海盗分金博弈、新技术博弈等都属于完全理性博弈。这类博弈由于假设所有博弈方都符合博弈论的两个基本假设,这能给博弈分析带来方便。因为理性能力完美意味着决策者的行为逻辑清楚统一,可以采用标准化的方式进行模拟,用数学优化的方法进行推断。

2. 有限理性博弈

有限理性是指博弈方存在理性局限,因此存在有限理性博弈方的博弈被称为有限理性博弈。这类博弈意味着博弈方的行为逻辑方式比较复杂,模拟博弈方行为和分析预测博弈的结果会很困难,因为有限理性博弈意味着至少部分博弈方会偏离完全理性博弈的最优决策策略。如果博弈方是理性人但不满足理性共识要求,则可能因为博弈方之间缺乏理性的互相信任,因此会担心其他博弈方犯错误,或担心其他博弈方担心自己犯错误等,最终导致判断和决策困难,博弈中各过程难以预料,博弈分析也会非常麻烦。例如,在智猪博弈中,按照完全理性博弈的理解,小猪通过分析知道大猪会选择踩踏板,那么自己也会选择等待。如果它们不满足理性人假设的有限理性,可能一开始小猪就没有办法判断大猪是否会去踩踏板,因此自己可能会选择错误的决定而去踩踏板。如果它们不满足理性共识假设的有限理性,那么即便一开始小猪分析到大猪的最好选择是去踩踏板,但是它可能并不会相信大猪会去踩踏板,因此最终由于自己担心大猪做错决定,自己去踩了踏板,而大猪也去踩踏板了。两头猪都去踩踏板,这个结果要比完全理性博弈时的结果的社会总得益低。有限理性博弈不仅可以克服完全理性博弈理论的现实性缺陷,也可以开拓更广阔的博弈论研究领域。因此,有限理性博弈及其相关研究已经成为博弈论的重要组成部分。

第八节　依博弈方式分类

另一个除了博弈结构外对博弈理论与分析方法具有影响的因素就是博弈方式。博弈方式是指博弈方究竟是个体独立行为,还是某种集体合作行为的问题。在本书前面介绍的例子中,博弈方都是个体独立行为的,如囚徒困境博弈、石头剪刀布博弈、海盗分金博弈、懦夫博弈等。虽然博弈方之间可以有各种程度的协作或者合作,但是博弈本身并不是以博弈方的合作为前提的。例如,在囚徒困境博弈中,如果从合作的角度,两个犯罪嫌疑人甲和乙应该选择不坦白,但是由于他们彼此都是个体独立行为,这个博弈也不需要他们合作才能完成,因此两个人最后的选择都是在考虑了对方行为对自己影响的前提下选择了比较稳妥的坦白策略。但是社会经济中也会有许多博弈是无法由个体分散来完成的,必须各方协作才能完成。例如,供应商与制造商的采购博弈,如果供应商给出的价格制造商并不想购买,或者制造商给出的买价,供应商并不想卖,那么这个博弈将无法完成。因此,现实生活和企业管理中很多博弈方需要达成共识的博弈都是需要集体合作行为才能解决的。因此,如果按照博弈方式中所有博弈方是个体独立行为,还是集体合作行为,博弈可被分为非合作博弈和合作博弈。

1. 非合作博弈

非合作博弈是一种在策略环境下进行的博弈,其中每个博弈方的行动都是独立于其他博弈方的。它强调个体自主决策的重要性,而不考虑这些决策对其他策略环境中博弈方的影响。非合作博弈的核心在于每个博弈方都在追求最大化自己的收益,而不需要考虑其他博弈方。在非合作博弈中,所有博弈方无法达成一种协议。在该博弈中,博弈方需要解决的问题是:"当其他博弈方会对自己的策略选择做出最优反应时,我的最优策略选择是什么?"例如,智猪博弈中,通过分析小猪永远都会选择等待,那么对于大猪来说最好的选择就是去踩踏板。在海盗分金博弈中,海盗5通过倒推的方式分析海盗1至海盗4的最优分金方案,因此得出自己的分金方案。此外,虽然非合作博弈包含博弈方的策略依存关系与利益依存关系,导致博弈结果由所有博弈方的行为共同决定,可能包含不同程度的合作,但博弈本身并不要求博弈方相互协调配合。这是与合作博弈本质不同之处。

2. 合作博弈

合作博弈是指所有博弈方都是集体决策行为,且博弈方能够达成一种具有约束力的协议,在协议范围内选择有利于所有博弈方的策略。这类博弈问题在现实中非常普遍,凡是有关交易利益、合作利益、利益分配等都可以看成是合作博弈,也就是说博弈方都可以形成有约束力的协议。正如本书之前论述的,这类以利益分配作为核心,并通过议价谈判作为解决问题的关键方法构成了议价博弈理论。议价博弈根据博弈方的人数可以分为两个博弈议价的两人议价博弈问题与多个人进行议价的多人议价博弈问题。而多人议价博弈又会引发新的问题,即出现部分博弈方之间通过串谋形成利益联盟的问题。对这类博弈问题的理论发展被称为联盟博弈理论。联盟博弈同样不是博弈方的个体独立决策可以完成的,必须包含博弈方的某种有约束力的协调合作。因此,合作博弈常常被分为议价博弈和联盟博弈。这里的合作通常指的是博弈方式合作,而不是博弈方行为选择的合作。

第九节　博弈的分类与博弈论的结构

依据前文的分析,可以将博弈归纳分类为表 4 - 1。

表 4 - 1　博 弈 的 分 类

分类标准	博弈类型	具 体 含 义
博弈方数量	单人博弈	只有一个博弈方的博弈
	两人博弈	由可以独立决策的两个博弈方组成,且各博弈方的策略和利益具有相互依存关系的博弈
	多人博弈	博弈中存在三个或者三个以上的博弈方
博弈方策略数量	有限博弈	一个博弈中,所有博弈方的可选行为都是有限多个的博弈
	无限博弈	一个博弈中,至少有一个或者一个以上的博弈方的可选行为是无限多个的博弈
博弈得益总和	零和博弈	博弈方的总得益永远是零的博弈
	常和博弈	博弈中总得益始终为一个非零常数的博弈
	变和博弈	博弈中总得益总是随博弈各方选择不同行为,形成的策略组合的改变而改变的博弈

分类标准	博弈类型	具 体 含 义
博弈方决策顺序	静态博弈	各个博弈方是同时决策的,或者即使博弈方决策的时间可能不相同,但是他们在决策之前不知道对方的策略,又或者即使知道对方的策略之后也不能修改自己的策略
	动态博弈	各博弈方行动上具有先后次序,而且后选择的、后行动的博弈方可以观察到先选择的、先行动的博弈方的行动和策略,甚至还包含自己的行动和选择
博弈重复次数	有限次重复博弈	将原博弈重复有限次并且会结束的博弈
	无限次重复博弈	将原博弈重复无限次,会一直重复下去的博弈
博弈信息结构	完全信息博弈	各博弈方都完全了解所有博弈方各种情况下得益的博弈
	不完全信息博弈	至少部分博弈方不完全了解其他博弈方得益的博弈
	完美信息动态博弈	轮到行为的博弈方全部能看到之前所有博弈方的行为或策略选择信息的博弈
	不完美信息动态博弈	轮到行为的博弈方不完全清楚此前博弈方的行为或策略选择信息的博弈
博弈方理性程度	完全理性博弈	所有的博弈方的决策都是遵从理性的博弈
	有限理性博弈	存在有限理性博弈方的博弈
博弈方式	非合作博弈	在策略环境下进行的博弈,其中每个博弈方的行动都是独立于其他博弈方的
	合作博弈	所有博弈方都是集体决策行为,且博弈方能够达成一种具有约束力的协议,在协议范围内选择有利于所有博弈方的策略

以上各种博弈分类的相互交叉联合可以构成更多种类的博弈类型。本书依据博弈模型的关键特征和分析方法差异,将博弈论的框架归纳成图 4-1。博弈论首先由非合作博弈理论与合作博弈理论两大部分组成。其中,非合作博弈理论是博弈论研究与应用的最主要领域。因此也是本书主要关注的博弈理论。同时,非合作博弈理论又分为完全理性博弈理论和有限理性博弈理论两大类,本书主要介绍完全理性博弈理论。在完全理性博弈理论中,首先根据博弈的重复程度可分为一次博弈理论与重复博弈理论。本书主要是对一次博弈理论进行介绍。然后根据各博弈方对博弈结果信息的掌握程度,博弈理论被分为完全信息博弈理论与不完全信息博弈理论。本书主要定位对基础博弈理论进行介绍,因此主要阐述完全信息博弈理论。结合各博弈方进行策略选择的顺序,完全信息博弈理论可以被分为完全信息静态博弈理论与

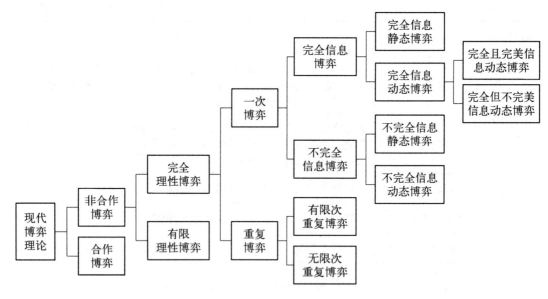

图 4-1　博弈论的结构

完全信息动态博弈理论;不完全信息博弈理论可以被分为不完全信息静态博弈理论与不完全信息动态博弈理论。依据动态博弈中各博弈方对博弈进程信息的掌握程度,完全信息动态博弈理论被分为完全且完美信息动态博弈与完全但不完美信息动态博弈,本书将对这两种完全信息动态博弈进行系统介绍。

第五章
博弈论在管理领域的体现、应用局限
及应用前景

随着博弈论在经济领域应用的不断深化,逐渐推动了它在企业管理理论领域的应用。本章主要从战略管理、组织管理、人力资源管理、运营管理、财务管理与营销管理等六个管理领域介绍博弈论的体现,同时给出博弈论在企业管理中的应用局限与应用前景。

第一节　博弈论在管理领域的体现

1. 博弈论在战略管理领域的体现

战略管理是指组织通过分析内外部环境,确定长期目标,并制定和实施相应的策略来达成这些目标的过程。这个过程涵盖了制定、执行和评估组织的战略计划,以确保组织能够适应和应对不断变化的环境,并最大化长期价值。而博弈论结合了组织中的竞争与合作之间的相互作用,建立了一种可持续竞争优势的新思路与新方法,为研究企业的竞争与合作带来了飞跃性的变革。美国乔治伦敦大学教授罗伯特·M. 格兰特(Robert M. Grant)对基于博弈论的战略管理中的价值进行了概述:一方面,通过认识博弈的博弈方、将博弈方的选择权利具体化、平衡博弈方的选择权、明晰博弈决策次数等方式来描述一场博弈,能够帮助管理者了解竞争的形态与结构,并有利于管理者使用系统的方法行使决策权;另一方面,通过博弈论对与竞争态势的进一步研究,管理者可以预测竞争形式的平衡结局,以及每个博弈方的战略性行为导致的最终结果。因此,从现有企业战略管理的研究来看,现有研究主要是将博弈论中的博弈方界定为从事各种业务活动的企业(这里主要是指多元化经营公司中的精英单位和专业化经营的企业等)。在此基础上,研究各博弈方考虑如何进行出招(策略选择)以在竞争中获得最大的利益。目前来看,博弈论在战略管理领域的应用非常广泛,它提供了一种分析决策者之间相互影响的理论框架,有助于管理者理解和应对复杂的竞争环境。

1) 博弈论在战略环境分析中的体现

战略环境分析是战略管理的第一步,包括对外部环境和内部环境的分析。外部环境分析涉及对行业竞争力、市场需求、技术变革、法律法规等因素的分析;内部环境分析涉及对组织内部资源、能力、文化等因素的分析。在战略环境分析方面,博弈论可以提供一种有效的分析框架,帮助管理者理解和应对复杂的竞争环境,揭示各利益相关者之间的博弈关系,以及形成和影响组织战略的动态过程。以下是博弈论在战略环境分析方面的一些具体应用:

(1) 竞争对手分析。博弈论可以帮助管理者分析竞争对手之间的战略互动和博弈关系。通过构建、分析考虑特定竞争对手的博弈,了解竞争对手的行为模式、策略选择和可能的反应,从而制定出更有效的竞争战略。

(2) 市场竞争分析。博弈论可以帮助管理者分析不同市场博弈方之间的博弈关系,包括供应商、客户、潜在竞争对手等。通过构建博弈模型,了解各方的利益和行为选择,预测市场动态,制定出更适应市场变化的战略。

(3) 政府政策分析。博弈论可以用来分析企业与政府之间的博弈关系。政府的政策和法规对企业的发展具有重要影响,而企业也会通过各种方式来影响政府的决策。通过构建博弈模型,了解企业与政府之间的利益冲突和合作关系,从而制定出更有效的应对策略。

(4) 技术创新分析。博弈论可以帮助管理者理解不同技术参与者之间的博弈关系,包括技术开发者、竞争对手、客户等。通过构建博弈模型,了解各方的利益和行为选择,预测技术发展趋势,制定出更有效的技术创新战略。

(5) 利益相关者分析。博弈论可以帮助管理者分析组织内外各利益相关者之间的博弈关系,包括员工、股东、客户、供应商等各方的利益冲突和合作关系。通过构建博弈模型,了解各方的利益和行为选择,从而制定出更有效的利益相关者管理策略。

可见,博弈论在战略环境分析方面的应用可以帮助管理者理解和应对复杂的竞争环境,揭示各利益相关者之间的博弈关系,为制定有效的战略提供理论支持和分析工具。

2) 博弈论在战略制定中的体现

战略制定是指组织在面对外部环境和内部资源条件的变化时,通过分析、规划和决策,确定未来的发展方向和行动计划过程。博弈论在战略制定方面的应用主要涉及如何理解和应对复杂的战略决策情境,揭示各利益相关者之间的博弈关系,以及如何制定和执行战略以实现组织的长期目标。以下是博弈论在战略制定方面的一些具体应用:

(1)市场定位。博弈论可以帮助管理者分析市场中各方之间的博弈关系,以确定最优的市场定位策略。通过构建博弈模型,分析市场份额、市场需求和竞争对手的策略选择,企业可以选择合适的市场定位策略,实现市场份额的增长和市场地位的稳固。

(2)战略合作与联盟。博弈论可以帮助管理者分析战略合作与联盟中各方之间的博弈关系,以确定最适合的合作策略。通过构建与分析包含各合作方的博弈,分析各方的利益和策略选择,企业可以选择合适的合作伙伴,建立稳固的合作关系,实现资源共享和互补,提升竞争力。

(3)制度制定与执行。博弈论可以帮助管理者分析制度制定后各利益相关者之间的博弈关系,以及制度执行后可能出现的各种情况。通过构建博弈模型,分析各方的利益和策略选择,企业可以制定出符合组织整体利益和长远发展的制度,并有效地执行和监控制度落实与执行。

可见,博弈论在战略制定方面的应用可以帮助管理者理解和应对复杂的战略决策情境,揭示各利益相关者之间的博弈关系,为制定和执行战略提供理论支持和分析工具。

3)博弈论在战略实施中的体现

战略实施是将战略转化为具体的行动计划和措施,并将其落实到各个部门和岗位的过程。博弈论在战略实施中的应用涉及如何理解和应对组织内外各方的利益冲突和合作关系,以及如何执行战略以实现组织的长期目标。以下是博弈论在战略实施中的一些具体应用:

(1)利益相关者管理。博弈论可以帮助管理者分析组织内外各利益相关者之间的博弈关系,包括员工、股东、客户、供应商等各方的利益冲突和合作关系。通过构建博弈模型,了解各方的利益和策略选择,从而制定出更有效的利益相关者管理策略,促进合作、减少冲突,推动战略实施。

(2)战略资源分配。博弈论可以用来分析和优化资源的分配,包括人力、财务、物资等资源。通过构建博弈模型,分析不同资源分配方案对各方的影响,可以找到最优的资源配置策略,支持战略实施的顺利进行。

(3)协调合作。在战略实施中,各个部门和团队之间、企业内外部之间可能存在决策冲突和协调问题。博弈论可以帮助管理者分析各方的利益和目标,实现协调合作。通过构建博弈模型,分析不同决策协调方案对各方的影响,实现组织内部的协调和顺畅运作,增强企业组织与外部之间的协同合作,推动战略实施的顺利进行。

(4)战略风险管理。在战略实施过程中,可能会面临各种风险和不确定性因素。博弈论可以帮助管理者分析不同风险管理策略对各方的影响,降低企业的战略风险。通过构建博弈模型,分析风险的来源、可能的影响及应对策略,制定出有效的风险管理计划,保护组织的利益和实现战略目标。

可见,博弈论在战略实施中的应用可以帮助管理者理解和应对各种复杂的决策情境,优化资源分配和协调合作,降低战略风险,推动战略实施的顺利进行。

2. 博弈论在组织管理领域的体现

组织管理是指通过建立组织结构,规定职务或职位、明确责权关系等,以有效实现组织目标的过程。组织管理的具体内容是设计、建立并保持一种组织结构。组织管理的内容有三个方面:组织设计、组织运作、组织调整。组织管理工作是组织建设的重要组成部分,涉及组织建设中各级组织和每个人之间的利益关系。这种以利益分配为核心的关系实质上就是一种典型的博弈关系,可以作为博弈论的研究对象。博弈论为组织管理的科学化提供了科学的分析工具,也为后勤管理活动的研究提供了完整的分析框架,实现了与后勤管理的有机结合。

1)博弈论在组织设计中的体现

组织设计是指通过合理安排和调整组织的结构、流程、职责和关系等,以适应外部环境和内部需求,实现组织的战略目标和使命。博弈论在组织设计中的应用主要涉及如何分析和解决组织内外各利益相关者之间的博弈关系,以及如何设计和优化组织结构、流程和职责分配,以实现组织的战略目标和使命。以下是博弈论在组织设计中的一些具体应用:

(1)组织结构设计。博弈论可以帮助管理者分析组织内部各部门和个人之间的权力和利益关系,以确定最适合的组织结构。通过构建博弈模型,分析不同的组织结构对各利益相关者的影响,可以选择最优的组织结构,提高组织的效率和灵活性。

(2)职责和权限分配。博弈论可以帮助管理者分析组织内部各个部门和个人之间的职责和权限关系,以实现组织内部的权责清晰和有效协调。通过构建博弈模型,分析不同的职责和权限分配方案对各方的影响,可以制定出合理的职责和权限分配方案,提高组织内部的协作效率。

(3)组织文化和价值观塑造。博弈论可以帮助管理者分析组织内部成员之间的合作与竞争关系,以塑造积极向上的组织文化和价值观。通过构建博弈模型,分析不同的文化和价值观对组织内部成员行为的影响,可以倡导合作、信任和共享的组织文化和价值观,提高组织绩效和员工满意度。

可见,博弈论在组织设计中的应用可以帮助管理者分析和解决组织内外各利益相关者之间的博弈关系,优化组织结构,提高组织的效率和灵活性,实现组织的战略目标和使命。

2) 博弈论在组织运作中的体现

组织运行包括了组织制度的建立、组织冲突的协调、运行机制的健全、运行过程的调控等。博弈论在组织运作方面的应用涉及分析和优化组织内外各方之间的利益冲突、合作关系和决策行为,以及设计有效的激励机制和协调机制,从而提高组织的运作效率和绩效。以下是博弈论在组织运作方面的具体应用:

(1) 团队协作和决策机制。博弈论可以帮助管理者分析组织内部团队成员之间的博弈关系,以促进团队协作和决策效率。通过构建博弈模型,分析不同的决策机制对团队成员的行为选择和利益分配的影响,可以设计出有效的团队协作和决策机制,提高团队绩效。

(2) 绩效评估与激励机制。博弈论可以用来分析不同的绩效评估与激励机制对员工行为和绩效的影响,从而设计出符合组织战略目标和员工激励需求的绩效评估与激励机制,促进员工的工作动力和绩效表现。

可见,博弈论在组织运作方面的应用可以帮助组织分析和解决各方之间的利益冲突和合作关系,形成有效的团队协作与决策机制,构建高效的绩效评估与激励机制,提高组织的运作效率和绩效。

3) 博弈论在组织调整中的体现

组织调整是指组织对内部结构、流程、资源配置等方面进行调整和优化,以适应外部环境的变化、实现组织战略目标或解决内部问题。在组织调整方面,博弈论可以提供有价值的分析框架和方法,帮助组织理解和应对组织调整中产生的冲突问题,以及在变革过程中可能出现的挑战和变化。以下是博弈论在组织调整方面的具体应用:

(1) 组织变革。博弈论可以帮助管理者分析组织调整过程中各利益相关者之间的博弈关系,以及可能出现的挑战和变化。通过构建博弈模型,分析变革管理中各方的利益和行为选择,可以有效地制定和实施组织调整策略,促进变革的顺利实施和组织发展的持续进步。

(2) 冲突管理与调解。在组织调整过程中,可能会出现各种冲突和矛盾,博弈论可以用来分析冲突的根源和解决方式。通过构建博弈模型,设计有效的冲突管理和调解机制,化解各方之间的矛盾,推动组织调整的顺利进行。

可见,博弈论在组织调整方面的应用可以帮助分析与解决冲突管理、调节变革矛盾等问题,通过平衡组织调整过程中各方的利益冲突与合作关系,有效管理变革过程,推动组织调整的顺利实施。

3. 博弈论在人力资源管理领域的体现

人力资源管理是指在经济学与人本思想指导下,通过招聘、甄选、培训、报酬等管理形式对组织内外相关人力资源进行有效运用,满足组织当前及未来发展的需要,保证组织目标实现与成员发展的最大化的一系列活动的总称。学术界一般把人力资源管理分为人力资源规划、招聘与配置、培训与开发、绩效管理、薪酬福利管理与劳动关系管理等六大模块。从现有的研究来看,运用博弈论的思想来分析问题在人力资源管理的几个模块中都有所涉及,其中研究的热点问题是招聘、激励及薪酬管理这三个职能部分。具体介绍博弈论在这三个职能部分的应用如下:

1) 博弈论在招聘中的体现

招聘是人力资源管理活动的一个重要环节。现在已经进入知识经济时代,人才已经成为组织实现自己战略目标的核心因素。如何通过各种招募途径招到合适的人才决定着企业的兴衰和成败。应聘者通过招聘环节初步地了解组织,为了自身的利益,难免会隐瞒对自己不利的信息,夸大对自己有利的信息。而组织通过招聘环节,在考虑招聘成本,聘用后的支付成本及应聘者可能给组织带来的效用等综合因素下来选择合适的人员,招聘活动是目前博弈论思想运用比较多的地方之一。在招聘方面,博弈论可以提供有价值的洞察和方法,帮助组织优化招聘策略、提高招聘效率和质量。以下是博弈论在招聘方面的具体应用:

(1) 候选人选择。在招聘过程中,雇主和候选人之间存在一定的博弈关系。博弈论可以帮助雇主分析候选人的心理期望和行为选择,从而更好地理解候选人的动机和意愿。雇主可以通过博弈模型确定候选人的筛选标准和面试问题,以提高选聘的准确性和成功率。

(2) 招聘市场竞争。在招聘过程中,雇主需要面对市场竞争的压力,与其他企业争夺优秀人才。博弈论可以帮助雇主分析市场竞争的博弈关系,制定有效的招聘策略和竞争对策。雇主可以通过博弈模型评估不同的招聘方案对市场竞争力的影响,以提高招聘的成功率和效果。

可见,博弈论在招聘方面的应用可以帮助雇主理解候选人的心理期望和策略选择,应对市场竞争压力,从而提高招聘效率和质量。

2) 博弈论在激励中的体现

激励是人力资源管理中的另一个重要领域。企业实行激励机制的最根本目的是正确激发员工的工作热情,使他们在实现组织目标的同时实现自身的需要,增加其满意度,从而使他们的积极性和创造性继续保持下去。可见,激励机制运用的好坏在一定程度上是决定企业兴衰的重要因素。博弈论在激励方面的应用可以帮助组织设计和实施有效的激励机制,以促进员工的积极行为、提高绩效和达成组织目标。以下是博弈论在激励方面的具体应用:

(1)薪酬设计。博弈论可以帮助组织设计合理的薪酬制度,平衡员工的工作投入与组织的成本控制。通过构建博弈模型,考虑员工的不同激励偏好和组织的财务限制,分析设计出能够激励员工积极行为的薪酬结构,如绩效奖金、提成制度等。

(2)绩效考核。博弈论可以用来设计有效的绩效考核制度,鼓励员工努力工作、提高绩效。通过构建博弈模型,分析确定适当的绩效指标和考核标准,设定合理的目标和奖惩机制,激发员工的工作动力和积极性。

(3)激励契约。博弈论可以帮助组织设计激励契约,以促进员工与组织之间的合作与协调。通过构建博弈模型,建立契约理论框架,设计出能够平衡员工与组织利益、激励员工为组织创造价值的契约机制,如股票期权、股权激励计划等。

(4)团队激励。博弈论可以用来设计团队激励机制,鼓励团队合作、协作,实现团队绩效最大化。通过构建博弈模型,考虑团队成员之间的博弈关系和合作动机,分析设计出能够平衡个体利益和团队利益、激励团队合作的激励机制,如团队奖金、团队目标奖励等。

(5)文化建设与激励。博弈论可以帮助组织建立积极的工作文化,激励员工的自我激励和自我管理能力。通过构建博弈模型,可以分析组织内部的文化博弈关系和员工行为选择,设计出能够激励员工积极参与组织文化建设的激励机制,如员工表彰、文化奖励等。

可见,博弈论在激励方面的应用可以帮助组织设计和实施有效的激励机制,激发员工的工作动力和积极性,提高组织的绩效和竞争力。

3)博弈论在薪酬管理中的体现

薪酬管理,是在组织发展战略指导下,对员工薪酬支付原则、薪酬策略、薪酬水平、薪酬结构、薪酬构成进行确定、分配和调整的动态管理过程。薪酬管理是一个多方博弈并存的过程,其中包括企业与企业之间的博弈、企业与员工之间的博弈、员工之间的博弈等。在薪酬管理中,博弈论可以帮助组织设计合理的薪酬制度,以平衡员工的激励需求和组织的成本控制。以下是博弈论在薪酬管理中的具体应用:

(1)薪酬制度与薪酬结构设计。博弈论可以帮助组织设计良好的薪酬制度与薪酬结构,以促使员工发挥更高的工作动力和积极性。通过构建博弈模型,分析员工的行为选择和激励偏好,设计出能够满足员工需求并符合组织利益的薪酬制度与薪酬结构,如基本工资、绩效奖金、提成制度等。

(2)薪酬谈判策略。博弈论可以帮助组织制定薪酬谈判策略,平衡雇主和员工之间的利益冲突,达成双方满意的薪酬协议。通过构建博弈模型,分析雇主和员工之间的谈判策略和反应机制,设计出有效的谈判策略,提高谈判的成功率和效果。

(3)薪酬成本控制。博弈论可以帮助组织控制薪酬成本,确保薪酬制度的可持续性和符合组织财务目标。通过构建博弈模型,分析薪酬成本与员工绩效之间的关系,设计出能够平衡薪酬支出和绩效回报的薪酬结构,降低薪酬成本并提高组织效益。

可见,博弈论在薪酬管理中的应用可以帮助组织设计合理的薪酬制度与薪酬结构,平衡员工的激励需求和组织的成本控制,提高薪酬管理的效率和效果。

4. 博弈论在运营管理领域的体现

运营管理是指对企业的生产、供应链、物流、库存、服务等方面进行有效管理,以实现高效率、低成本和高质量的产品或服务交付。运营过程是一个投入、转换、产出的价值增值过程。运营管理的核心是通过有效的管理方式使得运营过程的价值增值实现最大化,但是在运营管理中企业需要各活动环节(采购、生产、库存、销售等)实现多方良好的协调与合作。这正是博弈论的应用价值所在。在运营管理中,博弈论可以被应用于多个方面,包括决策制定、资源配置、协调与合作等。

1)博弈论在采购与供应管理中的体现

采购管理是指为了达成生产或销售计划,从适当的供应商那里,在确保质量的前提下,在适当的时间,以适当的价格,购入适当数量的商品所采取的一系列管理活动。而供应管理是为了保质、保量、经济、及时地供应生产经营所需要的各种物品,对采购、储存、供料等一系列供应过程进行计划、组织、协调和控制,以保证企业经营目标的实现。不论是采购管理还是供应管理,一定会涉及多个企业的决策问题。例如,采购管理描述的是生产商/批发商/零售商与供应商的活动关系;而供应管理描述的正好相反,供应商与生产商/批发商/零售商的活动关系。因此,这种多企业的关系天然带有博弈特征,可以用博弈论来进行采购决策与供应决策的制定与优化。在采购管理与供应管理中,博弈论可以被应用于分析和优化采购决策、供应商选择、价格谈判和合作协调等方面。以下是博弈论在采购管理与供应管理中的应用:

(1)供应商选择。采购管理涉及选择最适合的供应商以获得所需的产品或服务。博弈论可以用来分析供应商之间的竞争关系,以及与供应商之间的谈判和博弈。通过构建与分析多供应商选择的博弈模型,确定最佳的供应商选择策略,平衡质量、价格、交付时间等多个因素,以最大程度地满足企业的采购需求。

（2）价格谈判。博弈论可以帮助企业在与供应商进行价格谈判时制定合理的策略。企业和供应商之间的价格谈判可以被视为一个博弈过程,双方都希望在谈判中获得最大的利益。通过构建与分析供应价格谈判博弈模型,分析不同的价格谈判策略和对手的反应,制定出能够最大化企业利益的价格谈判策略。

（3）供应商合作协调。博弈论可以用来分析企业与供应商之间的合作关系,以实现合作协调和共赢局面。企业与供应商之间的合作关系可以被视为一个博弈过程,双方都希望在合作中获得最大的利益。通过构建与分析供应商合作博弈模型,分析不同的合作协调策略和合作方式,制定出能够最大化双方利益的合作协调策略。

（4）供应链风险管理。博弈论可以帮助企业分析和管理供应链中的各种风险,包括供应商的质量问题、交付延迟、价格波动等。通过构建供应链风险博弈模型,分析不同风险管理策略和应对措施,制定出能够最大程度降低供应链风险的风险管理策略。

（5）供应链协调与优化。博弈论可以帮助企业实现供应链中各个环节之间的协调与优化。通过构建多阶段供应链中的企业博弈模型,分析供应链中各个环节之间的博弈关系,制定出能够最大程度提高供应链效率和整体绩效的协调与优化策略。

可见,博弈论在采购管理与供应管理中的应用涵盖了供应商选择、价格谈判、合作协调、供应链风险管理和供应链协调与优化等方面,通过分析各方之间的博弈关系,优化采购和供应管理策略,以提高企业的竞争力和绩效。

2）博弈论在生产管理中的体现

生产管理是计划、组织、协调、控制生产活动的综合管理活动,内容包括生产计划、生产组织及生产控制。通过合理组织生产过程,有效利用生产资源,经济合理地进行生产活动,以达到预期的生产目标。博弈论在生产管理方面的应用主要涉及生产计划、生产调度、生产协调及生产优化等方面。以下是博弈论在生产管理中的具体应用:

（1）生产计划与调度。在生产计划与调度中,不同生产单元之间的资源竞争和协调可被看作是一个博弈过程。博弈论可以帮助企业优化生产计划和调度策略,平衡生产资源的利用效率和成本控制。通过建立博弈模型,确定最优的生产计划和调度方案,以提高生产效率和资源利用率。

（2）生产协调与合作。在生产管理中,不同生产单元之间的协调和合作关系对于提高生产效率和降低生产成本至关重要。博弈论可以帮助企业分析生产单元之间的协调和合作机制,制定出能够最大化整体生产效益的协调与合作策略。通过构建博弈模型,分析不同生产单元之间的博弈关系,建立合作机制和激励机制,以提高生产协调和合作效果。

（3）生产优化与资源配置。博弈论可以用于优化生产过程和资源配置,以提高生产效率和降低生产成本。通过构建博弈模型,分析不同生产资源之间的博弈关系,确定最优的资源配置方案和生产优化策略。例如,通过博弈论来分析生产设备之间的资源竞争和协作关系,制定出能够最大化生产效率和降低生产成本的设备调度方案。

（4）生产风险管理。在生产管理中,生产过程中可能面临的各种风险（如设备故障、人员不足等）需要进行有效的管理。博弈论可以用来分析生产过程中可能存在的风险和不确定性,制定出相应的风险管理策略和应对措施。通过构建博弈模型,分析不同风险管理策略的成本和效益,确定最优的风险管理方案,以降低生产风险对生产过程的影响。

可见,博弈论在生产管理中的应用涵盖了生产计划与调度、生产协调与合作、生产优化与资源配置,以及生产风险管理等方面,通过分析各方之间的博弈关系,优化生产管理策略,提高生产效率和整体绩效。

3）博弈论在库存管理中的体现

库存管理是指对企业或组织的库存进行有效管理和控制,以确保合理的库存水平,最大程度地满足客户需求,同时最小化库存成本。博弈论在库存管理中的应用主要涉及订单策略、库存优化与安全库存管理三方面。以下是博弈论在库存管理中的具体应用:

（1）订单策略。博弈论可用于制定最佳的订单策略,平衡库存水平和供应链的运作成本。企业与供应商之间的订单策略可以被视为一个博弈过程,双方都希望在订单数量和交货时间方面达成最佳的协议。通过构建博弈模型,确定最优的订单策略,最大程度地降低库存成本和满足客户需求。

（2）库存优化。博弈论可用于优化库存管理策略,平衡库存水平和成本之间的关系。通过构建博弈模型,分析不同的库存管理策略对企业利润和客户服务水平的影响,确定最优的库存管理策略,最大程度地提高供应链效率和整体绩效。

（3）安全库存管理。博弈论可用于优化安全库存水平、平衡库存水平和服务水平之间的关系。安全库存是为了应对供应链中的不确定性风险而保留的额外库存量。通过将报童模型与博弈模型相结合,分析安全库存水平对供应链各方的影响,制定出能够最大化服务水平和最小化库存成本的安全库存管理策略。

可见,博弈论在库存管理中的应用涵盖了订单策略、库存优化和安全库存管理等方面,通过分析各方之间的博弈关系,优化库存管理策略,提高供应链效率和整体绩效。

5. 博弈论在财务管理领域的体现

财务管理是在一定的整体目标下,关于资产的购置(投资)、资本的融资(筹资)和经营中现金流(营运资金),以及利润分配的管理。博弈论在财务管理方面的应用通常涉及决策制定、财务风险管理、资产配置等方面。以下是博弈论在财务管理中的具体应用:

(1)投资决策。博弈论可以应用于投资决策的分析。投资者在面对不同投资选项时,可能需要考虑不同利益相关者之间的利益博弈。例如,企业可能需要权衡股东、债权人和管理层之间的利益,以制定最佳的投资方案。

(2)资产配置。博弈论可以用于分析不同资产配置方案下的风险与回报关系。投资者可能面临不同的资产配置选择,如股票、债券、房地产等。博弈论可以帮助投资者理解不同资产配置方案之间的博弈关系,制定出最优的资产配置策略。

(3)融资渠道选择。企业在筹集资金时,可以选择不同的融资渠道,如银行贷款、发行债券、发行股票等。博弈论可以用来分析企业与不同融资方之间的博弈关系,以确定最佳的融资渠道。企业需要权衡不同融资渠道的成本、风险和影响,最大程度地降低融资成本,同时确保融资的可行性和可持续性。

(4)财务风险管理。博弈论可以用于分析不同风险管理策略下的风险与回报关系。企业可能面临各种内部和外部风险,如市场风险、信用风险、流动性风险等。博弈论可以帮助企业理解不同风险管理策略之间的博弈关系,制定出最优的风险管理策略。

(5)财务协商与谈判。博弈论可以用于分析不同利益相关者之间的财务协商与谈判过程。在企业的财务管理中,不同利益相关者可能存在利益冲突,如股东与管理层之间的利益冲突、企业与供应商之间的谈判等。博弈论可以帮助企业理解不同利益相关者之间的博弈关系,制定出最优的财务协商与谈判策略。

(6)资本结构优化。博弈论可以用于分析不同资本结构方案下的风险与回报关系。企业可能面临不同的资本结构选择,如债务资本与股权资本的比例。博弈论可以帮助企业理解不同资本结构方案之间的博弈关系,制定出最优的资本结构优化策略。

(7)资金调配策略。博弈论可以帮助企业制定最优的资金调配策略,平衡现金流入与流出之间的关系。企业需要在不同的时间点进行资金调配,以满足资金需求和最大化资金利用效率。通过构建博弈模型,企业可以分析不同的资金调配策略,确定最佳的资金调配方案,最大程度地降低资金持有成本和风险。

(8)资金流动性管理。博弈论可以用于优化企业的流动性管理策略,确保企业在不同时间点都能够满足资金需求。企业需要权衡现金流入和流出之间的关系,最大程度地提高流动性和应对不确定性。通过构建博弈模型,企业可以分析不同的流动性管理策略,确定最佳的流动性管理方案,确保企业在不同情况下都能够灵活应对资金需求。

可见,博弈论在财务管理方面的应用涵盖了投资决策、资产配置与调配策略、财务风险管理、财务协商与谈判、资本结构优化、资金流动管理等方面,通过博弈分析和模型建立,可以帮助企业优化财务管理决策,实现利益最大化。

6. 博弈论在营销管理领域的体现

营销管理是指企业为实现经营目标,对建立、发展、完善与目标顾客的交换关系的营销方案进行的分析、设计、实施与控制。营销管理是企业规划和实施营销理念、制定市场营销组合,为满足目标顾客需求和企业利益而创造交换机会的动态、系统的管理过程。通过博弈论的基本要素和博弈原理,企业可以更深层次地理解市场竞争格局。因为市场是博弈的,所以营销也要博弈地进行。相比之下,由于存在信息问题和行动顺序差异,传统的营销决策充满了不确定性。博弈分析有助于设计适当的营销机制,以减少不确定性和行动顺序对营销决策的干扰,从而减少市场决策中的失误。博弈分析还可以减少市场营销的操作难度,但这并不等于其他的营销工作不重要。博弈论在市场营销管理中的应用主要集中在竞争分析、定价策略、渠道选择、合作协调等方面。以下是博弈论在市场营销管理中的具体应用:

(1)营销竞争分析。博弈论可用于分析市场营销竞争环境,理解不同竞争者之间的营销领域的博弈关系。企业可以利用博弈模型来预测竞争对手可能采取的营销策略,制定出应对策略,以提高竞争优势并保持市场地位。

(2)定价策略。博弈论可以帮助企业制定最优的定价策略。企业在定价时需要考虑竞争对手的定价行为,以及市场需求和成本等因素。通过构建博弈模型,企业可以分析不同定价策略下的利润和市场份额,确定最佳的定价策略,最大程度地提高市场份额和利润。

(3)渠道选择。博弈论可用于分析渠道选择问题。企业在选择销售渠道时,需要考虑与渠道商之间的利益博弈,以及渠道对销售效果和品牌形象的影响。通过构建博弈模型,企业可以分析不同渠道选择方案的利弊,确定最佳的渠道选择策略,最大程度地提高销售效果和品牌价值。

(4)合作协调。博弈论可以用于分析企业与渠道商、供应商之间的合作关系。

在市场营销中,企业需要与各方进行合作,以实现共赢局面。通过构建博弈模型,企业可以分析不同合作协调策略的利弊,确定最佳的合作协调方案,最大程度地提高市场竞争力和绩效。

(5)品牌管理。博弈论可以用于分析品牌管理策略。企业在品牌管理中需要考虑与竞争对手之间的品牌博弈关系,以及品牌对消费者的影响和认知。通过构建博弈模型,企业可以分析不同品牌管理策略的影响,确定最佳的品牌管理策略,最大程度地提高品牌价值和市场份额。

可见,博弈论在市场营销管理中的应用涵盖了竞争分析、定价策略、渠道选择、合作协调和品牌管理等方面,通过博弈分析和模型建立,可以帮助企业优化市场营销策略,提高市场竞争力和绩效。

第二节　博弈论在管理领域的应用局限

虽然博弈论在管理领域中已经得到比较广泛的应用,但由于博弈论本身学科的特点与传统管理理论的特点存在研究差异,导致博弈论在管理领域的应用存在一定的局限。

(1)博弈论源于数学,最早主要应用于经济学。因此,博弈论充满了复杂的数学表达式和经济理论,缺乏必要的知识基础是难以把握博弈论的。对于企业管理者来说,纷繁复杂的日常事务使得他们难以有充足的时间去学习掌握,更不用说在日常管理中去有意识地探讨应用,但并不会影响他们在工作实践中贯彻博弈的思想和方法,尽管其本身可能还没有意识到。

(2)博弈论早期主要局限在静态层面,要求博弈双方具有充分的信息,而在管理实践中,管理者是没有能力拥有充分信息的。即便后期发展了动态博弈和不完全信息博弈,但由于博弈论分析所建立的模型只是选择了部分具有代表意义的经济变量,而管理的实践所包含的因素则要丰富得多,这就在很大程度上使得模型的实际应用性大打折扣,难以为管理者所信服和接受。另外,博弈模型的均衡解在很多情况下不止一个,所以博弈参与者的行为方向就不确定,这就限制了博弈论对现实问题的解释力;博弈的规则和建模技术都受到理论基础、分析方法和求解手段的限制,对于现实中复杂的多因素问题难以进行全面的刻画。

(3)博弈论与管理理论存在跨学科的隔阂。一种理论的跨越学科应用需要特定的桥梁,需要众多学者和实践者持续不断地推进和努力。博弈论产生于数学和经济学,在企业管理理论中的应用也需要特定的桥梁,随着这些桥梁的出现,才逐渐消除学科之间的隔阂。比如,博弈论的跨学科应用需要基于新产业组织理论、五种竞争力量模型、产权交易理论等桥梁发挥作用。

(4)博弈论主要关注博弈中各博弈方选择的策略,研究决策行为主体在相互影响和作用下的均衡,企业管理现实中则着眼于企业之间的相互影响和作用。管理理论诞生以来,主要着眼于提高内部生产经营效率,对于企业外部因素的关注也主要是基于提高内部效率、打造企业自身核心竞争能力的目的。因此,管理者在接受和应用已有管理理论的基础上再去接受博弈论,会产生一定的排斥和延迟效应。

第三节　博弈论在管理领域的应用前景

随着博弈论的不断完善,它在管理领域的应用具有广阔的前景。

(1)从宏观层面来看,随着信息技术和现代通信技术等新技术的突破与飞速发展,国际形势变化莫测;国与国之间的政治博弈,尤其是经济博弈,日益白热化,国家之间关系的变化直接影响到企业各种管理与决策的变化。如欧洲对我国未来各行业将全面实行碳关税(CBAM)政策,导致我国出口企业面对压力,进而诱发供应商选择及供应链中企业合作产生变化。这种多企业间的决策问题正是博弈理论发挥作用之处。随着国际金融衍生工具和信息技术的发展,世界范围的相互经济影响日益显著,牵一发而动全身。政治实体之间和经济实体之间的持续博弈成为一种现实,主要表现在中国企业对外合作竞争关系,如企业并购、参股、战略联盟、对抗等。为有效应对未来的国际政治、经济合作竞争等复杂背景,博弈论在企业各管理环节的决策制定方面将大有用武之地。

(2)从中观层面来看,随着新的商业模式的出现,导致企业在战略管理、营销管理、人力资源管理、运营管理和财务管理等领域发生了变化。例如,共享经济的出现使得企业间在各个维度都有可能出现合作(如云产能、云仓储等),要求企业在某些维度的管理决策上实现与其他企业形成良好的协调与合作,无疑给博弈论的应用创造了空间。通过基于共享合作场景中的利益主体构建博弈模型,并对其进行分析,可以帮助企业了解其他利益主体的思维框架,通过设计机制、规则等实现合作。同时,信息技术的飞速发展使得数据信息暴增,企业对其他竞争对手信息的了解可以通过数据分析得到,而且这种信息的获得随着数据的增加而得到更新。未来结合博弈论与人工智能技术辅助企业的战略管理、营销管理、人力资源管理、运营管理和财务管理等将变得可能,且应用价值越来越突出。

（3）从微观层面来看,组织中人与人之间的关系主要表现为领导和被领导、管理和被管理、竞争与合作、分工与协调等人际关系。生产、分配、交换和消费过程的各种人际关系中存在大量的利益问题,自然就会存在各种博弈。如何安排好利益关系和分工合作等问题是管理者的主要职责所在,在此层面,众多学者已经并会继续推进博弈论在管理领域的应用。

综上,博弈论已经广泛应用到包括战略管理、营销管理、人力资源管理、运营管理和财务管理等各个企业的管理领域。博弈的基本思想、方法、模型和手段在企业管理的理论研究和实践工作中都呈现出深度渗透和融合的趋势,随着博弈理论的继续发展和完善,博弈论将会在企业管理与供应链管理的各个领域发挥越来越大的作用。

本篇总结

本篇通过对博弈论的起源、形成、发展、成熟与未来进行介绍,让读者系统了解博弈论的历史。然后通过包含囚徒困境博弈、石头剪刀布博弈、智猪博弈、强盗分金博弈与懦夫博弈六个经典博弈案例的介绍,重点阐述博弈与博弈论的基本概念、四个特征、八个组成要素、两个基本假设及意义、八种分类以及博弈论结构。并简单介绍了博弈理论在战略管理、组织管理、人力资源管理、财务管理与运营管理中的体现与应用,通过总结博弈论在管理理论应用的局限性,展望博弈论在未来管理领域的应用前景。

本篇习题

(1) 什么是博弈? 什么是博弈论?

(2) 博弈的基本特征是什么?

(3) 博弈的组成要素有哪些?

(4) 博弈的基本假设是什么?

(5) 博弈论在管理领域的应用存在什么局限性?

(6) 设定一个博弈模型必须确定哪几个方面?

(7) 博弈都有哪些分类方法? 按照不同规则,博弈被划分为哪些类型?

(8) 博弈论在管理领域的应用体现在哪些方面? 试着举出几个例子。

(9) 如何理解各博弈方之间存在的策略依存关系?

(10) 博弈的基本假设包含什么? 如何理解这些假设?

(11) "囚徒困境"的内在根源是什么?

(12) 举例论述企业中存在的"囚徒困境"现象,并分析为什么会出现这种现象。

(13) 三十六计中的每一个计策是一个策略吗? 请论述为什么。

(14) 囚徒困境博弈中,如果双方事先订立了攻守同盟,他们还会都坦白吗? 请论述原因。

(15) 你身边哪些博弈可以看成是静态博弈? 哪些博弈又可以看成是动态博弈?

（16）举出烟草、餐饮、股市、房地产、广告、电视等行业的竞争中策略相互依存的例子。

（17）"合作博弈"中"合作"的含义是什么？

（18）为什么说"变和博弈"的概念蕴含"双赢"理念？

（19）试以棋牌游戏或者社会生活中的其他现象为例，说明哪些是零和博弈，哪些是非零和博弈，哪些是常和博弈，哪些是变和博弈。

（20）在博弈论中，划分完全信息和不完全信息的标准是什么？划分静态博弈和动态博弈的标准是什么？划分合作博弈和非合作博弈的标准是什么？

（21）试举日常生活或者游戏中静态博弈的例子和动态博弈的例子。

（22）指出第（21）题举出的例子中，哪些是完全信息博弈，哪些是不完全信息博弈，并且说明原因。

（23）在熟悉的棋牌游戏中，哪些是完美信息博弈，哪些是不完美信息博弈？

（24）"双赢对局"隐藏着博弈论的什么道理？

（25）扑克牌只有黑、红二色。现在考虑玩一种"扑克牌对色"游戏。甲、乙两人各出一张扑克牌。翻开以后，如果两人出牌的颜色一样，甲输给乙一支铅笔；如果两人出牌的颜色不一样，乙输给甲一支铅笔。请试着把这个扑克牌游戏表达为一个博弈。

（26）现在把第（25）题的扑克牌对色游戏修改如下：甲、乙两人各出一张扑克牌。翻开以后，如果两人出牌的颜色一样，公证人奖励甲、乙两人各一支铅笔；如果两人出牌的颜色不一样，公证人不给予任何奖励。试把这一新的扑克牌游戏表达为一个博弈。

（27）为了区别起见，第（25）题中规则是甲输给乙或者乙输给甲的游戏将被称为"对抗的"扑克牌对色游戏，而第（26）题中公证人奖励参与人的游戏将被称为"和谐的"扑克牌游戏。试讨论如果甲、乙两人在公证人的主持下连续玩几轮"和谐的"扑克牌游戏，会出现什么情况。

（28）一个工人给一个老板干活，工资标准是 100 元。工人可以选择是否偷懒，老板选择是否克扣工资。假设工人不偷懒对自己相当于 50 元的负效用，老板想克扣工资则总有借口扣掉 60 元工资，工人不偷懒老板有 150 元产出，而工人偷懒时老板只有 80 元产出，这些情况双方都是知道的。请问：

① 如果老板完全能够看出工人是否偷懒，博弈属于那种类型？并对该博弈进行简单分析。

② 如果老板无法看出工人是否偷懒，博弈属于那种类型？并对该博弈进行简单分析。

第二篇

完全信息静态博弈

本篇主要对完全信息静态博弈理论与分析方法进行学习,包括完全信息静态博弈介绍、纯策略完全信息静态博弈分析方法、混合策略完全信息静态博弈分析方法与完全信息静态博弈在管理领域中的应用四大部分。在纯策略完全信息静态博弈理论部分,主要学习包含上策均衡法、严格下策反复消去法、箭头分析法与划线法四种求解策略式分析方法,并以此为背景系统介绍用于分析纯策略完全信息静态博弈的纳什均衡理论。在混合策略完全信息静态博弈理论部分,主要介绍混合策略、混合策略纳什均衡、纳什定理及其他几种用于分析多重完全信息静态博弈均衡的分析方法。

本篇学习要点:

(1) 了解完全信息静态博弈。
(2) 掌握划线法与纯策略完全信息静态博弈的纳什均衡。
(3) 掌握混合策略纳什均衡与纳什定理。
(4) 了解完全信息静态博弈在管理中的应用。

第六章
完全信息静态博弈概述

完全信息静态博弈是指各博弈方可被看成是同时决策，且所有博弈方对各方得益都了解的博弈。本书之前所提到的囚徒困境博弈、智猪博弈、新技术博弈都属于完全信息静态博弈。完全信息静态博弈是非合作博弈问题的基础，在现实中普遍存在。本章介绍较简单的各博弈方都包含有限策略的完全信息静态博弈的表示法——得益矩阵，并通过分析几个典型的完全信息博弈问题，系统阐述完全信息静态博弈的特征。

第一节　得　益　矩　阵

在完全信息静态博弈中，考虑完全信息静态博弈表示法与分析方法的差异，依据第一篇介绍博弈分类时提出的按照博弈方策略数量将完全信息静态博弈划分为有限策略完全信息静态博弈与无限策略完全信息静态博弈。而对于博弈方行为比较少的有限策略完全信息静态博弈，博弈理论中常采用得益矩阵来进行表示。

小猪		大猪	
		等待	踩踏板
	等待	0, 0	4, 4
	踩踏板	−1, 9	1, 5

图 6-1　智猪博弈的得益矩阵

得益矩阵包含所有博弈方、各博弈方的所有可选策略，各博弈方的所有策略组合下的得益。以"智猪博弈"为例，该博弈中包含"大猪"和"小猪"两个博弈方，且每个博弈方都只有"踩踏板"和"等待"两个可选策略。因此，该博弈可以通过一个 2×2 的得益矩阵（见图 6-1）表示出来。

在这个得益矩阵中，列表示大猪及其两个可选策略；行表示小猪及其两个可选策略；四个格子代表该博弈中大猪小猪的四种策略组合下双方各自的得益。例如，第一行第一列的格子代表大猪小猪都选择等待的（等待，等待）策略组合时双方各自的得益。其中,第一个数字"0"代表横行博弈方小猪在策略组合(等待,等待)下的得益,第二个数字"0"代表纵行博弈方大猪在策略组合(等待,等待)下的得益。第二行第一列的格子代表小猪选择踩踏板、大猪选择等待的(踩踏板,等待)策略组合时双方各自的得益。其中,第一个数字"－1"代表横行博弈方小猪在策略组合(踩踏板,等待)下的得益,第二个数字"9"代表纵行博弈方大猪在策略组合(踩踏板,等待)下的得益。第一行第二列的格子代表小猪等待大猪踩踏板的(等待,踩踏板)策略组合时双方各自的得益。其中,第一个数字"4"代表横行博弈方小猪在策略组合(等待,踩踏板)下的得益,第二个数字"4"代表纵行博弈方大猪在策略组合(等待,踩踏板)下的得益。第二行第二列的格子代表大猪小猪都踩踏板的(踩踏板、踩踏板)策略组合时双方各自的得益。其中,第一个数字"1"代表横行博弈方小猪在策略组合(踩踏板、踩踏板)下的得益,第二个数字"5"代表纵行博弈方大猪在策略组合(踩踏板、踩踏板)下的得益。

　　根据以上对得益矩阵的介绍,可以将本书在第一篇中介绍的囚徒困境博弈与新技术博弈也表示成得益矩阵。由于这两个博弈也都是两个博弈方,且各博弈方的可选行为也都为两个。例如,在囚徒困境博弈中,犯罪嫌疑人甲和乙的可选策略为"坦白"和"不坦白",新技术博弈中 A 企业和 B 企业的可选策略为"新技术"和"老技术"。因此,这两个博弈都可以用一个 2×2 的得益矩阵(见图 6-2 和图 6-3)来表示。

		乙	
		坦白	不坦白
甲	坦白	－4, －4	－1, 8
	不坦白	－8, －1	－2, －2

图 6-2　囚徒困境博弈的得益矩阵

		企业B	
		新技术	老技术
企业A	新技术	2, 2	5, 0
	老技术	0, 5	1, 1

图 6-3　新技术博弈的得益矩阵

　　从以上三个博弈案例的得益矩阵可以发现,得益矩阵基于每个博弈方可选择的策略形成矩阵的行和列。矩阵中的每个元素表示对应策略组合下各博弈方的所获得益。这种表示方法将博弈问题进行了比较容易理解的形式化表达。并通过比较得益矩阵中各博弈方不同策略组合下的得益,帮助各博弈方为实现其最大利益选择自己的最优策略,获得博弈的最终结果。得益矩阵可以帮助各博弈方了解博弈的可能结果,为各博弈方选择策略提供参考依据。通过分析得益矩阵,各博弈方可以确定最优的策略,以最大化自己的利益。因此,得益矩阵在完全信息静态博弈理论中具有重要的价值,是各博弈方理解博弈、制定策略和预测结果的重要工具和方法。

第二节 完全信息静态博弈经典案例

除了在第一篇中提到的囚徒困境博弈与智猪博弈,还有一些博弈是学习完全信息静态博弈必须了解的博弈案例,下面对"公地悲剧博弈""猜硬币博弈""性别战博弈""三厂商技术选择博弈"与"古诺双寡头模型"五个经典的完全信息静态博弈进行介绍。

1. 公地悲剧博弈

在很久以前,有一个村庄住着 n 户村民。在这个村庄中有一片公用的草地,这些村民靠在草地上养羊为生。他们在这片公共草地上放羊,肥美的牧草养肥了羊群。羊供给村民羊毛、羊皮、羊乳和羊肉。村民们靠着养羊的收获,生活得非常开心。随着时间的推移,草原上的人口不断增加,村民养羊的规模不断扩大,终于超出了草原的承载能力。草场开始失去自我养护能力,不断退化,最终走向沙漠化。村民们的羊都饿死了,失去了生活来源。

这就是经典的公地悲剧博弈,又被称为公共资源悲剧、公共物品困境、大锅饭悲剧等诸多名称。该博弈是博弈论、西方微观经济学与社会学中的重要概念,由学者加勒特·詹姆斯·哈丁(Garrett James Hardin)于 1968 年在《科学》杂志上发表的《公地悲剧》文章提出。公地悲剧博弈生动地描述了个人和社会在资源使用上的利益冲突问题。当人们从占用或者使用社会公共资源中获得利益。作为理性人,大家都会期望自己的收益最大化。因此,不管直白还是隐晦,人们或多或少都会思考"我采取何种行为才能获得更多的利益"。如同上面村民养羊的例子一样,如果多养一头羊代表着多得一份利益,那么村民们都会问"如果我多增加一头羊,我会不会得到更多的利益"。当然,多养一头羊会带来正向和负向两种影响。正向影响是养羊的数量增加了,每个村民可以通过变卖羊毛、羊皮、羊乳和羊肉而获得更多的收益。负向影响是额外的一头羊可能会引起过度放牧。但不管怎样,过度放牧的后果是由所有村民共同承担的。对于任何一户村民来说,多养一头羊通常带来的正向收益要比负向损失要少。为了分析这个问题,我们考虑一个比较简单的场景。假设这个村庄只住着两户村民,每户村民已经养了很多只羊了,但是因为想获得额外的收益,两户村民都想再多养 1 只羊。假设每户村民因为多羊一只羊可以获得额外 3 单位的收益。同时,村民在公用草地上养羊会对草地产生一定破坏,因此也会带来额外 2 单位的草原破坏成本。但这 2 单位成本由两户村民一同承担。此时,村庄中的两户村民(称为村民 1 和村民 2)均有两个选择,多养羊和不多养羊。那么会出现四种情况。第一种是两户村民都不多养羊,额外得益均为0单位;第二种是村民1选择多养羊,村民2选择不多养羊,那么村民1的得益为2单位,村民2的得益为−1单位;第三种是村民1选择不多养羊,村民2选择多养羊,那么村民1的得益为−1单位,村民2的得益为2单位;第四种情况是两个村民都多养羊,得益均为1单位。由于这个博弈有两个博弈方,且每个博弈方都只有两个可选策略,那么可以通过如下2×2的得益矩阵(见图6−4)来表示。

	村民2	
村民1	多养羊	不多养羊
多养羊	1, 1	2, −1
不多养羊	−1, 2	0, 0

图6−4　公地悲剧博弈的得益矩阵

对比得益矩阵中两村民不同策略组合下的得益,容易发现,对于村民1来说,如果村民2不多养羊,那么村民1最佳选择应是多养羊;如果村民2多养羊,那么村民1最佳选择仍是多养羊,否则,还要承担由于村民2多养羊带来的成本。也就是说,对村民1来说,多养羊总是一个更好的选择。由于在这个博弈中,将村民1和村民2的位置互换,得益的结果不变,因此这是一个对称的博弈。所以从村民2的角度来看,其面临的情况和村民1完全一致,这说明村民2也会选择多养羊。最终这个博弈的结果为两个村民都选择多养羊,双方分别得益1。在这一博弈中,两个村民都从各自的选择中获得一定利益,但从全局来看,两村民的选择对共用草地造成了最大的伤害,即所谓的公地悲剧。

公地悲剧代表了一类社会悖论或社会悲剧,即当个人利益和集体利益存在冲突时,每个个体很难做出有利于集体的决策。甚至当利于集体利益的决策实质上也更利于个体时,由于个体间利益冲突的存在,个体也仍然不会做出利于集体的决策。我们可以通过对前述博弈进行一些变形来说明这一情形。假设由于生态恶化,现在农民在草地上每多放一只羊会造成村庄5单位的集体损失,该损失仍然由所有村民共同承担。那么此时可能出现的情况为以下4种情况:第一种情况是两个村民都不多养羊,得益均为0单位;第二种情况是村民1多养羊,村民2不多养羊,那么村民1的得益为0.5单位,村民2的得益为−2.5单位;第三种情况是村民1不多养羊,村民2多养羊,那么村民1的得益为−2.5单位,村民2的得益为0.5单位;第四种情况是两个村民都多养羊,得益均为−2。同样,将图6−4的得益矩阵进行得益更新后得到表达这个博弈的新的2×2的得益矩阵,如图6−5所示。

	村民2	
村民1	多养羊	不多养羊
多养羊	−2, −2	0.5, −2.5
不多养羊	−2.5, 0.5	0, 0

图6−5　新的公地悲剧博弈的得益矩阵

采用相同的分析逻辑,我们可以预测,此时两户村民即便面临损失,也会都选择多养羊,最终每户村民的得益为−2单位。这种情况是我们直觉所不能理解的,也是我们不愿意看到的。因为在这种情况下,两户村民只考虑自身的利益,担心承担由于对方多养羊带来的需要平摊的成本,而选择自己也多养羊。这不仅对草地产生了最大的破坏,也导致了村民自己的得益损失。实际上,公地悲剧博弈也是一种"囚徒困境",即与囚徒困境博弈一样,放弃了对大家都好的策略组合,而选择了相对不好的策略组合。

2. 猜硬币博弈

猜硬币博弈是一个非常简单的历史悠久的游戏。两个人玩游戏,一个人(盖硬币者)用手盖住一枚硬币,让另一个人(猜硬币者)猜是正面朝上还是反面朝上。若猜对,则猜硬币者赢1元,盖硬币者输1元;否则,猜硬币者输1元,盖硬币者赢1元。如果赢1元代表得益为1,输1元代表得益为-1。那么我们可以用如下 2×2 的得益矩阵(见图 6-6)将这个博弈表述出来。

		猜硬币方	
		正面	反面
盖硬币方	正面	-1, 1	1, -1
	反面	1, -1	-1, 1

图 6-6　猜硬币博弈的得益矩阵

假设盖硬币者可以决定硬币盖成正面还是反面,那么他当然不希望自己盖的硬币被对方猜对。也就是说,如果猜硬币方猜正面,盖硬币方则会选择盖反面,如果猜硬币方猜反面,盖硬币方则会选择盖正面。类似地,如果站在猜硬币者的角度,他想猜对,也就是说如果盖硬币方盖的是正面,他就会愿意猜正面。相反,如果盖硬币方盖的是反面,他则会愿意猜反面。从以上的分析来看,如果盖硬币方与猜硬币方都进行这些思考,将会无限循环下去。因为当盖硬币方想要盖正面时,猜硬币方就会猜正面。根据理性人假设与理性共识假设,盖硬币方会预料到自己如果盖正面,猜硬币方会猜正面。因此,他会调整策略来盖反面,但是猜硬币方由于理性共识假设也会预料到盖硬币方的这些行为,因此又会猜反面。然后盖硬币方又会预想到猜硬币方会因为自己盖反面而猜反面,因此再一次在心中调整策略,选择盖正面。以此类推,不断地循环下去。可见,在这个博弈中并不会像公地悲剧博弈、囚徒困境博弈与智猪博弈等博弈一样,有一个大家都会一致选择的稳定结果。但这并不是说这个博弈在进行一次时就不会有结果,或者说不会有一个好的策略组合。从以上对猜硬币博弈分析的过程可以看出,不论作为猜硬币方还是盖硬币方,最重要的是不应该让对方知道自己在博弈中做何选择,因为一旦让对方知道了,就意味着对方可以在这次博弈中找到方式来获胜。类似这种在一次博弈中没有所有博弈方都认为一致会选择的策略组合的博弈还有很多,例如,我们之前提到的石头剪刀布博弈和田忌赛马博弈。在本篇的后续章节将会系统介绍这类博弈的应对策略。

3. 性别战博弈

性别战博弈讲的是一男一女正在谈恋爱,两个人需要安排周末的业余活动。有两种可选活动,去看足球比赛或者去看芭蕾舞演出。男人想要去看足球,而女人更想去看芭蕾舞演出。但他们都想在一起看,不愿意分开行动。当然,他们之所以偏好不同的活动是因为他们各自从足球比赛和芭蕾舞演出所获得的得益不同。为了更好地分析此博弈,我们需要将他们看不同活动的得益进行量化。若去看足球比赛活动,男人的满足感要高于女人,假定男人的得益是2,女人的得益是1;若去看芭蕾舞演出,女人的满足感则会高于男人,假定女人的得益是2,男人的得益是1。如果两个人选择了不同的活动,因为前面提到他们不愿意分开,在现实生活中可能会出现吵架等现象,所以两人基本上无法分开,或者分开后两人都不开心,失去了约会的意义。因此设定只要两人选择不同活动,两人的得益均为0。同样地,我们用以下这个2×2的得益矩阵(见图6-7)将这个博弈表述出来。

| | 女 | |
	足球	芭蕾舞
男 足球	2, 1	0, 0
芭蕾舞	0, 0	1, 2

图6-7　性别战博弈的得益矩阵

为了弄明白两个人的最佳选择,我们来分析一下这个博弈。首先考虑男人应如何选择。他的选择实际上是依赖于女人的选择,因为只有当与女人选择一致时他才会有正的得益,否则两人得益均为0。所以女人选择看足球活动时他就会选择看足球活动,但当女人选择看芭蕾舞活动时,尽管他不愿意看,理性的他也是会选择同看,这样至少可以得到1的得益,否则什么也得不到。考虑女人如何选择与之类似,女人的选择也是依赖于男人的选择,即男人选择什么活动她最好也选择什么活动。这样分析看来,这个性别战博弈会有两个结果,要么两个人都去看足球,要么两个人都去看芭蕾舞。如果两个人不事先沟通,可能会出现最差的结果。例如,女人以为男人会选择看足球,所以自己选择了去看足球;而恰巧男人也认为女人会选择去看芭蕾舞,所以自己选择了去看芭蕾舞。这样一来,大家就只能获得0的得益。所以如果一个博弈有两个或两个以上的各博弈方的预期结果时,如上面猜硬币博弈中出现的各博弈方在一次博弈中不能斩钉截铁选择某个策略的情况也可能发生。但与猜硬币博弈不同的是,在性别战博弈中,双方存在一定的共同利益,但是具有共同利益的不同结果又有着相对冲突的偏好。实际上,我们生活中有很多类似这样的博弈。例如,我们经常会说"我以为你会……",我们会认为对方会选择什么而做出一致的行为选择,而对方又会认为我们偏好什么而选择了不同的行为,最终导致偏离预期,适得其反。这就说明沟通的重要性,因为性别战博弈中双方共同的利益使得这个博弈是可以提前沟通的,两个人可以协商,这次陪你去看足球比赛,下次陪我去看芭蕾舞演出,就有可能带来比现在无沟通的博弈更好的结果。

4. 三厂商技术选择博弈

该博弈描述了一个市场上有三家厂商相互竞争,他们以相同的价格向消费者销售同质产品。由于科技的不断发展,出现了一种生产他们经营产品的新技术。这种新技术可以提高产品的质量,但不改变产品单位成本。每个厂商均需选择是用老技术生产产品还是用新技术生产产品。对于消费者来说,当市场上所有的产品都是用老技术生产时,他们对产品没有特别偏好。当市场上出现用老技术生产的产品和用新技术生产的产品时,消费者会更偏好于新技术生产的产品。此时,如果市场上大部分产品均为用新技术生产的产品,则所有消费者购买用新技术生产的产品;如果市场上少部分产品为用新技术生产的产品,则大部分消费者购买用新技术生产的产品,少部分消费者出于种种限制,仍然购买用老技术生产的产品。当市场上所有的产品都是用新技术生产的产品时,消费者对特定产品的偏好消失,此时每个厂商的销售额再次相同。在这个博弈中,每个厂商和其竞争对手的决策共同决定所有厂商的获益。

如果给出每个厂商选择不同策略下的得益,将如何通过二维得益矩阵表示这个包含三个博弈方的博弈呢?我们采用的方法是以第三个博弈方(厂商3)的不同可选策略为基础,制作多个二维的另外两个博弈方的得益矩阵图。例如,在这个博弈中,厂商3有两个可选策略:"新技术"与"老技术"。那么就分别制作在厂商3选择"新技术"策略时厂商1和厂商2的得益矩阵[见图6-8(a)]和厂商3选择"老技术"策略时厂商1和厂商2的得益矩阵[见图6-8(b)]。同时,由于是三方博弈,因此在两个矩阵的每个格子中有三个数字,第一个数字表示横行厂商1的得益,第二个数字表示纵行厂商2的得益,第三个数字表示厂商3的得益。例如,图6-8(a)矩阵的第一行第一列的(2,2,2),表示三个厂商都选择新技术时[策略组合为(新技术、新技术、新技术)]三个厂商的得益。其中,第一个2表示厂商1的得益,第二个2表示厂商2的得益,第三个2表示厂商3的得益。以此类推,我们可以解释图6-8中每个策略组合下的三个厂商对应可获的得益。

(a) 厂商3选择新技术　　　　　　　　(b) 厂商3选择老技术

图6-8　三厂商技术选择博弈

　　由于博弈中各博弈方的策略具有相互依赖性,因此,博弈方数量的增加也会导致这个博弈的分析复杂难度增加。我们先来看厂商3,当厂商3选择新技术时,也就是图6-8(a)所示的结果,此时,如果厂商2也选择新技术,厂商1会选择新技术,因为厂商1此时选择新技术的得益为2,远大于选择老技术的得益0;如果厂商2选择老技术,厂商1无疑也会选择新技术,因为选择新技术得益为5,远大于选择老技术的得益1。也就是说,厂商1在厂商3选择新技术时不会考虑厂商2的选择,会一直选择新技术。由于厂商1和厂商2是对称的,因此,在厂商3选择新技术时,不论厂商1选择什么技术,厂商2也都会选择新技术。所以在厂商3选择新技术时,其余两个厂商都会选择新技术。针对图6-8(a)的矩阵来说,在厂商3选择新技术的背景下博弈结果会稳定在左上角的策略组合。同样的思路来分析当厂商3选择老技术的情况。这时,如果厂商2选择新技术,厂商1也会选择新技术,因为此时他选择新技术的得益5要优于选择老技术的得益1。如果厂商2选择老技术,那么厂商1也会选择新技术,因为此时他选择新技术的得益5还是大于选择老技术的得益2。也就是说当厂商3选择老技术时,不论厂商2如何选择,厂商1都只会做一个选择,就是选择新技术。同样地,厂商1和厂商2具有对称性,因此当厂商3选择老技术时,厂商2也会不管厂商1的选择,毅然决然地选择新技术。这说明,针对图6-8(b)所示的矩阵,当厂商3选择老技术的背景下博弈结果会稳定在左上角的策略组合。那么接下来就是厂商3的选择了,由于理性共识的假设,他知道当自己选择新技术时博弈得益结果会是图6-8(a)左上角的(2,2,2)的结果,而当自己选择老技术时则博弈的结果会是图6-8(b)左上角的(5,5,0)结果。很明显,对于厂商3来说,选择新技术的得益2要大于选择老技术的得益0,因此,他会选择新技术。最后这个博弈的稳定结果就是三个厂商都选择新技术,大家都以2的得益结束本次博弈。

　　通过以上对三厂商新技术博弈的得益矩阵分析可以发现,如果博弈方的数量增多,那么可以通过展开除前两个博弈方以外的博弈方的可选策略的方式进行表达。例如,如果我们在这个博弈中再增加一个博弈方,变成四个厂商的新技术博弈问题。那么我们需要根据厂商3和厂商4的策略选择的四种组合情况来对这个得益矩阵进行展开,即在厂商3和厂商4都选择新技术,厂商3选择新技术、厂商4选择老技术,厂商3选择老技术、厂商4选择新技术,厂商3和厂商4都选择老技术的四种场景下,制作厂商1和厂商2的不同选择下的矩阵,四个2×2的矩阵组成的得益矩阵才能将这个四厂商新技术博弈表示出来。如果在这个博弈中每个厂商不是只有两个选择,而是考虑定价竞争,即假设每个厂商有5个可选的产品价格,那么即便只考虑三个厂商都需要五个5×5的矩阵才能表示。所以设想一下,一个完全竞争市场中有成千上万,甚至几百万、几千万个企业进行竞争,而且各企业在决策产品产量、产品价格等决策时可选的策略有很多甚至无穷多,那么这类博弈如果还用得益矩阵进行表示的话,我们将永远也制作不完。因此,对于博弈方比较多或各博弈方可选策略比较多时,我们需要借助数学函数或者数学模型的方式对其进行表达,以获得比较简单的描述表达方式。下面我们通过一个两厂商的产品生产产量的"古诺双寡头模型"来说明这个问题。

5. 古诺双寡头模型

古诺双寡头模型(Cournot duopoly model),又称古诺模型或双寡头模型,是由法国经济学家安东尼·奥古斯丁·库尔诺(Antoine Augustin Cournot)于 1838 年在其经典名著《财务理论的数学原理的研究》中提出的。该博弈讲述的是两个寡头厂商,生产完全相同的产品销往一个容量有限的市场。消费者对于两个厂商生产的产品认知完全一致,不存在差异。因此,两个厂商是完全竞争关系。如果我们不考虑两个厂商的产能闲置,由于每个厂商生产产品的数量可以是从 1 到无穷大,即便市场上只有两个厂商,也无法用得益矩阵进行很好的表示。因此,我们采用数学模型的方式来表达这个博弈。假设厂商 1 和厂商 2 生产该产品的产量分别是 q_1 和 q_2,两厂商生产单位产品的成本都是 c。市场上该产品的总供应量 Q 可表示为 $Q = q_1 + q_2$。假设市场最大容量为 20 单位,依据经济学供需平衡原理,市场出清价格 P 是市场上该产品总供应量的反函数,即

$$P = P(Q) = 20 - Q = \begin{cases} 20 - (q_1 + q_2), & Q < 20 \\ 0, & Q \geqslant 20 \end{cases}$$

在这种情况下,两个寡头厂商需要决策各自生产多少这种产品。为了分析这个博弈,我们先把两个厂商不能选择的产量排除掉。首先,两个寡头厂商都以利润最大化为自己偏好。因此,他们不会生产超过 20 单位的产品。如果这样生产,只需一家企业的产量,市场上的产品容量就过剩了,厂商将无任何利益可言,甚至会亏本。其次,根据微观经济学理论容易发现,即使其他厂商不生产,作为垄断者的最佳产量也只有 10 单位。因为超过 10 单位后,他生产越多利润会越低。因此,两个厂商理性的产量都不可能超过 10 单位,我们只保留小于 10 单位的整数产量即可。接下来我们用枚举各厂商生产 1 单位至 10 单位不同的产量组合下的利润来简单分析这个博弈。

为了计算市场不同产品产量配比下各厂商的利润,我们先将两厂商的利润函数表达出来,这里假设 π_1 和 π_2 分别表示厂商 1 和厂商 2 的利润,则

$$\begin{cases} \pi_1 = P \cdot q_1 = q_1[20-(q_1+q_2)] - cq_1 \\ \pi_2 = P \cdot q_2 = q_2[20-(q_1+q_2)] - cq_2 \end{cases}$$

为了计算出具体各厂商的利润值,我们假设 $c=1$。容易发现,两个厂商面对的生产成本与产品市场售价等所有情况都是相同的。根据我们之前对其他博弈的分析可知,厂商1和厂商2最后一定生产相同数量的产品。否则就会出现如下情况:假设厂商1生产的产量高于厂商2生产的产量,市场的产品出售价格就会因为厂商1比厂商2多生产的额外产量而比两厂商都生产厂商2的产量时对应的产品市场出售价格低。但是这种由于产品售价低导致的利润损失却要厂商1和厂商2共同承担。分析到这里,这个博弈是不是有种似曾相识的感觉,这正是公地悲剧博弈的结果,也就是说厂商2会为了不承担由于厂商1额外生产导致的产品市场出售价格低带来的利润损失,也会将自己的产量提高至厂商1的生产水平。而厂商1也会预期到厂商2的这种思维,这种现象反而会带来整体利润的损失。因此如果考虑这个博弈的稳定结果,厂商1和厂商2一定会生产相同数量的产品。接下来,我们可以通过表6-1给出两个寡头厂商在生产不同产量时对应的市场总供应量、市场出清价格及各自的利润。

表6-1　两寡头厂商不同产量的市场供应量、产品价格及厂商利润

q_1	1	2	3	4	5	6	7	8	9	10
q_2	1	2	3	4	5	6	7	8	9	10
Q	2	4	6	8	10	12	14	16	18	20
P	18	16	14	12	10	8	6	4	2	0
π_1	17	30	39	44	45	42	35	24	9	0
π_2	17	30	39	44	45	42	35	24	9	0

该表格表明,两厂商最好的选择是都生产5单位的产品,即可获得最高的45单位的利润。但是最后博弈稳定时,两个厂商会这样生产吗?答案是否定的。若假设两个厂商都生产5单位,那么厂商2就会想:"如果我多生产1单位会发生什么?"。因此,当厂商1生产5单位时,厂商2试图生产6单位产品。此时,市场上产品总供应量变为11单位,单位产品市场出售价格为9单位,那么厂商1因为生产5单位产品获得40单位利润,利润变少了,但厂商2因为生产6单位产品反而可以获得更多的48单位利润。厂商1当然也会知道在大家都生产5单位产品时会出现这种情况,

因此厂商 1 一开始就不会生产 5 单位产品,而是生产 6 单位的产品。那么在厂商 1 生产 6 单位产品时,厂商 2 会不会生产更多的产品呢? 为了回答这个问题,我们来假设此时厂商 2 选择生产 7 单位产品。此时市场的总供应量为 13 单位,产品出售价格变为 7 单位。那么,厂商 1 的利润降为 36 单位,厂商 2 的利润变为 42 单位。虽然此时厂商 2 比厂商 1 利润高,但是他目前的利润实际上和他保持与厂商 1 同样生产 6 单位时的利润 42 单位一样。因此,厂商 2 在厂商 1 生产 6 单位时没有动力多生产。对称地,厂商 1 在厂商 2 生产 6 单位时也没有动力多生产。所以,最后这个博弈就会稳定在两个厂商都生产 6 单位产品的结果处。

从古诺双寡头模型的分析结果可以发现,当博弈方的可选行为变多时,对博弈的表示就不能再用得益矩阵了,而是要转向更为一般的数学模型的表示方法。且在古诺双寡头模型中也体现出囚徒困境博弈的现象,即两厂商像被困住的囚徒一样,只能选择让大家利润不是最好的结果。

第三节 完全信息静态博弈的特征

从前文对完全信息静态博弈定义与几个经典案例的分析来看,完全信息静态博弈具有完全信息、各博弈方同时决策及三种博弈均衡的特征。

1. 完全信息

依据完全信息静态博弈的定义,所有的博弈方都了解自己的得益,同时也了解博弈中其他博弈方的得益。此特征便于对静态博弈展开分析。因为当选择任意策略后,每个博弈方都可以清楚其他博弈方依据自身得益最大原则会如何进行策略选择,然后根据博弈中各博弈方策略的相互依存性质来分析博弈最终的稳定结果。如果完全信息静态博弈失去了这个特征,那么各博弈方分析将变得复杂,因为他们无法清晰地判断其他博弈方对自己策略的反应,就要求助于其他更加复杂的分析方法。由此可见,完全信息特征对于完全信息静态博弈可被清晰分析具有非常重要的价值。

2. 各博弈方同时决策

根据完全信息静态博弈分析的定义,所有的博弈方都可以被看成是同时进行决策的。在完全信息静态博弈中,即便各博弈方不是物理时间上的同时决策,只要是各博弈方互相没有信息沟通,或者即使可以进行信息沟通,但是不能达成某种协议选择某个策略或者不能对已经选择的行为进行更改,那么都可以被近似看成逻辑时间上的同时决策。这个特征使得完全信息静态博弈与其他类型博弈(如完全信息动态博弈)分析方法完全不同。例如,在完全信息静态博弈下,由于所有博弈方不知道其他博弈方做了什么策略选择,而各博弈方的策略又存在相互依存关系,所以每个博弈方只能对其他所有博弈方的所有可选策略都制定相应的反应(策略选择)。换句话说,即便只是某个完全信息静态博弈中一个博弈方,也需要从所有博弈方的角度分析其他博弈方不同策略选择下的应对策略,并需要整合所有分析结果,以获得最后博弈的稳定结果。而在动态博弈下,后行为的博弈方可以看到先行为的博弈方选择了何种策略,后者已经成为既定事实,所以后行为的博弈方只需要分析在他之后的博弈方的策略选择对自己的得益的影响,以及自己应该根据这个影响选择什么策略。因此,动态博弈中每个博弈方无需分析其他所有博弈方的策略选择。所以,各博弈方同时决策的特征也就成为区别于动态博弈的一个最主要特征,是完全信息静态博弈各种分析方法的基础。

3. 三种博弈均衡

博弈均衡(Game Equilibrium)是指在博弈中所有博弈方都不想改变自己的行为或策略的一种状态。在这种状态下,没有任何一个博弈方可以通过改变自己的行为或策略而获得更大的利益,任何博弈方都不想偏离自己当前的策略组合,这也就是本书之前在分析各博弈时所说的"博弈的稳定结果"。从本章对"公地悲剧博弈""猜硬币博弈"与"性别战博弈"等典型博弈案例的介绍与结果分析中可以发现,完全信息静态博弈的均衡结果主要有三种类型:第一种类型是博弈没有均衡结果,如"猜硬币博弈""石头剪刀布博弈"。在这类博弈中,大家是严格的竞争关系,一方的赢就等于另一方的输,因此不存在一个比较稳定的均衡结果。实际上很多时候常和博弈也可能由于博弈方之间的竞争关系而没有一个比较稳定的均衡结果。第二种类型是博弈只有一个均衡结果,如"囚徒困境博弈""智猪博弈""公地悲剧博弈""古诺双寡头模型"等。这类博弈是完全信息静态博弈中最常见的博弈,也是我们生活和企业管理中比较常见的博弈类型。这类博弈唯一的均衡结果使得博弈方可以清晰地知道自己应选择什么策略,因此这种博弈的均衡也被称为纯策略均衡。第三种类型是博弈有不止一个均衡结果,如"性别战博弈"。对于这类博弈,表面上所有博弈方可以通过分析知道博弈的均衡结果,如果博弈方进行一次博弈,在完全信息静态博弈下,所有博弈方不能交流且同时决策,仍然会存在不知道最后博弈会停留在哪个均衡结果的情况。因此这类博弈的一次博弈结果也常会出现在对大家都不利的非均衡的策略组合处。例如,在"性别战博弈"中,如果女人因为男人偏好选择看足球比赛而自己选择了看足球比赛,而男人却因为女人偏好选择看芭蕾舞演出而自己选择了看芭蕾舞演出,一次博弈时就会出现这个博弈的非均衡结果。在完全信息静态博弈理论中,将这种存在两个或两个以上的均衡结果称为多重均衡。

对于第二种只有一个博弈均衡结果的纯策略均衡完全信息静态博弈,我们通常容易进行预测博弈的均衡结果。而对于第一种无纯策略均衡结果的博弈和第三种有多个纯策略均衡的多重均衡博弈,我们很难预测该博弈的均衡结果,而且博弈方也很难确定在这类博弈中一直应选择的策略。因此,这类博弈的分析相对复杂,在完全信息静态博弈理论中常采用混合策略,分析博弈的混合策略均衡。这些内容将在本篇后续章节进行系统介绍。

第七章
策略式分析方法

本章以少量可选择策略的完全信息静态博弈为例,讨论分析这类博弈的基本分析思路,主要介绍上策均衡法、严格下策反复消去法、箭头法和划线法四种完全信息静态博弈的策略式分析方法。

第一节　上　策　均　衡　法

在有些博弈中,对于某个或者某些博弈方,会存在不论其他博弈方选择什么策略,自己选择某个策略带来的得益永远不低于其他策略带来的得益的情况,所以该博弈方为了追求得益最大化,必然会选择这个策略。这种情况我们就可以采用上策均衡法进行分析,而该博弈方选择的这个策略,被称为"上策"或"上策策略"。因此,我们给"上策策略"下一个完整的定义应该是:上策策略指的是对博弈中的某一博弈方来说,无论其他博弈方如何决策,始终能保证该博弈方得益不低于其他策略的策略。例如,在本书之前提到的囚徒困境博弈中,"坦白"就是对两个犯罪嫌疑人甲和乙的上策策略;智猪博弈中"等待"就是小猪的上策策略。

如果一个博弈中,每个博弈方都有自己的上策策略,那么这些上策策略合在一起的策略组合一定是所有博弈方都愿意选择的策略组合,就是满足理性人假设与理性共识假设的博弈结果,那么这个策略组合就被称为"上策均衡"。例如,在囚徒困境博弈中,两个犯罪嫌疑人的上策策略都是"坦白",那么由"坦白,坦白"组成的策略组合就是博弈最后的均衡结果,被称为"上策均衡"。所以,我们给"上策均衡"下一个完整的定义为:上策均衡指的是由所有博弈方的上策策略组成的策略组合下的均衡结果。该定义体现上策均衡可以反映所有博弈方的绝对偏好,所以在理论上可以依据上策均衡来判断博弈结果,并做出肯定的预测。因此,我们在分析任何一个完全信息静态博弈时，应该先分析和判断各个博弈方是否存在上策策略，博弈是否存在上策均衡。我们来看下面这个“广告推广博弈”。

市场存在两家寡头竞争企业A和B，他们研发出某个具有同样功能的新产品。目前，消费者对该产品并不是很了解。如果有企业做一些广告，则可以快速让消费者了解这一产品，提高产品销售额，如果没有企业做广告，则只能等待消费者慢慢了解该产品后购买。现企业A和B需要决策本企业是否投入成本做广告。如果两家企业均不做广告，则其销售额均较低，此时双方净利润都为10单位。如果有一家企业做广告、一家不做广告，则做广告的企业抢占到市场先机，占据大量市场份额，此时做广告的企业净利润为15单位，不做广告的企业净利润为1单位。如果两家企业均做广告，则其在成功向消费者推广自己的产品的同时，也面对一定程度的竞争，此时双边净利润均为5单位。这里将两企业在各种情况下时的净利润看成得益，可以将该博弈通过图7－1的得益矩阵来表示。

		企业B	
		做广告	不做广告
企业A	做广告	5, 5	15, 1
	不做广告	1, 15	10, 10

图7－1　广告推广博弈

在分析这一博弈时，我们首先需要判断博弈中的每个博弈方是否存在上策策略。容易发现在这个博弈中，无论企业B选择做广告还是不做广告，企业A选择做广告可获的得益都高于不做广告时的得益。也就是说，企业A存在上策策略“做广告”。同样地，对于企业B来说，无论企业A的选择是什么，“做广告”都是他的更优的选择。所以，企业B也存在上策策略“做广告”。在找出所有博弈方的上策策略后，那么包含这些上策策略的策略组合(做广告，做广告)就是这个博弈的“上策均衡”，也是博弈最后的均衡结果。在这个均衡结果下，企业A和企业B都选择做广告，得益都为10单位。

但由于博弈方之间存在策略依存性，所以各博弈方的最优策略常常会随着其他博弈方的策略的变化而变化，并不是所有的博弈中的所有博弈方都存在上策策略，也不是所有的博弈都存在上策均衡。有时在一个博弈中，只有少部分博弈方具有上策策略，而其他博弈方不具有上策策略。例如，我们之前学习的“智猪博弈”。通过当时对这个博弈的分析，我们发现小猪是有上策策略的，即它不论大猪做何选择，自己永远都会选择“等待”。但是对于大猪来说，它并不存在上策策略。当小猪选择等待时，它最优的选择是去踩踏板，但是当小猪选择踩踏板时，它最优的选择变成了等待。因此，这个策略也不存在上策均衡。因为上策均衡要求所有博弈方都有上策策略，这些上策策略组合的均衡结果才是上策均衡结果。但我们仍然能感觉到对于一个博弈来说，先分析各博弈方是否有上策策略可以简化对博弈的分析。例如，在智猪博弈中，我们分析出了小猪存在上策策略——等待。这就说明小猪一定会选择这个策略。那么即便大猪不存在上策策略,小猪的上策策略导致大猪在面对小猪这个博弈方时只需考虑它选择"等待"策略时自己的选择,可见问题变简单了。大猪自然很快就可以判断出既然小猪选择"等待",那么自己去"踩踏板"获得的利益会高一些,这个博弈的最终结果也就容易被判断,即大猪选择踩踏板,小猪选择等待,它们获得这个策略组合下的各自的得益。在这类博弈中,即便找到了部分博弈方的上策策略,但是由于其他博弈方不存在上策策略,因此没有所有博弈方上策策略组合成的策略组合,所以在这类博弈中,不存在上策均衡。

不过有的时候博弈会出现更复杂的情况,也就是说没有任何一个博弈方具有上策策略,如在我们之前提到的"石头剪刀布博弈""猜硬币博弈""田忌赛马博弈"等。在石头剪刀布博弈中,任何一个博弈方都不存在上策策略。在这个博弈中,试想一下作为该博弈的一个博弈方将如何思考,如果对方出石头,那么为了赢,需要选择出布;如果对方出剪刀,那么应该选择出石头;可如果对方出布,就应该选择剪刀了。可见,在这个博弈中各博弈方的策略选择完全依赖于其他博弈方的策略选择,完全不存在哪个策略下的得益好于其他策略下的得益。面对这类博弈,找不到博弈方的上策策略,当然也就没有上策均衡。

由此可见,通过找所有博弈方上策策略组合成的上策均衡的上策均衡法并不能解决所有的博弈问题。这种方法只能分析部分博弈问题。实际上,在我们的生活与工作中,上策均衡很少存在。试想一下,如果很多博弈问题都可以用上策均衡法破解的话,那么我们就无法说博弈方之间的策略依存是博弈的比较普遍的本质特征了。多数博弈中各博弈方不存在上策策略,博弈不存在上策均衡正是博弈理论的价值所在。如果一个博弈没有上策均衡就没法分析了吗? 答案是否定的,需要用接下来的一些方法来进行分析。

第二节　严格下策反复消去法

上策均衡法的基本思路是找出各博弈方的上策策略构成的上策均衡。从方法论的角度看,除了找各博弈方一定会选择的使自己得益最优的上策策略,还存在一种思路是:排除掉各个博弈方都不会选择的比较差的策略,然后一点一点缩小博弈中各博弈方可选策略的数量,最终找到博弈的均衡结果。这种分析思路的关键是找到各博弈方都不会选择的"严格下策策略",即在一个博弈中不管其他博弈方的策略如何变化,某个策略给某个博弈方带来的得益都比他的其他策略小,该策略就被称为该博弈方的严格下策策略。例如,在囚徒困境博弈中,对于两个犯罪嫌疑人甲和乙来说,"不坦白"是他们的严格下策策略。因此,即便这个博弈不采用上策均衡法的方式找两个人的上策策略,也可以通过找两个人的下策策略"不坦白",然后将这个策略消去,那么两个人剩下的"坦白"策略组合成的策略组合(坦白,坦白),就是本博弈的均衡结果。这个方法隐含着理性的博弈方不可能采用严格下策策略的道理。因此,通过判断各博弈方是否存在严格下策策略,并将它们消去不会影响到博弈的最终均衡结果。有时,在一个博弈中,并不能像囚徒困境博弈那样通过找一次严格下策就可以得到博弈的均衡结果,而是需要对每个博弈方的所有可选策略进行反复运用,甚至也可以在各个博弈方之间进行交叉运用,遵循只要发现严格下策策略就将其消去,直到找不到任何博弈方的任何严格下策策略为止的原则。因此,这种反复寻找各博弈方的严格下策策略,并将其消去的方法,被称为"严格下策反复消去法"。

如果对某个博弈应用严格下策反复消去法后,某个博弈方只有唯一的策略剩下来,那么该策略就是该博弈方唯一理性的选择,当博弈中所有博弈方都被消去的只剩下一个可选策略,整合这些策略只能形成唯一的策略组合,这个策略组合就是该博弈的均衡结果。例如,在囚徒困境博弈中,犯罪嫌疑人甲和乙消去了"不坦白"的严格下策策略,那么剩下的唯一策略组合(坦白,坦白)就是该博弈的均衡结果。又如在智猪博弈中,消除小猪不会选择踩踏板这一严格下策策略,那么剩下的在小猪等待的策略下,等待变成了大猪的严格下策策略,将该策略消除,最后就只剩下小猪选择等待大猪选择踩踏板的策略组合(等待,踩踏板),该策略组合正是智猪博弈的均衡结果。

通常情况下,在用上策均衡法无法获得博弈均衡结果的时候,部分博弈采用严格下策反复消去法进行求解。为了更深入地学习如何使用严格下策反复消去法,我们来看一个博弈例子。该例子由两个博弈方组成,分别是博弈方 A 和博弈方 B。博弈方 A 有"上"和"下"两个策略可被选择;博弈方 B 有"左""中"和"右"三个行为可被选择。两个博弈方在选择不同行为时的得益矩阵,如图 7-2 所示。

		博弈方B	
	左	中	右
博弈方A 上	1, 0	1, 3	0, 1
下	0, 4	0, 2	2, 0

图 7-2　两个博弈方的博弈例子

首先,采用上策均衡法来分析这个博弈容易发现,对于博弈方 A 和博弈方 B 都不存在上策策略。因为当博弈方 B 选择左和中时,博弈方 A 偏好选择上;当博弈方 B 选择右时,博弈方 A 却偏好选择下,所以博弈方 A 不存在上策策略。同样,当博弈方

A 选择上时,博弈方 B 偏好中;当博弈方 A 选择下时,博弈方 B 偏好左,所以博弈方 B 也不存在上策策略。因此,该博弈不存在上策均衡。

接下来,我们来看看在这个博弈中,两个博弈方是否存在下策策略。实际上通过以上对两个博弈方的选择行为分析可以发现,对于博弈方 B 来说,不论博弈方 A 选择上还是下,他都不会选择右。因为不论博弈方 A 选择上还是下,博弈方选择中时的得益都好于其选择右的得益。例如,当博弈方 A 选择上时,博弈方 B 选择中的得益为 3,大于选择右的得益 1。同样地,当博弈方 A 选择下时,博弈方 B 选择中的得益 2,大于选择右的得益 0。因此,"右"是博弈方 B 的严格下策策略。依据严格下策反复消去法,我们将博弈方 B 的右策略消去,使得博弈方 B 只能从左和中两个策略中进行选择,形成的该博弈的第一次严格下策策略消去时的新矩阵,如图 7-3 所示。

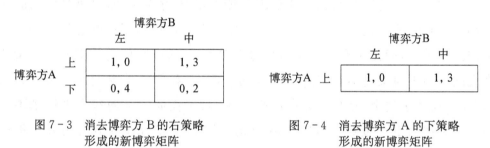

图 7-3 消去博弈方 B 的右策略形成的新博弈矩阵   图 7-4 消去博弈方 A 的下策略形成的新博弈矩阵

分析图 7-3 这个新矩阵,容易发现此时博弈方 B 不再存在严格下策策略了,但博弈方 A 存在严格下策策略——"下"。因为此时博弈方 B 无论选择什么策略,博弈方 A 都不会选择下。实际上,这时博弈方 A 将永远选择上,那么这时的"上"策略是博弈 A 的上策策略。我们按照严格下策反复消去法,消去博弈方 A 的"下"策略,形成第二次消去后的新的得益矩阵,如图 7-4 所示。

由于博弈方 A 只有"上"可以选择,而博弈方 B 可以选择"左"和"中",因此我们只需要分析博弈方 B 是否还有严格下策策略。很明显,"左"策略是此时博弈方 B 的严格下策策略,因为当博弈方 A 只有上策略可以选择时,博弈方 B 选择左将得益 0,而选择中则可以得益 3。所以我们继续消去博弈方 B 的左策略,最后只剩下一个策略组合(上,中),即博弈方 A 选择上策略,博弈方 B 选择中策,这正是该博弈的均衡结果。

从该博弈例子的分析过程可以发现,一旦到了哪一步时对于所有博弈方都不存在严格下策策略,那么我们将无法继续消去任何策略,若此时博弈并不是只剩下一个策略组合,意味着我们仍然没有找到博弈均衡。如果上面例子的得益矩阵发生了变化,在博弈方 B 选择中的时候,博弈方 A 选择下的得益不是 0,而是 2(见图 7-5)。

		博弈方B 左	博弈方B 中	博弈方B 右
博弈方A	上	1, 0	1, 3	0, 1
博弈方A	下	0, 4	2, 2	2, 0

图 7－5　新的两个博弈方的博弈例子

那么，当我们率先消去博弈方 B 的右策略后，剩下的新的得益矩阵（见图 7－5）中，博弈方 A 就不再存在严格下策策略了。因为此时博弈方 B 选择左，他的最优策略是选择上；如果博弈方 B 选择中，他的最优策略应该选择下。那么这个博弈就没有办法继续采用严格下策反复消去法进行分析。因此，我们说严格下策反复消去法也不能解决所有的博弈问题。这是因为博弈的典型特征，即博弈方之间的策略存在相互依存性所导致的。博弈的这一特征清晰地描述出了策略之间不一定存在绝对的优劣关系，而往往是只存在相对的优劣关系，所以我们之前讲的上策策略与现在说的严格下策策略不一定总是存在的。例如，我们之前提到的石头剪刀布博弈，就充分说明了这个问题，因为在该博弈中，对于任何一个博弈方来说都不存在上策策略和严格下策策略。所以该博弈无法用上一节与本节给出的方法进行分析。那么，我们就要探索更加一般的能反映出博弈方之间的策略相互依存关系的分析方法。

第三节　箭头分析法

如果某个博弈分析方法想要对所有完全信息静态博弈问题都适用，就必须能够反映出博弈中各博弈方之间的策略依存关系，也就是说能够表达出当某一个博弈方的策略发生变动时，其他博弈方的反应，或者说其他博弈方的策略选择变化。这正是箭头分析法的分析思路，即对博弈中任意策略组合进行分析，考察在该策略组合下各博弈方能否通过单独改变自己的策略选择增加得益。如果能，则从所分析策略组合对应的得益数组引出一个箭头，指向改变策略选择后的策略组合对应的得益数组，然后对所有策略组合都进行以上分析。最后，如果我们能找到唯一的一个得益组合，只有箭头指向它，而没有箭头从该策略组合指向其他策略组合，则对应的策略组合就是博弈的均衡结果。

我们以囚徒困境博弈为例。首先，我们选择囚徒困境博弈中的一个策略组合（不坦白,不坦白),相应的得益数组为(-2,-2)。观察这个得益数组中各博弈方有无动机偏离当前选择。可以发现,此时对于犯罪嫌疑人甲来说,他有将自己的得益从-2变为-1的动机,也就是将自己当前选择的"不坦白"行为转变为"坦白"行为。因此,甲有动机改变当前行为选择。同样地,乙也有动机改变其不坦白策略。我们分别使用由得益数组(-2,-2)指向得益数组(-1,-8)和(-8、-1)的两个箭头表示甲和乙两人偏移当前策略组合(不坦白,不坦白)的倾向。接下来,观察(坦白,不坦白)策略组合对应的得益数组(-1,-8),此时,博弈方乙仍有将自己-8得益改变为-4的动机,对应的行为调整是将自己的选择从"不坦白"变为"坦白"。我们使用从得益数组(-1,-8)指向得益数组(-4,-4)的箭头表示这一偏移倾向。同样地,得益数组(-8,-1)中博弈方甲也有动机偏移当前选择,通过将"不坦白"行为转变为"坦白"行为而少被监禁4年,使得策略组合变为(坦白,坦白)和得益数组变为(-4,-4),我们继续使用箭头表示这一偏移倾向。最后,我们观察得益数组(-4,-4)这一组合中博弈方是否有偏离可能。显然,此时博弈方甲和乙改变当前选择都会使其刑期增加,因此他们都无动机偏移当前选择,(坦白,坦白)策略组合是该博弈唯一具有稳定性的结果,(-4,-4)是两个人的最终得益,也就成为该博弈的均衡结果(见图7-6)。

图7-6 囚徒困境博弈的箭头法分析　　　　图7-7 一个博弈例子的箭头法分析

所有通过上策均衡法与严格下策反复消去法能够分析的博弈都可以采用箭头法进行分析获得均衡结果,而且所有用这两种方法无法分析的博弈问题也可以通过箭头法进行分析,获得均衡结果。例如,我们在介绍严格下策反复消去法时提到的2×3的博弈例子(见图7-2),如果用箭头法进行分析,绘制出的带有箭头的得益矩阵结果,如图7-7所示。从该图可以看出只有指向的箭头而没有指离的箭头的得益数组只有一个,即对应策略组合(上,中)的(1,3),其他的5个得益数组都至少有一个指离的箭头。所以,(上,中)是该博弈的均衡结果,相应的得益数组为(1,3)。

在介绍严格下策反复消去法时提到,如果将博弈方A在博弈方B选择"中"而自己选择"下"时的得益由0变为2时,该博弈将无法采用严格下策反复消去法获得博弈均衡。但这个博弈在箭头法下仍然可以被分析,获得博弈均衡。具体按照箭头法的分析思路将这个新的博弈例子中每个得益数组绘制箭头(见图7-8)。从这个结果可以发现,没有哪个策略组合的得益数组只有指向而没有指离的箭头。这意味着每个策略组合都是不稳定的。换句话说,在任何一个策略组合下,都有博弈方想要改变目前的策略而获得更多的收益,因此,如果这个博弈只发生一次,那么将无法说明最后的稳定均衡在什么策略组合。

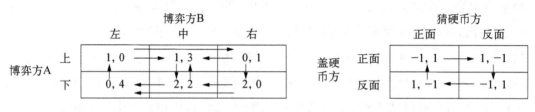

图7-8　新的博弈例子的箭头法分析　　　　图7-9　猜硬币的箭头法分析

从以上的分析可以发现,虽然对于图7-8的博弈在箭头法下并没有一个稳定的博弈结果,但是箭头法是可以对这个博弈进行分析的,这与上策均衡法与严格下策反复消去法有本质不同,因为这个博弈在这两种方法下是无法进行正常分析的。箭头法下该博弈没有稳定均衡是这个博弈本身所带来的。类似的这类博弈还有很多,如我们在第一章中提到的猜硬币博弈,如果将这个博弈用箭头法进行分析,可以通过图7-9来表示。

在猜硬币博弈的箭头法分析中,同样没有哪个策略组合的得益数组只有指向箭头,没有指离箭头。所以正如我们之前分析的一样,猜硬币博弈下没有哪个策略组合是稳定的,无法预测一次猜硬币博弈的结果。但有时,在一个博弈中可能会出现多个策略组合只有指向箭头没有指离箭头的情况,如我们之前提到的性别战博弈。将该博弈进行箭头法分析绘制成图7-10。从该博弈的分析结果可知,(足球,足球)与(芭蕾舞,芭蕾舞)两个策略组合的得益数组都只有指向箭头,没有指离箭头。因此,这个博弈有两个稳定性的策略组合,难以断定博弈最终发生哪种策略组合。该结论也是和我们之前分析出的性别战博弈有两个均衡结果的结论一致。

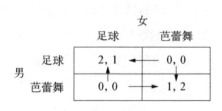

图7-10　性别战博弈的箭头法分析

虽然说箭头法可以分析任何一个完全信息静态博弈,但是从以上的分析过程与结果也可以发现,如果得益矩阵中各博弈方的策略比较多,或者博弈中各博弈方的策略依存关系表现得特别强,就会出现需要画很多箭头的情况。这导致分析变得很烦琐,而且很多箭头存在于同一个得益矩阵中,让博弈均衡结果变得不易获得。总的来说,箭头法并不是完全信息静态博弈分析中一个很直观的方法。

第四节　划　线　法

划线法是与箭头法同样可以反映博弈中各博弈方的策略依存性的方法,能够用来分析用得益矩阵表示的所有完全信息静态博弈。博弈中的各博弈方自身策略选择与得益的相互关联性与博弈方之间的策略/得益相互依存性,使得每个博弈方在决策选择何种策略时不仅需要考虑自己的策略选择对自身得益的影响,同时还需要考虑其他博弈方不同的策略选择对自己得益的影响。按照这个逻辑,科学的完全信息静态博弈的分析思路应该是每个博弈方先找出针对其他博弈方的选择各个策略时使自己得益最大的应对策略,并通过在该应对策略所对应的自己的得益下画一条横线,其目的是标注以备当所有博弈方都被分析完后综合确定博弈的均衡结果。如图 7-2 所示的博弈中,如果使用划线法需要分别将博弈方 A 和博弈方 B 应对对方不同策略选择时的最佳策略确定下来,然后再进行综合分析。不失一般性,我们先考虑博弈方 A,因此需要分析博弈方 B 的不同策略选择下博弈方 A 的应对策略。当博弈方 B 选择"左"时,博弈方 A 的最佳选择应该是"上",因为此时获得的 1 单位得益要比他选择"下"获得的 0 单位得益大。因此,我们在策略组合(上,左)对应的得益数组(1,0)的 1 下面画一条横线,以代表博弈方 B 选择"左"时博弈方 A 的应对策略。同样地,当博弈方 B 选择"中"和"右"时,博弈方 A 的最佳应对策略应该分别是"中"和"下"。因此,分别在策略组合(上,中)和(下,右)对应的得益数组(1,3)中的 1 和得益数组(2,0)中的 2 下画横线。这样就找到了博弈方 A 应对博弈方 B 各个策略选择时的最佳应对策略的画线分析结果,如图 7-11 所示。

		博弈方B	
	左	中	右
博弈方A　上	1, 0	1, 3	0, 1
下	0, 4	0, 2	2, 0

图 7-11　博弈方 A 应对博弈方 B 各个策略的策略选择

按照类似的分析思路,接下来分析博弈方 B 在博弈方 A 不同策略选择时使自身得益最大的应对策略。当博弈方 A 选择"上"时,博弈方 B 的最佳选择策略应该是

"中"。因为此时他可以得到得益3,如果他选择了"左"或者"右",他的得益只能是0或者1。因此,我们在策略组合(上,中)对应的得益数组(1, 3)中博弈方B的得益3下面画一条横线。同样地,当博弈方A选择"下"时,博弈方B的最佳选择策略应该是"左",此时他可以获得得益4,高于选择"中"的得益2和选择"右"的得益0。因此,我们在策略组合(下,左)对应的得益数组(0,4)中博弈方B的得益4下面画一条横线,形成如图7-12所示的结果。

		博弈方B 左	博弈方B 中	博弈方B 右
博弈方A	上	1, 0	1, 3	0, 1
博弈方A	下	0, 4	0, 2	2, 0

图7-12 博弈方A(B)应对博弈方B(A)各个策略的策略选择

观察该博弈的划线法分析结果,在该博弈的得益矩阵的六组得益数组中,对应策略组合(上,右)的得益数组(0, 1)和策略组合(下,中)的得益数组(0, 2)都没有被画任何线。这说明这两个策略组合中两博弈方的策略都不是针对另一方策略的最佳对策,因此这两种策略组合一定不是博弈方的选择,也不可能是博弈的均衡结果。而对应策略组合(上,左)的得益数组(1, 0)、策略组合(下,左)的得益数组(0, 4)及策略组合(下,右)的得益数组(2, 0)只有一个数字下被画线了,说明相应策略组合的两博弈方策略中只有一个是对另一个的最佳对策,因此这三个策略组合缺乏稳定性。例如,对于策略组合(上,左),只有博弈方A会在博弈方B选择"左"时会选择"上",但由于博弈的理性共识假设,当博弈方B预判到博弈方A选择"上"时,他会因为追求得益最大而最后选择"中",因此策略组合(上,左)不是该博弈的稳定均衡结果。在图7-12中,只有策略组合(上,中)对应的得益数组(1, 3)的两个数字下面都被画了横线。这说明这个策略组合的双方策略都是对对方策略的最佳应对策略。换言之,当博弈方A预判到博弈方B选择"中"时,他会选择"上";而当博弈方B预判到博弈方A选择"上"时,他会坚定地选择"中",所以两个博弈方由于理性人假设和理性共识假设,可以让这个博弈永远停留在这个结果,说明该策略组合具有稳定性。同时,由于策略组合(上,中)是这个博弈的唯一具有稳定性的策略组合,因此就是这个博弈的均衡结果。

上述这个通过在各博弈方应对其他博弈方各策略下寻找使自己得益最大的最佳对策的得益下画线分析的方法,被称为"划线法"。接下来用这个方法分别对囚徒困境博弈、猜硬币博弈与性别战博弈进行分析。

首先，对囚徒困境博弈进行划线法分析获得图 7－13。当犯罪嫌疑人乙选择坦白时，犯罪嫌疑人甲也会选择坦白，因此我们在此时策略组合（坦白，坦白）中甲的得益－4 下画一条横线；而乙选择不坦白时，甲还是会选择坦白，此时在策略组合（坦白，不坦白）中甲的得益－1 下画一条横线。类似地，可以分析乙应对甲各策略的最佳策略。不论甲如何选择策略，乙都会选择坦白，因此在策略组合（坦白，坦白）的乙的得益－4 和（不坦白，坦白）的乙的得益－1 下分别画一条横线。从囚徒困境博弈的划线法分析结果来看，只有策略组合（坦白，坦白）的得益数组（－4，－4）下的两个数字都被画线了，因此这个博弈只有一个均衡结果，即甲和乙都选择坦白，被监禁 4 年，这和我们之前分析的结果完全相同。

		乙：坦白	乙：不坦白
甲	坦白	−4, −4	−1, −8
甲	不坦白	−8, −1	−2, −2

图 7－13　囚徒困境博弈的划线法分析

		猜硬币方：正面	猜硬币方：反面
盖硬币方	正面	−1, 1	1, −1
盖硬币方	反面	1, −1	−1, 1

图 7－14　猜硬币博弈的划线法分析

然后，对猜硬币博弈采用划线法分析，结果如图 7－14 所示。在该博弈中，如果猜硬币方选择正面，那么盖硬币方的最佳对策应该是选反面，因此在策略组合（反面，正面）对应的得益数组（1，－1）中的得益 1 下画一条横线；但如果猜硬币方选择反面，那么盖硬币方的最佳对策应该是选正面，因此在策略组合（正面，反面）对应的得益数组（1，－1）的得益 1 下画一条横线。按照类似的思路分析猜硬币方应对盖硬币方不同策略选择时的最佳策略。如果盖硬币方选择正面，那么猜硬币方最佳对策应该是猜正面，因此在策略组合（正面，正面）对应的得益数组（－1，1）中的得益 1 下画一条横线，如果盖硬币方选择反面，那么猜硬币方的最佳对策应该是反面，因此在策略组合（反面，反面）对应的得益数组（－1，1）的得益 1 下画一条横线。然后观察分析完后的得益矩阵，发现没有一个策略组合对应的得益数组的两个数字下面都被画线了，这些得益数组都只有一个数字被画线了，说明猜硬币博弈中没有哪个策略组合是双方策略相互都是对方策略的最佳应对策略，所以这个博弈没有哪个策略组合双方同时愿意接受，没有稳定的博弈结果。但这个博弈中所有的策略组合对应的得益数组都有一个数字被画线了，说明这些策略组合的两博弈方策略中只有一个是对另一个的最佳应对策略。因此，这些策略组合不是总出现一个，而是在博弈中都会出现，且出现形式是交替出现。

最后，用划线法分析一下性别战博弈，结果如图 7－15 所示。当女人想要去看足球比赛时,男人的最佳选择应该也是选择看足球比赛。因为只有两个人选择一致了才可以获得正的得益。同样地,当女人想要看芭蕾舞演出时,男人的最佳选择也是去看芭蕾舞演出。因此,分别在策略组合(足球,足球)对应的得益数组(2,1)中的数字2下与策略组合(芭蕾舞,芭蕾舞)对应的得益数组(1,2)中的数字1下各画一条横线。类似地,女人的最佳策略也是与男人的策略选择相一致,即男人选择看足球,她就选择看足球,男人选择看芭蕾舞演出,她就选择看芭蕾舞演出。因此,分别在策略组合(足球,足球)对应的得益数组(2,1)中的数字1下与策略组合(芭蕾舞,芭蕾舞)对应得益数组(1,2)中的数字2下各画一条横线。观察画好的得益矩阵(见图7-15),在这个性别战博弈中,有两个策略组合(足球,足球)与(芭蕾舞,芭蕾舞)对应的得益数组中的数字都被画线了。按照我们之前的分析,这说明这两个策略组合的双方策略都是对对方策略的最佳对策。换言之,对于这两个策略组合中任何一个给定男人(女人)采用该策略组合的策略,则女人(男人)也愿意采用该策略组合的策略。所以这两个策略组合都有内在的稳定性。但是博

	女	
	足球	芭蕾舞
男 足球	2, 1	0, 0
芭蕾舞	0, 0	1, 2

图 7-15 性别战博弈的划线法分析

弈最终的结果只能是每个人选择一种策略,也就是说是以一个策略组合的结果来结束一场博弈,而现在这个博弈画线分析出来是具有两个稳定的博弈结果可能发生,因此无法判断这个性别战博弈最终会出现哪个结果。对于这样的博弈,划线法虽然可以进行分析,了解各博弈方应对其他博弈方不同策略的最佳策略,但是并没有完全解决这个博弈问题。

从以上对囚徒困境博弈、猜硬币博弈与性别战博弈的画线分析可以看出,划线法与箭头法类似,都只能解决唯一纯策略均衡的完全信息静态博弈问题,找出最终的纯策略均衡结果。对于没有纯策略均衡(如猜硬币博弈)与多个纯策略均衡(如性别战博弈)的完全信息静态博弈问题无法确定最终的博弈结果。但是这两种方法都可以用来分析在这两类博弈中各策略组合的改变方向,特别是划线法可以让我们对博弈方策略偏好的异同、共同利益和矛盾冲突具有更加清楚的认识,了解各博弈方应对其他博弈方的各个策略的最佳策略选择,很清晰地将博弈中各博弈方之间的策略依存关系展示出来。而且从我们对划线法的案例应用过程可以发现,对比箭头法,划线法更为清晰,博弈结果一目了然。因此,划线法对于完全信息静态博弈的分析更为常用,对深入解析完全信息静态博弈中各博弈方的策略选择具有重要的作用和意义。

第八章
纯策略纳什均衡

从第七章应用划线法对完全信息静态博弈问题的分析思路发现,完全信息静态博弈的稳定结果需要满足每个博弈方的策略都是针对其他博弈方策略的最佳策略的要求。换句话说,若一个博弈中的某个策略是均衡结果,那说明对于任何一个博弈方,他们都已经在自己的策略中选择了在其他博弈方策略不变时自己能够选择的使其得益最大的策略,因此他不会有动力在其他博弈方没有改变策略时更改自己的选择。实际上,对这个博弈均衡策略的分析思路及满足的要求,正是非合作博弈理论中一个极为重要的概念,即"纳什均衡"。纳什均衡(Nash Equilibrium),又称为非合作博弈均衡,由约翰·纳什提出。纳什均衡是博弈论的一个重要术语,在非合作博弈中具有非常重要的地位和作用,纳什也因此贡献获得了诺贝尔经济学奖。纳什均衡包含"纯策略纳什均衡"与"混合策略纳什均衡"两类。本章主要介绍纯策略纳什均衡的定义及应用。

第一节　纯策略纳什均衡的定义

纯策略(Pure Strategy)是指在完全信息博弈中,在每个给定信息下各博弈方只会选择一种特定策略来实现博弈均衡的情况。为给出纯策略纳什均衡的定义,我们需要先给出博弈、策略、策略空间及得益等的一般表示方法。通常,我们用 G 表示一个博弈;用 n 表示该博弈中博弈方的数量;博弈中各博弈方的全部可选的策略集合称为"策略空间",分别用 S_1,$\cdots$,S_n 表示;因此,该博弈中博弈方 i 的第 j 个策略可表示为 $s_{ij} \in S_i$。这里,若 j 取有限个值则为有限策略博弈,若 j 取无限个值则为无限策略博弈。博弈方 i 的得益可以用 u_i 表示,u_i 是各个博弈方执行策略的多元函数。所以,一个由 n 个博弈方构成的博弈可以表达成 $G = \{S_1, \cdots, S_n; u_1, \cdots, u_n\}$,而该博弈的纯策略纳什均衡定义可以写成：

定义 8-1 在博弈 $G=\{S_1, \cdots, S_n; u_1, \cdots, u_n\}$ 中，如果纯策略组合 $(s_1^*, s_2^*, \cdots, s_n^*)$ 对于所有博弈方 $i(i=1, 2, \cdots, n)$ 满足 $u_i(s_1^*, \cdots, s_{i-1}^*, s_i^*, s_{i+1}^*, \cdots, s_n^*) \geqslant u_i(s_1^*, \cdots, s_{i-1}^*, s_{ij}, s_{i+1}^*, \cdots, s_n^*)$，其中 $s_{ij} \in S_i$，则称策略组合 $(s_1^*, \cdots, s_n^*)$ 为博弈 G 的一个"纯策略纳什均衡"。

为了解释这个定理，我们对如下这个例子进行分析。在博弈 G 中，由博弈方 A 和博弈方 B 两个博弈方组成，因此 $n=2$。其中，$i=1$ 表示博弈方 A，他有"上"和"下"两个可选策略，所以博弈方 A 的策略空间 $S_1=\{$上，下$\}$；$i=2$ 表示博弈方 B，他有"左""中"和"右"三个可选行为，所以博弈方 B 的策略空间 $S_2=\{$左，中，右$\}$。博弈方 A 的得益是两个博弈方选择策略的函数 u_1（博弈方 A 选择的策略，博弈方 B 选择的策略），例如，$u_1($上，左$)=1$；同样，博弈方 B 的得益也是两个博弈方选择策略的函数 u_2（博弈方 A 选择的策略，博弈方 B 选择的策略），例如，$u_2($上，左$)=0$。依据之前严格下策反复消去法的分析，我们知道这个博弈的均衡结果为策略组合（上，中）。实际上本书之前所论述的均衡结果就是这里提到的纯策略纳什均衡结果。接下来，我们来分析一下原因。对于博弈方 A 的"上"策略来说，当其他博弈方的策略不变时，也就是说博弈方 B 保持选择"中"策略，那么对于博弈方 A 来说，他的策略空间里面排除掉"上"策略剩下的"下"策略的得益为 0，小于选择"上"策略的得益 1，即 $u_1($上，中$) > u_1($下，中$)$。因此，博弈方 A 没有动力在博弈方 B 选择"中"时改变"上"策略。同样地，对于博弈方 B 的"中"策略来说，当博弈方 A 保持"上"策略时，博弈方 B 改变"中"策略成"左"策略（得益 0）或者"右"策略（得益 1），都不会获得比原来选择的"中"策略的得益 3 高，即 $u_2($上，中$) > u_2($上，左$)$ 和 $u_2($上，中$) > u_2($上，右$)$。因此，博弈方 B 在博弈方 A 选择"上"时，也不会改变自己的策略选择。这就是说，如果一个策略组合是纳什均衡，那么任何一个博弈方都不可能在其他博弈方策略不变时通过单独改变自己的策略获得更高的得益。所以，大家都没有动力单独改变自己的策略选择，而在完全信息静态博弈中，大家又不可能出现事先的沟通，因此大家都不敢轻举妄动，所以就构成了博弈最后的均衡结果，也就是纯策略纳什均衡（见图 8-1）。

		博弈方B	
	左	中	右
博弈方A 上	1, 0	1, 3	0, 1
下	0, 4	0, 2	2, 0

图 8-1 两人博弈的得益矩阵

第二节 纯策略纳什均衡与策略式
分析方法的关系

从本书所介绍的上策均衡法、严格下策反复消去法、箭头法与划线法的博弈均衡分析思路来看,这些方法所获得的均衡结果都满足纯策略纳什均衡的定义要求。以下具体分析一下纯策略纳什均衡与这些方法及所获得均衡的关系。

1.上策均衡法与纯策略纳什均衡的关系

上策均衡法是通过找出各博弈方的上策策略,由这些上策策略构成的策略组合才被称为上策均衡。根据上策策略的定义,某个博弈方的上策策略一定是不管其他博弈方如何进行策略选择时都使自己得益最大化的选择。因此,当某个博弈方选择了上策策略时一定不会改变这个选择,实际上不论对方改不改变策略,如果一个博弈方具有上策策略,他一定会选择这个策略,不会发生任何变动。因此,上策策略均衡法所获得上策均衡一定是纯策略纳什均衡。根据纯策略纳什均衡的定义可以发现,一般纯策略纳什均衡确定的策略组合中的策略,不一定是所有博弈方的上策策略。实际上,正如前文所说,不是所有完全信息静态博弈都有上策均衡,但是所有具有唯一纯策略均衡的完全信息静态博弈都可以有纳什均衡策略组合。因此,上策均衡一定是纯策略纳什均衡,但是纯策略纳什均衡不一定是上策均衡。

2.严格下策反复消去法与纯策略纳什均衡的关系

严格下策反复消去法是通过寻找博弈中各博弈方的严格下策策略,不断地将这些策略消去所获得完全信息静态博弈均衡的一种分析方法。因为消去的是下策策略,根据纳什均衡定理,这些消去的策略对于博弈方来说都不会被选择。换句话说,严格下策反复消去法消去的策略组合永远不会是纯策略纳什均衡的策略组合。而严格下策反复消去法最后剩余的策略组合,由于所有博弈方都不可能消去它,说明这个策略组合中的每个策略对相应的博弈方来说都能带来最大的利润。也就是说严格下策反复消去法最后剩余的策略组合,即严格下策反复消去法找到的博弈均衡就是该博弈的纯策略纳什均衡。同样,由于不是所有的完全信息静态博弈都可以用严格下策反复消去法进行分析,因此,用严格下策反复消去法获得博弈均衡结果一定是纯策略纳什均衡,但纯策略纳什均衡不一定都能通过严格下策反复消去法获得。

3.箭头法、划线法与纯策略纳什均衡的关系

通过我们之前对策略式分析法中箭头法与划线法的分析思路可以发现,箭头法与划线法实际上就是基于纯策略纳什均衡的定义。例如,在箭头法中,博弈均衡是只

有指向的箭头,没有指离箭头的策略组合。这说明在这个策略组合中,没有任何一个博弈方有动机单方面改变自己的所选行为,这不正是纯策略纳什均衡的内在含义。同样,划线法中对于所有的策略组合,只有该策略组合对应的得益数组的数字下都被画线了才说明这个策略组合是博弈的均衡。而在划线法中是通过分析其他博弈方的不同策略下自己的最佳应对策略确定的画线位置。因此,对于每个博弈方来说,在划线法确定的博弈均衡的策略组合下,当其他博弈方不更改策略选择时,自己是不会有动机改变现在的策略的。因此,箭头法与划线法确定的博弈均衡一定是纯策略纳什均衡,同时纯策略纳什均衡也都可以通过箭头法与划线法找到。只是如果博弈方的数量比较多,或者博弈方的可选策略比较多,则很难通过得益矩阵进行表示,因此也就无法用箭头法与划线法来确定博弈均衡,但这类博弈仍然可以通过数学模型按照纯策略纳什均衡定义来确定博弈均衡结果。

第三节　纯策略纳什均衡的应用

从之前章节对纯策略纳什均衡的介绍可知,在纯策略纳什均衡下,如果其他博弈方的策略不变,没有任何博弈方可以通过单独改变自己的策略来获得更高的收益。换句话说,纯策略纳什均衡是一种状态,在这种状态下,每个博弈方都选择了对自己最优的策略,并且考虑到了其他博弈方的策略选择。实际上,在前面章节中提到的许多经典的博弈案例都具有纯策略纳什均衡。例如,在囚徒困境博弈中,策略组合(坦白,坦白)就是一个纯策略纳什均衡;在智猪博弈中,策略组合(等待,踩踏板)也是一个纯策略纳什均衡。但通过策略式分析方法及这些方法同纯策略纳什均衡的关系可以发现,当博弈方的可选策略比较少时可以通过构建得益矩阵,采用划线法进行分析获得纯策略纳什均衡。但如果博弈方数量比较多或博弈方的可选策略比较多时,就只能通过构建用数学符号表示的博弈模型进行分析。所以接下来,将分别通过猎鹿博弈来展示如何通过构建得益矩阵,采用划线法的方式获得纯策略纳什均衡;然后通过古诺双寡头产量决策模型、伯特兰德寡头模型、霍特林价格竞争模型与公地悲剧模型来说明如何通过构建数学博弈模型来获得纯策略纳什均衡。

1. 猎鹿博弈

猎鹿博弈是卢梭在其著作《论人类不平等的起源和基础》中首次提出的。有两名猎人结伴在森林中打猎,他们同时发现了 1 头鹿和 2 只兔子。鹿的价值为 10 单位,但其体型较大,需要两猎人合作才能捉到,兔子价值远小于鹿,每只的价值仅有 3 单位，但每名猎人均可以独自猎到一只。因此，可以将这个博弈通过一个 2×2 的得益矩阵表示出来(见图 8－2)。

		猎人2 鹿	猎人2 兔
猎人1	鹿	5，5	0，3
	兔	3，0	3，3

图 8－2　猎鹿博弈的得益矩阵

		猎人2 鹿	猎人2 兔
猎人1	鹿	<u>5</u>，<u>5</u>	0，3
	兔	3，0	<u>3</u>，<u>3</u>

图 8－3　猎鹿博弈的划线法分析

依据纯策略纳什均衡定义，这个博弈存在两个纳什均衡，分别为策略组合(鹿，鹿)和策略组合(兔，兔)。因为当某名猎人选择猎鹿时，另一名猎人如果不猎鹿而猎兔，得益将变低。因此，策略组合(鹿，鹿)成为这个博弈的一个纯策略纳什均衡。同样，当某名猎人选择了猎兔时，另一名猎人不可能一个人完成猎鹿，所以表现为他选择猎兔比选择猎鹿要得益高。所以，策略组合(兔，兔)也是这个博弈的一个纯策略纳什均衡。实际上，根据前文对划线法与纯策略纳什均衡关系的介绍，我们常常可以对抽象成得益矩阵的完全信息静态博弈采用划线法进行分析，因为划线法分析出的均衡结果就是纯策略纳什均衡结果。如果按照纯策略纳什均衡的定义来理解，要比划线法分析复杂得多。例如，将猎鹿博弈通过划线法表示(见图 8－3)。从图 8－3 中可以直观地看出有策略组合(鹿，鹿)和策略组合(兔，兔)两个纯策略纳什均衡。因此，本书之后对于可以用得益矩阵表示的完全信息静态博弈，如果在没有特殊说明时都采用划线法来确定博弈的纯策略纳什均衡。

对比这个博弈的两个纯策略纳什均衡结果，可以看出两名猎人从均衡策略组合(鹿，鹿)得到的得益要帕累托优于均衡策略组合(兔，兔)中得到的得益。可是为什么策略组合(兔，兔)会成为一个纯策略纳什均衡呢？从我们上面对该博弈两个均衡的分析可知，导致这个问题出现是因为纯策略纳什均衡的定义，这正是纳什均衡的价值所在。如果每个博弈方都预期到其他博弈方不会一起参与猎鹿，那么他知道单独一个人出去猎鹿几乎不可能成功，所以猎兔就会是他更好、更安全的选择。这个信念最终导致个人主义的社会无法通过合作来取得更好的结果。与这个结果相比，如果博弈方都预期其他人和他一起合作去猎鹿，而且他们彼此信任其他人会和自己一样全力以赴去猎鹿，那么博弈才会出现全部去猎鹿。这种“预期”或者“信任”是一种自我实施心理，只有所有博弈方都有这种自我实施的心理，才会出现合作去猎鹿的社会合作结果。但是这种“信任”的建立是很难的，有时会受到各个博弈方的文化、背景、教育、家庭、社会规则、道德、法律等很多内外环境的影响。在现实世界中，很多人在禀赋、获取技术的能力和物质环境方面看起来很相似,但很可能最后出现大相径庭的结果,这就是因为社会中所有博弈方的"信任"不同,或者说对于"信任"的信念感不同。

2. 古诺双寡头产量决策模型

在古诺双寡头产量决策模型中,两个企业可选择的产品产量有多个,因此很难通过得益矩阵来进行分析。对于这类完全信息静态博弈,博弈理论中通常通过构建数学模型进行分析。本节考虑一个更一般情况的古诺双寡头产量决策博弈。在一个市场中有两个生产完全同质产品的寡头生产厂商,他们需要决策各自的产量。假设厂商 1 生产 q_1 单位的产品,厂商 2 生产 q_2 单位的产品,且两厂商的单位生产成本相同,都为 c。产品的出售价格 p 是一个关于产品总供给的函数,即 $p=a-b(q_1+q_2)$。这里 $a>0$ 且 $b>0$。 两个厂商需要同时决策各自的产量。为了便于分析与求解,本博弈考虑两个厂商生产的产品的产量为连续变量。因此,两个厂商的可选策略(产品产量)为无限个,所以该博弈是无限策略完全信息静态博弈。

为了判断该博弈最终的均衡结果,我们需要首先明确每个厂商的得益。在该博弈中,厂商都是追求利润最大化,因此将两个厂商的得益定义为他们各自的利润,容易算得厂商 1 和厂商 2 各自的利润 π_1 和 π_2:

$$\pi_1 = pq_1 - cq_1 = q_1[a-b(q_1+q_2)-c]$$
$$\pi_2 = pq_2 - cq_2 = q_2[a-b(q_1+q_2)-c]$$

因此,两个厂商实际上是通过决策自己生产的产品产量来使得博弈后的自身利润最大化。我们将这个含义通过数学的方式表达,变成了厂商 1 通过优化 q_1 来最大化自己的利润 π_1;同样地,厂商 2 通过优化 q_2 来最大化自己的利润 π_2,因此得到如下的两个式子:

$$\max_{q_1>0} \pi_1 = \max_{q_1>0} q_1[a-b(q_1+q_2)-c]$$
$$\max_{q_2>0} \pi_2 = \max_{q_2>0} q_2[a-b(q_1+q_2)-c]$$

根据以上表达式,厂商 1 通过决策 q_1 实现数学函数 π_1 的最大化问题。因此,按照高等数学的理论,π_1 关于 q_1 的二阶导小于零,因此存在 q_1 使得 π_1 最大。接下来,通过令 π_1 求关于 q_1 的一阶导数为零,可以获得如下等式:

$$q_1 = \frac{a-c-bq_2}{2b} = R_1(q_2)$$

通过以上等式可以使得厂商 1 的最优产品生产产量是关于厂商 2 的生产产量的函数,表明厂商 1 的博弈最优策略取决于厂商 2 的最优策略。换句话说,当厂商 2 的产品产量发生变化时,厂商 1 就可以根据函数 $R(q_2)$ 换算出自己的最佳对策产品生产量。因此,这个函数称为厂商 1 的产品生产产量关于厂商 2 的产品生产产量的"反应函数"(Reaction Function)。实际上,该反应函数也正是本书在第一篇提出的博弈要素中的战略。也就是说在博弈中,厂商 1 已经制定好了应对厂商 2 各种生产产量策略的一个完整的应对方案。按照同样的思路,可以获得厂商 2 的产品生产产量关于厂商 1 的产品生产产量的反应函数:

$$q_2 = \frac{a - c - bq_1}{2b} = R_2(q_1)。$$

可以发现,两个厂商的反应函数正体现了博弈中各博弈方的策略相互依存性。这两个函数都是线性函数,因此分别以两个厂商的产品生产数量为横坐标与纵坐标绘制反应函数图(见图 8-4)。

从图 8-4 中可以看出,当一个厂商生产的产品产量为 0 时,另一个厂商的最佳反应为 $\frac{a-c}{2b}$ 单位,此时等于该厂商垄断市场。

当一个厂商产量达到 $\frac{a-c}{b}$ 单位时,另一个厂商被迫生产 0 单位产品,因为后者坚持生

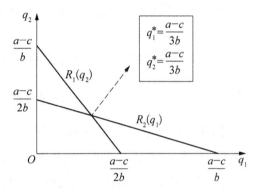

图 8-4 古诺双寡头产量决策模型中
两厂商的反应函数

产将无利可图。在两个反应函数对应的两条直线上,只有交点 (q_1^*, q_2^*) 代表的产品产量组合,才是由相互对对方的最佳反应构成的。而除交点 (q_1^*, q_2^*) 以外的直线 $R_1(q_2)$ 上的其他所有点 (q_1, q_2),只代表厂商 1 的产品生产产量 q_1 是对厂商 2 的产品生产产量 q_2 的最佳反应,但厂商 2 的产品生产产量 q_2 不是厂商 1 的产品生产产量 q_1 的最佳反应。换句话说,直线 $R_1(q_2)$ 上除了交点 (q_1^*, q_2^*) 以外的点,暗含着只有厂商 1 愿意这样生产选择,但厂商 2 并不会按照厂商 1 的想法来实施。同样地,除交点 $\left(\frac{a-c}{3b}, \frac{a-c}{3b}\right)$ 以外的直线 $R_1(q_2)$ 上其他所有点 (q_1, q_2) 刚好相反,即都是只有厂商 2 愿意这样生产选择,厂商 1 并不会按照厂商 2 的想法来实施。因为在这些点上,厂商 1 的产品生产产量 q_1 不是厂商 2 的产品生产产量 q_2 的最佳反应。根据纯策略纳什均衡的定义,只有在策略组合 (q_1^*, q_2^*) 上,两个厂商的产品生产产量才是互为彼此生产的最佳反应。因此,策略组合 (q_1^*, q_2^*) 是本博弈的纯策略纳什均衡。

以上通过两个厂商反应函数交点确定纯策略纳什均衡的方法，从代数角度来讲，是将两个厂商的反应函数进行联立求解方程组：

$$\begin{cases} q_1 = \dfrac{a-c-bq_2}{2b} \\ q_2 = \dfrac{a-c-bq_1}{2b} \end{cases} \Rightarrow \begin{cases} q_1^* = \dfrac{a-c}{3b} \\ q_2^* = \dfrac{a-c}{3b} \end{cases}$$

实际上，这种各博弈方的得益是彼此选择策略的多元连续函数的博弈，都可以采用以上分析思路，即通过求解每个博弈方的反应函数，通过几何方式寻找这些反应函数的交点获得纯策略纳什均衡，或者通过代数方式联立求解这些反应函数组成的方程组获得纯策略纳什均衡。其中，这种通过反应函数求得纯策略纳什均衡的方法，被称为"反应函数法"。

根据古诺双寡头产量决策博弈的反应函数法分析，可知两个厂商最佳策略是都生产 $\dfrac{a-c}{3b}$ 单位的产品。这时，每个厂商的得益为 $\dfrac{(a-c)^2}{9b}$。正如本书之前分析中所述，两个厂商各自分散决策时会陷入"囚徒困境"，由于竞争的关系，导致两个厂商多生产产品。如果我们将两个厂商作为总体考虑（集中决策），即两个厂商合作，从最大化社会整体利润的角度决策市场总供给量 $q_1 + q_2$，那结果又会是怎样呢？为了说明这个问题，我们设定两个厂商的总体生产量为 Q。因此，$Q = q_1 + q_2$。社会总的生产利润为

$$\Pi = Q(a - bQ) - cQ$$

这是一个最优化问题，我们可以容易地算出当两个厂商共生产 $\dfrac{a-c}{2b}$ 单位产品时，获得最大总利润 $\dfrac{(a-c)^2}{4b}$。如果两个厂商平分生产量，那么每个厂商只需要生产 $\dfrac{a-c}{4b}$ 单位产品，获得 $\dfrac{(a-c)^2}{8b}$ 的利润。对比之前两个厂商分散决策时的利润，发现两个厂商集中决策时的利润要高于分散决策时的利润。但产品生产量却低于分散决策时的产品生产量，可谓是干的活少，但获得利润高。这正是我们上文提到的两个厂商由于竞争的存在会损失掉的部分利润。不过从消费者角度来说，这种竞争是有利的，因为厂商由竞争导致的多生产的产品产量会导致产品价格降低。

在企业经营中，为了能获取竞争企业在集中决策时的最好利润，企业间常通过构建具有一定法律效应的合作协议，形成一定的合作联盟，使所有博弈企业走出"囚徒

困境"。例如,太阳神垄断联盟所提出的"报废计划"就是一个典型的厂商联合的例子。该联盟成立于1924年,成员包括欧司朗、飞利浦、通用电气等全世界的顶级灯泡制造商。1920年左右,由于技术进步,灯泡的使用寿命可以轻易超过2500h。但是灯泡使用寿命的增加意味着灯泡市场需求的减小,这会加剧灯泡厂商间的竞争,同时减少其盈利。于是大型灯具厂商成立了太阳神垄断联盟,联盟成员相互约定采用老技术生产灯泡,控制灯泡寿命。联盟规定,所有厂家生产的灯泡寿命应在1000h左右,否则就要接受罚款。最终,从1926年到1934年之间,灯泡的平均寿命下降了三分之一,从1800h下降到1205h。从这个联盟的例子可以发现,有时竞争企业间为了达到比较大的利益形成的联盟或者合作对整个社会并无益处,所以政府部门需要制定各种法律法规来规避某些企业为了自身利益最大化而损失消费者利益或阻止社会进步的行为。

另外,更一般的古诺模型博弈是有 n 个寡头生产厂商,他们生产的产品对消费者来说完全无差异,这些厂商决策各自的产量。多寡头的古诺模型的分析是两寡头古诺模型博弈的简单推广,只需求出每个厂商对其他各个厂商产品生产产量的反应函数,解出它们的交点即可。而且多寡头古诺模型博弈也同样存在囚徒困境现象。由于多寡头古诺模型寻找均衡思路与双寡头古诺模型类似,所以这部分留给读者自行计算。

3. 伯特兰德寡头模型

1883年,学者约瑟夫·伯特兰德(Joseph Bertrand)提出了另一种寡头竞争模型——伯特兰德寡头模型。在伯特兰德寡头模型中,两厂商生产具有同种功能但具有一定差别的产品。因此,这些寡头企业生产的产品在市场上具有一定程度的替代关系。寡头厂商不再决策产品的产量,而是决策各自产品的价格,各厂商的市场需求依赖于各企业生产产品的价格。为了分析方便,我们以市场上只有两个厂商(厂商1和厂商2)的简单场景来分析伯特兰德寡头模型博弈问题。设定厂商1和厂商2的产品定价分别为 p_1 和 p_2。依据经济学替代产品的需求与价格关系,两个厂商的市场需求(q_1 和 q_2)表达式分别为

$$q_1 = a_1 - b_1 p_1 + d_1 p_2$$
$$q_2 = a_2 - b_2 p_2 + d_2 p_1$$

式中,d_1 和 d_2 分别表示本厂产品对竞争厂商产品的可替代程度。可替代程度越高,意味着本厂产品越受消费者欢迎,面临的需求越高。为分析方便,这里假设两个厂商的生产数量仍然为连续的。各厂商可生产的产量远大于市场需求。市场需求量即为

生产产量。两厂商的生产成本分别为c_1和c_2。各厂商都追求自身利润的最大化。因此,采用与古诺双寡头产量决策模型一样的分析思路,各厂商的利润即为各厂商的得益。我们可以将厂商1和厂商2的利润分别表示为

$$\pi_1 = (p_1 - c_1)q_1 = (p_1 - c_1)(a_1 - b_1 p_1 + d_1 p_2)$$
$$\pi_2 = (p_2 - c_2)q_2 = (p_2 - c_2)(a_2 - b_2 p_2 + d_2 p_1)$$

采用反应函数法确定两厂商最大化各自利润下的产品定价反应函数分别为

$$p_1 = \frac{a_1 + b_1 c_1 + d_1 p_2}{2b_1}$$

$$p_2 = \frac{a_2 + b_2 c_2 + d_2 p_1}{2b_2}$$

采用代数式分析方式,联立以上两厂商定价的反应函数,求解方程组分别获得该博弈的纯策略纳什均衡的两厂商各自的产品定价表达式:

$$p_1^* = \frac{d_1(a_2 + b_2 c_2) + 2b_2(a_1 + b_1 c_1)}{4b_1 b_2 - d_1 d_2}$$

$$p_2^* = \frac{d_2(a_1 + b_1 c_1) + 2b_1(a_2 + b_2 c_2)}{4b_1 b_2 - d_1 d_2}$$

这里,(p_1^*, p_2^*)是该博弈的唯一纯策略纳什均衡。将p_1^*,p_2^*代入两厂商的利润函数π_1和π_2,可算出两厂商的均衡得益。更常规的伯特兰德模型中厂商数量被设定为n个寡头企业,产品也可以是无差别或者是可以进行替代的功能相似的产品。多寡头伯特兰德模型博弈的分析是两寡头模型博弈的简单推广,只需求出每个厂商对其他各个厂商价格的反应函数,解出它们的交点即可。类似地,伯特兰德寡头模型博弈也存在厂商间的囚徒困境问题,原因同样是因为厂商间存在竞争关系。我们可以使用和古诺双寡头产量决策模型同样的分析思路,即两厂商合作以相同的价格销售产品,并统一优化该价格。比较分散决策与集中决策下两厂商的利润与价格,可以证明两厂商集中决策时以高于分散决策时的价格销售产品,并各自获得比分散决策时高的利润。由于这部分分析与古诺双寡头产量决策模型分析思路一致,因此留给读者自行进行求解与分析。

4. 霍特林价格竞争模型

霍特林(Hotelling)模型同样是考虑两个存在一定差异的寡头垄断竞争厂商的博弈问题。但该模型从消费者的角度考虑厂商间的差别。模型假设有两家游乐园分别位于一个长度为1的线性城市的两端,游乐园A在$x=0$处,游乐园B在$x=1$处。将

消费者总体看成 1，它们均匀分布于城市中，人们可以选择去游乐园 A 或游乐园 B 游玩，消费者在两游乐园游玩分别可获得 u_A 和 u_B 的效用。为了抵达自己的意向游乐园，消费者需要付出一定的交通成本，对应的可理解为存在一定的效用损失。这里，设定消费者单位交通距离的效用损失为 t，其总交通距离产生的效用损失为消费者与游乐园间的距离乘以单位交通距离效用损失。设两游乐园接待消费者的单位成本一样，设定为 c。现要求游乐园 A 和游乐园 B 决策各自的收费价格 p_A 和 p_B。

我们仍然可以使用反应函数对霍特林模型进行分析。但此时计算两游乐园所面临的需求方式与伯特兰德模型不同，需要分析基于消费者效用的消费者策略选择。考虑一个位于 x_i 的消费者 i。该消费者与游乐园 A 和游乐园 B 的距离分别为 x_i 和 $1-x_i$。因此，他去游乐园 A 和游乐园 B 时交通距离导致的效用损失分别可表示为 $x_i t$ 和 $(1-x_i)t$。根据消费者去不同游乐园游玩的效用与由于交通距离导致的效用损失之差，计算消费者去不同游乐园的净效用，即消费者去游乐园 A 的净效用为 $u_A-p_A-x_i t$；消费者去游乐园 B 的净效用为 $u_B-p_B-(1-x_i)t$。容易理解距离游乐园 A 越近的消费者越容易选择去游乐园 A，随着消费者距离游乐园 A 越远，去游乐园 A 获得的净效用越少，而从游乐园 B 获得的净效用越多。直到某个消费者 i 去游乐园 A 和游乐园 B 的净效用相同。由于该模型将消费者总体看成 1，并均匀分布于线性城市。因此，可以通过消费者去游乐园 A 和游乐园 B 的效用相等点计算出去游乐园 A 的消费者比例，可解得

$$x_i=\frac{1}{2}+\frac{u_A-u_B+p_B-p_A}{2t}$$

也就是说，有 x_i 个消费者会选择去游乐园 A，而剩下的 $1-x_i$ 个消费者会选择去游乐园 B。因此，可以进一步计算两游乐园的利润函数分别为

$$\pi_A=\left(\frac{1}{2}+\frac{u_A-u_B+p_B-p_A}{2t}\right)(p_A-c)$$

$$\pi_B=\left(\frac{1}{2}-\frac{u_A-u_B+p_B-p_A}{2t}\right)(p_B-c)$$

两游乐园决策自己的票价，目的是获得最大的利润。因此，分别令 π_A 关于 p_A 的一阶导数与 π_B 关于 p_B 的一阶导数为零，获得两个游乐园的反应函数为

$$p_A=\frac{u_A-u_B+p_B+c+t}{2}$$

$$p_B=\frac{u_B-u_A+p_A+c+t}{2}$$

联立两个游乐园的反应函数,求解可得两个游乐园各自的最优票价为

$$p_A^* = \frac{3c + 3t + u_A - u_B}{3}$$

$$p_B^* = \frac{3c + 3t + u_B - u_A}{3}$$

两游乐园的票价组合 $\left(\dfrac{3c + 3t + u_A - u_B}{3}, \dfrac{3c + 3t + u_B - u_A}{3}\right)$ 即为该博弈的唯一纯策略纳什均衡。在该均衡下,游乐园 A 与游乐园 B 的消费者数量分别为 $\dfrac{1}{2} + \dfrac{u_A - u_B}{6t}$ 和 $\dfrac{1}{2} - \dfrac{u_A - u_B}{6t}$;游乐园 A 与游乐园 B 的利润分别为 $\dfrac{(3t + u_A - u_B)^2}{18t}$ 和 $\dfrac{(3t - u_A + u_B)^2}{18t}$。

5. 公地悲剧模型

之前第六第二节曾经介绍过一个简单公地悲剧的例子。实际上,社会中公地悲剧的案例有很多,譬如大气、海洋、河流、各种公共设施等公有资源。随着人口增长与工业发展,地球的资源可谓是一个全球性的公地,我们都生活在这个公地里。本节将通过一个一般的公地悲剧模型来说明这个博弈的纯策略纳什均衡。

世界上有 n 个企业,由于生产会向大气排放二氧化碳,消耗地球上的一部分清洁空气。设地球清洁空气的总量为 M,每个企业 i 因为生产需要消耗 $m_i \geqslant 0$ 的清洁空气,带来的收益为 $\ln(m_i)$。因此,由于社会的总生产消耗清洁空气后,剩余的清洁空气量为 $M - \sum\limits_{i=1}^{n} m_i$。每个企业也可享用剩余的清洁空气,可为每个企业带来 $\ln(M - \sum\limits_{i=1}^{n} m_i)$ 的收益。所以,任何一个企业 i 可以得到的得益为

$$\pi_i(m_i) = \ln(m_i) + \ln(M - \sum_{i=1}^{n} m_i)$$

为了求出该博弈的纯策略纳什均衡,需要先求出每个企业的最优反应函数。每个企业是通过决策自己对清洁空气量的消耗以实现最大得益的目的。因此,令 $\pi_i(m_i)$ 关于 m_i 的一阶导数为零,可以获得企业 i 关于其他企业的清洁空气量消耗的反应函数:

$$m_i = \frac{M - \sum\limits_{j \neq i} m_j}{2}$$

如果我们分别让 i 取 $1, 2, \cdots, n$,可以获得 n 个企业关于其他企业消耗清洁空气量的反应函数。联立这些反应函数,可以获得该博弈的唯一纯策略纳什均衡。特别地,如果只考虑当 $n=2$ 的情况,也就是说市场上只有两家寡头企业,那么可以轻松写出这两个企业的反应函数:

$$m_1(m_2) = \frac{M - m_2}{2}$$

$$m_2(m_1) = \frac{M - m_1}{2}$$

联立这两个企业的反应函数组成的方程组,求解反应函数的交点得 $m_1^* = m_2^* = \frac{M}{3}$。正如我们在本篇之前所述,公地悲剧同样存在囚徒困境的现象。例如,如果我们将两家企业看成是一个整体,通过最大化两个企业的利润来获得各自的清洁空气消耗量。具体计算集中决策时两个企业的利润函数和为

$$\max_{m_1, m_2} \pi(m_1, m_2) = \max_{m_1, m_2} \Big[\sum_{i=1}^{2} \ln(m_i) + 2\ln\Big(M - \sum_{i=1}^{2} m_i\Big) \Big]$$

分别令 $\pi(m_1, m_2)$ 关于 m_1 和 m_2 的一阶导数为零,则

$$\frac{\partial \pi(m_1, m_2)}{\partial m_1} = \frac{1}{m_1} - \frac{2}{M - m_1 - m_2} = 0$$

$$\frac{\partial \pi(m_1, m_2)}{\partial m_2} = \frac{1}{m_2} - \frac{2}{M - m_1 - m_2} = 0$$

联立以上两个方程,得到两个企业在集中决策时各自最优的清洁空气消耗量 $m_1^* = m_2^* = \frac{M}{4}$。由此可见,在两个企业各自决策使用多少清洁空气时,每个企业都消耗了过多的清洁空气。事实上,每个企业消耗 $\frac{M}{4}$ 而不是 $\frac{M}{3}$ 清洁空气不仅对环境好,而且各自的得益也会变好。这正是公地悲剧模型隐含的管理含义,即让企业自由选择通常会导致企业的境况变差,而如果这些选择能够受到第三方的有效调节与管制,那么结果就会得到改善。

第九章
混合策略纳什均衡

纳什均衡包含纯策略纳什均衡与混合策略纳什均衡。第八章主要是对只有唯一纯策略纳什均衡的介绍,但在完全信息静态博弈的特征论述时我们提到除了有唯一纯策略的均衡情况,完全信息静态博弈还存在没有纯策略均衡与多重纯策略均衡的情况。因此,本章主要针对这两类完全信息静态博弈论述如何确定混合策略纳什均衡的分析方法。

第一节 严格竞争博弈的分析思路

由于博弈中各个博弈方的策略存在相互依存性,往往一个博弈方策略的改变会带来博弈中其他博弈方策略的改变。因此,在某些完全信息静态博弈导致出现各博弈方的利益和偏好一直不一致的情况下,不存在通常纯策略基础上的纳什均衡,这类博弈被统称为"严格竞争博弈"。例如,"石头剪刀布博弈""猜硬币博弈"与"田忌赛马博弈"都属于严格竞争博弈。

1. 猜硬币博弈分析思路

猜硬币方

		正面	反面
盖硬币方	正面	−1, 1	1, −1
	反面	1, −1	−1, 1

图 9-1 猜硬币博弈的划线法分析结果

图 9-1 为猜硬币博弈的划线法分析结果。

从画线的结果可以发现,盖硬币方与猜硬币方的最佳策略完全依赖于对方。也就是说,当盖硬币方选择盖正面的时候,猜硬币方则会选择猜正面;而当盖硬币方选择盖反面的时候,猜硬币又会选择猜反面。因此,盖硬币方要想在猜硬币博弈中取胜,关键在于不让猜硬币方预判到自己的行为选择。同样,当猜硬币方猜正面的时候,盖硬币方会选择盖反面;而当猜硬币方猜反面的时候,盖硬币方又会选择

110

盖正面。所以,猜硬币方要想在猜硬币中取胜,同样也不能让盖硬币方预判到自己的行为选择。由此可见,两个人都不能让对方猜到自己的行为选择,那么不论是盖硬币方还是猜硬币方都应该不是100%选择某个特定的策略,而需要按照一定的概率在可选的策略中进行选择。

同时,按照博弈的理性共识假设,该博弈中的两个博弈方在确定自己各个策略的选择概率时还不能让对方有某种预判偏好。例如,盖硬币方虽然按照某个概率选择盖正面和盖反面,但是如果他更偏好于盖正面。那么在多次猜硬币博弈中,只要猜硬币方每次都猜正面,猜硬币方获胜的次数就要会比失败的次数多。总体上猜硬币方会存在正的总得益,而盖硬币方会输多赢少,总得益会出现负的情况。即便是在一次猜硬币博弈中,如果盖硬币方偏好正面,那么出现正面的概率就会多一些,只要猜硬币方选择正面,那么胜算的概率就会大一些。因此,不论是盖硬币方还是猜硬币方,他们在设定的自己不同策略随机选择的概率时,不能让对方有选择某个策略会得益更大的机会。换句话说,就是盖硬币方在盖正面还是盖反面的随机选择时,需要使猜硬币方在选择猜正面或选择猜反面时所获得的期望得益没有差异。

由此可见,猜硬币博弈分析获得均衡的关键就是所有的博弈方需要按照一定的概率来选择自己的策略。同时,这个策略的选择需要让博弈中的其他博弈方在选择不同策略时的期望得益相同。

2. 石头剪刀布博弈分析思路

如果我们假设两个游戏者 A 和 B 在玩"石头剪刀布"的时候,每赢一局会得到 1 的得益,每输一局会得到 −1 的得益。那么我们可以将该博弈通过图 9 − 2 的得益矩阵来表示,并对该矩阵应用划线法进行画线。类似猜硬币博弈,由于该博弈中没有任何策略组合对应的得益数组下被全部画线,因此不存在两个游戏者利益和偏好一致的纯策略纳什均衡。而且当某位游戏者选择石头时,另一位游戏者则会选择布;而当某位游戏者选择剪刀时,另一位游戏者又会选择石头;但某位游戏者选择布时,另一

		游戏者B		
		石头	剪刀	布
游戏者A	石头	0, 0	1, −1	−1, 1
	剪刀	−1, 1	0, 0	1, −1
	布	1, −1	−1, 1	0, 0

图 9 − 2　石头剪刀布博弈的划线法分析结果

位游戏者又会选择剪刀,周而复始,不停循环。

所以,如果想在石头剪刀布博弈中取胜,也不能让对方猜到自己要选择的策略,或者说不能让对方通过预判自己的策略而有比较好的应对策略。同样,在该博弈中游戏双方随机出策略的方式需要使得对方在选择不同策略时的期望得益无差异。只有按照这种思维确定最后己方选择石头、剪刀和布的概率,才能让对方无法通过预判自己的策略选择而分别获胜。

3. 田忌赛马博弈分析思路

随着博弈方可选行为的增加,这种严格竞争博弈的分析变得越来越复杂,因为各博弈方需要在更多的可选行为中确定最后选择行为的方式。在田忌赛马博弈中,虽然历史的结果是田忌以三局两胜的结果赢得了比赛。但试想一下,如果齐威王能够预判到田忌的策略,就会调整自己的策略采用同样等级的马对战田忌同样等级的马。因此,容易分析出不论是田忌还是齐威王都有六种可选行为,即分别按照"上中下""上下中""中上下""中下上""下上中"和"下中上"的顺序来出战赛马。为此,依然按照赢一局得益为1,而输一局得益为-1的计算方式,可以将田忌与齐威王选择的赛马策略组合进行罗列,形成如图9-3所示的得益矩阵。对该得益矩阵应用划线法,容易发现该博弈也属于严格竞争博弈。因此,同样不能让对方预判到自己的所要选择的策略。换言之,不论是田忌还是齐威王都应该按照一定的概率方式在自己可选的策略中进行选择,即便在完全信息静态博弈下对手能够预判到自己选择不同策略的概率,但是也无法在一场博弈中通过预判到自己可能选择的策略而选择应对策略。也就是说,同样要求齐威王与田忌在以一定的概率方式选择不同出马策略时需要使得对方选择不同策略时的期望得益相同,这样对方就没有一个应对己方的最佳策略。

		田忌					
		上中下	上下中	中上下	中下上	下上中	下中上
齐威王	上中下	3, -3	1, -1	1, -1	1, -1	-1, 1	1, -1
	上下中	1, -1	3, -3	1, -1	1, -1	1, -1	-1, 1
	中上下	1, -1	-1, 1	3, -3	1, -1	1, -1	1, -1
	中下上	-1, 1	1, -1	1, -1	3, -3	1, -1	1, -1
	下上中	1, -1	1, -1	1, -1	-1, 1	3, -3	1, -1
	下中上	1, -1	1, -1	-1, 1	1, -1	1, -1	3, -3

图9-3 田忌赛马博弈的划线法分析结果

第二节 多重均衡博弈的分析思路

除了严格竞争博弈,在介绍划线法时还提到一种所有博弈方预期不止一个纯策略均衡的博弈。在博弈理论中,将完全信息静态博弈中具有两个或两个以上纯策略均衡的博弈称为多重均衡博弈。对于这类博弈,各博弈方在一次博弈时并不能确定哪个纯策略均衡会出现,因此每个博弈方也会出现不是100%选择一种策略的现象,就需要确定各个纯策略均衡下对应的策略的选择概率,这导致多重均衡博弈的分析同严格竞争博弈分析思路有类似之处。以下通过性别战博弈、企业制式选择博弈与市场机会博弈来说明多重均衡博弈的分析思路。

1. 性别战博弈分析思路

在本篇之前介绍的性别战博弈中,通过划线法可以发现该博弈存在两个纯策略均衡,即策略组合(芭蕾舞,芭蕾舞)和策略组合(足球,足球)。在这两个策略组合中,女人更偏好(芭蕾舞,芭蕾舞)均衡。因为此时女人可以获得2单位的得益,大于她选择(足球,足球)均衡获得的1单位的得益。而男人更偏好(足球,足球)均衡。因为此时男人获得2单位的得益,大于他选择(芭蕾舞,芭蕾舞)均衡获得的1单位的得益。由于两个人无法预见哪个均衡会出现,同时两个人都偏好不同的均衡。因此,两个人在芭蕾舞与足球两个策略选择时都不会100%选择一种策略,而是会与严格竞争博弈一样,按照一定的概率来选择去看足球还是去看芭蕾舞演出,如图9-4所示。

	女	
男	足球	芭蕾舞
足球	2, 1	0, 0
芭蕾舞	0, 0	1, 2

图9-4 性别战博弈的划线法分析结果

同时,如果平等地看待两个博弈方,不存在某博弈方妥协于另一个博弈方。即便男人偏好足球,也不能让女人预判到他选择足球会得到更多的期望得益,因为这样会导致女人为了获得更多的期望得益而有更大的概率选择去看芭蕾舞演出。这样发展将会出现两个人一个选择足球一个选择芭蕾舞的不好的得益结果。因此,最后男人和女人的选择与严格竞争博弈一样,让对方无法通过预判到自己的选择而有最佳的应对策略。所以,要求两个人随机选择不同策略,并且使对方从各个策略的选择中获得的期望得益相同,这样任何一方都不会有应对对方的某一个纯策略的最佳策略存在。

2. 企业制式选择博弈

企业制式选择博弈是性别战博弈在企业竞争中的体现。电器和电子设备通常有不同的技术标准,常被称作具有不同的制式。如果生产相关电器或者电子设备的厂商采用相同的制式,产品之间就能相互匹配,零部件也可以相互通用。这对于推广各自的产品和在生产经营中谋求某种合作具有很大的益处。考虑比较简单的场景,市场上有两家寡头厂商,同时计划引进某电子设备的生产线,而该电子设备具有 A 和 B 两种制式,因此两家厂商需要博弈进行决策选择哪种制式。

为了能够清晰地分析该问题,本书假设两个厂商同时采用 A 制式时厂商 1 和厂商 2 分别有 1 单位和 3 单位的额外得益。而同时采用 B 制式时都分别有 2 单位的额外得益。但如果两厂商采用不同的制式,那么市场没有规模效应,因此没有任何的额外得益。具体该博弈的得益矩阵如图 9-5 所示。我们可以通过划线法对该得益矩阵进行分析,发现该博弈存在两个纯策略纳什均衡,分别为策略组合(A,A)和策略组合(B,B)。但是对于这两个纯策略纳什均衡来说,在均衡(A,A)下,厂商 2 可以获得更多的得益。而在均衡(B,B)下,厂商 1 能获得更多的得益。所以在这个博弈中,厂商 1 更偏好策略组合(B,B)的均衡,厂商 2 更偏好策略组合(A,A)的均衡。因此,哪个纯策略纳什均衡会出现并没有必然的结果。换句话说,两个厂商都不会以 100% 的概率选择任何一种制式,而是会在 A 和 B 两种制式下以一定的概率进行随机选择,且两个厂商为了不让对方预判到自己的制式选择想法,所以会以使得对方在选择不同策略时的期望得益相同的随机概率来选择自己的不同策略。这正是该博弈分析的核心原则。

	厂商2	
	A制式	B制式
厂商1 A制式	<u>1</u>, <u>3</u>	0, 0
厂商1 B制式	0, 0	<u>2</u>, <u>2</u>

图 9-5 企业制式选择博弈的划线法分析结果

	企业2	
	进入	不进
企业1 进入	−10, −10	<u>100</u>, 0
企业1 不进	0, <u>100</u>	0, 0

图 9-6 市场机会博弈的划线法分析结果

3. 市场机会博弈

在行业竞争过程中,常会出现因为某个行业当前比较好,因此会有其他企业想要进入,与当下在该行业的企业分一杯羹的现象。这就是博弈论中经典的市场机会博弈。我们将该博弈进行抽象,假设一个市场中同时有两个企业发现了一个比较好的行业机会,同时由于该行业市场容量不是很大,如果一家企业进入该行业,能赚到比较多的利润,即 100 万元。但是如果两个企业同时进入该行业,那么由于行业中产品的供给量过大,导致市场中产品价格下降,因此两个新进入的企业由于固定成本的投入不但不会盈利,反而会亏损 10 万元。假设这两个企业之间无法沟通协商,且将企业获得的利润看成是企业的得益,可以绘制出该博弈的得益矩阵,如图 9-6 所示。

同样应用划线法对该博弈的得益矩阵进行画线，可以得到该博弈存在两个纯策略纳什均衡，分别为策略组合（不进，进入）与策略组合（进入，不进）。也就是说，该博弈最好的均衡结果是只有一家企业选择进入。当然，企业 1 和企业 2 都想要自己的企业进入，因此，企业 1 也就更偏好于策略组合（进入，不进）的均衡。而企业 2 更偏好于策略组合（不进，进入）的均衡。虽然该博弈不是严格竞争博弈，但是从以上的分析可以发现这个博弈中企业 1 与企业 2 也隐含着竞争的关系，大家都在竞争谁进入这个新的行业市场。所以两个企业为了不让对方预判到自己的想法，害怕大家都进入出现损失的局面。因此，两个企业都会按照一定的概率随机选择进入还是不进入，且各策略的随机选择概率确定是以不让对方发现自己的偏好为前提的。换句话说，就是让其他博弈方感知到在该随机概率下选择不同策略无差异，即不同策略的期望得益相同，这样其他博弈方就没有应对该博弈方的最佳纯策略。这正是本书接下来要介绍的混合策略与混合策略纳什均衡的核心理念。

第三节　混合策略纳什均衡

正如本章介绍严格竞争博弈与多重均衡博弈分析思路所阐述的，当博弈中不存在纯策略均衡或存在多重纯策略均衡时，各博弈方需要以一定的概率随机选择各个策略。这种博弈方以一定概率分布在可选策略中随机选择的决策方式，在博弈理论中被称为"混合策略"（Mixed Strategy）。例如，在之前提到的猜硬币博弈中，如果盖硬币方以概率 p 选择盖正面，那么他盖反面的概率就为 $1-p$；同样地，如果猜硬币方以概率 q 猜正面，那么他猜反面的概率为 $1-q$。因此，猜硬币博弈中，盖硬币方以概率分布 $(p, 1-p)$ 随机对应选择（正面，反面）。同样，我们可以设定猜硬币方以概率分布 $(q, 1-q)$ 随机对应选择（正面，反面）。接下来，本书给出混合策略的一个比较正式的定义。

定义 9-1　在博弈 $G = \{S_1, S_2, \cdots, S_n; u_1, u_2, \cdots, u_n\}$ 中，博弈方 i 按照某个特定的概率分布 $P_i = (p_{i1}, p_{i2}, \cdots, p_{im})$ 随机选择他的策略集合 $S_i = \{s_{i1}, s_{i2}, \cdots, s_{im}\}$ 中的策略，称为一个"混合策略"。其中，对于任何博弈方 $i(i=1, 2, \cdots, n)$ 选择任意策略 $j(j=1, 2, \cdots, m)$ 的概率满足 $0 \leqslant p_{ij} \leqslant 1$；任何博弈方 $i(i=1, 2, \cdots, n)$ 选择的所有策略的概率满足 $p_{i1} + p_{i2} + \cdots + p_{im} = 1$。

因此，纯策略也可以被看成是选择该策略概率为 1 且选择其他策略概率为 0 的混合策略。有了混合策略的概念，通过本篇之前对无纯策略纳什均衡与多重策略纳什均衡的分析思路介绍可知,严格竞争博弈与多重均衡最终都应该稳定在某个混合策略上。同时,为了让博弈中其他博弈方无法通过预判来确定选择某个纯策略最佳,各博弈方在博弈均衡时的混合策略中,各纯策略选择的随机分布需要让其他博弈方选择任何可选策略所获得的期望得益无差异。换句话说,各博弈方自身随机分布选择确定的混合策略需要让其他所有博弈方选择其所有策略时所获得的期望得益相等。例如,在猜硬币博弈中,盖硬币方如果不想让猜硬币方在自己的混合策略下有明确的纯策略可以选择,那么他以概率分布$(p,1-p)$随机对应选择(正面,反面)的混合策略,需要使得猜硬币方选择猜正面和猜反面的期望得益相同,即满足等式:

$$p \cdot 1 + (1-p) \cdot (-1) = p \cdot (-1) + (1-p) \cdot 1$$

容易求得 $p = \dfrac{1}{2}$。同样地,猜硬币方也不想让盖硬币方能够通过选择某个纯策略而使自己的得益最大。因此。猜硬币方以概率分布$(q,1-q)$随机对应选择(正面,反面)的混合策略,也应满足盖硬币方选择盖正面和盖反面的期望得益相同,即满足等式:

$$q \cdot (-1) + (1-q) \cdot 1 = q \cdot 1 + (1-q) \cdot (-1)$$

同样也容易求得 $q = \dfrac{1}{2}$。因此,猜硬币的均衡结果是盖硬币方与猜硬币方都分别以$\left(\dfrac{1}{2}, \dfrac{1}{2}\right)$分布随机选择(正面,反面)。实际上这个结果很容易理解,如果盖硬币方不是以$\dfrac{1}{2}$的概率选择正面和$\dfrac{1}{2}$的概率选择反面,而是以大于$\dfrac{1}{2}$的概率选择正面,小于$\dfrac{1}{2}$的概率选择反面。那么,猜硬币方最好的应对就是会一直选择猜正面。因为这样会使猜硬币方胜算更大一些,至少赢的次数会多一些。即便是在一次猜硬币博弈中,猜硬币方选择猜正面赢的概率同样会大一些。但作为盖硬币方当然不希望这种现象出现,因此他会选择以$\left(\dfrac{1}{2}, \dfrac{1}{2}\right)$分布随机选择(正面,反面)。类似的情况也会发生在猜硬币方身上,如果他偏向于猜某一种结果,例如,他猜正面的概率大于$\dfrac{1}{2}$。那么盖硬币方最好的应对措施就是会一直盖反面,因为此时他在每次博弈时的获胜概率会大些。所以,猜硬币方为了不让盖硬币方有这些样的机会,只能以$\left(\dfrac{1}{2}, \dfrac{1}{2}\right)$分布随机选择(正面,反面)。因此,盖硬币方的期望得益为

$$\frac{1}{2} \times \frac{1}{2} \times (-1) + \frac{1}{2} \times \frac{1}{2} \times 1 + \frac{1}{2} \times \frac{1}{2} \times 1 + \frac{1}{2} \times \frac{1}{2} \times (-1) = 0$$

猜硬币方的期望得益为

$$\frac{1}{2} \times \frac{1}{2} \times 1 + \frac{1}{2} \times \frac{1}{2} \times (-1) + \frac{1}{2} \times \frac{1}{2} \times (-1) + \frac{1}{2} \times \frac{1}{2} \times 1 = 0$$

这正是对严格竞争博弈中各博弈方都公平的结果，也就是说盖硬币方与猜硬币方双方都不输也不赢。因为在严格竞争中，所有赢的博弈方的赢总量就等于所有输的博弈方的输总量。所以在该博弈经过很多次后，盖硬币方与猜硬币方应该不存在哪一方占便宜，可以多赢的可能。

通过寻找各博弈方的混合策略形成的均衡被称为"混合策略纳什均衡"。以上猜硬币的均衡分析思路正是获得纳什均衡中混合策略均衡的核心分析思维。同时，混合策略纳什均衡同样存在均衡时各博弈方不愿意通过单方面改变策略获得更大得益的可能。例如，在猜硬币的博弈中，如果猜硬币方不改变其以 $\left(\frac{1}{2}, \frac{1}{2}\right)$ 分布随机选择（正面，反面）的混合策略，那么盖硬币方也一定不会改变其以 $\left(\frac{1}{2}, \frac{1}{2}\right)$ 分布随机选择（正面，反面）的混合策略。因为盖硬币方无论是改变为大于 $\frac{1}{2}$ 的概率选择盖正面还是大于 $\frac{1}{2}$ 的概率选择盖反面，都不会导致自己的得益变大。例如，我们假设盖硬币方选择盖正面的概率为 $p > \frac{1}{2}$，选择盖反面的概率为 $1-p < \frac{1}{2}$，那么盖硬币方在猜硬币方不改变以上均衡中的混合策略时的期望得益为

$$p \cdot \frac{1}{2} \cdot (-1) + p \cdot \frac{1}{2} \cdot 1 + (1-p) \cdot \frac{1}{2} \cdot 1 + (1-p) \cdot \frac{1}{2} \cdot (-1) = 0$$

可见，从盖硬币方的角度，在猜硬币方没有改变混合策略时，他通过单方面改变自己的混合策略并不能获得更好的得益。实际上，不仅不会更好，可能还会更糟。因为存在理性共识假设，所以在信息完全的情况下，猜硬币方如果预判到盖硬币方会改变自己的混合策略，那么他也会进行混合策略的调整，因为在盖硬币方新的混合策略下，猜硬币方猜正面的得益为

$$p \cdot 1 + (1-p) \cdot (-1) = 2p - 1 > 0$$

猜反面得益为

$$p \cdot (-1) + (1-p) \cdot 1 = 1 - 2p < 0$$

因此,理性的猜硬币方一定会选择 100% 的猜正面,那么盖硬币方如果还是按照大于 $\frac{1}{2}$ 的概率选择正面的话,他的期望得益变为

$$p \cdot (-1) + (1-p) \cdot 1 = 1 - 2p < 0$$

所以,他必然不会改变现在以 $\left(\frac{1}{2}, \frac{1}{2}\right)$ 随机分布选择(正面,反面)的混合策略。

同样地,他也不会调整自己的混合策略选择以超过 $\frac{1}{2}$ 概率盖反面,因为此时同样存在猜硬币方会以 100% 的概率选择猜反面,最终使盖硬币方的期望得益小于 0 的情况。所以,我们说混合策略纳什均衡同样满足结论:在该混合策略纳什均衡下,博弈中的任意博弈方都不愿意单独改变自己的混合策略。

定义 9 - 2 设 $\mathcal{P}^* = (P_1^*, P_2^*, \cdots, P_n^*)$ 是博弈 $G = \{S_1, S_2, \cdots, S_n; u_1, u_2, \cdots, u_n\}$ 的一个混合策略组合。其中,$P_i = (p_{i1}, p_{i2}, \cdots, p_{im_i})$ 代表拥有 m_i 个可选择策略的博弈方 i 的混合策略,即博弈 i 按照概率分布 $(p_{i1}, p_{i2}, \cdots, p_{im_i})$ 对应从自己的策略空间 $\{s_{i1}, s_{i2}, \cdots, s_{im_i}\}$ 随机选择。如果对于任意博弈方 $i(i = 1, 2, \cdots, n)$,其得益都满足 $u_i(P_1^*, P_2^*, \cdots, P_i^*, \cdots, P_n^*) \geqslant u_i(P_1^*, P_2^*, \cdots, P_i, \cdots, P_n^*)$,则称混合策略组合 $\mathcal{P}^* = (P_1^*, P_2^*, \cdots, P_n^*)$ 是这个博弈的一个混合策略纳什均衡。

通过定义 9 - 2 可以发现,实际上纯策略纳什均衡就是混合策略纳什均衡的一个特例。只要设定各博弈方在博弈均衡时所选的纯策略概率为 100% 且其他纯策略概率全部为 0 的混合策略的组合,即为混合策略纳什均衡中的最佳混合策略。具体来说,如果 $\mathcal{P}^* = (P_1^*, P_2^*, \cdots, P_n^*)$ 是一个定义 9 - 2 中出现的混合策略纳什均衡,但是对于每个博弈方 $i = 1, 2, \cdots, n$ 来说,纯策略选择的概率分布 $P_i = (p_{i1}, p_{i2}, \cdots, p_{im_i})$ 的分量中都只有一个 1,其余都是 0,即所有概率分布 $P_i^* = (p_{i1}^*, p_{i2}^*, \cdots, p_{im_i}^*)$ 都取 $P_i^* = (1, 0, \cdots, 0)$、$P_i^* = (0, 1, \cdots, 0)$、$\cdots$、$P_i^* = (0, 0, \cdots, 1, \cdots, 0)$、$\cdots$、$P_i^* = (0, 0, \cdots, 1)$ 的形式,那么本书定义 8 - 1 的纯策略纳什均衡就可以统一进定义 9 - 2 中的混合策略纳什均衡。总结来说,纳什均衡所包含的纯策略纳什均衡与混合策略纳什均衡所表达的含义都是在某个均衡下没有某个博弈方可以通过单独改变策略(可以是纯策略,也可以是混合策略)来增加自己的得益,那么这个均衡就是(纯策略或者混合策略)纳什均衡。

第四节　混合策略纳什均衡与策略式
分析方法的关系

在介绍上策均衡法、严格下策反复消去法、箭头法与划线法时,可以发现策略式分析方法主要是用于获得纯策略纳什均衡。由于箭头法与划线法对于所有完全信息静态博弈问题都适用,都可以通过箭头或者画线的方式确定博弈是否存在纯策略均衡,或者存在几个纯策略均衡。同时,也可以基于箭头法与划线法获得的结果来确定最终结果是只有唯一纯策略均衡的纯策略纳什均衡,还是没有纯策略均衡与有多重纯策略均衡的混合策略纳什均衡。换句话说,对于任何博弈来说是先通过箭头法或划线法确定纯策略均衡数量,只有当没有纯策略均衡与有多重纯策略均衡时才会采用寻找混合策略的方式确定混合策略均衡。

对于一些特定的博弈,我们可以通过寻找上策策略或者反复消除下策策略的方法来确定纯策略纳什均衡,或者通过这两个方法来简化博弈,再进行划线法、箭头法的分析等。但我们在介绍策略式分析方法时也有提到不是所有的博弈都有上策策略或者下策策略的,因此不是所有的博弈都可以通过上策均衡分析法或严格下策反复消去分析法进行分析。在我们学习了混合策略与混合策略纳什均衡后,是否可以通过博弈方现有纯策略来构造混合策略来确定上策策略或下策策略呢? 答案需要区分来看。对于上策均衡分析法来说,如果一个博弈无法获得上策均衡,说明并不是所有博弈方都存在上策策略,因此即便是对该博弈方通过其现有的纯策略构建了混合策略,那么该混合策略也不会成为好于其他博弈的上策策略。例如,两个博弈方1和博弈方2进行博弈,假定博弈方1不存在上策策略,那么一定是对于他的两个可选策略A1和A2不存在在博弈方B选择不同策略时都有一个策略优于另一策略的情况(见图 9-7)。不失一般性,这里假设当博弈方B选择B1时,博弈方A选择A1优于A2,即得益满足 $a > e$;但当博弈方B选择B2时,博弈方A选择A1却劣于A2,即得益满足 $c < m$。

<table>
<tr><td></td><td></td><td colspan="2">博弈方B</td></tr>
<tr><td></td><td></td><td>B1</td><td>B2</td></tr>
<tr><td rowspan="2">博弈方A</td><td>A1</td><td>a, b</td><td>c, d</td></tr>
<tr><td>A2</td><td>e, f</td><td>m, n</td></tr>
</table>

图 9-7　不存在上策均衡的博弈例子

因此,若博弈方 A 构建混合策略 A3,设定以 $(p, 1-p)$ 的概率随机选择(A1,A2),形成新的得益矩阵(见图 9-8)。因此,可以发现当博弈方 B 选择 B1 时,博弈方 A 的三个可选策略的得益存在关系式 $a > ap + e(1-p) > e$;当博弈方 B 选择 B2 时,博弈方 A 的三个可选策略的得益却满足关系式 $c < cp + m(1-p) < m$。 这说明

博弈方 A 不可能通过构建混合策略的方式形成上策策略。综上所述,当存在上策均衡时就不会存在混合策略纳什均衡。当不存在上策均衡时,不存在上策策略的博弈方也不可能通过混合策略来实现上策均衡。

博弈方B

	B1	B2
A1	a, b	c, d
A2	e, f	m, n
A3	$ap + e(1-p), bp + f(1-p)$	$cp + m(1-p), dp + n(1-p)$

博弈方A

图 9-8　增加混合策略后的不存在上策均衡的博弈例子

但严格下策反复消去法与混合策略纳什均衡的关系却和上策均衡不同。当某个博弈不能再继续应用严格下策反复消去法找到博弈均衡时,一定是因为博弈中不再存在有下策策略了,因此无法再进行任何策略的消除。但是对于部分特定的博弈,我们可以通过构建混合策略找到某个博弈方的下策策略。例如,我们来看图 9-9 的博弈例子。

博弈方B

	B1	B2
A1	3, 1	0, 2
A2	0, 2	3, 3
A3	1, 3	1, 1

博弈方A

图 9-9　严格下策反复消去法与混合策略纳什均衡关系的博弈例子

在该博弈中,博弈方 A 有 A1、A2 和 A3 三个可选策略,博弈方 B 有 B1 和 B2 两种可选策略。容易发现,如果我们采用严格下策反复消去法,该博弈将无法进行任何策略的消去,对于博弈方 A 和博弈方 B 来说都不存在任何下策策略。因为当博弈方 A 选择 A1 或 A2 时,博弈方 B 得益最小的策略是 B1;当博弈方 A 选择 A3 时,博弈方 B 得益最小的策略却是 B2。所以,对于博弈方 B 来说没有下策策略。同样地,当博弈方 B 选择 B1 时,博弈方 A 得益最小的策略是 A2;当博弈方 B 选择 B2 时,博弈方 A 得益最小的策略却是 A1。因此,博弈方 A 也不存在下策策略。所以,如果只考虑纯策略,这个博弈中的两个博弈方都没有任何严格下策策略,也就无法应用严格下策反复消去法。

如果博弈方 A 可以构建混合策略,那么结果分析就大不相同。例如,博弈方 A 采用以概率分布(1/2, 1/2, 0)随机选择(A1, A2, A3)的混合策略 A4。那么在该混合策略下,博弈方 A 在博弈方 B 选择 B1 时的期望得益可计算如下

$$u_A(A4, B1) = \frac{1}{2} \times 3 + \frac{1}{2} \times 0 + 0 \times 1 = \frac{3}{2}$$

博弈方 A 在博弈方 B 选择 B2 时的期望得益可计算如下

$$u_A(A4, B2) = \frac{1}{2} \times 0 + \frac{1}{2} \times 3 + 0 \times 1 = \frac{3}{2}$$

因此,我们将包含博弈方 A 的 A4 混合策略融入得益矩阵,形成新的得益矩阵(见图 9-10)。

可以发现,当得益矩阵融入博弈方 A 的 A4 混合策略后,博弈方 A 的 A3 策略与 A4 策略相比,不论博弈方 B 采用 B1 还是 B2,博弈方 A 的 A3 策略得益都劣于 A4 策略得益。实际上,即便是博弈方 B 采用混合策略也是同样的结果。例如,设定博弈方 B 采用比较一般的混合策略 B3,

	博弈方B	
	B1	B2
A1	3, 1	0, 2
A2	0, 2	3, 3
A3	1, 3	1, 1
A4	$\frac{3}{2}, u_B(A4,B1)$	$\frac{3}{2}, u_B(A4,B1)$

（博弈方A 标于 A1~A4 左侧）

图 9-10 考虑 A4 策略后的得益矩阵

即以概率分布 $(q, 1-q)$ 随机选择 $(B1, B2)$,那么博弈方 A 采用 A4 混合策略的得益为

$$u_A(A4, B3) = \frac{1}{2} \times q \times 3 + \frac{1}{2} \times (1-q) \times 0 + \frac{1}{2}$$

$$\times q \times 0 + \frac{1}{2} \times (1-q) \times 3 = \frac{3}{2}$$

可见,不论博弈方 B 采用任何策略(包括所有可能的纯策略或混合策略),博弈方 A 采用混合策略 A4 的期望得益都为 $\frac{3}{2}$,都比 A3 策略得益 1 大。因此,对于博弈方 A 来说,A3 策略相对 A4 混合策略来说是下策策略。而混合策略只和策略 A1 和 A2 相关,因为该混合策略表示有 50% 概率选择 A1 策略,50% 选择 A2 策略。所以,只要保留 A1 和 A2 策略,就可以构造出混合策略 A4,也就可以认为 A3 策略是下策策略。因此,可以从图 9-9 的得益矩阵中去掉 A3 策略,形成图 9-11 这个新的得益矩阵。

	博弈方B	
	B1	B2
A1	3, 1	0, 2
A2	0, 2	3, 3

（博弈方A 标于 A1、A2 左侧）

图 9-11 消去 A3 策略后的得益矩阵

在消去 A3 的新得益矩阵中,很容易看出此时博弈方 B 存在下策策略 B1。因此,我们采用严格下策反复消去法消去 B1 策略。这时,博弈方 B 只剩下 B2 策略。博弈方 A 在博弈方 B 选择 B2 策略时会选择 A2 策略。所以,该博弈最终的纯策略纳什均衡为策略组合(A2, B2)。从这个博弈例子可以发现,对于某些博弈来说,如果一开始

直观的用严格下策反复消去法不能进行分析,也就是对于所有博弈方来说,不存在可消去的下策策略时,可以通过构造某个博弈方的混合策略来确定下策策略,然后再用严格下策反复消去法进行分析。因此,我们说在包括混合策略的情况下,严格下策反复消去法的结论仍然是成立的。也就是说,仍然满足任何博弈方都不会采用任何下策策略,不管它们是纯策略还是混合策略;同时,严格下策反复消去法不会消去任何纳什均衡,包括纯策略纳什均衡与混合策略纳什均衡;另外,经过严格下策反复消去法消去到最后留下的策略组合是唯一的,那么一定是纯策略纳什均衡。

有时在一个博弈的分析中也可以通过多次引入某个或多个博弈方的混合策略来不断确定下策策略,然后应用严格下策反复消去法获得最后的纯策略纳什均衡。但不是所有不能够通过严格下策反复消去法进行分析的博弈都可以通过构造混合策略来获得下策策略。例如,我们将图 9-9 的得益矩阵中博弈方 A 选择 A3 策略时的得益进行调整,形成图 9-12 所示的得益矩阵。

博弈方B

		B1	B2
	A1	3, 1	0, 2
博弈方A	A2	0, 2	3, 3
	A3	2, 3	2, 1

图 9-12　博弈方 A 调整 A3 策略后的得益矩阵

当博弈方 A 选择 A1 和 A2 策略时,博弈方 B 会偏好选择 B2;当博弈 A 选择 A3 策略时,博弈方 B 会偏好选择 B1。因此,对于博弈方 B 来说对应博弈方 A 的不同策略选择,其每个策略都会被偏好到,不存在下策策略。对于博弈方 A 来说,当博弈方 B 选择 B1 策略时,博弈方 A 选择 A1 策略,当博弈方 B 选择 B2 策略时,博弈方 A 选择 A2 策略。虽然不论博弈方 B 选择何种策略,博弈方 A 都不会选择 A3 策略,但我们却无法通过为博弈方 A 构造某个混合策略而对比导致 A3 策略成为下策策略。如果我们想要采用这种构造混合策略的思路,由于需要认定 A3 策略为博弈方 A 的下策策略,然后把它消去,所以必须使构造的混合策略中不能有概率选择 A3 策略,也就是说需要构造一个只会按照某个概率选择 A1 和 A2 策略的混合策略。不失一般性,我们假设博弈方 A 的混合策略 A4 为以概率分布(p,$1-p$,0)随机选择(A1,A2,A3)。那么,可以计算出博弈方 A 在博弈方 B 选择 B1 策略下选择混合策略 A4 的期望得益

$$u_A(A4, B1) = p \times 3 + (1-p) \times 0 + 0 \times 2 = 3p$$

博弈方 A 在博弈方 B 选择 B2 下选择混合策略 A4 的期望得益

$$u_A(A4, B2) = p \times 0 + (1-p) \times 3 + 0 \times 2 = 3(1-p)$$

因此,如果需要博弈方 A 在混合策略 A4 存在时 A3 是他的下策策略,需要同时满足

$$\begin{cases} 3p \geqslant 2 \\ 3(1-p) \geqslant 2 \end{cases} \Rightarrow \begin{cases} p \geqslant \dfrac{2}{3} \\ p \leqslant \dfrac{1}{3} \end{cases}$$

所以不会有这样的 p 存在,因此该博弈不可能通过构造混合策略来获得某个博弈方的下策策略。此时,即便包含了混合策略,该博弈也不可能采用严格下策反复消去法进行分析。综上所述,混合策略可以帮助部分无法直接采用严格下策反复消去法的博弈,通过构造某个博弈方的混合策略来获得下策策略,然后应用严格下策反复消去法进行博弈分析。但是这种方式并不适用于所有不能用严格下策反复消去法分析的博弈问题的解决。即便是通过构造混合策略采用严格下策反复消去法对博弈进行分析,获得的均衡结果仍然是纯策略纳什均衡,并不是混合策略纳什均衡。

第五节　混合策略纳什均衡的应用

在学习了混合策略纳什均衡后,了解到对于严格竞争博弈与多重均衡博弈都可以通过寻找混合策略来进行分析,获得这些博弈的混合策略均衡。以下将分别对本篇中除了猜硬币博弈的其他博弈进行分析,确定它们的混合策略纳什均衡。

1. 石头剪刀布博弈混合策略纳什均衡

在之前分析中,依据图 9 - 2 石头剪刀布博弈的划线法分析结果,该博弈没有纯策略纳什均衡。因此可以通过寻找混合策略的方法确定该博弈的混合策略纳什均衡。为此,假设游戏者 A 以概率分布(p_{A1}, p_{A2}, p_{A3})随机选择(石头,剪刀,布)三个策略;同时,游戏者 B 以概率分布(p_{B1}, p_{B2}, p_{B3})随机选择(石头,剪刀,布)三个策略。因此,游戏者 A 为了让游戏者 B 选择石头、剪刀与布的期望得益无差异,需满足

$$p_{A1} \times 0 + p_{A2} \times 1 + p_{A3} \times (-1)$$
$$= p_{A1} \times (-1) + p_{A2} \times 0 + p_{A3} \times 1$$
$$= p_{A1} \times 1 + p_{A2} \times (-1) + p_{A3} \times 0$$

同时,$p_{A1} + p_{A2} + p_{A3} = 1$。因此,求解得 $p_{A1} = p_{A2} = p_{A3} = \dfrac{1}{3}$,即设游戏者 A 以概率分布$\left(\dfrac{1}{3}, \dfrac{1}{3}, \dfrac{1}{3}\right)$随机选择(石头,剪刀,布)三个策略。类似地,游戏者 B 为了让游戏者 A 选择石头、剪刀与布的期望得益无差异,需满足

$$p_{B1} \times 0 + p_{B2} \times 1 + p_{B3} \times (-1)$$
$$= p_{B1} \times (-1) + p_{B2} \times 0 + p_{B3} \times 1$$
$$= p_{B1} \times 1 + p_{B2} \times (-1) + p_{B3} \times 0$$

同时，$p_{B1} + p_{B2} + p_{B3} = 1$。因此，求解得 $p_{B1} = p_{B2} = p_{B3} = \dfrac{1}{3}$，即设游戏者 B 以概率分布 $\left(\dfrac{1}{3}, \dfrac{1}{3}, \dfrac{1}{3}\right)$ 随机选择（石头，剪刀，布）三个策略。最终，该博弈的混合策略组合为 $\left(\left(\dfrac{1}{3}, \dfrac{1}{3}, \dfrac{1}{3}\right), \left(\dfrac{1}{3}, \dfrac{1}{3}, \dfrac{1}{3}\right)\right)$，且游戏者 A 与游戏者 B 的期望得益都为 0，计算如下

$$\mathbb{E}[u_A] = \frac{1}{3} \times \frac{1}{3} \times 0 + \frac{1}{3} \times \frac{1}{3} \times 1 + \frac{1}{3} \times \frac{1}{3} \times (-1) + \frac{1}{3} \times \frac{1}{3}$$
$$\times (-1) + \frac{1}{3} \times \frac{1}{3} \times 0 + \frac{1}{3} \times \frac{1}{3} \times 1$$
$$+ \frac{1}{3} \times \frac{1}{3} \times 1 + \frac{1}{3} \times \frac{1}{3} \times (-1) + \frac{1}{3} \times \frac{1}{3} \times 0$$
$$= \frac{1}{3} \times \frac{1}{3} \times (0 + 1 - 1 - 1 + 0 + 1 + 1 - 1 + 0) = 0$$

$$\mathbb{E}[u_B] = \frac{1}{3} \times \frac{1}{3} \times 0 + \frac{1}{3} \times \frac{1}{3} \times (-1) + \frac{1}{3} \times \frac{1}{3} \times 1 + \frac{1}{3}$$
$$\times \frac{1}{3} \times 1 + \frac{1}{3} \times \frac{1}{3} \times 0 + \frac{1}{3} \times \frac{1}{3} \times (-1)$$
$$+ \frac{1}{3} \times \frac{1}{3} \times (-1) + \frac{1}{3} \times \frac{1}{3} \times 1 + \frac{1}{3} \times \frac{1}{3} \times 0$$
$$= \frac{1}{3} \times \frac{1}{3} \times (0 - 1 + 1 + 1 + 0 - 1 - 1 + 1 + 0) = 0$$

2. 田忌赛马博弈混合策略纳什均衡

在之前分析中，依据图 9-3 所示的田忌赛马博弈划线法结果显示该博弈不存在纯策略纳什均衡，因此该博弈仍然可以采用寻找各博弈方的混合策略的方法，确定该博弈的混合策略纳什均衡。为此，假设齐威王以概率分布 $(p_1, p_2, p_3, p_4, p_5, p_6)$ 随机选择（上中下，上下中，中上下，中下上，下上中，下中上）六个策略；同样，田忌以概率分布 $(q_1, q_2, q_3, q_4, q_5, q_6)$ 随机选择（上中下，上下中，中上下，中下上，下上中，下中上）六个策略。

因此，齐威王为了让田忌选择不同可选策略的期望得益无差异，需满足

$$p_1 \times (-3) + p_2 \times (-1) + p_3 \times (-1) + p_4 \times 1 + p_5 \times (-1) + p_6 \times (-1)$$
$$= p_1 \times (-1) + p_2 \times (-3) + p_3 \times 1 + p_4 \times (-1) + p_5 \times (-1) + p_6 \times (-1)$$
$$= p_1 \times (-1) + p_2 \times (-1) + p_3 \times (-3) + p_4 \times (-1) + p_5 \times (-1) + p_6 \times 1$$
$$= p_1 \times (-1) + p_2 \times (-1) + p_3 \times (-1) + p_4 \times (-3) + p_5 \times 1 + p_6 \times (-1)$$
$$= p_1 \times 1 + p_2 \times (-1) + p_3 \times (-1) + p_4 \times (-1) + p_5 \times (-3) + p_6 \times (-1)$$
$$= p_1 \times (-1) + p_2 \times 1 + p_3 \times (-1) + p_4 \times (-1) + p_5 \times (-1) + p_6 \times (-3)$$

同时，$p_1 + p_2 + p_3 + p_4 + p_5 + p_6 = 1$。因此，求解得 $p_1 = p_2 = p_3 = p_4 = p_5 = p_6 = \frac{1}{6}$，即齐威王以概率分布 $\left(\frac{1}{6}, \frac{1}{6}, \frac{1}{6}, \frac{1}{6}, \frac{1}{6}, \frac{1}{6} \right)$ 随机选择（上中下，上下中，中上下，中下上，下上中，下中上）六个策略。类似地，田忌为了让齐威王选择不同可选策略的期望得益无差异，需满足

$$q_1 \times 3 + q_2 \times 1 + q_3 \times 1 + q_4 \times 1 + q_5 \times (-1) + q_6 \times 1$$
$$= q_1 \times 1 + q_2 \times 3 + q_3 \times 1 + q_4 \times 1 + q_5 \times 1 + q_6 \times (-1)$$
$$= q_1 \times 1 + q_2 \times (-1) + q_3 \times 3 + q_4 \times 1 + q_5 \times 1 + q_6 \times 1$$
$$= q_1 \times (-1) + q_2 \times 1 + q_3 \times 1 + q_4 \times 3 + q_5 \times 1 + q_6 \times 1$$
$$= q_1 \times 1 + q_2 \times 1 + q_3 \times 1 + q_4 \times (-1) + q_5 \times 3 + q_6 \times 1$$
$$= q_1 \times 1 + q_2 \times 1 + q_3 \times (-1) + q_4 \times 1 + q_5 \times 1 + q_6 \times 3$$

同时，$q_1 + q_2 + q_3 + q_4 + q_5 + q_6 = 1$。因此，求解得 $q_1 = q_2 = q_3 = q_4 = q_5 = q_6 = \frac{1}{6}$，即田忌以概率分布 $\left(\frac{1}{6}, \frac{1}{6}, \frac{1}{6}, \frac{1}{6}, \frac{1}{6}, \frac{1}{6} \right)$ 随机选择（上中下，上下中，中上下，中下上，下上中，下中上）六个策略。因此，该博弈的混合策略组合为 $\left(\left(\frac{1}{6}, \frac{1}{6}, \frac{1}{6}, \frac{1}{6}, \frac{1}{6}, \frac{1}{6} \right), \left(\frac{1}{6}, \frac{1}{6}, \frac{1}{6}, \frac{1}{6}, \frac{1}{6}, \frac{1}{6} \right) \right)$。计算齐威王与田忌的期望得益如下

$$\mathbb{E}[u_{齐威王}] = \frac{1}{6} \times \frac{1}{6} \times (3 + 1 + 1 + 1 - 1 + 1) + \frac{1}{6} \times \frac{1}{6} \times (1 + 3 + 1 + 1 + 1 - 1)$$
$$= \frac{1}{6} \times \frac{1}{6} \times (1 - 1 + 3 + 1 + 1 + 1) + \frac{1}{6} \times \frac{1}{6} \times (-1 + 1 + 1 + 3 + 1 + 1)$$
$$= \frac{1}{6} \times \frac{1}{6} \times (1 + 1 + 1 - 1 + 3 + 1) + \frac{1}{6} \times \frac{1}{6} \times (1 + 1 - 1 + 1 + 1 + 3)$$
$$= 1$$

$$\mathbb{E}[u_{\text{田忌}}] = \frac{1}{6} \times \frac{1}{6} \times (-3-1-1-1+1-1) + \frac{1}{6} \times \frac{1}{6} \times (-1-3-1-1-1+1)$$

$$= \frac{1}{6} \times \frac{1}{6} \times (-1+1-3-1-1-1) + \frac{1}{6} \times \frac{1}{6} \times (1-1-1-3-1-1)$$

$$= \frac{1}{6} \times \frac{1}{6} \times (-1-1-1+1-3-1) + \frac{1}{6} \times \frac{1}{6} \times (-1-1+1-1-1-3)$$

$$= -1$$

由此可见,只要该博弈进行多次,最后齐威王单次平均期望得益为1,而田忌会因为自身马匹质量较弱而在多次博弈后的单次平均期望得益为-1。

3. 性别战博弈混合策略纳什均衡

在之前分析中,依据图9-4所示的性别战博弈划线法结果,该博弈存在两个纯策略纳什均衡,即策略组合(芭蕾舞,芭蕾舞)和策略组合(足球,足球)。因此,可以通过寻找混合策略,确定混合策略纳什均衡的方式对该博弈进行分析。为此,假设男人以概率分布(p_1, p_2)随机选择(足球,芭蕾舞)两个策略;同样,女人以概率分布(q_1, q_2)随机选择(足球,芭蕾舞)两个策略。

因此,男人为了让女人选择足球与芭蕾舞两个策略的期望得益无差异,因此需满足

$$p_1 \times 1 + p_2 \times 0 = p_1 \times 0 + p_2 \times 2$$

同时,$p_1 + p_2 = 1$。因此,求解得$p_1 = \frac{2}{3}$和$p_2 = \frac{1}{3}$,即男人以概率分布$\left(\frac{2}{3}, \frac{1}{3}\right)$随机选择(足球,芭蕾舞)两个策略。类似地,女人为了让男人选择不同可选策略的期望得益无差异,因此需满足

$$q_1 \times 2 + q_2 \times 0 = q_1 \times 0 + q_2 \times 1$$

同样,$q_1 + q_2 = 1$。因此,求解得$q_1 = \frac{1}{3}$和$q_2 = \frac{2}{3}$,即女人以概率分布$\left(\frac{1}{3}, \frac{2}{3}\right)$随机选择(足球,芭蕾舞)两个策略。因此,该博弈的混合策略组合为$\left(\left(\frac{2}{3}, \frac{1}{3}\right), \left(\frac{1}{3}, \frac{2}{3}\right)\right)$,且男人与女人的期望得益都为$\frac{2}{3}$,计算如下

$$\mathbb{E}[u_{\text{男人}}] = \frac{2}{3} \times \frac{1}{3} \times 2 + \frac{2}{3} \times \frac{2}{3} \times 0 + \frac{1}{3} \times \frac{1}{3} \times 0 + \frac{1}{3} \times \frac{2}{3} \times 1 = \frac{2}{3}$$

$$\mathbb{E}[u_{\text{女人}}] = \frac{2}{3} \times \frac{1}{3} \times 1 + \frac{2}{3} \times \frac{2}{3} \times 0 + \frac{1}{3} \times \frac{1}{3} \times 0 + \frac{1}{3} \times \frac{2}{3} \times 2 = \frac{2}{3}$$

4. 企业制式选择博弈混合纳什均衡

通过图 9-5 对企业制式选择博弈进行划线法分析,可见该博弈同样存在两个纯策略纳什均衡。因此两企业也无法同时预判到哪个纯策略纳什均衡会出现。同样需要采用寻找混合策略的方式,确定该博弈的混合策略纳什均衡。为此,与性别战博弈类似,分别假设厂商 1 以概率分布(p_1, p_2)随机选择(A 制式,B 制式)两个策略,厂商 2 以概率分布(q_1, q_2)随机选择(A 制式,B 制式)两个策略。

因此,厂商 1 为了让厂商 2 选择 A 制式与 B 制式两个策略的期望得益无差异,需满足

$$p_1 \times 3 + p_2 \times 0 = p_1 \times 0 + p_2 \times 2$$

另外,存在 $p_1 + p_2 = 1$。因此,求解得 $p_1 = \dfrac{2}{5}$ 和 $p_2 = \dfrac{3}{5}$,即厂商 1 以概率分布$\left(\dfrac{2}{5}, \dfrac{3}{5}\right)$随机选择(A 制式,B 制式)两个策略。类似地,厂商 2 为了让厂商 1 选择 A 制式与 B 制式两个策略的期望得益无差异,需满足

$$q_1 \times 1 + q_2 \times 0 = q_1 \times 0 + q_2 \times 2$$

同样,存在 $q_1 + q_2 = 1$。因此,求解得 $q_1 = \dfrac{2}{3}$ 和 $q_2 = \dfrac{1}{3}$,即厂商 2 以概率分布$\left(\dfrac{2}{3}, \dfrac{1}{3}\right)$随机选择(A 制式,B 制式)两个策略。因此,该博弈的混合策略组合为$\left(\left(\dfrac{2}{5}, \dfrac{3}{5}\right), \left(\dfrac{2}{3}, \dfrac{1}{3}\right)\right)$,且两厂商的期望得益计算如下

$$\mathbb{E}[u_{\text{厂商1}}] = \frac{2}{5} \times \frac{2}{3} \times 1 + \frac{2}{5} \times \frac{1}{3} \times 0 + \frac{3}{5} \times \frac{2}{3} \times 0 + \frac{3}{5} \times \frac{1}{3} \times 2 = \frac{2}{3}$$

$$\mathbb{E}[u_{\text{厂商2}}] = \frac{2}{5} \times \frac{2}{3} \times 3 + \frac{2}{5} \times \frac{1}{3} \times 0 + \frac{3}{5} \times \frac{2}{3} \times 0 + \frac{3}{5} \times \frac{1}{3} \times 2 = \frac{6}{5}$$

可见,厂商 1 的期望得益为$\dfrac{2}{3}$,厂商 2 的期望得益为$\dfrac{6}{5}$。

5. 市场机会博弈

通过图 9-6 对市场机会博弈的得益矩阵划线法结果可见,该博弈同样具有两个纯策略均衡,即策略组合(进入,不进)与策略组合(不进,进入)。且企业 1 和企业 2 偏好不同的纯策略均衡。因此,需要寻找两企业的混合策略,分析确定该博弈的混合策略纳什均衡。同样地,不失一般性,假设企业 1 以概率分布(p_1, p_2)随机选择(进入,不进入)两个策略,企业 2 以概率分布(q_1, q_2)随机选择(进入,不进入)两个策略。

因此,企业 1 为了让企业 2 选择"进入"与"不进入"两个策略的期望得益无差异,需满足

$$p_1 \times (-10) + p_2 \times 100 = p_1 \times 0 + p_2 \times 0$$

另外,存在 $p_1 + p_2 = 1$。 因此,求解得 $p_1 = \dfrac{10}{11}$ 和 $p_2 = \dfrac{1}{11}$,即企业 1 以概率分布 $\left(\dfrac{10}{11}, \dfrac{1}{11}\right)$ 随机选择(进入,不进入)两个策略。类似地,企业 2 为了让企业 1 选择"进入"与"不进入"两个策略的期望得益无差异,需满足

$$q_1 \times (-10) + q_2 \times 100 = q_1 \times 0 + q_2 \times 0$$

同样,存在 $q_1 + q_2 = 1$。 因此,求解得 $q_1 = \dfrac{10}{11}$ 和 $q_2 = \dfrac{1}{11}$,即企业 2 以概率分布 $\left(\dfrac{10}{11}, \dfrac{1}{11}\right)$ 随机选择(进入,不进入)两个策略。因此,该博弈的混合策略组合为 $\left(\left(\dfrac{10}{11}, \dfrac{1}{11}\right), \left(\dfrac{10}{11}, \dfrac{1}{11}\right)\right)$,且两企业的期望得益计算如下

$$\mathbb{E}[u_{\text{企业}1}] = \frac{10}{11} \times \frac{10}{11} \times (-10) + \frac{10}{11} \times \frac{1}{11} \times 100 + \frac{1}{11} \times \frac{10}{11} \times 0 + \frac{1}{11} \times \frac{1}{11} \times 0 = 0$$

$$\mathbb{E}[u_{\text{企业}2}] = \frac{10}{11} \times \frac{10}{11} \times (-10) + \frac{10}{11} \times \frac{1}{11} \times 0 + \frac{1}{11} \times \frac{10}{11} \times 100 + \frac{1}{11} \times \frac{1}{11} \times 0 = 0$$

可见,两个企业的期望得益都为 0。该博弈的混合策略纳什均衡结果说明在多次的企业进入博弈中,各个企业最后都不会因为进入或者不进入而获得更多的得益,基本上多次博弈中有时因为进入而盈利,但很多时候因为同时进入而导致亏损。再一次说明两个企业在竞争过程中独自的分散决策存在"囚徒困境"现象。

第六节　混合策略的反应函数法

在前面介绍混合策略纳什均衡时曾经提到纯策略纳什均衡实际上是一种特殊的混合策略纳什均衡。那么,在纯策略纳什均衡中,通过联立各博弈方的反应函数确定均衡的方法同样也可以推广到混合策略,用反应函数法来确定混合策略纳什均衡。本节分别以"猜硬币博弈"与"性别战博弈"为例来介绍混合策略的反应函数法。

1. 猜硬币博弈的反应函数法

反应函数是指一个博弈方对其他博弈方的各个可选策略的最佳反应构成的函

数。由于混合策略中各博弈方的均衡策略为所有可选策略的特定概率分布,因此,反应函数应为各博弈方选择策略的概率分布对其他博弈方选择策略的概率分布的最佳反应。在猜硬币博弈中,不失一般性,设定盖硬币方随机选择"盖正面"与"盖反面"的概率分布为$(p,1-p)$,猜硬币方随机选择"猜正面"与"猜反面"的概率分布为$(q,1-q)$。那么,两博弈方的反应函数可以看成是p与q之间的相互决定关系。

正如本章之前提到的,在该博弈中盖硬币方选择"盖正面"的概率大于50%时,即$p>\dfrac{1}{2}$,猜硬币方就会100%的选择猜正面。相当于让其混合策略中概率分布中的$q=1$,即采用混合策略(正面,反面)的概率分布为$(1,0)$。因为此时猜硬币方在该博弈中一定赢多输少。但如果盖硬币方选择盖正面的概率低于50%,即$p<\dfrac{1}{2}$,猜硬币方就会100%的选择猜反面,可以理解为让其混合策略中概率分布中的$q=0$,也就是说采用混合策略(正面,反面)的概率分布为$(0,1)$。因为此时同样猜硬币方可以在多次进行该博弈时保持赢多输少。只有当盖硬币方选择以50%的概率盖正面,即$p=\dfrac{1}{2}$时,猜硬币方不论选择何种策略(包含所有纯策略或所有混合策略),他的期望得益都不变。此时猜硬币方让其混合策略中的q取任何可取的值。所以,我们可以将以上猜硬币方的混合策略中概率分布q随着盖硬币方p的变化的反应通过一个二维图表示(见图9-13)。在该图中,$q=R_1(p)$就是猜硬币方对盖硬币方的反应函数。

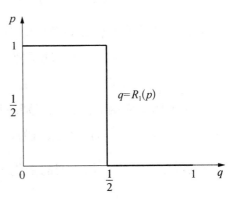

图9-13 猜硬币方对盖硬币方的反应函数

同样,盖硬币方对猜硬币方混合策略的反应函数$p=R_2(q)$也满足如下对应关系:当猜硬币猜正面的概率大于50%时,即$q>\dfrac{1}{2}$,盖硬币方为了在多次博弈中能够赢多输少,所以会一直选择盖反面,即在其混合策略中$1-p=1$,即$p=0$;而当猜硬币方猜反面的概率大于50%时,即$q<\dfrac{1}{2}$,盖硬币方同样为了在多次博弈中能够赢多输少,所以会一直选择盖正面,即在其混合策略中$p=1$。只有当猜硬币方以50%的概率猜正面50%的概率猜反面时,即$q=\dfrac{1}{2}$,盖硬币方不管选择任何纯策略或者任何

概率分布的混合策略,他的得益都一致,此时,p 可以取任何值。同样将盖硬币方对猜硬币方混合策略的反应函数绘制成图 9-14。

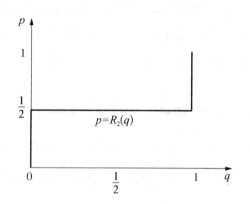

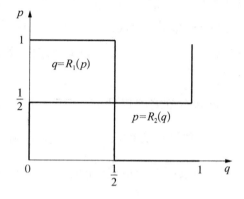

图 9-14 盖硬币方对猜硬币方的反应函数　　　图 9-15 猜硬币博弈的混合策略纳什均衡

将盖硬币方与猜硬币方关于彼此混合策略的反应函数合并在图 9-15 中,两个反应函数的唯一交点 $\left(\dfrac{1}{2}, \dfrac{1}{2}\right)$,即 $p = \dfrac{1}{2}$ 和 $q = \dfrac{1}{2}$,就是盖硬币方与猜硬币方相互对对方最佳反应的混合策略概率分布,即猜硬币博弈的唯一的混合策略纳什均衡。可见,该结果与本书之前对猜硬币博弈分析的混合策略纳什均衡结果一致。

2. 性别战博弈的反应函数法

为了用反应函数法寻找性别战博弈的混合策略均衡,同样设定男人的混合策略为 $(p, 1-p)$,女人的混合策略为 $(q, 1-q)$。首先,分析女人应对男人混合策略的反应函数,即 q 对应 p 值改变的变化。当 $p < \dfrac{2}{3}$ 时,意味着男人选择看足球的概率低于 $\dfrac{2}{3}$,那么对女人来说她一直选择看足球的期望得益为 $p \times 1 + (1-p) \times 0 = p$,小于她一直选择看芭蕾舞演出的期望得益 $p \times 0 + (1-p) \times 2 = 2(1-p)$。此时女人会一直选择看芭蕾舞,即 $q = 0$,以 $(0, 1)$ 概率分布的混合策略来执行该博弈。但当 $p > \dfrac{2}{3}$ 时,意味着男人选择看足球的概率高于 $\dfrac{2}{3}$,此时女人一直看足球的期望得益 p 大于她一直选择看芭蕾舞的期望得益 $2(1-p)$。所以她会一直选择看足球,即 $q = 1$,以概率分布 $(1, 0)$ 的混合策略来执行该博弈。只有当男人看足球的概率正好等于 $\dfrac{2}{3}$,即 $p = \dfrac{2}{3}$ 时,女人选择任何"足球"或者"芭蕾舞"的纯策略,或者选择任何概率分布的混合策略,她看足球的期望得益 p 都永远等于看芭蕾舞的期望得益

$2(1-p)$。此时,她的反应 q 可以为能取到的任何值。类似地,我们也可以分析男人应对女人的混合策略的反应函数,即 p 应对 q 值改变的变化。容易得到结果,当女人选择看足球的概率低于 $\frac{1}{3}\left(q<\frac{1}{3}\right)$ 时,男人会一直选择看芭蕾舞,即 $p=0$;

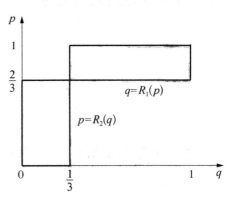

当女人选择看足球的概率高于 $\frac{1}{3}\left(q>\frac{1}{3}\right)$ 时,男人则会一直选择看足球,即 $p=1$;当女人看足球的概率正好为 $\frac{1}{3}\left(q=\frac{1}{3}\right)$ 时,对于男人来说选择何种策略的期望得益不变,此时 p 可以取任何可以取的值。基于以上分析,将女人对男人混合策略的反应函数 $q=R_1(p)$ 与男人对女人混合策略的反应函数 $p=R_2(q)$ 通过图 9-16 同时绘制出来。

图 9-16　性别战博弈的混合策略纳什均衡

由图 9-16 可见,在性别战博弈中,两个博弈方的反应函数具有三个交点,分别为 $(0,0)$,$\left(\frac{2}{3},\frac{1}{3}\right)$ 和 $(1,1)$。其中,交点 $(0,0)$ 和 $(1,1)$ 代表两个纯策略纳什均衡,即分别表示男人和女人都选择策略组合(芭蕾舞,芭蕾舞)和策略组合(足球,足球)。而交点 $\left(\frac{2}{3},\frac{1}{3}\right)$ 代表该博弈的混合策略纳什均衡,即男人以概率分布 $\left(\frac{2}{3},\frac{1}{3}\right)$ 随机选择(足球,芭蕾舞)两策略,女人以概率分布 $\left(\frac{1}{3},\frac{2}{3}\right)$ 随机选择(足球,芭蕾舞)两策略。

综上,虽然本章讲解了通过反应函数法来求解混合策略纳什均衡,但是通过猜硬币博弈与性别战博弈案例的反应函数法分析可以发现,如果博弈中博弈方数量增加,如超过两个,或者博弈方的可选行为数量增加,如超过两个,那么采用绘制二维图的反应函数法将变得非常困难,会给博弈的混合策略纳什均衡分析带来难度。所以,通常情况下对于混合策略纳什均衡的寻找与确定代数式的方法为:① 设定各博弈方混合策略的概率分布;② 分别对各博弈方,按照寻找使得其他博弈方选择不同策略的期望得益无差异的原则,代数推导出各博弈方的混合策略;③ 整合所有博弈方的混合策略,计算出各博弈方的期望得益,形成完整的混合策略纳什均衡。

第十章
纳什均衡的性质

本章主要介绍纳什均衡的两大性质,即纳什均衡一致性预期与纳什均衡存在性。

第一节　纳什均衡的一致性预期

一致性预期是纳什均衡(纯策略纳什均衡与混合策略纳什均衡)的一个重要性质。这里提到的一致性预期并不是指各个博弈方的预期相同,而是指若每个博弈方预期特定的博弈结果将会出现,那么所有博弈方都不会选择与预期不一致的策略。

通过前文对所有博弈例子的分析与博弈分析方法的介绍,可见博弈分析最终的目标之一就是预期。即使最终的目的不是预期,常常也是以预期作为基础的。因此,预期能力是决定博弈分析价值的决定性因素。一致性预期实际上是保证预期能力的关键性质,因为它能保证预期是自我实现的(self-enforcing)。不满足一致性预期的概念或者方法很难避免预期与博弈方行为之间的矛盾,作用和价值肯定是很有限的。

从纯策略纳什均衡与混合策略纳什均衡的定义可以看出,纳什均衡具有一致性预期这一性质,并且只有纳什均衡才有这种性质。简单文字证明如下:若一个博弈的所有博弈方都能够预测博弈结果是某个纳什均衡,可以是纯策略纳什均衡,也可以是混合策略纳什均衡,那么由于纳什均衡中各个博弈方的策略都是对其他博弈方策略的最优对策,理性的博弈方都不会单独改变其策略,预期的结果会成为最终的结果。这说明纳什均衡一定有一致性预期的性质。反之,若各个博弈方预期某个策略组合是博弈的结果时都会坚持其中的策略,而不想采取其他的策略,则说明该策略组合中每个博弈方的策略都是对其他博弈方策略的最优对策。根据纳什均衡的定义,这个策略组合肯定是纳什均衡。

例如,在囚徒困境博弈中,当大家都预期到"坦白"是彼此策略相互依存下的最好的策略,按照纯策略纳什均衡的定义,那么任何一个博弈方都不会愿意改变这个策略,所以大家都预期这个策略组合(坦白,坦白)发生,两个犯罪嫌疑人甲和乙才会不约而同地这样执行。同样地,在猜硬币博弈中,当大家都预测到应该按照(1/2, 1/2)的概率分布随机选择(正面,反面)时,那么按照混合策略纳什均衡的定义,盖硬币方与猜硬币方中不会有任何一个博弈方会单独改变这个混合策略,因此大家都预期这个混合策略组合[(1/2, 1/2),(1/2, 1/2)]会发生,那么两方就都会按照这样的策略来执行这个博弈。

进一步地,若博弈方都是理性的,那么当他们预期结果是某个非纳什均衡策略组合时,一定存在至少一个博弈方想要改变策略,预期就不可能是一致性预期。这就证明只有纳什均衡才具有一致性预期,一致性预期正是纳什均衡的本质属性。其他博弈分析的概念要么不具备这种性质,要么本身也是纳什均衡,如上策均衡也有一致性预期,但是上策均衡都是纳什均衡。

正是由于纳什均衡是一致性预期,因此进一步有下列性质:① 各个博弈方可以预测它,可以预测他们的对手会预测它,还可以预测他们的对手会预测自己会预测它等,以此类推。② 预测任何非纳什均衡策略组合是博弈结果,意味着要么各博弈方的预测不相同,要么预期至少一个博弈方"犯错误",包括错误理解博弈结构,错误预测其他博弈方的策略,或者行为非理性等。在假设各博弈方预测的策略组合相同,且各博弈方都是完全理性的情况下,不可能预测任何非纳什均衡是博弈结果。这一点在我们分析箭头法时已经给出了详细的分析,因为这些非纳什均衡的博弈结果不具备稳定性,至少会有一个博弈方可以通过改变自己的行为选择来获得更好的得益。

以上分析奠定了一致性预期是纳什均衡在非合作博弈分析中具有不可替代重要地位的根本原因之一。当然,一致性预期并不能保证纳什均衡对博弈结果进行准确预期。因为一致性预期本身并不能保证各个博弈方预期相同,相同的预期是一致性预期的前提而不是结果。例如,在性别战博弈中,策略组合(足球,足球)与策略组合(芭蕾舞,芭蕾舞)都是两个博弈方的一致预期,因为这两个策略组合满足两个博弈方在该策略组合时都不愿意通过单方面改变自己的策略,也就是说大家都预测到这两个策略下大家可以稳定。但是不代表某次博弈中大家一定会停留在这两个策略组合。因为两个博弈方对这个均衡策略组合的偏好不同,所以在按照一定概率分布随机选择策略的时候就会出现预期的均衡位置不同的情况。所以,对于有些博弈不存在纳什均衡,另一些博弈存在多重纳什均衡,并且相互无显著优劣、效率差异,都会导致博弈方无法形成相同的预期。

第二节　纳什均衡的存在性

至此,本书已经讨论了纯策略纳什均衡和混合策略纳什均衡这两类纳什均衡的概念。其中,纯策略纳什均衡是混合策略纳什均衡的特例,也可以说,混合策略纳什均衡是纯策略纳什均衡的扩展。如果用学术语言来形容,纯策略纳什均衡集合是混合策略纳什均衡的子集。在本书前面讨论的博弈例子中,都至少存在一个纳什均衡,可以是纯策略纳什均衡,也可以是混合策略纳什均衡。也许大家会有疑问,是不是所有的博弈都存在纳什均衡呢? 答案是不一定。但是,在纳什 1950 年的论文中对任何有限博弈都存在至少一个纳什均衡进行了证明,这就是著名的"纳什定理"。这里说的"有限"指的是参与博弈的各博弈方的数量是有限的,并且每个博弈方都只有有限个纯策略可供选择。

纳什定理(Nash Theorem):在一个由 n 个博弈方组成的博弈 $G = \{S_1, S_2, \cdots, S_n; u_1, u_2, \cdots, u_n\}$ 中,如果 n 是有限的,如果对每个博弈方 i,他的策略集合 S_i 都是有限集,则该博弈至少存在一个纳什均衡,但这个均衡可能是混合纳什均衡。

如果用文字对纳什定理进行通俗的描述,该定理说明每个有限博弈的纳什均衡都至少在纯策略纳什均衡与混合策略纳什均衡中有一个。如果考虑纯策略纳什均衡是混合策略纳什均衡的一个特例,也可以理解为每个有限博弈都至少存在一个混合策略纳什均衡。纳什对这个定理的证明可以用语言描述的方式来进行理解,即 n 个博弈方的博弈中的每个策略组合,都是由 n 个博弈方的策略空间相乘得到的 n 维乘积空间中的一个点,对于每个策略组合来说,都可以找到由 n 个博弈方对他的最佳反应策略构成的一个或者多个策略组合,这就构成了一个从上述乘积空间到它自身的一对多的影射。并且在引进混合策略后,在期望得益的意义上得益函数都可以看成是连续函数,因此这个影射图像就形成了一个闭集,且每个点在这个影射下的影像都是凸集。依据角谷不动点定理,该影射至少有一个不动点,且这个不动点就是一个纳什均衡策略组合。

纳什均衡定理说明了纳什均衡的普遍存在性,这保障了纳什均衡分析成为一种普遍适用的分析方法。这使得纳什均衡的一致性预期具有更大的价值与意义,使得纳什均衡成为博弈分析的中心概念和基本的出发点。因此,纳什均衡存在性定理成为纳什均衡概念的最为重要的性质,也是纳什证明纳什均衡存在性的特别重要的原因所在,最终使其获得了诺贝尔经济学奖。

在纳什均衡定理被提出后,纳什和其他学者将纳什均衡的存在性进行了扩展。将该定理的可行范围推广到各博弈方得益函数连续的无限策略博弈中,即证明：① 若完全信息静态博弈中各博弈方的策略空间是欧几里得空间的非空紧凸子集,并且各博弈方的得益函数是连续拟凹时,博弈就一定存在纯策略纳什均衡(Debreu,1952；Glicksberg,1952；Fan,1952)；② 若完全信息静态博弈中各博弈方的策略空间是矩阵空间的非空紧子集,并且各博弈方的得益函数是连续函数时,博弈至少存在一个混合策略纳什均衡(Glicksberg,1952)。

第十一章
多重纳什均衡的筛选

在我们介绍多重纳什均衡的时候,曾提到因为有些完全信息静态博弈具有不止一个纯策略纳什均衡,所以导致博弈最终有两个或者两个以上的纯策略纳什均衡。例如,性别战博弈中有两个纯策略均衡(足球,足球)和(芭蕾舞,芭蕾舞)。在这种情况下,哪个纳什均衡最有可能成为最终的博弈结果,取决于某种能使所有博弈方产生一致性预期的机制或者判断标准。但在该博弈中,男人更偏好于前者的纯策略纳什均衡,而女人更偏好于后者的纯策略纳什均衡。因此,当博弈只发生一次或者很少次时,两个博弈方很难准确预测到具体哪一个纯策略纳什均衡会出现,由于大家的偏好不同,所以博弈的结果有可能就会出现大家最不愿意看到(足球,芭蕾舞)或者(芭蕾舞,足球)的结果。因为对于不同的博弈方来说,内心的想法差别可能很大。因此,当一个博弈存在多个纳什均衡时,有些纳什均衡结果不一定出现。然而,在现实生活中,面对这种多重纳什均衡的博弈,人们往往可以通过一些约定俗成的准则、观念及机制等,引导博弈的结果向着有利于各博弈方的方向发展。因此,本节将介绍几个这类的判定准则或机制,实现对多重纳什均衡的筛选。

第一节　帕累托优势标准

在一些多重纳什均衡博弈中,虽然该博弈存在多个纯策略纳什均衡,但是对于所有博弈方来说,这些纳什均衡之间存在明显的优劣差异。例如,在一个市场中存在两个规模差不多的企业,这两个企业可以选择和平,也可以选择竞争。如果他们选择和平,那么大家都能得到 10 单位的利润。如果他们选择竞争,最终导致两个企业都会蒙受 5 单位的亏损。若一家企业选择和平,一家企业选择竞争,那么竞争的企业会得到 8 单位的利润,但是选择和平的企业因为没有应战所以亏损 10 单位。该博弈的得益矩阵,如图 11-1 所示。

应用划线法对该博弈中两企业进行分析,发现存在两个纯策略纳什均衡,分别为策略组合(竞争,竞争)与策略组合(和平,和平)。但与以往多重纳什均衡博弈不同的是,这两个均衡对于所有的博弈方存在明显的优劣差异。其中,纳什

		企业2	
		竞争	和平
企业1	竞争	−5, −5	8, −10
	和平	−10, 8	10, 10

图 11-1　两企业竞争与和平博弈

均衡策略组合(和平,和平)相比纳什均衡策略组合(竞争,竞争)来说,对于所有的博弈方都好。对于这类博弈来说,每个博弈方不仅自己会偏好(和平,和平)均衡,选择"和平"策略,而且也会预料到所有其他博弈方也都会偏好(和平,和平)均衡,选择"和平"策略。因而,纳什均衡策略组合(和平,和平)就有可能成为博弈的最终结果。此时,所有博弈方不会面临任何进行选择的困难,因为所有博弈方对于纳什均衡的理性选择倾向都表现出了一致。这种按照得益大小筛选出来的纳什均衡,比其他纳什均衡具有帕累托优势。因此,这种按照得益大小筛选多重纳什均衡的标准,被称为帕累托优势标准。

由此可见,在帕累托优势标准下,若一个博弈存在多重纳什均衡,最终各博弈方将选择使得大家得益都高的纯策略纳什均衡。而这个纯策略纳什均衡也被看成是帕累托优于其他纯策略纳什均衡。

第二节　风险优势标准

在本章第一节中提到的帕累托优势标准在多重纳什均衡的筛选方面的作用是很明显的。尤其是各博弈方理性程度很高的时候,似乎没有理由怀疑帕累托优势标准的均衡选择预测能力。但是,如果各博弈方深入地分析博弈,会出现有些博弈并没有按照帕累托优势标准执行,这主要是因为帕累托优势标准在某些多重纳什均衡博弈中会存在天然的弱点,导致该标准的预测能力不像我们想象的那么强。

例如,我们将上节提到的两企业的得益矩阵进行修改,使得当一个企业选择竞争另一个企业选择和平的时候,选择竞争的企业得益从原来的 8 单位上升至 10 单位(见图 11-2)。虽然在新的博弈中,应用划线法同样可以获得与上节相同的两个纯策略纳什均衡,即策略组合(竞争,竞争)与策略组合(和平,和平)。而且对比这两个纯

策略纳什均衡,同样纯策略纳什均衡策略组合(和平,和平)对于所有博弈方来说得益都高于纯策略纳什均衡策略组合(竞争,竞争)。按照上节介绍的帕累托优势标准,两个企业都应该选择和平策略。但是,当自己选择和平时,对方不选择和平,而选择竞争并不会比他选择和平的得益低。因此,两个企业在选择策略时都会担心如果自己选择了和平而对方不选择和平,反而选择竞争,导致自己损失 10 单位。换句话说,所有的博弈方都会担心出现这种风险。因此,为了让自己在博弈中的风险最小,各个企业反而会选择竞争,最终所有企业以(竞争,竞争)这个纯策略纳什均衡来结束该博弈。

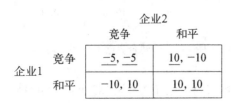

图 11-2 调整后的两企业
竞争与和平博弈

实际上,即便现实中当一个企业选择竞争另一个企业选择和平时,选择竞争的企业的得益不是与两个企业都选择和平时的得益相同,甚至是比两个企业都选择和平时的得益 10 低。如图 11-1 所示的博弈,企业往往也不会按照帕累托优势标准选择。因为选择违背(和平,和平)纳什均衡策略组合的原因是可以通过这种方式挤压或者打败竞争对手,这也许可以理解为企业的决策者缺乏足够的理性。事实上,市场众多的恶性竞争背后有着更强的内在机制,那就是存在竞争风险时选择和平有更大的风险,选择竞争反而相对安全。如图 11-1、图 11-2 所示的博弈中,如果企业都选择竞争,会损失 5 单位利益,若自己选择和平,而其他博弈方选择了竞争,那么自己将面临更大的利益损失,即 10 单位的利益损失。所以每个博弈方选择竞争反而相对安全,从风险和安全的角度考虑,理性的博弈方不一定按照帕累托优势标准选择(和平,和平)均衡,反而会选择使自己面对风险比较小的(竞争,竞争)均衡。在博弈论中,将所有博弈方从风险与安全角度思考筛选多重纳什均衡的方法称为风险优势标准。

同时,有时博弈的得益结构导致各博弈方加强选择风险优势标准来筛选多重纳什均衡。例如,我们假设一个博弈中有两个博弈方,甲和乙。甲有两个可选策略,即"上"和"下",乙也有两个可选策略,即"左"和"右"。两个博弈方不同策略组合下各自的得益如图 11-3 所示。

	乙	
	左	右
甲 上	9, 9	0, 8
甲 下	8, 0	7, 7

图 11-3 甲乙博弈例子

对该博弈运用划线法,容易发现存在两个纯策略纳什均衡,即策略组合(上,左)与策略组合(下,右)。对于所有博弈方来说,策略组合(上,左)下的得益都比帕累托优于策略组合(下,右)的得益。但是从风险优势标准角度来看,对博弈方甲来说,如果他按照帕累托优势标准选择了"上"策略,那么乙是否会同样选择"左"策略呢？答案是不一定的。此时甲会设想乙采用"左"策略和"右"策略的概率。不失一般性，设定乙采用"左"策略的概率为 p，那么他采用"右"策略的概率就为 $1-p$。如果乙按照这种方式来选择的话，甲如果选择"上"策略，那么自己的期望得益将是 $9 \times p + 0 \times (1-p) = 9p$；如果甲选择"下"策略，那么自己的期望得益将是 $8 \times p + 7 \times (1-p) = 7+p$。当 $p \leqslant \dfrac{7}{8}$ 时，意味着乙选择"左"策略的概率不大于 $\dfrac{7}{8}$，那么甲选择"上"策略就不如选择"下"策略好（$9p \leqslant 7+p$）。如果从减少风险的角度，甲会担心乙没有这么大的概率选择"左"策略。因此，按照风险优势标准，甲会选择"下"策略。同样地，当乙在分析甲时也一样，因为担心甲不会有很大的概率选择"上"策略，所以会以风险角度考虑选择"右"策略。最终的均衡结果反而是策略组合（上，右）。

　　风险优势标准基于的两大前提是：① 人是会犯错误的；② 人不喜欢冒大的风险。因此，会出现某个博弈方认为其他博弈方可能无法理性地选择，导致最终博弈不会稳定在对大家得益都好的帕累托纯策略纳什均衡。因此，才会按照风险优势标准来筛选多重纳什均衡，使自己安全且风险小。博弈方对风险优势标准筛选纳什均衡的选择倾向具有自我强化机制。当部分或者所有博弈方选择风险比较小、相对安全的纯策略纳什均衡的可能性增强的时候，博弈方按照帕累托优势标准筛选多重纳什均衡的期望得益会变小，从而使各博弈方更倾向于选择对大家来说风险都比较小的纯策略纳什均衡。而这又进一步使按照帕累托优势标准筛选多重纳什均衡的得益更小，形成按照风险优势标准筛选多重纳什均衡的正反馈机制。这种正反馈往往使得开始时各博弈方仅一点担心存在风险而对采用帕累托优势标准有微小的迟疑，慢慢演变成完全担心风险，甚至会觉得风险一定会发生，而主动采用风险优势标准筛选多重纳什均衡。该正反馈机制会随着相互信任的难度的提高而加强。例如，如果有一件事情需要大家齐心协力才能做成，但凡有一个人不合作就必然会失败，那么这种合作难度就会变得更大。因为相信其他 9 个人都一起选择合作，要比相信 1 个人选择合作要难得多。此时，所有博弈方选择合作的安全感会降低，风险会变得非常大。

　　风险优势标准是企业在经济管理决策时重要的规律之一。如果忽视这种规律的存在，忽略了企业或者决策者在进行博弈时会考虑到的风险，就可能无法对许多决策问题进行准确的分析和判断，而且很多时候，决策者还可能是风险规避的，所以在分析博弈时需要考虑风险因素，风险优势标准在多重纳什均衡的筛选中起着很重要的作用。

第三节 聚 点 均 衡

在现实的博弈中，博弈方可能会使用某些被博弈模型抽象出的信息来达到一个均衡。这些信息往往跟社会的文化、习俗及各博弈方的经历有关。例如，在性别战博弈中虽然存在两个纯策略纳什均衡，即策略组合（足球，足球）和策略组合（芭蕾舞，芭蕾舞）。同时还存在一个由这两个纯策略纳什均衡组成的混合策略纳什均衡。但是在一次博弈中，有的时候并没有那么复杂。如果当天是女人过生日，男人为了让女人开心，两个人都会不约而同地选择"芭蕾舞"。此时，策略组合（芭蕾舞，芭蕾舞）就是一个聚点均衡。也许下次是男人过生日，两个人都会选择"足球"，此时，策略组合（足球，足球）就是一个聚点均衡。

可见，对于一些既不存在帕累托优劣关系，也不存在风险优劣关系的博弈，人们往往都是利用聚点均衡的思想来指导自己的策略选择。例如，经典案例"提名博弈"讲述了两个人进行博弈，让他们随便报一个时间，如果报的时间一样，每个人都会得到一定的奖励，如果两个人报的不一样，就什么奖励也没有。试想一下，两个人会选择报什么时间呢？实际上，如果分析这个博弈，会有无穷多个纯策略纳什均衡，也伴随着混合策略纳什均衡。如果这么看，两个人很难获得这个奖励。但是如果你进行这个实验，结果可能会让你非常惊讶，因为可能很多时候两个人都是能够选择相同的时间点而获得奖励。那是为什么呢？因为对两个人来说都想得到奖金。因此，他们会选择一些大家都会想到的时间，如中午12点、凌晨0点等。同时，对于一些具有共同经历的博弈方还会选择对大家有特定意义的时间。例如，同班同学也许会选择入学的时间或某节课的上课时间，夫妻会选择大家认识或者结婚的时间，等等。而这些所有博弈方说出的相同时间就是一个个聚点均衡。

聚点均衡对我们的生活很重要，如在缺乏交通规则的某个地方开车，应该走在道路的哪一边呢？通常我们会按照大家都选择的方式。例如，所有人都是靠马路的右侧开车，那么你也选择靠右开车，否则可能会存在撞车的情况。这实际上就是一个聚点均衡。所以可以理解很多民俗、规则或者默契都可以称为聚点均衡。该均衡反映了人们在多重纳什均衡筛选中的某些规律性，但因为它所涉及的方面众多，往往受博弈方自身文化背景中的习惯或规范的影响，很难总结出能够形成条条框框的具体普遍性的规律，所以只能具体问题具体分析。

第四节　相关均衡

在现实博弈中,当人们经常遇到相似的博弈难题的时候,常常会通过反复的试探与演练培养彼此的默契,形成某个特定的机制或者规则来摆脱博弈困境。"相关均衡"就是这样一种用来解决多重纳什均衡选择难题的机制。相关均衡的概念最初是由奥曼(Aumann,1974)提出的,其基本思想是博弈中的所有博弈方通过一个大家都能观测到的共同信号来选择策略,由此确定博弈的最终结果。

例如,两个企业进行博弈,企业 A 具有 A1 和 A2 两个可选策略,企业 B 具有 B1 和 B2 两个可选策略。且两企业不同策略组合下的得益矩阵如图 11-4 所示。

通过划线法发现该博弈存在两个纯策略纳什

		企业B	
		B1	B2
企业A	A1	<u>5</u>, <u>1</u>	0, 0
	A2	4, 4	<u>1</u>, <u>5</u>

图 11-4　企业 A 与企业 B 的博弈例子

均衡,即策略组合(A1,B1)和策略组合(A2,B2),及两个企业都以概率分布(1/2,1/2)随机选择策略组合(A1,A2)或策略组合(B1,B2)的混合策略纳什均衡。而且两个纯策略纳什均衡虽然都能使两个企业得到 6 单位的得益总和,但是两个纯策略纳什均衡对两个博弈方来说得益的差距非常大。企业 A 更偏好策略组合(A1,B1),企业 B 则更偏好策略组合(A2,B2)。因此,在自然情况下双方很难达成一致。但如果两企业采用混合策略纳什均衡,由于是在自己的可选策略中随机选择,所以会有 1/4 的可能性博弈结果出现策略组合(A1,B2)的情况,也就是说两企业将没有任何得益。而且就算是采用混合策略进行多次博弈,两企业各自的期望得益也都是 2.5 单位,所以两个企业都为了避免出现对大家都不利的策略组合(A1,B2)。因此,双方可以通过协商确定按照一定的规则来进行策略选择。例如,假设两个企业约定通过抛硬币,出现正面,企业 A 就选择 A1,企业 B 就选 B1;出现反面,企业 A 就选择 A2,企业 B 就选择 B2。这个规则可以让两个企业在每次博弈的结果只能是两个纯策略纳什均衡,一直都不会出现对大家不利的策略组合(A1,B2),双方期望得益都是 3。该结果优于混合策略纳什均衡的期望得益,同时解决了两个纯策略纳什均衡选择的僵局。

进一步思考,在这个博弈中实际上有一个对大家都更好的策略组合,即(A2,B1)。因此可以设计一种机制,使得每个企业在收到不同相关信号时,按照事先协商的机制选择策略,最终获得比以上只选择纯策略纳什均衡更好的得益。为了能让博弈的结果包含策略组合(A2,B1),我们设计了如下相关机制。

相关机制： 以相同的可能性（各 1/3）发出 1、2、3 三种信号，企业 A 只观察到信号 1，如果不是信号 1，企业 A 无法收到信号 2 和信号 3；企业 B 只能观察到信号 3，如果不是信号 3，企业 B 同样无法观察到信号 1 和信号 2。企业 A 收到信号 1 选择'A1'策略，否则选择'A2'策略；企业 B 收到信号 3 选择'B2'策略，否则选择'B1'策略。

实际上，上述相关机制所述的"企业 A 收到信号 1 选择'A1'策略，否则选择'A2'策略；企业 B 收到信号 3 选择'B2'策略，否则选择'B1'策略"是一个纳什均衡。为了验证该纳什均衡的成立，我们首先验证企业 A 没有意愿要偏离该纳什均衡。当企业 A 收到信号 1 时，他知道企业 B 因为没有收到信号 3 会选择 B1。在这种情况下，A1 显然是企业 A 的最优选择。如果企业 A 没有观察到信号 1，说明信号 2 或信号 3 发生了。此时，他也不知道具体发生了什么信号，因此他会假设信号 2 和信号 3 是同等概率出现的，即各 50％ 的概率出现。那么意味着企业 A 预期企业 B 会以 50％ 的概率分别选择 B1 和 B2。此时，无论企业 A 选择 A1 还是 A2，得到的期望得益都是 2.5。企业 A 选择 A1 或者 A2 无差异，但深入分析，企业 A 选择 A2 时，至少能避开比较差的策略组合（A1，B2）。因此，企业 A 更愿意采用 A2。企业 B 的情况可按照类似的思路进行验证。可见，上述相关机制构成了一个纳什均衡。

在该相关机制下，策略组合（A1，B1）、（A2，B2）与（A2，B1）各以 1/3 的概率出现，而对两个企业都很差的策略组合（A1，B2）则不会出现。此时，两个企业的期望得益分别为 10/3，不仅大于混合策略纳什均衡下的各自得益，同时比轮换实现两个纯策略纳什均衡时的期望得益要高。而且这个相关机制不会影响原来的均衡，即某个博弈方不按照相关机制执行，另一个博弈方也可以不按照相关机制执行，同样忽视信号，这并不影响原来能实现的得益。在博弈论中，将博弈方间根据事先协商好的相关机制选择策略构成的纳什均衡称为"相关均衡"。由上可见，两个企业如果执行该相关机制，至少部分实现了对大家都好的策略组合（A2，B1），提高了博弈的效率。因此，如果能够很好地设计相关机制，并且各博弈方都能履行，可以在一定程度上摆脱博弈中的困境。

第五节　防共谋均衡

为了消除多人博弈中的共谋行为，一些经济学者（Douglas Bernheim，Bezalel Peleg，Michael Whinston 等）提出了"抗共谋均衡"的概念。为了了解这个概念，本节将通过一个博弈例子来了解什么是"共谋"，以及如何确定"抗共谋均衡"。

三个企业进行博弈，企业 1 有 U 和 D 两个可选策略，企业 2 有 L 和 R 两个可选

策略,企业 3 有 A 和 B 两个可选策略,且三个企业不同策略组合下各自的得益如图
11 - 5 所示。

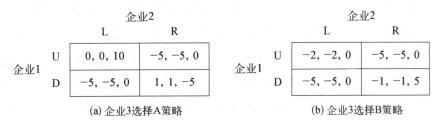

企业2　　　　　　　　　　　　　　　　　　　企业2

　　　　L　　　　R　　　　　　　　　　　　L　　　　R

图 11 - 5　三企业博弈问题

运用划线法分析该博弈,容易发现该博弈存在两个纯策略纳什均衡,即策略组
合(U, L, A)和策略组合(D, R, B),而且前者的策略组合帕累托优于后者的策略
组合。按照多重纳什均衡筛选方法,若采用帕累托优势标准,该博弈的结果为纯策
略纳什均衡(U, L, A)。如果深入分析该博弈,考虑博弈方之间存在共谋的可能,
则纯策略纳什均衡(U, L, A)就不一定是该博弈最终的博弈结果了。因为企业 3
按照纳什均衡(U, L, A)选择 A 策略,企业 1 和企业 2 可以进行共谋偏离纳什均
衡(U, L, A),分别选择 D 和 R,他们都能获得 1 单位得益,大于他们按原来的纳什均
衡(U, L, A)获得的得益 0。这里我们需要强调一下,纳什均衡的定义要求是各博
弈方之间不会单独偏离均衡,因为所有博弈方单独改变策略选择没有好处。但问
题是纳什均衡要求的单独偏离没有好处时,仍然可能出现部分博弈方共谋集体偏
离的激励。如果一个纳什均衡因为纳什均衡本身的要求排除了所有博弈方单独偏
离的激励,但是仍然可能存在若干各博弈方集体偏离的激励,那么从逻辑上说我们
很难认为这个纳什均衡是稳定的结果。因此,为了排除这种部分博弈方联合共谋
的可能性,除了需要满足纳什均衡没有博弈方单独偏离激励,同时还要满足没有集
体偏离激励的要求。这就是本章提到的"抗共谋均衡"的思想。换言之,一个策略
组合如果可以成为抗共谋纳什均衡,不仅要求所有博弈方在这个策略组合下没有
单独偏离的激励,而且要求他们没有合伙共谋集体偏离的激励。以下给出抗共谋
均衡的正式定义。

定义 11 - 1　如果一个博弈的某个策略组合满足如下要求:① 没有任何单个博
弈方的偏离会改变博弈均衡结果,即单独改变策略无利可图,也就是说该策略组合是
一个纳什均衡;② 给定选择偏离的博弈方有再次偏离的自由时,没有任何两个博弈
方的共谋会改变博弈结果;③ 以此类推,直到所有博弈方都参加了共谋都不会改变
博弈结果。满足上述要求的均衡策略组合就称为"防共谋均衡"。

基于防共谋均衡的定义，我们再来看看上面的博弈例子，可见纯策略纳什均衡策略组合(U，L，A)不是一个抗共谋纳什均衡。因为在该均衡下，企业3若不改变策略，企业1和企业2有共谋集体偏离均衡的激励，即企业1选择从策略U变为策略D，企业2从策略L变为策略R，他们都可以增加1单位的得益。而且他们共谋偏离后，只要企业3的策略选择仍然保持A不变，企业1和企业2就都不会瓦解他们的共谋。事实上，在企业3选择A策略后，原来的三人博弈可以被看作企业1和企业2的二人博弈，而企业1选择D与企业2选择R正是这两个企业博弈的纳什均衡。

而另一个纳什策略均衡策略组合(D，R，B)是一个抗共谋的纳什均衡。在该均衡下，如果企业1和企业2共谋一起偏离，那么他们的博弈得益将会从-1降到-2，所以这两个企业不会共谋这样的偏离。同样地，如果企业1和企业3共谋一起偏离，那么企业1的得益将从-1降到-5，企业3的得益将从5降到0。因此，这两个企业也不会发生共谋偏离。最后，如果企业2和企业3一起共谋偏离。那么，企业2的得益将从-1降到-5，企业3的得益就将从5降到0。因此，这两个企业同样不会发生共谋偏离。那三个企业会不会一起偏离呢？实际上，看似他们可以有动力从纯策略纳什均衡策略组合(D，R，B)偏离到另一个纯策略纳什均衡策略组合(U，L，A)，因为此时三个企业的得益将分别从-1，-1和5对应增加到0，0和10。但是，如果三个企业以策略组合(U，L，A)为最终的博弈均衡，将会出现企业1和企业2进行共谋偏离的场景。此时，企业3将面临不仅得不到在策略组合(D，R，B)下的5单位得益，同时还会面临其他两个企业偏离导致最终停留在策略组合(D，R，A)的-5单位的损失。所以，为了防止企业1和企业2进行共谋，企业3一定会选择B策略。当然，企业3的这些想法，企业1和企业2也知晓，所以企业1会选择D策略，企业2会选择R策略。最终，纯策略纳什均衡策略组合(D，R，B)成为这个博弈的防共谋均衡。

博弈论讨论各博弈方策略选择的偏离，都是出于对利益增加考虑的偏离。通常情况下，集体偏离有两种：第一种是能够维持利益的，就是部分博弈方共同偏离以后，在其他博弈方的策略选择仍然不变时，他们不会散伙。例如，在之前的多人博弈例子中，企业1和企业2从纯策略纳什均衡策略组合(U，L，A)到另一个策略组合(D，R，A)的共谋偏离，是可以维持利益的不会散伙的共谋偏离。因为偏离以后，只要企业3仍然选择A策略，企业1和企业2谁再改变谁就要从得益1降至得益-5。另一种是不能维持利益的集体偏离，就是部分博弈方共谋偏离后，哪怕其他博弈方的策略选择继续保持不变，原来共谋偏离的博弈方之中，也会有某个博弈方因为利益驱使，还要再改变策略选择。例如，在之前的多人博弈中，所有博弈方都有激励共谋从纯策略纳什均衡(D，R，B)一起偏离到另一个纯策略纳什均衡(U，L，A)。问题是全体共谋偏离以后,仍然会因为利益驱使,企业 1 和企业 2 会共谋再次偏离到策略组合(D, R, A)。所以,三人一起从纯策略纳什均衡(D, R, B)到(U, L, A)的共谋偏离,不是可以维持利益的共谋偏离。因此,企业 1 和企业 2 从纯策略纳什均衡(U, L, A)到策略组合(D, R, A)是共谋偏离,是可以维持利益而不散伙的共谋偏离。而三个企业从纯策略纳什均衡(D, R, B)到另一个纯策略纳什均衡(U, L, A)是共谋偏离,是利益驱使的会散伙的共谋偏离。换言之,防共谋纳什均衡不仅要求单独偏离没有好处,而且要求不散伙的共谋偏离也没有好处。或者说,防共谋均衡在纳什均衡的基础上提出了进一步的要求,排除了可以维持利益而不散伙的共谋偏离。

也正由于防共谋均衡排除了单独偏离和不散伙的共谋偏离的可能性,所以得出的博弈分析结果要比普通的纳什均衡分析结果更加稳定,更加可靠。实际上,在排除了共谋的影响后,多人博弈与两人博弈之间的区别就不是那么明显了,我们就可以用前面介绍的筛选多重纳什均衡的方法来进行分析了。

第十二章
完全信息静态博弈在管理领域的应用

完全信息静态博弈在管理中处处可见,主要用于研究多个博弈方之间如何通过博弈同时进行决策的行为。本章将以"汽车制造商竞争合作博弈"与"产业集群技术创新博弈"两个实例来介绍如何在管理中应用完全信息静态博弈理论。

第一节　汽车制造商竞争合作博弈

汽车制造业在国民经济发展中的地位和作用随着各国对汽车制造功能的认识及汽车业在社会经济发展中的贡献而不断地提升。由于生产资源的有限性,竞争与合作同时存在的竞合思维变得非常重要。竞合思维指的是合作把市场做大,然后再竞争分割市场。在全球化经济的今天,对于某个汽车制造商来说不再具有垄断地位,当众多汽车制造商面对同一客户群体时,它们自然而然就形成了一个汽车制造联盟体系。虽然在该体系中存在竞争,但同时也存在合作,由此,汽车制造商的竞合关系产生。目前,国内外学者对企业之间竞争合作的研究主要运用博弈理论对竞争合作中所制定的生产策略和产生的利润进行比较。因此,本节通过构建汽车制造商竞争合作的完全信息静态博弈模型,探索在不同条件下这个博弈模型的纳什均衡。

1. 模型假设

在某区域内,存在 n 个汽车制造商,它们同时在该地区进行制造与销售活动。汽车制造商通过向消费者出售其策划而盈利。假定第 i 个汽车制造商决定的汽车销售价格为 $p_i(i=1, 2, \cdots, n)$。该区域内每种汽车的需求函数假定为线性的。依据经济学原理,该需求不仅是关于汽车制造商 i 的汽车销售价格的递减函数,同时还是关于其他汽车制造商的汽车销售价格的递增函数。因此,汽车制造商 i 的汽车需求量 q_i 为

$$q_i = a - p_i + f(p_1, p_2, \cdots, p_{i-1}, p_{i+1}, \cdots, p_n)$$

其中，$a > 0$ 表示每个汽车制造商可获得的最大需求。同时，为了经营该汽车制造工厂，汽车制造商 i 承担的固定成本为 c_i，单位变动成本为 θ（由于生产同种汽车的工艺流程较为类似，所以假定各汽车制造商的变动成本相同）。因此，汽车制造商 i 的利润函数 π_i 可写成

$$\pi_i = (p_i - \theta)q_i - c_i$$

为了更清晰地了解汽车制造商如何选择与其他汽车制造商实行竞争还是合作关系。我们简化该场景，考虑 $n = 2$ 的简单场景，即该区域只有两个汽车制造商出售汽车，且这两个汽车制造商是完全信息静态博弈，彼此了解各自的成本，同时决策汽车销售价格，做出竞争或者合作的决策。因此，两个汽车制造商的需求函数分别为

$$q_1 = a - p_1 + bp_2$$
$$q_2 = a - p_2 + bp_1$$

其中，$0 < b < 1$ 代表同区域内不同汽车制造商汽车产品的替代性，b 越大表明替代性越强。因此，两汽车制造商的利润函数分别为

$$\pi_1 = (p_1 - \theta)q_1 - c_1 = (p_1 - \theta)(a - p_1 + bp_2) - c_1$$
$$\pi_2 = (p_2 - \theta)q_2 - c_2 = (p_2 - \theta)(a - p_2 + bp_1) - c_2$$

容易理解，对于两个汽车制造商来说，在完全信息静态博弈的条件下共有 4 个策略组合，即（竞争，竞争）、（合作，竞争）、（竞争，合作）及（合作，合作）。以下将分别推导这四种策略下两汽车制造商的得益情况。

2. 策略组合（竞争，竞争）下的两汽车制造商静态博弈

在策略组合（竞争，竞争）下，两个汽车制造商同时做出与对手竞争的决策。因此，两汽车制造商都是以各自利润最大化为目标。由此获得各汽车制造商定价关于对方汽车制造商定价的反应函数，如下

$$\begin{cases} \dfrac{\partial \pi_1}{\partial p_1} = a - 2p_1 + bp_2 + \theta = 0 \\[2mm] \dfrac{\partial \pi_2}{\partial p_2} = a - 2p_2 + bp_1 + \theta = 0 \end{cases} \Rightarrow \begin{cases} p_1 = \dfrac{1}{2}(a + bp_2 + \theta) \\[2mm] p_2 = \dfrac{1}{2}(a + bp_1 + \theta) \end{cases}$$

联立这两个反应函数组成方程组，得到两个汽车制造商的最优定价为 $p_1^* =$

$p_2^* = \dfrac{a+\theta}{2-b}$。此时,两个企业的最优利润为 $\pi_1^* = \dfrac{(a+b\theta-\theta)^2}{(2-b)^2} - c_1$ 和 $\pi_2^* = \dfrac{(a+b\theta-\theta)^2}{(2-b)^2} - c_2$。

3. 策略组合(合作,竞争)下的两汽车制造商静态博弈

策略组合(合作,竞争)表示的是汽车制造商 1 选择合作,汽车制造商 2 选择竞争,即汽车制造商 2 仅以自身利润最大化为优化目标,但汽车制造商 1 以两个汽车制造商利润($\pi_{1+2}=\pi_1+\pi_2$)最大化为优化目标。由此,导致推导变为

$$\begin{cases} \dfrac{\partial \pi_{1+2}}{\partial p_1} = a - 2p_1 + 2bp_2 + \theta - b\theta = 0 \\[2mm] \dfrac{\partial \pi_2}{\partial p_2} = a - 2p_2 + bp_1 + \theta = 0 \end{cases} \Rightarrow \begin{cases} p_1 = \dfrac{1}{2}(a + 2bp_2 + \theta - b\theta) \\[2mm] p_2 = \dfrac{1}{2}(a + bp_1 + \theta) \end{cases}$$

联立这两个反应函数组成方程组,得到汽车制造商 1 的最优定价为 $p_1^* = \dfrac{a(1+b)+\theta}{2-b^2}$,汽车制造商 2 的最优定价为 $p_2^* = \dfrac{(a+\theta)(2+b)-\theta b^2}{2(2-b^2)}$。此时,两个汽车制造商的最优利润分别为 $\pi_1^* = \dfrac{(a+b\theta-\theta)^2(1+b)}{2(2-b^2)} - c_1$ 和 $\pi_2^* = \dfrac{(a+b\theta-\theta)^2(2+b)^2}{4(2-b^2)^2} - c_2$。

4. 策略组合(竞争,合作)下的两汽车制造商静态博弈

在策略组合(竞争,合作)下,汽车制造商 1 选择竞争,汽车制造商 2 选择合作,即汽车制造商 1 仅以自身利润最大化为优化目标,但汽车制造商 2 以两个汽车制造商利润($\pi_{1+2}=\pi_1+\pi_2$)最大化为优化目标。由此,导致推导变为

$$\begin{cases} \dfrac{\partial \pi_1}{\partial p_1} = a - 2p_1 + bp_2 + \theta = 0 \\[2mm] \dfrac{\partial \pi_{1+2}}{\partial p_2} = a - 2p_2 + 2bp_1 + \theta - b\theta = 0 \end{cases} \Rightarrow \begin{cases} p_1 = \dfrac{1}{2}(a + bp_2 + \theta) \\[2mm] p_2 = \dfrac{1}{2}(a + 2bp_1 + \theta - b\theta) \end{cases}$$

同样联立这两个反应函数组成方程组,得到汽车制造商 1 的最优定价为 $p_1^* = \dfrac{(a+\theta)(2+b)-\theta b^2}{2(2-b^2)}$,汽车制造商 2 的最优定价为 $p_2^* = \dfrac{a(1+b)+\theta}{2-b^2}$。此时,两个汽车制造商的最优利润分别为 $\pi_1^* = \dfrac{(a+b\theta-\theta)^2(2+b)^2}{4(2-b^2)^2} - c_1$ 和 $\pi_2^* = \dfrac{(a+b\theta-\theta)^2(1+b)}{2(2-b^2)} - c_2$。

5. 策略组合(合作,合作)下的两汽车制造商静态博弈

在策略组合(合作,合作)下,两个汽车制造商都以利润之和最大化为目标,即

$$\begin{cases} \dfrac{\partial \pi_{1+2}}{\partial p_1} = a - 2p_1 + 2bp_2 + \theta - b\theta = 0 \\ \dfrac{\partial \pi_{1+2}}{\partial p_2} = a - 2p_2 + 2bp_1 + \theta - b\theta = 0 \end{cases} \Rightarrow \begin{cases} p_1 = \dfrac{1}{2}(a + 2bp_2 + \theta - b\theta) \\ p_2 = \dfrac{1}{2}(a + 2bp_1 + \theta - b\theta) \end{cases}$$

因此,联立这两个反应函数组成方程组,得到两个汽车制造商的最优定价为 $p_1^* = p_2^* = \dfrac{a + \theta(1-b)}{2(1-b)}$。此时,两个汽车制造商的最优利润分别为 $\pi_1^* = \dfrac{(a+b\theta-\theta)^2}{4(1-b)} - c_1$ 和 $\pi_2^* = \dfrac{(a+b\theta-\theta)^2}{4(1-b)} - c_2$。

基于以上四个策略组合中两汽车制造商利润的计算结果,可得到两汽车制造商进行完全信息静态博弈时的得益矩阵(见图 12-1)。为表达简便,定义 $A = (a + b\theta - \theta)^2$,且 $A > 0$(要求 $\theta \neq \dfrac{a}{1-b}$)。

汽车制造商2

		竞争		合作	
汽车制造商1	竞争	$\dfrac{A}{(2-b)^2} - c_1$	$\dfrac{A}{(2-b)^2} - c_2$	$\dfrac{A(2+b)^2}{4(2-b^2)^2} - c_1$	$\dfrac{A(1+b)}{2(2-b^2)} - c_2$
	合作	$\dfrac{A(1+b)}{2(2-b^2)} - c_1$	$\dfrac{A(2+b)^2}{4(2-b^2)^2} - c_2$	$\dfrac{A}{4(1-b)} - c_1$	$\dfrac{A}{4(1-b)} - c_2$

图 12-1　两汽车制造商竞合博弈

由于 $0 < b < 1$ 与 $A > 0$,因此存在 $\dfrac{A(1+b)}{2(2-b^2)} < \dfrac{A}{(2-b)^2} < \dfrac{A}{4(1-b)}$。但如果想对比不同策略组合下两个汽车制造商的得益大小,还需明确 $\dfrac{A(2+b)^2}{4(2-b^2)^2}$ 与 $\dfrac{A}{4(1-b)}$ 的大小关系。为此,我们进行如下讨论:

(1) 当 $b \geqslant \dfrac{\sqrt{5}-1}{2}$ 时,存在 $\dfrac{A(2+b)^2}{4(2-b^2)^2} \leqslant \dfrac{A}{4(1-b)}$。因此,通过划线法可以发现两汽车制造商竞合博弈存在两个纯策略纳什均衡,即策略组合(竞争,竞争)与策略组合(合作,合作)。当然,该博弈也存在一个混合策略纳什均衡,即汽车制造商1以概率分

布 $\left(\dfrac{b^2(2-b)^2}{2(1-b)^2(2-b^2)+b^2(2-b)^2}, \dfrac{2(1-b)^2(2-b^2)}{2(1-b)^2(2-b^2)+b^2(2-b)^2}\right)$ 随机选择竞争

与合作策略,而汽车制造商 2 以概率分布 $\left(\dfrac{(b^2+b-1)(2-b^2)^2}{2(1-b)(2-b^2)+(b^2+b-1)(2-b)^2},\right.$

$\left.\dfrac{2(1-b)(2-b^2)}{2(1-b)(2-b^2)+(b^2+b-1)(2-b)^2}\right)$ 随机选择竞争与合作策略。

(2) 当 $b<\dfrac{\sqrt{5}-1}{2}$ 时,存在 $\dfrac{A(2+b)^2}{4(2-b^2)^2}>\dfrac{A}{4(1-b)}$。 该博弈只存在一个纯策略纳什均衡(竞争,竞争)。

从以上的分析可以发现,$b=\dfrac{\sqrt{5}-1}{2}$ 是一个分界点。在不同的需求函数下,b 会有不同的取值。但通过以上结果可以明确的问题是汽车制造商采取竞争还是合作的策略,主要影响因素是汽车制造商之间的服务替代率。由此可见,服务替代率的不同会影响到汽车制造商的决策。这里服务替代率的影响因素有很多,不仅包含汽车制造商的核心竞争力,还包括许多内在和外在的影响因素。所以为了实现两个汽车制造商有合作选择的可能,应该尽量提高两个汽车制造商的服务替代水平。否则两个汽车制造商可能会出现恶意竞争的现象。

第二节　产业集群技术创新博弈

产业集群是指在特定领域中一群在地理上比邻、有交互关联性的企业的相关法人机构,它们以彼此的共同性和互补性相联结。产业集群有天然的无法比拟的竞争优势,而且在诸多竞争优势中,技术创新优势是其核心优势之一。波特曾研究指出:"产业集群能够提高集群内企业的持续创新能力,并日益成为创新中心。企业之间的持续联系有助于企业通过相互学习改进技术、提升机器的适用性及更新市场理念,集群内企业间容易建立起协同与信息机制,政府部门提供的基础设施及教育等公共产品,以及集群内信息、技术、声誉等公共产品能够被集群内企业共享。"而且在很多产业中,一个企业的潜在优势是因为它的相关产业具有优势。因为相关产业的表现与能力,自然会带动上、下游的创新和国际化。国际上的具有较大影响的创新环境理论、创新网络理论和创新系统理论也都有对集群的创新优势给出详细的论述。同时,在集群内部技术外溢现象非常明显,企业相互靠近使新技术及创新被其他个人、企业吸收与采纳成为可能,企业能够从集群内其他企业的研发投入中获得知识和收益,企

业自身的研发投入成果或多或少都会给集群内其他企业带来好处。实际上,即使保密工作非常完美的企业也很难保证研发成果不会部分地通过企业人才流动、产品流动等流向其他集群内企业。这就使得集群的技术创新对于集群内企业来说具有公共物品的性质。集群技术创新成果一旦产生,集群内任何企业都会比较便利地享受到创新成果带来的利益。这些成果可以提高集群内企业的技术水平和工艺水平,提高生产效率,降低企业各项成本。作为公共物品,技术创新成果也具有非竞争性和非排他性的特征。这里提到的非竞争性是说集群内某个企业使用了技术创新成果这一公共物品的同时不会减少其他企业对这种公共物品的消费。非排他性则是指在中国的知识产权保护尚不完善的情况下,集群内的任何企业都没有能力排除集群内的其他企业从技术创新成果中受益。也就是说,不管集群内的企业有没有产生技术创新成果,都可以从这个公共物品中收益。为了弄明白在产业集群企业创新投入决策之间的内在关系,应用完全信息静态博弈理论进行分析。

为建立博弈模型,我们考虑一个由 $n(n \geqslant 2)$ 个企业组成的集群。这些企业都在各自进行技术创新,每个企业都投入资源。假设集群内第 i 个企业对集群技术创新的贡献为 g_i,它是指为提高集群及本企业本身的技术水平的资源投入量。而且为了分析方便,这里假定集群内每个企业为提高集群技术水平投入的资源是线性可加的。换言之,企业的技术创新资源投入越多,产生的技术创新成果也会越多,集群技术水平提高也越多,集群整体的技术水平与成员企业的技术创新资源投入成正比例关系,设定为 $G = \sum_{i=1}^{n} g_i$。 同时,集群中的企业资源投入存在两种选择,即技术创新投入和技术创新以外的其他方面的投入,例如,生产、营销等方面,以下简称这部分投入为其他投入。企业获得的收益与企业在生产经营等方面的投入以及集群的整体技术创新投入水平有关。考虑到集群内技术具有外溢性,因此这里假定集群的技术水平就是企业的技术水平。所以,若设定 X_i 是第 i 个企业的其他投入的资源数量,则集群内企业的收益函数定义为 $u_i(X_i, G)$。因此,根据之前企业投入的技术创新资源越多或企业投入的其他投入资源越多,企业收益越多的假定,存在 $\dfrac{\partial u_i(X_i, G)}{\partial G} > 0$ 和 $\dfrac{\partial u_i(X_i, G)}{\partial X_i} > 0$,而且技术创新投入的资源与其他投入的资源之间的边际替代率呈递减关系。

接下来,我们以单个企业为分析对象,在集群的内部每个成员企业都知道技术创新的成果具有公共物品性质。所以,他们面临的问题是在其他企业的选择给定与自身有限预算为 M_i 的情况下,选择使自己收益效用最大的技术创新投入资源量 G 与

其他投入资源量 X_i。由此可见，对于任何一个企业 i 来说：

$$\max_{g_i,\,X_i} u_i(X_i,\,G)$$
$$\text{s.t.} \quad P_X X_i + P_G g_i \leqslant M_i$$

其中，P_X 表示其他投入资源的价格，P_G 表示技术创新投入资源的价格。可见，该问题是 n 个企业的完全信息静态博弈问题，且该问题与我们之前章节讲述不同的是它带有约束。这类带有约束的完全信息静态博弈问题是很多管理领域问题应用完全信息静态博弈理论所表现出的经典现象。由于企业投入资金会带来技术提高，因此为了让企业愿意投入各项资源，我们假定企业投入资金带来的技术等各方面的提高，使得企业获得的效用要大于保存资金的收益，所以理智的企业会将所有的资金全部用于技术创新资源与其他资源的购买，即 $P_X X_i + P_G g_i = M_i$。基于此，我们采用优化理论中的拉格朗日乘子来解决这个问题。为企业 i 构建拉格朗日函数

$$L_i = u_i(X_i,\,G) - \lambda_i(P_X X_i + P_G g_i - M_i)$$

这里的 λ_i 是企业 i 的拉格朗日乘数。因此，他们最优的一阶条件表示为

$$\frac{\partial u_i}{\partial g_i} - \lambda_i P_G = 0$$

$$\frac{\partial u_i}{\partial X_i} - \lambda_i P_X = 0$$

因此，$\dfrac{\partial u_i}{\partial g_i} \Big/ \dfrac{\partial u_i}{\partial X_i} = \dfrac{P_G}{P_X}$，$i = 1,\,2,\,\cdots,\,n$。该等式表明对于每个企业来说，当两种投入资源边际收益之比等于两种投入资源的价格之比，对应的企业用于技术创新资源的投入量，即为最优投入量。因此，该等式也可以成为这个博弈的均衡条件。n 个企业的均衡条件就构成了集群中所有企业对提高集群整体技术水平的纳什均衡

$$\begin{cases} \dfrac{\partial u_1}{\partial g_1} \Big/ \dfrac{\partial u_1}{\partial X_1} = \dfrac{P_G}{P_X} \\[2mm] \dfrac{\partial u_2}{\partial g_2} \Big/ \dfrac{\partial u_2}{\partial X_2} = \dfrac{P_G}{P_X} \\[1mm] \vdots \\[1mm] \dfrac{\partial u_n}{\partial g_n} \Big/ \dfrac{\partial u_n}{\partial X_n} = \dfrac{P_G}{P_X} \end{cases} \Rightarrow \begin{cases} g_1^* \\[1mm] g_2^* \\[1mm] \vdots \\[1mm] g_n^* \end{cases}$$

即 $g^* = (g_1^*,\,g_2^*,\,\cdots,\,g_n^*)$ 及 $G^* = \sum\limits_{i=1}^{n} g_i^*$。正如我们之前了解的，当 n 个企业

进行分散决策时,由于各自从自身利益出发,所以会进入"囚徒困境"。为了了解在本问题中是否存在此现象。接下来,我们考虑当以整个集群的利益为出发点时(集中决策)的各企业的技术创新资源最优投入量,并将其与分散决策下的各企业技术创新资源投入量进行对比。

由于集群中每个企业的效用对整体集群的效用影响不同,设定企业 i 对集群整体效用的贡献权重为 γ_i。考虑投入创新技术资金越多的企业对集群整体越重要,所以有 $\gamma_i = \dfrac{1}{\lambda_i}$。因此,集群整体的收益函数可设定为以下形式

$$W = \gamma_1 u_1 + \cdots + \gamma_i u_i + \cdots + \gamma_n u_n, \ \gamma_i \geqslant 0 \text{ 且 } \gamma_i = \frac{1}{\lambda_i}, \ i = 1, 2, \cdots, n$$

总预算约束为 $P_X \sum\limits_{i=1}^{n} X_i + P_G G \leqslant \sum\limits_{i=1}^{n} M_i$。同样,由于投入技术创新或者其他资源要比保存资金本身更具有效用,因此所有的企业都会将所有的预算全部用于资源投入,即 $P_X \sum\limits_{i=1}^{n} X_i + P_G G = \sum\limits_{i=1}^{n} M_i$。为此,整个集群建立了拉格朗日函数

$$L' = W - \lambda'\left(P_X \sum_{i=1}^{n} X_i + P_G G - \sum_{i=1}^{n} M_i\right)$$

这里的 λ' 是拉格朗日乘数,一阶最优条件为

$$\sum_{i=1}^{n} \gamma_i \frac{\partial u_i}{\partial G} - \lambda' P_G = 0$$

$$\gamma_i \frac{\partial u_i}{\partial X_i} - \lambda' P_X = 0, \ i = 1, 2, \cdots, n$$

使用 n 个等式消除 γ_i,得到集群整体集中决策时的收益最大情况下的均衡条件

$$\sum_{i=1}^{n} \frac{\partial u_i / \partial G}{\partial u_i / \partial X_i} = \frac{P_G}{P_X}$$

则有

$$\frac{\partial u_j / \partial G}{\partial u_j / \partial X_j} = \frac{P_G}{P_X} - \sum_{i \neq j}^{n} \frac{\partial u_i / \partial G}{\partial u_i / \partial X_i}, \ j = 1, 2, \cdots, n$$

对比集群企业分散决策时的均衡条件 $\dfrac{\partial u_i}{\partial g_i} \bigg/ \dfrac{\partial u_i}{\partial X_i} = \dfrac{P_G}{P_X}$ 与集中决策时的均衡条件 $\dfrac{\partial u_j / \partial G}{\partial u_j / \partial X_j} = \dfrac{P_G}{P_X} - \sum\limits_{i \neq j}^{n} \dfrac{\partial u_i / \partial G}{\partial u_i / \partial X_i}$,发现对于任何企业 i 来说,前者大于后者。这表明在

纳什均衡条件下，企业分散决策时对技术创新资源的投入小于集中决策时的投入量。为了对这个结果有更加直观的认识，我们运用柯布-道格拉斯函数的形式进行具体分析。假定企业自身的收益函数为柯布—道格拉斯函数，即 $u_i = X_i^\alpha G^\beta$，α 是其他投入的收益弹性，即增加 1% 的其他投入所能带来企业收益增加的百分数；β 是研发投入的收益弹性，即增加 1% 的技术创新投入所能带来企业收益增加的百分数。这里，$0 < \alpha < 1$，$0 < \beta < 1$ 且 $\alpha + \beta \leqslant 1$。在该假设下，企业最优的均衡条件为最大化

$$L_i = X_i^\alpha G^\beta - \lambda_i (P_X X_i - P_G g_i - M_i)$$

一阶条件为

$$\frac{\partial L_i}{\partial G} = \beta X_i^\alpha G^{\beta-1} - \lambda_i P_G = 0$$

$$\frac{\partial L_i}{\partial X_i} = \alpha X_i^{\alpha-1} G^\beta - \lambda_i P_X = 0$$

因此有 $\dfrac{\beta X_i^\alpha G^{\beta-1}}{\alpha X_i^{\alpha-1} G^\beta} = \dfrac{P_G}{P_X}$，即 $\dfrac{\beta X_i}{\alpha G} = \dfrac{P_G}{P_X}$。代入 $M_i = P_X X_i + P_G g_i$，得企业 i 的反应函数为

$$g_i^* = \frac{\beta}{\alpha + \beta} \left(\frac{M_i}{P_G} - \sum_{i \neq j}^n g_i \right), \ i = 1, 2, \cdots, n$$

从上面的反应函数可见，$\sum_{i \neq j}^n g_i$ 越大，g_i^* 就越小。换言之，企业集群中一个企业相信其他企业在技术创新上的投入越多，它自己在这方面的投入就会越少，那么搭便车的动机就会越强。此外，β 相对于 α 的比率越小，g_i^* 就越小。这说明通过增加技术创新投入来提高收益相对于通过增加其他投入来提高收益的比率越小，企业技术创新的积极性就越低，在技术创新上的投入也会越少。

接下来，我们考虑一个比较特殊的场景，即所有企业的资源状态相同（定义 $M_1 = M_2 = \cdots = M_n = M$）。那么在集群企业分散决策时，均衡情况下所有企业提供相同的技术创新投入，可以通过求解得到 $M = P_X X_i + P_G g_i$，$\dfrac{\beta X_i}{\alpha G} = \dfrac{P_G}{P_X}$ 与 $G = ng_i$ 三个方程，得到每个企业的纳什均衡 $g^* = \dfrac{\beta M}{(n\alpha + \beta) P_G}$。纳什均衡时企业集群的技术创新总投入量为 $G^* = \dfrac{n\beta M}{(n\alpha + \beta) P_G}$。在集群企业作为整体进行集中决策时，集群整体的收益函数为 $W' = \gamma_1' X_1^\alpha G^\beta + \cdots + \gamma_i' X_i^\alpha G^\beta + \cdots + \gamma_n' X_n^\alpha G^\beta$，其中 $\gamma_i' \geqslant 0$。此时，集群企业整体

的预算约束条件为 $P_X \sum_{i=1}^{n} X_i + P_G G = nM$。构建拉格朗日函数 $L' = W' - \lambda'(P_X \sum_{i=1}^{n} X_i + P_G G - nM)$，此时一阶优化条件为

$$
\begin{cases}
\dfrac{\partial L'}{\partial G} = \sum_{i=1}^{n} \gamma'_i \beta X_i^{\alpha} G^{\beta-1} - \lambda' P_G = 0 \\[2mm]
\dfrac{\partial L'}{\partial X_i} = \sum_{i=1}^{n} \gamma'_i \alpha X_i^{\alpha-1} G^{\beta} - \lambda' P_X = 0
\end{cases}
$$

解得集群企业集中决策时最优的一阶条件为 $\dfrac{n\beta X_i^{\alpha} G^{\beta-1}}{\alpha X_i^{\alpha-1} G^{\beta}} = \dfrac{P_G}{P_X}$，即 $\dfrac{n\beta X_i}{\alpha G} = \dfrac{P_G}{P_X}$。将这个结果代入资金预算条件 $P_X \sum_{i=1}^{n} X_i + P_G G = nM$，得到 $M = \left(1 + \dfrac{\alpha}{\beta}\right) P_G g_i^*$。因此，在集群企业集中决策时单个企业的最优技术创新投入为 $g_i^* = \dfrac{\beta M}{(\alpha+\beta) P_G}$；集群内全部企业集中决策时的技术创新总投入量为 $G^* = \dfrac{n\beta M}{(\alpha+\beta) P_G}$。所以，集群企业分散决策下的技术总投入量与集中决策下的技术总投入量之比为 $\dfrac{\alpha+\beta}{n\alpha+\beta} < 1$。该结果表明集群企业在集中决策时的纳什均衡要优于他们分散决策时的纳什均衡，且两者之间的差距随着集群内企业数目 n 的增加而扩大。该结论隐含的意义在于集群中的企业站在维护集群整体技术水平利益角度上，它的技术创新投入要大于仅仅考虑自己的利益时的投入量。而且当集群中企业数量越多时，企业中搭便车的行为就会越多。此外，如果 β 相对于 α 的比率越小，企业间分散决策时的纳什均衡技术创新投入量就越小于集中决策时的纳什均衡技术创新投入量。反之，则结论相反。因此，通过增加技术创新投入量来提高收益相对于通过增加其他投入量来提高收益的比率越小，企业用于技术创新的投入就越少；相反，通过增加技术创新投入量来提高收益相对通过增加其他投入量来提高收益的比例越大，企业用于技术创新的投入就越多。

本篇总结

本篇通过完全信息静态博弈介绍，系统地阐述了该类博弈的得益矩阵表示方法、经典案例及主要特征。论述了完全信息静态博弈的四种策略式分析方法，即上策策略均衡法、严格下策反复消去法、箭头分析法与划线分析法，指出划线分析法是分析完全信息静态博弈得益矩阵最方便且常用的方法。然后结合这些策略式分析方法的本质，引出纯策略纳什均衡的定义及与各策略式分析方法的关系。通过猎鹿博弈、古诺双寡头产量决策模型、伯特兰德寡头模型、霍特林价格竞争模型与公地悲剧模型五个博弈例子对纯策略纳什均衡的应用范式进行了系统论述。然后，本篇通过对严格竞争博弈与多重纳什均衡博弈的分析思路介绍，引出解决这两类完全信息静态博弈的另一种纳什均衡方法，即混合策略纳什均衡。通过对混合策略、混合策略纳什均衡及与策略式分析方法的关系论述，应用石头剪刀布博弈、田忌赛马博弈、性别战博弈、市场机会博弈的混合策略纳什均衡寻找方法的应用，系统介绍了对于严格竞争博弈与多重纳什均衡博弈确定混合策略纳什均衡的分析范式，并对猜硬币博弈与性别战博弈的混合策略反应函数法进行了论述。最后，总结纳什均衡的两大主要性质，即纳什均衡的一致性预期与纳什均衡的存在性，指出纯策略纳什均衡是混合策略纳什均衡的一个特例，混合策略纳什均衡是纯策略纳什均衡的一个扩展，指出对于多重纳什均衡，一定还存在一个混合策略纳什均衡。并介绍了帕累托优势标准、风险优势标准、聚点均衡、相关均衡、防共谋均衡五种筛选多重纳什均衡的比较特殊的标准。最后应用汽车制造商竞争合作博弈与产业集群技术创新博弈两个例子来说明完全信息静态博弈在管理中的应用范式。

本篇习题

（1）解释纳什均衡是博弈分析中最重要的概念的原因。

（2）阐述上策均衡、严格下策反复消去法和纳什均衡相互之间的关系。

（3）重复剔除：在习图 2-1 的标准式博弈中，经过严格劣策略的重复剔除后，会剩下哪一个策略剖面？

博弈方2

		L	C	R
	U	6, 8	2, 6	8, 2
博弈方1	M	8, 2	4, 4	0, 0
	D	8, 10	4, 6	0, 0

习图 2-1

博弈方2

		A	B
	A	a, b	c, d
博弈方1	B	e, f	g, h

习图 2-2

（4）习图 2-2 是两人博弈的得益矩阵，其中 A 和 B 是博弈方 1 的策略空间，C 和 D 是博弈方 2 的策略空间。并回答如下问题：

① 请准确定义以上博弈的上策均衡和纳什均衡；

② 当 a, b, c, d, e, f, g, h 满足什么条件时，以上博弈存在：(i) 上策均衡；(ii) 纯策略纳什均衡？

（5）N 个人参与了一个博弈，规则是：每个人独自写出从 1 到 100 之间的一个整数，然后打开自己写出的数字后，最接近所有人所写数字的平均数的 80% 的那个人获胜。试讨论此博弈的纳什均衡。

（6）考虑下面这样一个博弈：有两个博弈方，A 和 B，以及一个裁判。裁判分别给每个局中人两张卡片。给 A 的两张卡片上分别写着 2 和 7，给 B 的两张卡片上分别写着 48，以上这些都是公共信息。在卡片分派好后，A 和 B 独立并且同时进行博弈，他们各自向裁判交回他的数字最大或者数字最小的卡片。裁判根据收集到的卡片，给每个博弈方分派支付，这些支付由第三方提供而不是从博弈方的口袋里来的。如果 A 交回的是数字较小的卡片 2，则 A 得到 2 元钱；如果 A 交回的是数字较大的卡片 7，则 B 得到 7 元钱。如果 B 交回的是数字较小的卡片 4，则 B 得到 4 元钱；如果 B 交回的是数字较大的卡片 8，则 A 得到 8 元钱。

① 请用矩阵型表示这个博弈。

② 这个博弈的纳什均衡是什么？

③ 这个博弈是囚徒困境博弈吗？试说明理由。

（7）假设古诺模型中有 n 家厂商。其中厂商 i 的产量用 q_i 表示，总产量为 $Q = q_1 + q_2 + \cdots + q_n$。$P$ 为市场出售价格，并且已知 $P = P(Q) = a - Q$（当 $Q < a$ 时，否则 $P = 0$）。假设厂商 i 生产 q_i 产量的总成本为 $C_i = C_i(q_i) = cq_i$，也就是说没有固定成本并且各个厂商的边际成本都相同，是常数 $c(c < a)$。如果各厂商同时决策产量，

那么此模型的纳什均衡是什么？若 n 趋向于无穷大时,此博弈的分析是否仍旧有效？

(8) 两寡头古诺模型,且 $P(Q)=a-Q$ 等条件与上题一样,但如果两个厂商的边际成本不同,分别为 c_1 和 c_2。若 $0<c_i<\dfrac{a}{2}$,问纳什均衡产量各是多少？再如果 $c_1<c_2<a$ 但 $2c_2>a+c_1$,则纳什均衡产量又是多少？

(9) 举例说明在博弈中可能会存在以下情况：一个参与方可选择的空间越大,他的处境就会越糟糕。

(10) 假设存在三个博弈参与方(1,2,3)需要在三个项目(D,E,F)中投票选择其中之一。三个参与方同时投票,并且不允许弃权。因此,策略空间是 $S_i=\{D,E,F\}$。得票最多的项目被选中,如果没有任何项目得到多数票,则项目 D 被选中。参与方的支付函数如下

$$u_1(D)=u_2(E)=u_3(F)=2$$
$$u_1(E)=u_2(F)=u_3(D)=1$$
$$u_1(F)=u_2(D)=u_3(E)=0$$

找出这个博弈所有的纳什均衡。

(11) 如习图 2-3 得益矩阵所示,求出该博弈的混合策略纳什均衡。

		博弈方2 K	L
博弈方1	H	2, 1	0, 2
	W	1, 2	3, 0

习图 2-3

		B公司 开发	不开发
A公司	开发	−10, −10	100, 0
	不开发	0, 100	0, 0

习图 2-4

(12) A 和 B 两个公司属于两个不同的国家,在研发某种新产品时存在习图 2-4 得益矩阵表示的关系。问该博弈的纳什均衡有哪些？如果 B 公司所在国家想要保护本国的利益,有什么好办法？

(13) 下面的得益矩阵表示两博弈方之间的一个静态博弈,如习图 2-5 所示。该博弈有没有纯策略纳什均衡？博弈的结果是什么？

(14) 市场上假设存在两个博弈方,C 和 D。现在 C、D 就如何分 5 000 万元进行讨价还价。假设两方商定的规则为：双方

		博弈方2 L	C	R
博弈方1	T	2, 0	1, 1	4, 2
	M	3, 4	1, 2	2, 3
	B	1, 3	0, 2	3, 0

习图 2-5

同时提出自己要求的金额 S_C 和 S_D，且二人提出的金额满足。若 $S_C + S_D \leqslant 5\,000$，则 C 和 D 分别可以得到金额 S_C 和 S_D。但是若 $S_C + S_D > 5\,000$，则该笔钱将被没收。问：此博弈的纯策略纳什均衡是什么？如果你是其中的一个博弈方，那么你会选择的金额是多少？为什么？

（15）若企业 1 的需求函数为 $q_1(p_1, p_2) = a - p_1 + p_2$，企业 2 的需求函数为 $q_1(p_1, p_2) = a - p_1 + p_2$。假设两个企业的生产成本都为 0，求纳什均衡。

（16）请结合本篇所学的关于均衡的概念和思想，讨论习图 2-6 得益矩阵表示的静态博弈。

		博弈方2					博弈方2	
		K	L				K	L
博弈方1	H	6, 6	2, 7		博弈方1	H	9, 9	0, 8
	W	7, 2	0, 0			W	8, 0	7, 7
		(a)					(b)	

习图 2-6

（17）市场上有两个寡头企业进行价格竞争，假设两个企业的单位生产成本固定不变且相同，并且两个企业生产的产品是完全替代的，企业 1 的价格表示为 p_1，企业 2 的价格为 p_2。若 $p_1 > p_2$，则企业 1 的需求函数为 0，企业 2 的需求函数为 $q_2 = a - p_2$；若 $p_1 < p_2$，则企业 1 的需求函数 $q_1 = a - p_1$，企业 2 的需求函数为 0；若 $p_1 = p_2 = p$ 则市场需求将在两个企业之间平分，即 $q_i = (a - p)/2$，问纳什均衡价格是多少？

（18）假设第（17）题中两个企业的产品并不能完全替代（是不相同的），企业 1 的需求函数为 $q_1(p_1, p_2) = a - p_1 + p_2$，企业 2 的需求函数为 $q_2(p_1, p_2) = a - p_2 + p_1$。求解两个企业同时选择价格时的纳什均衡。

（19）警察与小偷：参与人 1 是一名警察，他必须决定是在街上巡逻还是去咖啡厅消遣。他在咖啡厅消遣的支付是 10，而在街上巡逻的支付则取决于他是否能够抓住一个小偷，即参与人 2。如果小偷在街上行窃，那么警察就会抓住他然后获得 20 的支付。如果小偷躲避起来，那么警察的支付就只能为 0。小偷必须在躲避藏身和上街行窃之间进行选择。如果他藏起来，支付为 0。而当他选择上街行窃时，如果恰好警察在巡逻，他的支付就为 -10；若警察在咖啡厅，则他的支付为 10。

① 列出该博弈的矩阵形式。

② 推出每个参与人的最优反应函数。

③ 找出该博弈的纳什均衡。这一博弈使你想起了哪种类型的博弈？

(20) 假设两国间通过税收优惠吸引资本进入。两国之间在税收制度上的差别不仅体现在税率的高低不同，而征收管理情况也有差异。如 A 国纳税程序简便，而 B 国可能相对要复杂一些。这样，在资本的流向上，A、B 两国具有很强的替代性，但不是完全可替代，即税率不同时，税率较高的不完全失去资本。当 A、B 两国的税率分别为 t_1 和 t_2 时，它们各自的资本需求函数为 $q_1(t_1, t_2) = a_1 - b_1 t_1 + d_1 t_2$，$q_2(t_1, t_2) = a_2 - b_2 t_2 + d_2 t_1$，其中 $d_1, d_2 > 0$，即两国税收的替代系数。假定两国是同时决策，征税的边际成本为 $c_1, c_2 > 0$，无固定成本。试求解该博弈问题的纳什均衡。

(21) 小张和小红边看电视剧边吃爆米花。设他们吃爆米花的速度为 r_i，每人的效用函数取决于吃的爆米花的数量 Q_i 和吃的时间 $\left(\text{等于} \dfrac{Q_i}{r_i}\right)$，效用函数为：

$$U_i = Q_i - \left(\frac{Q_i}{r_i} - 100\right)^2$$

效用函数第二项表示吃爆米花的总时间是 100 分钟（电视剧长 100 分钟）。

① 假如给每个人的钵里放 1 800 颗爆米花。求最优消费速度和达到的最大效用。

② 现在假设有 3 600 颗爆米花放在一共用的钵里，小张或小红吃的爆玉米花的数量与他们吃的速度成比例，因此，$Q_i = \dfrac{3\,600 r_i}{r_{zhang} + r_{hong}}$。请把他们每个人的得益表示成 r_{zhang} 和 r_{hong} 的函数，并求此博弈的纳什均衡和每个人的效用。

(22) 假设现在有十个战场，军事价值分别可以表示为 $a_1 < \cdots < a_{10}$，每个参与者可以拥有 $n_i < 10 (i = 1, 2)$ 个士兵，博弈方需要决策如何将他所拥有的士兵派往各个不同的战场，每个博弈方最多可以指派一个士兵去特定的战场。当战争开始后，在每个战场上，如果这个博弈方拥有一个士兵而其对手如果没有的话，那么他将获得收益 a_j。谁率领的队伍占领的地方军用价值总和最高，那么谁就获胜。证明：这个博弈存在一个上策均衡。

(23) 考虑两家相互竞争的公司，它们属于难以维持两家公司正常盈利的夕阳产业。每家公司都有三种可能的选择：它必须决定是立刻、本季度末或者下一季度末退出这个产业。如果一家公司选择退出，那么即时起它的利润只能为 0。如果两家公司同时运营，那么每一季度产生的损失为 1。如果只有一家公司运营，那么每季度的支付就为 2。例如，如果公司 1 计划在这一季度末退出，而公司 2 计划在下一季度末退出,那么支付就是$(-1,1)$,因为在第一个季度两家公司都损失了1,而在第二个季度公司2获得的支付为2。每家公司的支付是它的季度支付总和。

① 写出该博弈的矩阵形式。

② 存在严格劣策略吗?

③ 找出纯策略纳什均衡。

④ 找出单一的混合策略纳什均衡。

(24) 烟草的需求可以假设表示为$q = 1\,000\,000(10 - p)$,其中p表示每千克烟草的价格,当地政府为了支持烟草的发展专门设立了一个项目,以保证烟草每千克的价格不低于0.25元。三个种植烟草的农民每人收获了60万千克的烟草,每个农民必须要独立决策自己出售多少烟草,销毁多少烟草。

① 证明此博弈有两个纳什均衡,其中一个纳什均衡为每个农民都把全部的烟草拿到市场上出售,另一个均衡为每个农民出售25万千克烟草,销毁35万千克。

② 是否存在其他的纳什均衡?

(25) 两个渔民出海捕鱼,恰好天气良好共同打捞出了许多鱼,两人将全部鱼都放进锅里进行烹饪,假设锅里一共有1 000只鱼,而且两个人各自可以控制自己的进食速率r_i。吃鱼的净效用取决于两个渔民的进食速率:$u_i = 4q_i - 50r_i - r_i^2$。其中,$q_i$表示每个人吃掉鱼的总数量($i = 1, 2$)。由于两个人最后吃完了所有的鱼,那么$q_i = 1\,000 r_i / (r_1 + r_2)$。

① 如果两个渔民协商以同一个最优速率进食,那么这个速率是多少?

② 如果他们独立选择进食速率,那么他们各自的进食速率是多少?

(26) 甲乙两个老朋友好久未见,见面后一起划拳喝酒。每人有四个策略:杠子、老虎、鸡、虫子。此游戏规则为:杠子降老虎、老虎降鸡、鸡降虫子、虫子又降杠子。两个人同时出令。若一个打赢另一个,赢者的效用为1,输者的效用为-1;否则,效用都为0。写出此博弈的得益矩阵。该博弈存在纯策略纳什均衡吗?求出混合策略纳什均衡。

(27) 一名雇员(参与人1)为一名老板(参与人2)效力,他可以选择工作(W)或者偷懒(S),同时他的老板也可以选择监管(M)这名雇员或者置之不理(I)。正如诸多的老板—员工关系一样,如果这名雇员一直工作,那么老板就不会再选择监控,但是如果老板不选择监控,员工就会选择偷懒。这一博弈由下面的矩阵如习图2-7所示。

		博弈方2	
		M	I
博弈方1	W	6, 8	2, 6
	S	8, 2	4, 4

习图2-7

① 推出每位参与人的最优反应函数。

② 找出这一博弈的纳什均衡。这一博弈使你想起了哪种类型的博弈?

(28) 设一个地区选民的观点标准分布于[0,1]上,竞选一个公职的每个候选人同时宣布他们的竞选立场,即选择 0 到 1 之间的一个点。选民将观察候选人们的立场,然后将选票投给立场与自己的观点最接近的候选人。例如有两个候选人,宣布的立场分别为 $x_1 = 0.4$ 和 $x_2 = 0.8$,那么观点在 $x = 0.6$ 左边的所有选民都会投候选人 1 的票,而观点在 $x = 0.6$ 右边的选民都会投候选人 2 的票,候选人 1 将以 60% 的选票获胜。再设如果有候选人的立场相同,那么立场相同的候选人将平分该立场所获得的选票,得票领先的候选人票数相同时,则用抛硬币决定哪个候选人当选。我们假设候选人唯一关心的只是当选(即不考虑自己对观点的真正偏好),如果有两个候选人,问纯策略纳什均衡是什么? 如果有三个候选人,请做出一个纯策略纳什均衡。

(29) 五户居民都可以在一个公共的池塘里放养鸭子。每只鸭子的收益 v 是鸭子总数 N 的函数,并取决于 N 是否超过某个临界值 $\bar{N}$;如果 $N < \bar{N}$,收益 $v = v(N) = 50 - N$;如果 $N \geq \bar{N}$,收益 $v(N) = 0$。再假设每只鸭子的成本为 $c = 2$ 元。若所有居民同时决定养鸭的数量,问该博弈的纳什均衡是什么?

(30) 如果在一条 1 000 米长的长街上均匀居住着许多居民,有两个人同时想在该条街开便利店。

① 如果假设所有居民都是到最近的便利店购买商品,问这两个人会如何选择店面位置?

② 如果每户居民仍然到离得最近的便利店购买,但购买数量与他们到便利店的距离有关,如 $Q = 1 - D$,其中 Q 是购买量,D 是居民到便利店的距离,此时两个人会怎样选择店面的位置?

(31) 求解习图 2-8 所示的博弈的纯策略纳什均衡。

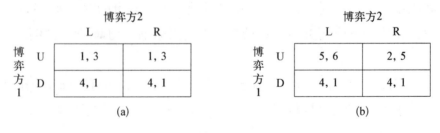

博弈方2

		L	R
博弈方1	U	1, 3	1, 3
	D	4, 1	4, 1

(a)

博弈方2

		L	R
博弈方1	U	5, 6	2, 5
	D	4, 1	4, 1

(b)

习图 2-8

(32) 试用严格下策反复消去法求解习图 2-9 所示的博弈的纯策略纳什均衡。

(33) 一件物品将被拍卖。竞标者 1 对该物品的估价为 3,而竞标者 2 对该物品的估价为 5。每一个竞标者都可以出价 0、1 或 2。如果竞标者 i 比竞标者 j 的出价

	博弈方2		
	L	M	R
U	1, 0	2, 1	1, 0
M	0, 1	1, 2	2, 1
D	2, 0	1, 1	0, 2

博弈方1

(a)

	博弈方2		
	L	M	R
U	4, 4	3, 3	5, 0
M	2, 5	5, 2	4, 6
D	3, 0	2, 3	3, 5

博弈方1

(b)

习图 2 - 9

要高,则 i 赢得该物品,并按他的出价付款,同时失败者无需付款。如果两个竞标者出价相同,则通过掷硬币来决定谁是胜利者,然后胜利者得到该物品并按他的出价付款,而失败者无需支付任何东西。

① 以矩阵形式表述该博弈。

② 有哪个竞标者有严格劣势策略吗?

(34) 考虑不对称的古诺双寡头垄断,市场反需求函数为 $p=115-Q$,企业 A 生产的固定成本为 1000,B 企业没有固定成本,A 和 B 两个企业的可变成本分别为 q_a^2 和 q_b^2。

① 请写出 A 公司的古诺反应函数的表达式;

② 请写出 B 公司的古诺反应函数的表达式;

③ 请求出纳什均衡时两个企业的产量和利润。

(35) 结合本篇所学知识,分析多重纳什均衡对博弈分析有什么不利影响。

第三篇

完全信息动态博弈

依据完全信息动态博弈中后行为的博弈方是否全部了解博弈,将完全信息动态博弈分为完全且完美信息动态博弈与完全但不完美信息动态博弈两种类型。本篇首先系统介绍完全且完美信息动态博弈的理论与博弈均衡分析方法,包括完全且完美信息动态博弈介绍、承诺与威胁的可信性问题、逆推归纳法、子博弈完美纳什均衡、子博弈完美纳什均衡应用及完全且完美信息动态博弈在管理领域的应用等内容。然后,系统介绍完全但不完美信息动态博弈的理论与博弈均衡分析方法,包括完全但不完美信息动态博弈的介绍、完美贝叶斯均衡、完美贝叶斯均衡应用及完全但不完美信息动态博弈在管理领域的应用等内容。

本篇学习要点:

(1) 了解完全且完美信息动态博弈与完全但不完美信息动态博弈。

(2) 理解承诺与威胁的可信性问题。

(3) 掌握逆推归纳法、子博弈完美纳什均衡与完美贝叶斯均衡。

(4) 理解子博弈完美纳什均衡的案例应用与完美贝叶斯均衡的案例应用。

(5) 了解完全且完美信息动态博弈与完全但不完美信息动态博弈在管理领域的应用。

第十三章
完全且完美信息动态博弈

完全且完美信息动态博弈是博弈论中的一个重要概念,用于研究在具有完全信息与完美信息的情况下,博弈方在连续时间内进行决策的博弈过程。在这种类型的博弈中,每个博弈方都具有完全的信息,包括其他博弈方的策略选择和可能的结果;同时,每个博弈方也都具有了解在其之前每个博弈方行动的完美信息。博弈是连续进行的,参与者在不同的时间点上做出决策,并且每个决策都会影响后续的博弈进程。本章将系统介绍完全且完美信息动态博弈的定义、表示法、经典博弈案例及特征。

第一节 完全且完美信息动态博弈的概念

在第二篇,本书系统介绍了所有博弈方"同时"决策的完全信息静态博弈。但是,在实际生活中的大部分博弈的博弈方决策都是有先后次序的,并且一般情况下后行动的博弈方可以观察到先行动的博弈方的行为,而后行动的博弈方一般会根据先行动的博弈方的决策内容来决策自己的行为。例如,两人下棋博弈,假定黑方先走,红方后走,红方在看到黑方的下棋后,再决定自己的应对行为,这就是一个非常典型的完全且完美信息动态博弈。这样的例子在经济活动中非常多,比如市场中买卖博弈,只有卖方先给出产品价格,买方才能够还价,卖方再根据买方的还价决定调整产品的售价,买方再根据卖方的调整售价考虑是否进行再次的还价等等如此往复的买卖双方讨价还价行为;拍卖活动中的轮流竞价、商业活动中的议价、资本市场上的兼并和反兼并;等等。依照一个次序选择和同时选择是很不一样的。因此,这种决策问题构成的博弈从时间上就与静态博弈不同。这种具有先后顺序且依次做出决策的博弈称为"动态博弈",也可以称为"序列博弈"。所以,在给出完全且完美信息动态博弈概念前,本书先给出"完全信息动态博弈"的定义,即在动态博弈中,若每个博弈方都对其他博弈方的策略空间、特征及得益都有准确的认识。当然,与该定义相背离的"若在动态博弈过程中,某个或某几个博弈方对其他博弈方的策略空间、特征及得益不是都有准确的认识",这类博弈被称为不完全信息动态博弈。

此外,动态博弈与静态博弈的一个差异点在于动态博弈中博弈方决策具有先后顺序,因此后行为的博弈方是否完全清晰先行为的所有博弈方的选择行为,对其本阶段的行为选择、整个博弈的均衡及各博弈方的得益都很重要。例如,市场上有多个生产同质产品的厂商。现实生活中各厂商的产品生产决策常常不是一起制定的,而是有的厂商先制定,有的厂商后制定的。如果这些厂商之间没有关于在其之前厂商制定产量的基本信息,那么极易产生所有厂商都过多生产产品,最后导致市场上该产品过剩的现象。这也是经常发生在农业产业中很多产品某年产量多,第二年产量少,第三年产量又过多的原因。又如,供应链中的上下游企业,如果上游企业不事先与下游需求企业进行沟通了解未来需求就盲目生产,那么行业的供需不平衡损失将会非常大。上游企业会频发损失客户或过多剩余库存的情况。因此,在给出完全且完美信息动态博弈概念前,本书先给出完美信息动态博弈的概念,在动态博弈中如果后行为的博弈方在自己行为之前,可以观察到先行为博弈方的行为选择,有关于前面博弈进程的充分信息称为有"完美信息"。如果动态博弈的所有博弈方都有完美信息,就是"完美信息动态博弈"。

将以上完全信息动态博弈与完美信息动态博弈的概念进行联合,可以得到完全且完美信息动态博弈的正式定义,即"在具有先后顺序且依次做出决策的博弈过程中,每个博弈方在行为之前都知晓先行为博弈方的行为选择等有关博弈进程的所有信息,并都对其他博弈方的策略空间、特征以及得益都有准确的认识,这类博弈就被称为完全且完美信息动态博弈"。

第二节　博　弈　树

由于动态博弈在行为上具有先后顺序,在描述一个动态博弈时常将每个博弈方的一次行为选择称为一个"阶段"。如果在某个动态博弈中存在多个博弈方同时选择行为的情况,那么这些博弈方的同时选择同样也被称为一个"阶段"。因此,若一个博弈是动态博弈,至少包含两个阶段,但通常一个动态博弈有多个阶段,如"下棋博弈"。很多博弈论书籍也将动态博弈称为多阶段博弈。为了有效分析动态博弈,需将动态博弈中各博弈方的行为选择顺序及其在不同阶段的具体选择行为展示出来。因此，上一篇中完全信息静态博弈的表示方法——得益矩阵就不适用了。对于动态博弈，博弈理论中常常使用"博弈树"来表示。由于博弈树可以刻画出动态博弈中各博弈方的选择顺序和博弈阶段，因此，博弈树也被用来作为动态博弈表达的最优选择。下面，我们通过一个完全信息动态博弈的例子来具体说明如何用博弈树来刻画一个动态博弈。

假设市场上有两家企业，分别是企业 A 和企业 B。企业 B 是品牌企业，生产广受消费者喜欢的产品。企业 A 是一家小企业，经常仿制其他企业的明星产品。这里假定企业 B 的产品被企业 A 仿冒，如果企业 B 不及时采取行动制止这种仿冒，那么企业 A 就会继续仿冒。对于企业 B 来说，被仿冒会造成很大的经济损失。因此，企业 B 采取措施制止仿冒是符合自身利益最大化的。企业 B 制止仿冒是需要花费代价和一定成本的。因此在发现有仿冒出现时，企业 B 需要决策是否立即制止。对于企业 A 来说，仿冒如果没有被制止，则会获得很大的利益，如果被制止就会损失很多。因此，是否要仿冒也是企业 A 的一个决策问题。而这个博弈中只有当企业 A 仿冒了，企业 B 才需要决策是否制止。可见，这个博弈是个典型的动态博弈。

为了便于分析，假设企业 B 的该产品只销售两期就进行更新换代了，所以企业 A 如果要仿冒企业 B 的产品，最多只进行两次仿冒。因此，企业 A 需要决策在该产品销售第一期是否要进行仿冒。此时，企业 A 有两种可选行为，即"仿冒"和"不仿冒"，是该动态博弈的第一阶段；当企业 A 选择仿冒时，企业 B 有两种可选行为，即"制止"和"不制止"，是该动态博弈的第二阶段。在该产品第二个销售期，企业 A 和企业 B 的在本销售期的行为选择是基于第一个产品销售期没有被制止的情况，即若第二阶段企业 B 没有制止企业 A 的仿冒行为，那么企业 A 才需要在产品第二个销售期决策是否还需要继续仿冒，即此时可选行为分别为"仿冒"与"不仿冒"，是该动态博弈的第三阶段。并在第二个产品销售期，企业 A 选择仿冒时，企业 B 需要决策是否制止，可选行为有两个，即"制止"和"不制止"，是该动态博弈的第四阶段。这里主要是考虑一个一开始选择仿冒的企业会不会一直仿冒下去，所以只有当企业 A 最初选择仿冒，且企业 B 不制止时才会有第三阶段企业 A 在"仿冒"与"不仿冒"两个行为选择之间的决策。而当企业 A 在产品第一个销售期就不仿冒时，企业 B 不存在接下来的"制止"与"不制止"的选择，同样也不存在企业 A 在产品第二个销售期的"仿冒"与"不仿冒"的行为选择。而且当产品第一个销售期企业 A 选择仿冒被企业 B 制止后，它也不会在产品第二个销售期再进行仿冒了。

根据以上的场景描述，这个完全信息动态博弈存在五种情况：

（1）第一种情况是企业 A 在第一阶段就选择"不仿冒"，该动态博弈结束，此时企业 A 与企业 B 得益分别为 0 和 10 单位。

（2）第二种情况是企业 A 在第一阶段选择"仿冒"，企业 B 在第二阶段选择"制止"，该动态博弈结束，此时企业 A 和企业 B 得益分别为 −2 单位与 5 单位。

（3）第三种情况是企业 A 在第一阶段选择"仿冒"，企业 B 在第二阶段选择"不制止"，企业 A 在第三阶段选择"不仿冒"，该动态博弈结束，此时企业 A 和企业 B 的得益都为 5 单位。

（4）第四种情况是企业 A 在第一阶段选择"仿冒"，企业 B 在第二阶段选择"不制止"，企业 A 在第三阶段继续选择"仿冒"，企业 B 在第四阶段仍然选择"不制止"，该动态博弈结束，此时企业 A 和企业 B 得益分别为 10 单位和 4 单位。

（5）第五种情况是企业在第一阶段选择"仿冒"，企业 B 在第二阶段选择"不制止"，企业 A 在第三阶段继续选择"仿冒"，但企业 B 在第四阶段却选择"制止"，该动态博弈结束，此时企业 A 和企业 B 得益都为 2 单位。

依据以上介绍，该动态博弈可以通过如图 13-1 所示的博弈树的形式来表示。

其中，每个空心圆圈代表决策点。因此，图 13-1 中的圆圈 A 和圆圈 B 分别代表企业 A 和企业 B 的决策点。在一个圆圈上引出的一条直线叫作路径，代表该圆圈对应决策点的博弈方在特定的要求下的可选行为。例如，第一个圈 A 后面有两条路径，表示企业 A 的"仿冒"与"不仿冒"两种行为。当企业 A 选择仿冒后，则轮到企业 B 进行决策，企业 B 有两个选择行为，分别是"制止"和"不制止"，以此类推。通常情况下，博弈树还会在各路径旁标注出代表博弈方可选行为的文字。此外，正如上文

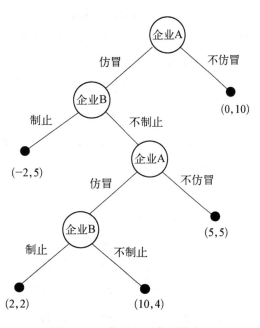

图 13-1　仿冒和反仿冒博弈

解释的那样，该博弈是四阶段动态博弈，所以具有四个圆圈，每个圆圈代表每阶段对应博弈方需要进行行为选择。博弈树各行动结尾的实心点后面的括号表示动态博弈中按照博弈方先后顺序而产生的得益数组。其中，第一个数字代表先行动博弈方的得益，第二个数字代表后行动博弈方的数字。例如在本例中，第一个数字代表企业 A 的得益，第二个数字代表企业 B 的得益。

动态博弈都可以用博弈树来表示,只是每个动态博弈中的选择节点数及可选行为数量存在不同,以及最后的得益也不同。不过,如果动态博弈中的阶段过多或者可以选择的行为过多时,用博弈树来表示就变得很复杂,不容易分析。例如,下棋中每个博弈方在每步的可选行为数量就非常多。这种类型的博弈虽然可以用博弈树来表示,但是会导致博弈树很庞大。试想一下,如果上面的博弈中,企业 A 和企业 B 有 10个可选行为,那么经过 10 个阶段,可能会最多出现 10^{10} 种情况。这样大的博弈树不但不好绘制,同时也很难进行分析。所以,通常选择行为非常多或者博弈的阶段比较多时,博弈论中一般用文字描述或者函数形式进行表示。

第三节　完全且完美信息动态博弈经典案例

完全且完美信息动态博弈是人们生活与经济管理活动中最常见的一种博弈形式,也是当下其他领域应用博弈理论最常见的一种博弈类型。本节将通过"门票购买博弈""市场进入博弈"与"进入遏制博弈"来介绍完全且完美信息动态博弈。

1. 门票购买博弈

第 24 届冬季奥林匹克运动会,是由中国举办的国际性奥林匹克赛事,于 2022 年2 月 4 日开幕。这届冬季奥运会共设 7 个大项,15 个分项,109 个小项,由北京赛区承办所有的冰上项目和自由式滑雪大跳台,延庆赛区承办雪车、雪橇及高山滑雪项目,张家口赛区承办除雪车、雪橇、高山滑雪和自由式滑雪大跳台之外的所有雪上项目。由于此届冬季奥运会火爆,导致门票一票难求。

假设此次奥运会北京赛区只剩下一张免费的门票可供发放。小李和小王都是北京市的居民,他们两人都想获得这一张免费门票。两个人对这张门票的估值都是一样的,都是 100 元人民币。这张免费门票的发放规则是先到先得。为了能够获得这张免费门票,市民小李和小王可以选择两种交通工具去取票,即乘坐公共汽车,或者乘坐出租车。很明显,不同的交通工具的成本也是不同的。每人每次乘坐公共汽车的价格为 5 元人民币,乘坐出租车的花费比公共汽车高,需要 50 元人民币。出租车的时速远远高于公共汽车。如果市民小李下班时间早于市民小王下班时间,市民小李可以早一步行动;市民小王由于下班时间较晚,则稍晚行动。稍晚行动的市民小王是可以观察到市民小李的行动的。如果市民小李选择乘坐公共汽车,市民小王也选择乘坐公共汽车,那么市民小李就会优先到达,获得这一张免费门票。此时,市民小李获得的效用是 95(门票的估值 100 减去乘坐公共汽车的花费 5 元),而市民小王的收益为−5(尽管没有拿到门票,但是也花费5元乘坐了公共汽车)。第二种情况,如果市民小李乘坐公共汽车,而市民小王选择乘坐出租车,由于出租车的速度远远高于公共汽车,所以市民小王先一步到达获得免费的门票。此时,市民小王的效用为50(门票的估值100减去出租车花费的成本50元人民币),而市民小李获得的效用为−5(没有获得门票,但乘坐公共汽车花费了成本5元)。第三种情况,如果市民小李选择乘坐出租车,市民小王选择乘坐公共汽车,那么市民小李最先到达获得免费门票。这样市民小李获得效用是50(门票的估值100,减去乘坐出租车花费的50元人民币),而市民小王获得的效用为−5(没有获得门票,并且乘坐公共汽车花费了5元成本)。第四种情况,如果市民小李乘坐出租车,市民小王也乘坐出租车,那么市民小李优先到达,可以获得效用为50(门票的估值100,减去乘坐出租车的50元人民币),而市民小王的效用为−50(乘坐出租车花费了50元的成本,并且还没有获得免费门票)。

在该博弈中有两个博弈方分别是市民小李和市民小王。并且由于市民小李先下班,所以他是先行动的博弈方。市民小王的下班时间晚于市民小李,所以他是后行动的博弈方。因此两个博弈方之间的行动存在先后顺序,属于动态博弈。且该博弈是小李先行动、小王后行动,所以动态博弈具有两个博弈阶段。在博弈的第一阶段,市民小李可选行为有"乘坐出租车"和"乘坐公共汽车"两个;在博弈的第二阶段,市民小王的可选行为同样有"乘坐出租车"和"乘坐公共汽车"两个。因此,可以将该博弈通过博弈树进行表示(见图13-2)。

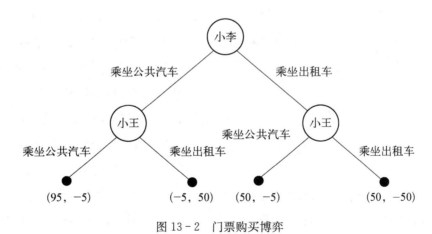

图13-2 门票购买博弈

与此类似的例子不仅仅发生在生活中,更多的是发生在企业管理中,如市场进入博弈的例子。

2. 市场进入博弈

众所周知,可口可乐公司(Coca-Cola)和百事可乐公司(PepsiCo)是两家世界知名的饮料公司,都是全球最大的饮料制造商之一。可口可乐公司成立于 1886 年,总部位于美国乔治亚州亚特兰大。百事可乐公司成立于 1965 年,总部位于美国纽约威斯特彻斯特郡。这两家公司在全球范围内竞争激烈,它们的产品在市场上有着广泛的影响力,并且在不断创新和推出新产品以满足消费者需求的同时,也积极开展市场营销活动以保持竞争优势。

对比两家企业,可口可乐在市场占有方面的优势显然强于百事可乐,百事可乐进入可口可乐现有市场时存在市场进入博弈。假设现在有一个海外市场 W,由于可口可乐先一步抢占了市场 W,并且其年盈利可达到 500 万美元。而百事可乐公司正在考虑是否进入市场 W。此时,百事可乐公司有两种可以选择的行为:"进入"或者"不进入"(市场 W)。如果百事可乐选择进入市场 W,那么势必会影响可口可乐现在的盈利。因此,可口可乐面对百事可乐进入市场也有两种对策,分别为"打击"与"默许"。如果可口可乐对于百事可乐进入市场选择"打击",例如,发动价格战或者广告战等,那么百事可乐将会面临 200 万美元的经济损失,而可口可乐也会由于发动价格战或者广告战遭受 100 万美元的损失。如果可口可乐选择默许(可能由于发动价格战的成本过高),那么百事可乐公司将会获得 100 万美元的盈利,而可口可乐公司也将获得 200 万美元的利润。

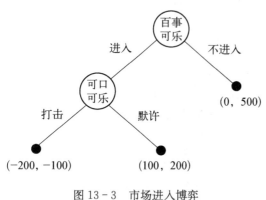

图 13 - 3　市场进入博弈

在这个博弈中,有两个博弈方分别是可口可乐和百事可乐。百事可乐先行动(选择是否"进入"市场),可口可乐后行动(选择"打击"或者"默许"百事可乐的行动)。因此,这个博弈同样是两阶段的完全信息动态博弈,我们同样可以通过博弈树的形式对该博弈进行表示(见图 13 - 3)。

实际上,这种市场上竞争企业通过选择不同行为来阻止企业进入自己行业的博弈有很多,而且时时发生在现实的各个行业中。因为进入代表企业间会存在竞争,竞争会导致企业失去垄断,或者要分一部分市场给竞争对手,处于优势行业的每个企业都将面临这个问题。

3. 进入遏制博弈

芯片是电子设备中的核心部件,用于存储、处理和传输信息,广泛应用于计算机、通信、汽车、医疗、工业控制等各个领域。我国是全球最大的芯片市场之一,拥有庞大的消费市场和制造基地。虽然,我国的芯片行业由于市场需求量激增,以及政府政策支持正处于快速发展阶段。但是,由于技术水平限制、自主创新能力不足,再加上国际上的激烈竞争与遏制,导致我国的芯片行业发展受到了极大的挑战。在此背景下,企业间的进入遏制博弈由此而产生。

假设 C 企业是国内某手机芯片制造商。目前 C 企业由于政策扶持生产芯片年产量达 300 万件,并且单价是 700 元,盈利为 11 亿元。不久前,C 企业了解到来自海外的一家智能手机企业 D 也正打算建立一个生产相同芯片的公司。如果 D 企业进入芯片领域,开始投资生产,那么市场上就存在两家企业供给手机芯片,每年的芯片供给量就会达到 600 万个,市场上的单价就会降低到 400 元,每家企业的利润都会降低到 2 亿元。为了遏制 D 企业进入芯片领域,C 企业也可以采取建立新工厂进行应对。此时,若 D 企业进入芯片市场,市场上将有三家工厂,总供应量高达 900 万个,芯片市场单价将降至 200 元,最后 C 和 D 企业都亏损 4 亿元。因此,该博弈问题是 D 企业要不要进入市场? C 企业要不要通过建新厂来遏制 D 企业进入市场? 此博弈中,C 企业存在两个可选行为:建立或者不建立新的工厂。D 企业的策略也有两个:进入或者不进入芯片制造领域。

类似地,该博弈中也有两个博弈方,即 C 企业和 D 企业。并且 D 企业先行动,决定是否要进入芯片领域。C 企业在观察到 D 企业的行动后再行动,决策建立或者不建立新工厂。由此,我们也可以通过图 13-4 所示的博弈树将该动态博弈表示出来。

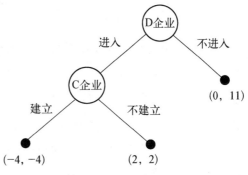

图 13-4　进入遏制博弈

实际上,完全信息动态博弈在管理决策中的应用非常常见。如供应链上下游企业间的采购博弈、技术投资合作博弈、竞争合作博弈等。而且很多在第二篇完全信息静态博弈中介绍的案例,也可以通过构建博弈方先后决策的顺序转化为完全且完美信息动态博弈。例如,我们在第七章中提到的"性别战博弈",若该博弈中的一方在彼此相处中掌握更多的话语权,因此可以先决定,那么另一方根据该方的决定再进行决策。假设我们以女士优先,先让女人做决策,再让男人做决策。此时,两人仍然都有"足球"与"芭蕾舞"两个可选行为。那么该博弈中男人具有四种应对战略:第一种战略是追随战略,即女人选什么,男人就选什么;第二种战略是对抗战略,即女人选择什么,男人就偏不选择什么;第三种战略是无论女人选择什么,男人都要选择自己喜欢的足球演出;第四种战略是无论女人选择什么,男人都选择女人喜欢的芭蕾舞表演。按照以上分析,虽然该完全且完美信息动态博弈最终的博弈结果可能性仍然和完全信息静态博弈一致,即可能出现策略组合(芭蕾舞,芭蕾舞)、(足球,足球)、(芭蕾舞,足球)和(足球,芭蕾舞)。但是聪明的你一定可以想到,在该博弈的动态博弈下,如果先决策的一方确定了一种策略,另外一个博弈方必定会迎合该选择,因为只有这样才能够获得正的得益,否则只能一拍两散,什么也得不到。在这种情况下并不会出现像完全信息静态博弈时可能出现的博弈结果(芭蕾舞,足球)和(足球,芭蕾舞)。由此可见,完全且完美信息动态博弈的分析与完全信息静态博弈有着本质上的不同。

第四节　完全且完美信息动态博弈的特征

完全且完美信息动态博弈除了依据定义具有各博弈方先后顺序决策与各博弈方对彼此博弈得益结果、博弈进程信息的完全掌握两个特征,在策略、结果及各博弈方地位方面具有自身不同于完全信息静态博弈的特征。

1. 动态博弈的策略

在静态博弈中,博弈方同时且一次性选择的行为就是博弈方的策略。这些策略组合所对应的结果就是博弈的结果。但是在动态博弈中,各个博弈方不仅仅是有先后顺序的,而且博弈方的选择可能不止有一次,有些博弈方的选择甚至有很多次,这里不同阶段的多次行为之间其实是有内在联系的,并不是分割的不同整体。简而言之,动态博弈中各博弈方需要为自己的多次行动制定一个完备的行动计划。因此,在动态博弈中,研究某个博弈方某个阶段的行为,或者将博弈方的某个阶段的行动从整个博弈阶段中割裂开去研究是没有意义的。动态博弈中博弈方的决策是决定博弈结果的关键,且决策的并不是博弈方单个阶段的行为,而是整个动态博弈过程中,各个博弈方基于前面阶段的各种情况来做出的行为选择和行为的完整计划。这种计划就是动态博弈中博弈方的"策略"。例如,在仿冒与反仿冒博弈中,如果企业 A 选择行为路径:"在第一阶段仿冒,如果第二阶段企业 B 制止,第三阶段企业 A 就选择不仿冒,否则第三阶段继续选择仿冒",这是仿冒企业 A 的一个"策略",而企业 A 在第一阶段与第三阶段的选择行动,分别称为一个"行为"选择。而被仿冒企业 B 选择行为路径:"在第一阶段企业 A 仿冒时第二阶段不制止,但在第三阶段企业 A 继续仿冒时,企业 B 第四阶段选择制止",组成了被仿冒企业 B 的一个"策略",而企业 B 在第二阶段与第四阶段的行动,称为一个"行为"选择。例如"囚徒困境博弈",最终每个犯罪嫌疑人选择的策略都是"坦白"。这里,完全信息静态博弈中的策略只是一种选择行为,即便是混合策略也是带有概率分布的选择行为,各博弈方的策略仍然都是一个行为的选择。而在完全且完美信息动态博弈中,由于每个博弈方在博弈的不同阶段都需要做出行为选择,而每次行为选择又受之前阶段其他博弈方行为选择的影响。因此,完全且完美信息动态博弈的策略就变为是一种应对之前博弈方不同阶段的不同行为选择的完整的、所有阶段的计划行为选择的策略。这是动态博弈中"策略"的特征,也是动态博弈区分于静态博弈最为重要的地方。

2. 动态博弈的结果

关于动态博弈的结果,包括各个博弈方采取的策略组合,实现博弈的路径及各个博弈方的得益。例如,在仿冒与反仿冒博弈中,如果企业 A 在第一阶段选择仿冒,企业 B 在第二阶段选择不制止,则企业 A 在第三阶段继续选择仿冒,企业 B 在第四阶段选择制止。此时企业 A 和企业 B 实施上述的策略组合就会形成一条连结各个阶段的路径。最后两个企业的得益都是 2 单位,对应图 13-1 所示实心点下的得益数组。上述提到的企业 A 和企业 B 的策略组合、以及实施该策略后形成的路径与实心点下的得益数组同时构成了该动态博弈的结果。

3. 各博弈方地位不对称

由于动态博弈中各博弈方的行为有先后顺序,而且后行为的博弈方能够观察到先行为博弈方的行为,所以动态博弈中各个博弈方地位是不对称的。这点与静态博弈有明显不同。一般情况下,我们直觉认为后决策的博弈方可以根据先决策的博弈方的决策来做出自己的决策,这样的决策可以避免盲目性,因此处于较为有利的地位。但是,获得信息较多的博弈方就一定处于有利地位吗?答案是不一定的,因为对于单人博弈来说,个人会尽可能地追求自身利益最大化,所以获得的信息越多越有助于个人做出最优化的决策。但对于两人或者多人博弈来看,有时信息较多的博弈方反而不一定获得更大的利益,这一点将在接下来的部分案例的动态博弈求解结果中有所体现。

第十四章
纳什均衡适用性问题

动态博弈中各博弈方具有行为选择的先后顺序,使得各博弈方在进行决策时只会以当下对自己最有利的思维进行选择。因此,不论之前行为的博弈方有任何的许诺与威胁都将不起作用。本章通过介绍完全且完美信息动态博弈中各博弈方的序贯理性行为,来阐述这类博弈中的许诺可信性与威胁可信性,进而说明用于分析完全信息静态博弈的纳什均衡不适用分析动态博弈。

第一节 序 贯 理 性

根据 1994 年德国经济学家、诺贝尔经济学奖得主莱茵哈德·泽尔腾(Reinhard Selten)教授的思想,在一个动态博弈中,博弈方如果是理性的,他应该不管事先制定的计划如何,他在新的时间点上做出的决策都要依据当时的情况选择自己最优的行为。在博弈论中,将动态博弈中的这种理性称为"序贯理性",有些书中也称为"相机选择"行为。因为它要求博弈方在一个接着一个的博弈决策点上都要选择最优的决策。这和静态博弈中要求博弈方在博弈前一次性选择最优的行动相比较而言,要求更高了。

该理性表现出了事情发展往往计划赶不上变化,所以事前制定一个完备且最优的行动计划是一件困难的事。这时,随机应变且事后的调整就会显得非常重要了。正所谓"将在外,君命有所不受"。接下来,我们通过一个"挖金矿博弈"来说明动态博弈的各博弈方的序贯理性行为。该博弈讲述的是甲和乙是两个好朋友,甲去淘金时发现了一个一定能够开采出金子的地方。但是开采金子需要有一定的设备,这些设备的购买需要 1 千万元。如果这个地方能够开采出 4 千万元的金子。但是甲没有钱,所以他就找到了自己的好朋友乙,向他借 1 千万元钱,并承诺如果开采出金子,就会与乙进行平分。乙很犹豫,如果甲信守承诺,他投入 1 千万元,最后可以净赚 1 千万元。如果甲不信守承诺,那么甲开采出金子后可能会卷钱逃跑,那么乙不仅不会赚到钱,同时还会赔掉开始借给甲的 1 千万元。那么在这个博弈中乙到底要不要借给甲钱呢? 当开采出金子时,甲会不会与乙进行平分呢?

这个博弈实际上是一个两阶段的完全且完美信息动态博弈,第一阶段是乙决策是否要借给甲 1 千万元钱,因此他有两个可选行为,即"借"和"不借"。如果乙选择"不借",那么他将保有这 1 千万元,甲因为没钱所以也不能开采黄金,因此收益为 0;如果乙选择"借"钱给甲,那么进入了这个博弈的第二阶段,即甲开采到黄金后决策是否信守承诺与乙进行对半分。所以,该博弈的第二阶段中,甲进行行为选择,可选行为有两个,分别为"分"和"不分"。如果在第二阶段,甲信守承诺与乙进行平分,那么他们都可以获得 2 千万元的收益。如果在第二阶段,甲没有信守承诺,那么乙将什么钱也没剩,收益为 0,甲的收益为 4 千万元。我们可以通过第一节学习的博弈树将这个博弈进行表示(见图 14-1)。

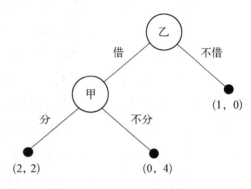

图 14-1 挖金矿博弈

接下来,我们来分析甲和乙在这个博弈中将如何决策。首先,该动态博弈第一阶段是乙进行决策,选择是否要借钱给甲。因为,在此之前并没有其他博弈方进行行为选择,换句话说,乙是最开始决策的博弈方,所以他实际上需要分析这个博弈所有可能带来的情况,然后选择一个对自己最有利的情况做当下的决策。例如,如果他不借钱给甲,自己可以保有原来的 1 千万元,如果他选择借钱给甲,此时他的结局就完全取决于甲,他会像完全信息静态博弈一样会预想甲的所有选择,然后对比自己的得益。那么,甲挖出金矿后会不会与乙平分收益呢? 答案显然是否定的。如果甲选择与乙平分收益,那么他会得益 2 千万元;如果甲选择不分给乙,那么他将获益 4 千万元。依据博弈的理性人假设,甲一定会选择不分给乙,然后获得 4 千万元的得益。再依据博弈的理性共识假设,乙自然也会知道甲的这种选择。那么就意味着只要自己选择借钱给甲,自己就会什么也不剩,那还不如一开始就不借。所以最开始乙会选择"不借"。

可见,通过以上对这个动态博弈中甲和乙在轮到自己决策时的思维与策略选择的分析,可以很清晰地解释动态博弈中的序贯理性行为,或者叫相机选择行为。所以,动态博弈中各博弈方的序贯理性行为使得各博弈方在轮到其选择时,都选择该时点使其得益最大的行为。整个完全且完美信息动态博弈的结果就是由各博弈方在轮到其选择的阶段时的最优行动构成的。从我们以上的分析也可以看出,只要是存在先后决策的博弈,即所有的动态博弈,博弈方都具有序贯理性行为。因此,本书之后要讲的完全但不完美信息动态博弈的结果也是由各博弈方在轮到其选择的阶段时的最优行动构成。

第二节　许诺的可信性

动态博弈的中心问题就是可信任性问题,这里的可信包含许诺的可信性与威胁的可信性两个问题。其中,许诺可信性是指博弈方对其他博弈方所发出的承诺的真实性和可信度的评估。本节将继续通过上一节介绍的挖金矿博弈介绍许诺可信性问题。

在挖金矿博弈的分析过程中,实际上乙选择是否借钱的关键是判断甲的许诺可信性问题。依据博弈论中理性人假设与理性共识假设,所有的博弈方都是以自身得益最大化为目标的,博弈中的所有博弈方也都知晓这一点。所以,当甲进行决策是否真的按照之前的许诺与乙平分挖出来的金矿收益时,甲不会考虑道德因素,只会根据当下自己的得益最大化的原则来选择自己的行为。因此,他自然会选择"不分"。这也和我们在上一节介绍的动态博弈中各博弈方决策时的序贯理性行为相一致。所以在图 14-1 所示的挖金矿博弈中甲的许诺并不可信,这一点乙也会分析到。事实上,即便在某个博弈中轮到决策的博弈方按照之前的许诺进行了策略选择,即许诺变得可信了,那么也是因为该博弈方在当下决策时选择之前许诺的策略可以使自己的得益最大,而不是因为他许诺了才选择的这个策略。例如,在图 14-1 所示的挖金矿博弈中,如果甲选择将挖出来的金矿收益与乙进行平分,乙会对甲有很高的认可,进而会将自己当下的企业与甲共同进行经营,并分给甲一半的股份。我们假设这个企业一定会盈利,盈利额为 5 千万元,由于甲具有一半的股份所以 100% 能从经营这个企业中分到 2.5 千万元的收益。此时,如果甲挖出金矿后信守承诺分给乙一半的收益,不是意味着自己只能剩下 2 千万元的收益,而是意味着自己除了获得这个收益外,还会获得与乙经营公司的 2.5 千万元的收益,所以此时的总得益变为 4.5 千万元。我们更新一下该动态博弈,并用图 14-2 所示的博弈树进行表示。

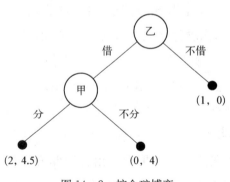

图 14-2　挖金矿博弈

在这个新的挖金矿博弈中,可以发现如果乙借钱给甲,轮到甲进行决策时,由于他与乙进行平分时的得益为 4.5 千万元,大于不与乙进行平分时的得益 4 千万元。因此,理性的甲一定会选择与乙进行平分。当然,乙也会预见到甲的选择,所以他一开始也会借钱给甲。这样甲也会信守承诺与乙平分挖金矿的收益。在图 14-2 的挖金矿博弈中,甲的许诺就是可信的。通过以上的分析我们可以看出,之所以甲的许诺是可信的不是因为他想信守许诺,而是他选择信守许诺会给自己带来更大的收益。所以,在动态博弈中,各博弈方的许诺有时是不可信的,有时是可信的,这主要取决于各博弈方的序贯理性行为。总结来说,动态博弈中各博弈方的许诺存在不可信的可能。

这个结论看似与我们现实生活中很多人向朋友借钱,朋友还是会借的现象不一致。主要是在现实生活中,很多人的博弈不是一次的,可能是很多次的,所以借钱的人会顾及长时间合作的问题。如果不信守许诺,可能就会失去这个朋友,甚至可能会导致自己以后都没有朋友了。而这带给借钱人的感知损失比还钱感知的损失大多了。因此,借钱人会选择信守许诺。有的时候借钱人可能并不一定会奢望和借给他钱的人继续交往,但是仍然会信守许诺,这主要是因为不信守许诺或者不还钱给自己的内心道德带来的负罪感会更大。因此,如果我们将博弈中各博弈方的心理等各种因素转化为效用,融入各博弈方的得益中时,可能结果与我们现在分析的结果有差异。但不论如何,当把这些心理因素融入各博弈方的得益时,他们的判断仍然是满足序贯理性的。只是此时不是只衡量金钱的利益,还带有一些其他的效用因素,导致结果与我们仅考虑金钱利益的结果不同,但各博弈方仍然是依据此时给自己带来最大的效用的目标来选择策略行为的,是符合序贯理性的,也可以说明即使选择与许诺相一致的策略,那也是因为当下这个策略给该博弈方带来的效用是最大的。这也是现实生活中在借钱问题上有人会信守承诺还钱,有人却选择了不信守承诺赖账的原因所在。

第三节 威胁的可信性

通过之前挖金矿博弈的分析,发现许诺的不可信导致甲和乙二人不可能合作。这主要是因为乙判断在甲的许诺不可信时他会损失掉 1 千万元本金。这当然不是挖金矿博弈的最佳结局。因为金矿没有挖成功,原本可以通过挖金矿获得额外 3 千万元的社会价值没有实现。有没有办法使甲的许诺变得可信,或者说让甲在挖完金矿后,通过序贯理性自愿与乙平分挖金矿的收益呢?这样,乙就会选择借钱给甲,甲也会去挖金矿,与乙平分收益。事实上这是可能的,关键是必须增加对甲的不分钱给乙的行为的制约机制。

　　在图 14-1 所示的挖金矿博弈中，当甲选择不给乙平分收益时，乙并没有使用任何手段去维护自己的利益，只能在选择之初就不借钱给甲，采取这种消极的方法来避免自己受骗。但如果乙在甲违约时，可以采取一些手段来保护自己，强制甲进行履约。例如，乙通过法律诉讼等方式维护自己的权益，那么情况有可能会有所改变。

　　我们按照这个思路对挖金矿博弈进行完善。由于诉诸法律通常来说就是打官司，而打官司一般都需要耗费时间、金钱等成本。因此，我们假设对于两个人来说打官司会损失掉 1 千万元的成本。因此，最终官司打赢后，乙获得 2 千万元的收益减去 1 千万元的打官司成本，自己净剩 1 千万元。而甲由于官司输了，需要信守承诺，与乙平分挖金矿的收益。他平分后的 2 千万元收益减去迎战乙打官司的 1 千万元成本，最后也只剩下 1 千万元。因此，该挖金矿博弈在增加了甲不平分时乙可以选择是否打官司的过程，由两阶段博弈变为三阶段博弈。前两个阶段与图 14-1 所示一致，第三阶段是当甲选择"不分"后，轮到乙进行决策，此时他有两个选择行为，即"打"和"不打"。且当乙选择"打"时，甲和乙的得益都为 1 千万元；当乙选择"不打"时，甲的得益是 4 千万元，乙的得益为 0 元。我们可以将这个三阶段的挖金矿博弈通过图 14-3 所示的博弈树进行展示。

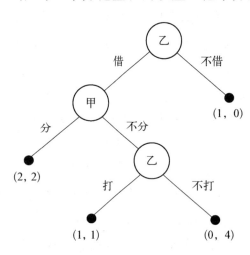

图 14-3　考虑打官司的挖金矿博弈

　　分析图 14-3 所示的新的挖金矿博弈，可以发现当轮到甲进行决策时，甲选择"分"还是"不分"，取决于自己选择"不分"后乙的行为选择。如果乙选择了"打"，那么自己的得益 1 千万元还不如挖完金矿后与乙进行平分的得益 2 千万元。所以甲就会选择"分"，信守承诺。但是如果乙选择"不打"，那么结果与图 14-1 所示的一致，因此乙的不打使得我们加入的动态博弈的第三阶段无效，甲不分时获得的 4 千万元得益要优于他选择分时的 2 千万元得益。此时，甲就会选择"不分"。那么到底当甲选择"不分"时，乙会不会选择打官司呢？这要从乙此时的得益角度进行思考。当甲选择不与乙平分挖金矿收益时，乙如果选择打官司，虽然会劳民伤财，不能获得他想要的 2 千万元的收益，但是至少最后剩余 1 千万元的收益，要比他选择"不打"好。所以依据动态博弈中各博弈方的序贯理性行为，第三阶段乙一定会选择"打"官司；甲也知晓乙的选择，因此在博弈的第二阶段会自动选择"分"金矿的收益；这样博弈的第一阶段乙也会选择"借"给甲 1 千万元。

这里,乙在博弈第三阶段选择与甲打官司可以看成是对甲的"威胁"。因此,就引申出除了许诺可信性以外动态博弈中的另一个可信性问题,即"威胁可信性"。与许诺可信性类似,威胁可信性是指博弈方对其他博弈方所发出的威胁的真实性和可信度的评估。通过上述对三阶段挖金矿博弈的分析过程可以发现,乙的打官司威胁是具有可信性的。这主要是因为乙选择打官司要比不打官司获得的得益大。试想一下,如果打官司的成本非常大,或者时间非常长以至于影响甲和乙从事其他的经营活动,使得打官司的成本对他们来说相当于损失 2.5 千万元。因此,乙如果选择打官司,两个人的剩余得益都为-0.5 千万元(见图 14-4)。

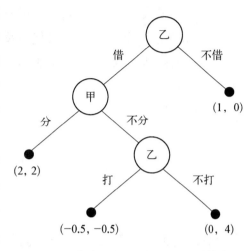

图 14-4 打官司成本很大时的挖金矿博弈

那么,当轮到第三阶段乙做决策时,他还会选择同甲打官司吗? 答案肯定是否定的。因为依据动态博弈序贯理性的要求,在博弈的第三阶段乙只会以自己得益最大为目标来进行选择,选择打官司自己的最终得益为-0.5 千万元,选择不打官司自己的最终得益为 0 元。理性的乙此时一定会选择"不打"官司。虽然在第三阶段乙选择打官司,甲也会损失,看似是对甲构成了威胁,但是甲的这种损失并没有给乙带来任何的好处,这种行为只会让乙自己也损失 0.5 千万元。所以,在这种情况下,即便一开始博弈时,乙威胁甲如果不平分挖金收益他会选择打官司,但是真的到了甲不分的时候,乙也不会真的打官司。此时,乙的威胁是不可信的。甲也知道当自己挖出金矿不与乙平分的时候,乙的打官司只是说说而已,并不会真的打官司。因此,当乙借钱给甲后,甲挖出金矿并不会真的与乙进行平分。当然,乙自己在第三阶段选择"不打"及甲在第二阶段选择"不分",乙在博弈的第一阶段都可以预判到。所以,一开始乙就不会借钱给甲,即在第一阶段选择"不借"。所以在图 14-4 所示的挖金矿博弈中,不仅甲的许诺不可信,乙的威胁也不可信。

通过以上的分析可以发现,在动态博弈中,同许诺一样,威胁也存在不可信性。换言之,即便在有的博弈中,某个博弈方的确按照他之前的威胁进行行为选择,如图 14-3 所示的挖金矿博弈中乙真的在甲选择"不分"收益时选择了"打"官司。这种选择是因为该博弈方选择这个威胁的行为会使自己的得益最大,即依据序贯理性来做出的决策,而不是因为被威胁而选择。因此,通过本节的分析可见,动态博弈中的威胁有时是可信的,有时是不可信的,主要依据是做选择时博弈方的序贯理性行为。但是总的来说,动态博弈中的威胁存在不可信性。

此外,通过图14-3与图14-4两个挖金矿博弈的对比不难发现,在一个各有私心的成员所组成的社会中,完善公正的法律制度不仅可以保证社会公平,还能够提高经济活动的效率,是实现社会最优效率下分工的重要保证。这个道理在公司的制度设计中也同样适用,如果一个企业的管理制度不能起到应有的作用,那么员工将无法朝着正确的方向前进。

第四节　纳什均衡适用性问题

本书第二篇提到应用纳什均衡(纯策略纳什均衡与混合策略纳什均衡)来分析完全信息静态博弈。那么这个理论是否也适用于分析完全且完美信息动态博弈呢? 本节将对此详细介绍。

在完全且完美信息动态博弈特征介绍时提到,与完全信息静态博弈不同,这类动态博弈中各博弈方的策略是由所有动态博弈阶段组成的一个计划好的行动组合。例如,在仿冒与被仿冒博弈中,企业 A 的一个"策略"是"第一阶段仿冒,如果第二阶段企业 B 制止第三阶段就不仿冒,如果第二阶段企业 B 不制止第三阶段继续选择仿冒"。这似乎是只要我们将完全且完美信息动态博弈中所有博弈方的策略都列出来,就可以应用纳什均衡对其进行分析了。如图 14-4 所示的挖金矿博弈,如果我们将静态博弈的策略概念拓展到动态博弈后,乙的可选策略由动态博弈的第一阶段可选行为与第三阶段可选行为联合而成。因此,乙的可选策略有三个,分别为:

策略 1,第一阶段就不借钱给甲,即"不借"。

策略 2,第一阶段借钱给甲,但第三阶段与甲打官司,即"借—打"。

策略 3,第一阶段借钱给甲,但第三阶段不与甲打官司,即"借—不打"。

由于甲只在动态博弈的第二阶段有两个决策行为,因此转化成静态博弈时也只有两个可选策略,即"分"和"不分"。结合图14-4所示的结果,可以写出转化成静态博弈后不同策略组合下的得益数组(见图 14-5)。

对图 14-5 的得益矩阵应用划线法,可以得到一个纯策略纳什均衡的策略组合(借—打,分)。但是在本篇第十四章提到由于动态博弈中各博弈

	甲	
	分	不分
借—打	<u>2</u>, <u>2</u>	−0.5, −0.5
乙 借—不打	<u>2</u>, 2	0, <u>4</u>
不借	1, <u>0</u>	1, <u>0</u>

图 14-5　挖金矿博弈的得益矩阵

方决策时的序贯理性行为,在第一阶段乙不会借钱给甲。因为一旦乙借钱给甲,甲在第二阶段就不会信守承诺与乙平分挖金矿的收益。原因是甲知道在第二阶段自己选择"不分"时,乙并不会选择打官司。当然,如果动态博弈进入第三阶段,乙根据序贯理性行为要求,真的选择不打官司。因此,动态博弈分析的结果与纳什均衡得到的结果并不同。换言之,纳什均衡并不能用于分析完全且完美信息动态博弈。

纳什均衡不适用于完全且完美信息动态博弈分析的核心原因在于纳什均衡在分析动态博弈时具有内在的不稳定性。依据承诺与威胁的可信性分析可知,如果甲在第二阶段选择不分钱给乙,乙在第三阶段的打官司是不可信的,因为这个行为对乙自身也是不利的,按照序贯理性要求,乙在任何决策时都会追求符合自身利益的最大化。因此,乙不会在第三阶段去和甲打官司。基于理性共识假设,甲很清楚乙的这种想法。因此,不会相信乙会打官司这个威胁,在第二阶段不会选择分钱给乙。而乙也清楚自己的打官司威胁并不可信,同时甲的分钱承诺也不可信,所以从一开始就不会借钱给甲。

纳什均衡在动态博弈中缺乏稳定性的原因,主要来源于这种方法不能排除各博弈方策略中包括的不可信行为。由此而导致动态博弈中各博弈方按照序贯理性行使行为时,纳什均衡方法在分析动态博弈时出现失效现象。但通过以上挖金矿博弈应用纳什均衡的分析可以发现,动态博弈的分析方法除了要符合纳什均衡的基本要求以外,还需要排除博弈方策略中不可信的行为,即各种不可信的许诺和威胁,只有满足这样的均衡才是动态博弈的稳定性均衡,才能够对动态博弈做出有效的预测和分析。

第十五章
子博弈完美纳什均衡

1994 年诺贝尔经济学获奖者莱茵哈德·泽尔腾在 1965 年发表论文将纳什均衡概念引入动态博弈分析中,提出了构成完全且完美信息动态博弈均衡的概念,即"子博弈完美纳什均衡",又称为"子博弈精炼纳什均衡"(Subgame Perfect Nash Equilibrium, SPNE)。本节将系统介绍子博弈、子博弈完美纳什均衡及用于获得子博弈完美均衡的方法——逆推归纳法。

第一节 子 博 弈

在第十四章的分析中,我们发现纳什均衡无法将完全且完美信息动态博弈中的不可信行为排除。因此,需要一个能够排除不可信行为选择的均衡概念,来满足完全且完美信息动态博弈的分析需要。而在本书介绍动态博弈的许诺不可信与威胁不可信时,指出各博弈方之所以存在不可信行为主要是因为动态博弈中各博弈方轮到行为选择时存在序贯理性行为现象。例如,在图 14-4 所示的挖金矿博弈中,第一阶段乙选择"借"还是"不借"策略时,他不是根据之前的信息,而是根据之后博弈进行到第二阶段甲的选择行为与进行到第三阶段自己的选择行为做出满足其序贯理性的"不借"的选择;同时,第二阶段甲进行决策时,也是通过分析其后的第三阶段乙是否选择打官司的行为来做出满足当下他序贯理性的"不分"的选择;而当博弈进入第三阶段时,由于乙做完行为选择后博弈就结束了,所以他只思考自己当下选择"打"官司的得益大,还是选择"不打"官司的得益大,做出当下满足序贯理性的"不打"的选择。可见,当完全且完美信息动态博弈进入各个阶段时,轮到决策的博弈方只会思考其后的博弈中各个阶段的博弈方如何选择行为,然后选择使自己得益最大的行为。这很容易理解,因为每个博弈方只能影响到未来还未做决策的博弈方的决策，而不能影响到已经做决策的博弈方的决策。因此，为了分析完全且完美信息动态博弈的均衡，需要定义动态博弈中从各个阶段开始之后的博弈。为此，我们将一个完整的动态博弈定义为"原博弈"。对完全且完美信息每个阶段需要决策的博弈方建立基于其所观察到的所有博弈中可能发生的行动集合，并将该决策节点称为"信息集"。因此，如果动态博弈是完美信息的，每个信息集只能有一个博弈方，且只包含一个节点，并显示博弈所处的阶段及上一阶段的博弈方的选择行为，称之为"单点信息集"。否则，如果博弈是不完美信息的，意味着有的博弈方可能就不知道博弈的状态，以及自己周围的状况。在了解了原博弈与信息集的概念后，我们引入"子博弈"的定义。

定义 15-1　由一个动态博弈第一阶段以外的某个阶段开始的后续博弈阶段构成的，有初始信息集和进行博弈所需的全部信息，能够自成一个博弈，且为原博弈的一部分，称为原动态博弈的一个"子博弈"。

由此可见，子博弈是指动态博弈中满足特定要求的局部所构成的次级博弈。例

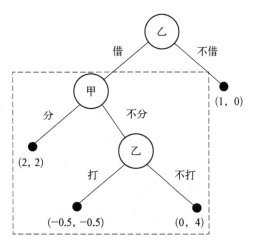

图 15-1　挖金矿博弈的一阶子博弈

如，在图 15-1 所示的挖金矿博弈中，在第一阶段后（即乙借钱给甲），进入到甲需要选择的第二阶段。此时，甲面对的是一个两阶段的完全且完美信息动态博弈，即在乙已选择借钱给他时，他要选择是否要分钱给乙。然后，乙在甲选择不分时选择是否打官司。很显然，轮到甲做决策时这个博弈过程属于一个完整的两阶段完全且完美信息动态博弈。这里称这个两阶段完全且完美信息动态博弈为原三阶段完全且完美信息动态博弈的一个"子博弈"，如图 15-1 中虚框的部分。

虽然虚框部分是一个子博弈，但它仍然是一个两阶段完全且完美信息动态博弈。因此，我们还可以进一步讨论他的子博弈问题。根据子博弈定义，在图 15-1 所示的虚框所表示的博弈中，当甲选择不分后，乙需要选择"打"官司还是"不打"官司。因此，该节点也是一个完整的初始信息集，且包含乙进行一人博弈的所有信息。因此，从博弈的第三阶段乙选择"打"或"不打"之后的所有部分被称为一个子博弈，如图 15-2 所示的虚框部分。

如果将两个子博弈合在一起看（见图 15-3），由于图 15-2 的子博弈是在图 15-1 所示的子博弈基础下获得的子博弈，因此可以称图 15-1 对应的子博弈为原博

弈的"一级子博弈",而称图 15-2 对应的子博弈为原博弈的"二级子博弈"。很明显，由于这个二级子博弈是单人博弈，所以挖金矿原博弈不能再有比二阶子博弈更高阶的子博弈了。因此，这两个虚线框表示原博弈中的两阶子博弈。如果动态博弈的阶段数更多，还可以存在更多阶的子博弈。

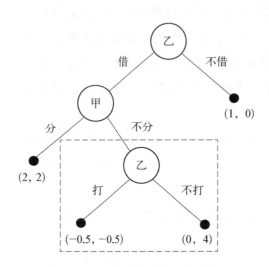

图 15-2　挖金矿博弈的二阶子博弈

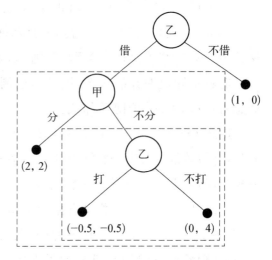

图 15-3　挖金矿博弈的所有子博弈

　　通常情况下，多个阶段的完全且完美信息动态博弈基本上都存在一级或者多级子博弈。例如，图 15-3 所示的三阶段挖金矿博弈，排除第一阶段乙的选择，该博弈由两个子博弈，分别为以上提到的从第二阶段甲选择开始到该动态博弈结束的一阶子博弈，及从第三阶段乙选择开始到该动态博弈结束的二阶子博弈。在此篇本章最开始提到的四阶段完全且完美信息动态博弈——"仿冒与反仿冒博弈"。当企业 A 第一个阶段选择仿冒之后，轮到企业 B 选择时，其可以选择的策略及后续双方的反应，构成了"仿冒与反仿冒博弈"的一级子博弈；当企业 B 在第二阶段选择不制止之后，轮到企业 A 第三阶段选择时，其可以选择的策略及后续双方的反应，构成了"仿冒与反仿冒博弈"的二级子博弈；当企业 A 在第三阶段选择仿冒之后，轮到企业 B 第四阶段选择时，其可以选择的策略及后续双方的反应构成了"仿冒与反仿冒博弈"的三级子博弈（见图 15-4）。

　　从这两个例子可以看出，完全且完美信息动态博弈的阶段数越多，子博弈的数量与阶层可能就越多。即使有时博弈中的策略呈现无限个，并且无法用博弈树进行表示，那么这类博弈也仍然存在子博弈。例如，存在无限多种策略的议价博弈中，每个博弈方都可以提出一个报价，都是博弈方的可选策略之一，这种博弈就无法用博弈树进行表示。但是在这类博弈中，当一个博弈方在动态博弈的某个阶段选择一个价格

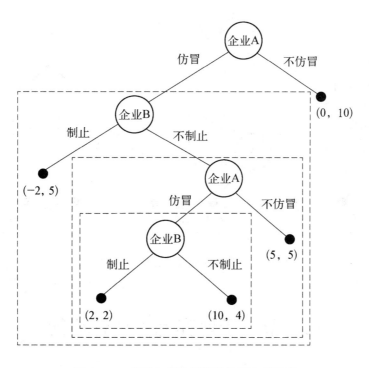

图 15-4 仿冒与反仿冒博弈的所有子博弈

后,从第二个博弈方(无论第二个博弈方是给出新的价格或者给出其他价格)开始,后续的博弈都可以构成该博弈的一个子博弈。

但需要注意的是,并不是所有完全且完美信息动态博弈都有子博弈,也不是动态博弈中的任何部分都能构成子博弈。实际上,从子博弈的定义来看,满足四层含义才能被称为是一个"子博弈"。第一层含义是原博弈不能成为自己的子博弈,因此子博弈不能从自己的第一个节点信息集开始,否则我们将分不清"原博弈"与"子博弈"的概念。第二层含义是子博弈包含所有在初始节点信息集之后选择的节点和终点,但是不包含不跟在此初始节点信息集之后的节点。有时,动态博弈的同一阶段可能包含多个子博弈。如图 15-5 所示,这个原博弈开始从第二个阶段开始包含两个一级子博弈,然后从第三阶段开始包含四个二级子博弈。第三层含义是子博弈必须从一个单点信息集开始。第四层含义是子博弈不分割任何信息集,也就是说,如果某个被选择的节点被包含在一个子博弈中,则包含该节点的信息集中的所有节点都必须包含在该子博弈中。由于在完全且完美信息动态博弈中不存在一个信息集包含多个博弈树节点,因此,这一层含义的具体解释将在本书介绍完全且不完美动态博弈理论时再论述。

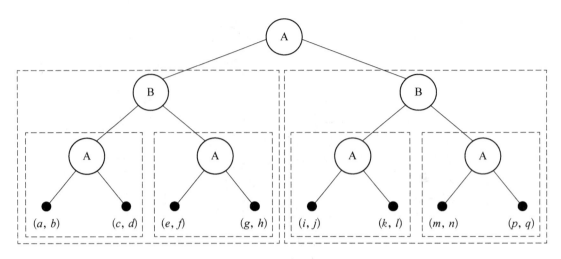

图 15-5　完全且完美信息动态博弈例子

第二节　子博弈完美纳什均衡

针对本书之前提到的"用于分析完全信息静态博弈的纳什均衡在分析完全且完美信息动态博弈时无法排除不可信的承诺与威胁"这一问题,泽尔腾提出了"子博弈完美纳什均衡"的定义。

定义 15-2　如果一个完全且完美信息动态博弈的一个策略组合满足在整个动态博弈及它的所有子博弈中都构成纳什均衡,那么这个策略组合被称为该博弈的一个"子博弈精炼纳什均衡",也可以称为"子博弈完美纳什均衡"。

从以上定义可以确定子博弈完美纳什均衡本身首先得是一个纳什均衡。同时,还要满足更强的条件,即对该完全且完美信息动态博弈的每一个子博弈来说,该子博弈完美纳什均衡都是一个纳什均衡。换句话说,如果我们通过博弈树考查一个纳什均衡,只要该动态博弈的任意一个子博弈不再是一个纳什均衡,那么所考察的纳什均衡就不是子博弈完美纳什均衡。例如,在本篇第十四章讲述纳什均衡的适用性时,我们将图 14-4 所示的挖金矿博弈由动态博弈转化为静态博弈,通过划线法分析出"第一阶段乙借钱给甲,第二阶段甲不分钱给乙,第三阶段乙打官司"是一个纳什均衡。但是在该纳什均衡中,如果我们来考查该挖金矿博弈的两个子博弈。对于二级子博弈,即从第三阶段乙的选择开始的挖金矿博弈的所有后续博弈,可以发现在该博弈中,乙的最优选择是"不打"官司。因为打官司的得益-0.5低于不打官司的得益 0。可见以上的纳什均衡在这个二级子博弈中并不是纳什均衡。所以,我们说这个纳什均衡具有不稳定性。

基于这个思路,我们可以将所有的策略组合都进行考查,容易发现纳什均衡"第一阶段乙选择'不借',第二阶段甲选择'不分',第三阶段乙选择'不打'"在该动态博弈及其两级子博弈中都是稳定的。首先,我们考查该动态博弈的二级子博弈。正如刚刚论述的乙会在第三阶段选择"不打"官司。因此,该均衡在二级子博弈中是纳什均衡。接下来,我们再考查一级子博弈,由于甲知道第三阶段乙会选择不与自己打官司,所以理性的甲会在第二阶段选择"不分"钱给乙,然后到第三阶段乙决策时也真的会选择"不打"官司。该纳什均衡对于这个完全且完美信息动态博弈的一级子博弈来说也是纳什均衡。最后,我们来考查这个动态博弈的原博弈,正如之前的分析,根据序贯理性要求,第二阶段甲选择"不分",第三阶段乙选择"不打"。因此,乙为了规避风险就会在第一阶段选择"不借"。由此可见,该均衡在原博弈下也是纳什均衡。所以这个纳什均衡才是挖金矿博弈的子博弈完美纳什均衡。

这里需要强调的是如果图 14-4 所示的挖金矿博弈按照上述的子博弈完美纳什均衡中各博弈方的选择行为进行行动时,其实第二阶段和第三阶段不会发生。这时,我们可以称第二阶段甲选择"不分"钱给乙和第三阶段乙选择"不打"官司的行为选择不在均衡路径上。一个子博弈完美纳什均衡必须对博弈方所在的所有节点都做出规定,并且包括那些不在均衡路径上的节点。而且不管是否在均衡路径上,都必须满足在相应的子博弈中构成纳什均衡,不能包括任何不可信的许诺与威胁,否则就无法保证这个策略组合是一个子博弈完美纳什均衡。根据以上的分析,由此可见,子博弈完美纳什均衡是比纳什均衡要求更高的均衡概念。如果要对动态博弈进行分析,需要找出子博弈完美纳什均衡,而且要判断一个策略组合是否是子博弈完美纳什均衡。

第三节 逆 推 归 纳 法

根据子博弈完美纳什均衡的定义,要求构成动态博弈的子博弈完美纳什均衡的策略组合在原博弈及它的所有子博弈上都构成纳什均衡。而根据纳什均衡的定义,要求动态博弈中各博弈方在每个子博弈上都会选择最优策略。依据动态博弈中各博弈方行为都满足序贯理性的要求,对动态博弈前一阶子博弈的分析需要用到后一阶子博弈(即前一阶子博弈的子博弈)分析的结论。例如,若分析图 14-4 所示的挖金矿博弈的一阶子博弈,即甲选择"分"或"不分"的最优策略,需要先分析该挖金矿博弈的二阶子博弈,即乙选择"打"与"不打"的最优策略。因为乙在第三阶段的选择会影响到甲在第二阶段选择不同策略下的得益。由此可见，若想考查某个策略组合在动态博弈及其所有子博弈下都是纳什均衡，即考查是否是该动态博弈的子博弈纳什均衡，势必要从最后一阶子博弈开始进行考查，再逐渐向前一阶子博弈推进考查。换言之，如果我们从动态博弈的最后一阶子博弈开始分析，获得其纳什均衡，并逐步向前一阶子博弈推进，分析其纳什均衡，直到分析到该动态博弈的原博弈，获得原博弈的纳什均衡，就是这个动态博弈的子博弈完美纳什均衡。

例如，若想获得图 14-4 所示的挖金矿博弈的子博弈完美纳什均衡，首先分析该博弈的二阶子博弈（即从第三阶段乙开始做选择到后续的所有博弈）的纳什均衡。由于该子博弈只包含一个博弈方乙，依据以往分析，他的最优策略是"不打"官司。然后再分析该博弈的一阶子博弈（即从第二阶段甲开始做选择到后续的所有博弈）的纳什均衡。由于理性共识假设，不仅乙清楚自己在该动态博弈第三阶段时选择"不打"官司，同样在第二阶段甲做决策时也清楚乙在第三阶段的选择。这就意味着如果甲选择了"不分"，他的得益为接下来乙选择"不打"时的得益 4 千万元，大于他选择"分"时的 2 千万元的得益。因此，满足序贯理性要求的甲会选择"不分"。由此，策略组合"甲在第二阶段选择'不分'，乙在第三阶段选择'不打'"构成了该动态博弈一阶子博弈的纳什均衡。接着我们来分析挖金矿博弈的原博弈，由于理性共识假设，当第一阶段乙进行策略选择时，他知道该动态博弈的一级子博弈的纳什均衡，即到了第二阶段甲选择不分钱给自己，而自己也会在第三阶段选择不与甲打官司。这意味着一旦乙借钱给甲，就会发生甲不分钱给乙。而我们在分析挖金矿动态博弈的一阶子博弈时提到，甲不分钱给乙意味着甲将获得 4 千万元得益（因为乙第三阶段不会选择打官司）。所以该挖金矿博弈中，乙借钱给甲意味着自己在这次动态博弈中得益为 0 元。理性的乙一定不会借钱给甲，即选择策略"不借"。可见，对于该挖金矿博弈的原博弈来说，策略组合"第一阶段乙选择'不借'，第二阶段甲选择'不分'，第三阶段乙选择'不打'"构成了纳什均衡，而该纳什均衡就是这个动态博弈的子博弈完美纳什均衡。以上分析过程及最后获得的策略组合正满足了对该动态博弈的原博弈及其所有子博弈是否是纳什均衡的考查。因此，挖金矿博弈最后以第一阶段乙选择不借钱给甲而结束，这个路径也被称为该完全且完美信息动态博弈的均衡路径。

总结上述获得均衡的分析过程，我们是从这个完全且完美信息动态博弈的最后一个子博弈的博弈方的最优行为选择开始分析，逐步倒推回前一个子博弈分析相应的博弈方的最优行为选择，一直倒推至原博弈分析相应博弈方的最优行为选择，博弈论中将这种分析方法称为"逆推归纳法"，也是获得子博弈完美纳什均衡的一种分析方法。看似我们在分析动态博弈时从最后一个策略选择的博弈方进行分析，但实际上在分析第一个决策博弈方的最优选择时,他一定会涉及分析动态博弈后续进行策略选择的博弈方的最优选择。这主要是因为博弈中各博弈方的策略选择具有相互依存性。所以,不论分析动态博弈哪一个阶段的博弈方的最优策略选择,都应该分析他的策略会给后续需要决策的其他博弈方进行最优策略选择的影响。同时,这个分析也是为了探索后续其他博弈方进行策略选择对该博弈方的最优策略选择的影响。这正是逆推归纳法的主要逻辑,详细论述如下:

逆推归纳法的思维逻辑: 在动态博弈的过程中,理性的先行动的博弈方,在先选择自己的策略行为时,必定会考虑到后行动的博弈方的选择。只有在最后一个阶段选择的博弈方,不再有后续阶段牵制的博弈方,才能直接做出明确的决策。而当后面阶段的博弈方确定了自己的行为选择后,前一个阶段的博弈方的行为就容易确定了。

综上,如果使用逆推归纳法,需要先从动态博弈的最后一个阶段开始分析。每次分析都确定出分析阶段中博弈方的最优选择行为和路径,然后再确定前一个阶段中博弈方的最优选择行为和路径。以此类推,直到确定动态博弈第一阶段的博弈方的最优选择行为和路径。当运用逆推归纳法到某个阶段,这个阶段以后和这个阶段的所有博弈方的最优选择行为和路径就都确定下来了。将动态博弈的所有阶段下的各博弈方的最优选择行为组合在一起就构成了该动态博弈的子博弈完美纳什均衡。且按照子博弈完美纳什均衡的策略组合从动态博弈第一阶段的博弈方开始执行最优选择行为形成的一条连贯的路径就是该动态博弈的均衡路径。例如,在挖金矿博弈中第一阶段乙选择"不借"结束该博弈,形成了博弈的均衡路径。但是挖金矿博弈的子博弈完美纳什均衡也规定了博弈未发生的第二阶段甲的最优选择"不分"和第三阶段乙的最优选择"不打"。所以对于一个完全且完美信息动态博弈的均衡分析,不仅需要规定均衡路径上博弈方的最优行为选择,同时也要规定不在均衡路径上的博弈方的最优行为选择。

事实上,仔细分析图 14-4 所示挖金矿博弈的子博弈完美纳什均衡寻找过程,不难发现逆推归纳法就是将多阶段的动态博弈转化为一系列单人博弈的问题,再通过对一系列单人博弈的分析,确定各个博弈方在各自阶段的最佳选择,最后对动态博弈的路径、结果,以及各博弈方的得益做出判断,归纳各动态博弈阶段中各博弈方的最优选择行为,最终得到整个动态博弈的子博弈完美纳什均衡。例如,在分析图 14-4 所示的挖金矿博弈中,我们先分析第三阶段中博弈方乙的"打"官司与"不打"官司选择,获得乙选择"不打"官司的最优行为。因此,当第二阶段甲选择"不分"时,博弈方乙和甲的得益与考虑第三阶段乙选择"不打"下两博弈方的得益相同,即乙得益为 0 元,甲得益为 4 千万元。所以我们可以将原三阶段挖金矿博弈简化为两阶段挖金矿博弈(见图 15 - 6)。同时也可以将这个过程看成是只分析第三阶段乙是否选择打官司的单人博弈。

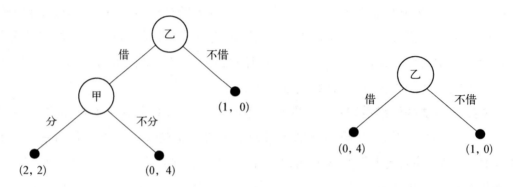

图 15 - 6　三阶段挖金矿博弈转化　　　图 15 - 7　两阶段挖金矿博弈转化
　　　　　为两阶段挖金矿博弈　　　　　　　　　为一阶段挖金矿博弈

　　接着,按照逆推归纳法继续分析图 15 - 6 新形成的两阶段挖金矿博弈中第二阶段甲选择"分"与"不分"挖金矿收益的一人博弈。此时,甲的最优选择是"不分"。所以,当第一阶段乙选择"借"钱给甲时,博弈方乙和甲的得益与考虑第二阶段甲选择"不分"下的两博弈方的得益相同,即乙得益为 0 元,甲得益为 4 千万元。所以,我们可以将图 15 - 6 所示的两阶段挖金矿博弈进一步简化为只有第一阶段乙决策的一阶段挖金矿博弈(见图 15 - 7)。同时也可以将这个过程看成是只分析第二阶段甲是否选择分钱给甲的单人博弈。

　　最后,依据逆推归纳法再分析图 15 - 7 中的一阶段挖金矿博弈。可见该博弈也是单人博弈,决策乙是否借钱给甲。容易看出,该单人博弈的最优路径是乙选择"不借"钱给甲。可见,这个博弈的子博弈完美纳什均衡的分析实际上就是逆序逐步分析三个单人博弈问题。

　　从本章对逆推归纳法寻找动态博弈子博弈完美纳什均衡的介绍发现,逆推归纳法确定各博弈方在各阶段的选择都是建立在后续阶段各博弈方理性选择的基础上的。从完全且完美信息动态博弈的最后一级子博弈开始,逐步找到博弈方在各级子博弈中的最优策略选择。正是由于逆推归纳法的这个分析思维,才满足完全且完美信息动态博弈各博弈方决策序贯理性的要求,排除掉了完全且完美信息动态博弈的不可信许诺和不可信威胁,使分析获得的策略组合对动态博弈本身及其各级子博弈都是纳什均衡,具有均衡的稳定性,构成了子博弈完美纳什均衡。这也是博弈论中逆推归纳法成为分析完全且完美信息动态博弈的主要方法的原因。

第十六章
子博弈完美纳什均衡的应用

在完全且完美信息动态博弈中,有时各阶段的博弈方只有一个,这种情况只需要应用逆推归纳法倒序从该博弈最后一阶段确定博弈方的最优选择,然后逐层向上优化每一阶段对应的博弈方的最优选择,并将所有博弈方的最优选择行为进行整合,就形成了该完全且完美信息动态博弈的子博弈完美纳什均衡。有时完全且完美信息动态博弈同一阶段的博弈方不只有一个,存在两个或两个以上的博弈方。在这种情况下,同样运用逆推归纳法,但优化同时具有多个博弈方的完全且完美信息动态博弈阶段时,变回了完全信息静态博弈问题。换言之,此时同阶层的两个或多个博弈方之间的博弈变为完全信息静态博弈问题。也就是说,该完全且完美信息动态博弈里面嵌套着一个或者多个完全信息静态博弈问题。博弈论中将每个阶段都只有一个博弈方的动态博弈称为"无同时选择的动态博弈"问题,若该博弈是完全信息且完美信息的,那么该博弈就称为"无同时选择的完全且完美信息动态博弈"问题。与之相反,博弈论中将存在某个阶段有两个或者多个博弈方的动态博弈称为"有同时选择的动态博弈"问题,若该博弈是完全信息且完美信息,那么该博弈就称为"有同时选择的完全且完美信息动态博弈"问题。本章将分别采用"寡头斯塔克博格博弈""劳资博弈""企业间议价博弈"与"两方委托代理博弈"来介绍逆推归纳法与子博弈完美纳什均衡在无同时选择的完全且完美信息动态博弈中的应用;然后分别采用"国际贸易关税博弈"与"多方委托代理博弈"来介绍逆推归纳法与子博弈完美纳什均衡在有同时选择的完全且完美信息动态博弈中的应用。

第一节　无同时选择的完全且完美
信息动态博弈分析

逆推归纳法是分析完全且完美信息动态博弈,获得子博弈完美纳什均衡的主要方法。本节通过在管理领域的几个经典的完全且完美信息动态博弈案例来介绍逆推归纳法与子博弈完美纳什均衡的应用。

1. 寡头斯塔克伯格博弈

在介绍完全信息静态博弈时,本书曾提到博弈论中经典的古诺模型博弈。古诺模型博弈考虑的是两个寡头的厂商生产同样的产品,同时决策各自的产量。但是在实际企业竞争中,两个厂商多数生产决策并不是同时的,或多或少存在先后的决策。如果市场长期由两家垄断企业所占领,那么两个垄断寡头企业或多或少可以知道对方的生产信息。这是因为两个寡头厂商进行产品产量决策是动态博弈的情况,这是博弈论中一个经典的案例,被称为"斯塔克伯格模型博弈"。该博弈是由德国经济学家 H. 冯·斯塔克伯格(H. Von Stackelberg)在 20 世纪 30 年代提出的。博弈假设市场上有两家企业,但这两家企业并不像古诺模型中具有同等地位,而是表现为一个企业比较强(被称为主导企业),一个企业比较弱(被称为跟随企业)。由于主导企业知道跟随企业一定会对它的产量做出反应,所以当它在确定产品产量时,把跟随企业反应也考虑进去。因此,有些博弈论书籍也将该博弈称为"主导企业模型博弈"。

斯塔克伯格博弈表现为两个企业在决策产品生产产量时,主导企业先决策产品产量,然后跟随企业再决策产品产量的完全且完美信息动态博弈。假设主导企业与跟随企业决策的产品产量被分别设定为 q_1 和 q_2。两企业可以选择的产品产量理论上可以有无限多。因此,该博弈属于无限策略完全且完美信息动态博弈。这类博弈很难通过绘制博弈树的方式展示,只能通过代数方式进行表示。当两个企业生产的产品产量比较多时,产品市场会存在供大于需的情况。基于经济学原理,这里假设产品的市场出清价格与产品市场总供应量的关系为 $P(Q)=8-Q$,这里 $Q=q_1+q_2$。为分析方便,不考虑生产的固定成本,并设定两企业生产产品的边际生产成本相同,即 $c_1=c_2=2$。因此,主导企业与跟随企业的利润可以表示为

$$u_1=u_1(q_1, q_2)=P(Q) \times q_1 - c_1 \times q_1 = q_1 \times [8-(q_1+q_2)] - 2q_1$$
$$=6q_1 - q_1q_2 - q_1^2$$
$$u_2=u_2(q_1, q_2)=P(Q) \times q_2 - c_2 \times q_2 = q_2 \times [8-(q_1+q_2)] - 2q_2$$
$$=6q_2 - q_1q_2 - q_2^2$$

可见,u_1 和 u_2 的表达式与古诺模型博弈中完全一致。接下来运用逆推归纳法的分析思路,首先从该动态博弈的最后一个阶段中跟随企业产量开始优化。容易知道,跟随企业决策时已知主导企业的产品产量 q_1,通过优化自己的产品产量 q_2,目的是

使自己企业的利润 u_2 收获最大。因此,我们对 $u_2(q_1,q_2)$ 求关于 q_2 的一阶导数,并应用高等数学中的一阶条件,有

$$6-q_1-2q_2=0$$

进而得到跟随企业选择的最优产品产量(q_2^*)关于主导企业选择产品产量的反应函数

$$q_2^*=3-\frac{1}{2}q_1$$

容易发现,该反应函数也同古诺模型博弈中一致。当然,跟随企业这样反应主导企业是知道的。所以,主导企业在第一阶段选择自己的产品产量优化利润的时候就会将跟随企业的这个反应考虑进去。换言之,在主导企业的利润函数 $u_1(q_1,q_2)$ 中,跟随企业的产品产量就为 $q_2^*=3-\frac{1}{2}q_1$。 因此,我们可以进一步简化主导企业的利润表达式为

$$u_1=u_1(q_1,q_2^*)=6q_1-q_1\left(3-\frac{1}{2}q_1\right)-q_1^2=3q_1-\frac{1}{2}q_1^2=u_1(q_1)$$

这样,主导企业的利润函数转变为只关于自己决策产品产量的一元二次函数。此时,主导企业也是通过优化自己的产品产量,使自身利润最大化。因此,同样应用高等数学中一阶条件,得

$$3-q_1^*=0\Rightarrow q_1^*=3$$

所以,主导企业的最优策略是生产 3 单位的产品。将该结果代入到跟随企业的反应函数,可以得到跟随企业的最优策略是生产 1.5 单位的产品。此时,市场的总供应量是 4.5 单位,产品价格为 3.5 单位,主导企业的利润为 4.5 单位,跟随企业的利润是 2.25 单位。综上所述,该无限策略完全且完美信息动态博弈的子博弈完美纳什均衡是"主导企业第一阶段生产 3 单位产品,跟随企业第二阶段生产 1.5 单位产品"。

将上述结果与完全信息静态博弈介绍的古诺模型博弈进行比较,不难发现两寡头斯塔克伯格模型博弈的市场总产量 4.5 单位大于古诺模型的市场总产量 4 单位;产品市场价格 3.5 单位低于古诺模型博弈的产品价格 4 单位;两企业总利润 6.75 单位小于古诺模型博弈的两企业总利润 8 单位。但有趣的是,主导企业的利润 4.5 单位大于古诺模型中任何一个企业的利润 4 单位。这个结果也反映出了市场中两个企业的

地位不对称性(或称为不对等性)的影响。同时,两寡头斯塔克伯格模型博弈中两个企业生产产品数量与利润的差异也反映了先行为者可以获得更多的利润,这个结论主要是因为动态博弈中先行为者可以充分考虑后行为者对自己的反应,然后通过先决策的优势来攫取更多的利润。因此,虽然后行为者看似后行动可以获得更多的信息,但是反而会导致自己损失掉先发优势的机会。当然也不是所有动态博弈都具有先行动优势,在有些动态博弈中,先行为的博弈方可能获得更低的得益。因此,到底是先行为好还是后行为好,需要根据具体博弈的情况与性质来决定。

2. 劳资博弈

劳资博弈是1946年由俄罗斯经济学家华西里·里昂惕夫(Wassily Leontief)提出的,描述的是厂商和工会之间的博弈问题。工会一般希望工人的工资尽量的高,企业能够雇佣更多的工人,解决劳动力就业问题。企业一般是追求通过雇佣工人进行劳作来实现利润最大化。在这个博弈中,工会先决策工人工资,然后厂商在工资下决策雇佣工人的数量。

工会是为了最大化的社会效益,因此会设置一个比较适中的工资水平。因为较高的工资虽然可以让工人获得更多的收入,但是厂商也会因为雇佣成本过高而少雇佣工人,导致工人的就业率下降;而较低的工资虽然可以让厂商雇佣更多的工人,但却会导致每位工人的收入很低。因此,该博弈中工会的效用受两个因素影响,分别是工资率 W 和雇佣工人数 L,表示为 $u = u(W, L)$。为了便于后续的分析,假设该函数关于雇佣工人数量和工资率都是连续可导的。

实际上,工会如何设置工人的工资水平需要考虑厂商在不同工资水平下的雇佣工人数量的反应。由于厂商的逐利性,因而厂商只追求雇佣工人后产生的利润最大化。假设厂商的收益是关于雇佣工人数量的函数 $R(L)$,且该函数是随着雇佣工人数量单调递增,但边际增幅递减的。为了便于分析,假设厂商只有劳动力成本,因此总的成本可表示成雇佣工人数量与工资率的乘积。因此,厂商利润函数可以表示为 $\pi = \pi(W, L) = R(L) - WL$,也是关于工资率和雇佣工人数量的函数。

对该博弈应用逆推归纳法,首先分析后行动的厂商最优策略。此时,问题转变成给定工人工资率,求解能够使得厂商利润最大化的雇佣工人数量 L。

$$\max_{L \geq 0} \pi(W, L) = \max_{L \geq 0} [R(L) - WL]$$

很显然,上述利润函数满足边际收益递减,因此对 L 求一阶导数,并令该一阶导数为0,得到的最优雇佣工人数量 L 即为能够实现厂商利润最大化的雇佣工人数量,

即求解等式 $\pi'(W,L)=R'(L)-W=0$ 中的 L。为便于理解,可将该问题绘制成图 16-1,其中横轴表示厂商雇佣工人数量,纵轴表示厂商收益。因此,厂商最优雇佣工人数量 $L^*(W)$ 是关于工资率的函数,即为收益函数 $R(L)$ 曲线上斜率等于工资率 W 的点对应的雇佣工人数量。在图中作厂商的成本线 WL,并确定与 WL 平行并与收益函数 $R(L)$ 相切的直线。该切点对应的最优雇佣工人数量 $L^*(W)$ 即为使得厂商利润最大的雇佣工人数量。厂商在该点的最大利润为 $R(L)-WL$。

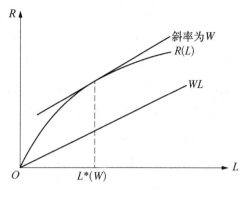

图 16-1　厂商的反应函数

当获得厂商最优雇佣工人数量 $L^*(W)$ 后,倒推回该博弈的第一阶段,即考虑工会优化最优工资率问题。此时,工会很清楚厂商对自己设定的工资率的反应函数为 $L^*(W)$。因此,将 $L^*(W)$ 表达式代入工会的效用函数,将工会的效用转变为关于工资率的一元函数。工会通过设定最优的工人工资率 W^* 实现自己的效用最大化,即

$$\max_{W \geq 0} u[W, L^*(M)]$$

实际上,这个问题又转化为一元函数求最优化问题。为了能够得出具体的表达式,接下来具体设定厂商的收益函数为 $R(L)=5L-L^2$。如上述分析,对厂商的利润函数求一阶导数并令其为0,则可以获得厂商雇佣工人最优数量,即令 $\pi'(W,L)=R'(L)-W=5-2L-W=0$,求出最优雇佣工人数量为 $L^*(W)=(5-W)/2$。这里,为了表达出工会最优的工资率,同样假设工会的效用函数为 $u[W, L^*(W)]=W^{\frac{1}{2}}L^{\frac{1}{2}}$。类似地,将厂商的最优雇佣工人数量 $L^*(W)=(5-W)/2$ 代入工会的效用函数,即可解出工会的最优工资率 $W^*=2.5$。进一步,可以得到厂商的最优雇佣工人数量为 $L^*(W)=1.25$。因此,求出的这个解(2.5,1.25)就是该劳资博弈中的子博弈完美纳什均衡。

3. 议价博弈

议价这种常见的经济活动实际上广泛存在于各种领域,如商业谈判、劳资关系、政治协商等。本节基于完全且完美信息动态博弈的分析方法,介绍一种议价动态博弈模型。

1) 三回合议价博弈

为了了解议价博弈的本质,本节先讨论一种只含有三个回合的议价博弈问题。假设 A 和 B 两个博弈方商议分 1 万元的现金,分钱的规则具体为:动态博弈第一回

合先由博弈方 A 提出分配的方案,如果博弈方 B 接受,则议价结束;如果博弈方 B 拒绝,进入动态博弈第二回合;第二回合由博弈方 B 提出新分配方案,若博弈方 A 接受该方案,则博弈结束,若博弈方 A 不接受该方案,进入动态博弈的第三回合;第三回合由博弈方 A 再提出新分配方案,由于该动态博弈只有三个回合,此时博弈方 B 不能再拒绝,只能接受博弈方 A 此次提出的方案。每回合议价需要一些场地、人员服务等费用的支出,因此每回合议价会有一定的损失,这里设定损失系数为 $\delta(0 < \delta < 1)$。

具体来说,该动态博弈问题可描述为:第一回合议价由博弈方 A 提出给自己分配 S_1,给博弈方 B 分配 $10\,000 - S_1$。若博弈方 B 不接受,进入第二回合议价,由博弈方 B 提出分配方案。

在第二回合中,博弈方 B 提出给博弈方 A 分配 S_2,给自己分配 $10\,000 - S_2$。 如果博弈方 A 接受这个方案,那么博弈方 A 和博弈方 B 最终的收益分别为 δS_2 和 $\delta(10\,000 - S_2)$。 如果博弈方 A 拒绝该方案,进入第三回合议价,再由博弈方 A 提出分配方案。

在第三回合中,博弈方 A 提出给自己分配 S,给博弈方 B 分配 $10\,000 - S$,此时博弈方 B 必须接受该分配方案。因此,如果议价博弈进入第三回合,博弈方 A 和博弈方 B 的得益分别为 $\delta^2 S$ 和 $\delta^2(10\,000 - S)$。

对该博弈运用逆推归纳法,从第三回合博弈开始进行分析。在第三回合议价中,由于没有后续回合,因此博弈方 A 会将所有的钱都分配给自己,一分都不会分配给博弈方 B,即博弈方 A 在博弈的第三回合得益为 $S = 10\,000$,而博弈方 B 在第三回合的得益为 $10\,000 - S = 0$。 为进行后续分析,从形式上博弈方 A 的得益仍以 S 表示。因此,如果该动态博弈进入到第三回合,那么博弈方 A 和博弈方 B 的得益分别为 $\delta^2 S$ 和 $\delta^2(10\,000 - S)$。

退回到第二回合中,如果博弈方 B 知道博弈方 A 会在第三回合里提出分配给他本人的部分是 S,分配给自己的部分为 $10\,000 - S$。 且在第三回合博弈中博弈方 A 可以获得的得益为 $\delta^2 S$。 也就是说,如果博弈方 B 在第二回合提出的 S_2 带给博弈方 A 的利益没有第三回合的多,则第二回合博弈方 B 提出的分配方案肯定会被博弈方 A 拒绝,这就意味着要进入到第三回合,进而自己的收益变为 $\delta^2(10\,000 - S)$。 实际上,如果博弈进入第三回合,由于没有后续回合,博弈方 B 一定是什么也得不到。博弈方 B 当然不想获得这样的结果。因此,博弈方 B 最好是让该动态博弈不要进入第三回合,换言之就是自己提出的分配方案让博弈方 A 满意(不拒绝)。那就要求博弈方 B 的分配方案使博弈方 A 获得的得益不小于他在第三回合自己分配给自己的得益。时间上,博弈方 B 只要在第二回合分配给博弈方 A 的得益等于他拒绝时可以在

第三回合获得的得益,即 $\delta S_2 = \delta^2 S$。博弈方 A 就没有意愿拒绝博弈方 B 的分配方案。因为博弈方 A 拒绝后自己也不会获得更多的得益,反而会使获得得益的时间变长。也就是说,在该动态博弈的第二回合,博弈方 B 提出给博弈方 A 分配 δS,给自己分配 $10\,000 - \delta S$。然后考虑到从第一回合到第二回合的费用,如果该博弈在第二回合结束,博弈方 A 的得益为 $\delta^2 S$,博弈方 B 的得益为 $\delta(10\,000 - \delta S) = 10\,000\delta - \delta^2 S$。由于 $S = 10\,000$,因此 $10\,000\delta - \delta^2 S > 0$,可见博弈方 B 有动力采用如上第二回合的分配方案。因为这样至少自己还可以获得一点得益,但是如果到第三回合,自己将一分都分不到。所以,即便在第二回合中博弈方 B 的分配方案将大部分得益分配给了博弈方 A,那么他也是愿意接受的。

最后退回到第一个回合,博弈方 A 给出分配方案。此时,博弈方 A 提出给自己分配为 S_1,给博弈方 B 的分配为 $10\,000 - S_1$。与分析第二回合的思路一致,如果博弈方 A 想让博弈方 B 不拒绝这个分配方案,必须让博弈方 B 在第一回合获得的得益不小于他在第二回合获得的得益,即 $10\,000 - S_1 \geqslant 10\,000\delta - \delta^2 S$。博弈方 A 为了自己获得更多的得益,因此他只需要在第一回合给博弈方 B 分配 $10\,000\delta - \delta^2 S$。由此可以得出博弈方 A 会在第一回合提出给自己分配 $S_1 = 10\,000 - 10\,000\delta + \delta^2 S$,给博弈方 B 分配 $10\,000\delta - \delta^2 S$。由于第一回合中,不存在之前回合,因此以上结果即为该动态博弈不进入第二回合的第一回合中两个博弈方的得益。同样地,$10\,000 - 10\,000\delta + \delta^2 S > \delta^2 S$ 表明博弈方 A 在第一回合分配方案中可以获得比第二回合博弈更高的得益。所以,以上提到的第一回合分配方案博弈方 A 具有动力提出。我们可以将以上三回合的博弈过程及各回合各博弈方的得益通过图 16 - 2 所示的博弈树进行展示。

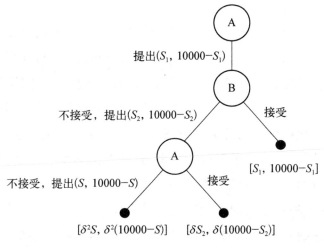

图 16 - 2　三回合议价完全且完美信息动态博弈

由于博弈方 A 在第三回合提出的分配方案博弈方 B 必须要接受,因此存在 $S=$ 10 000。 也就是说在该博弈中,三回合完全且完美信息议价动态博弈的子博弈完美纳什均衡是:博弈方 A 在第一回合提出分配方案为 $[10\,000(1-\delta+\delta^2),\ 10\,000(\delta-\delta^2)]$,即给自己分配 $S_1=10\,000(1-\delta+\delta^2)$,给博弈方 B 分配 $10\,000(\delta-\delta^2)$,第三回合提出的分配方案为 $[10\,000,\ 0]$,即给自己分配 10 000,给博弈方分配 0;博弈方 B 在第二回合提出的分配方案为 $[10\,000\delta,\ 10\,000(1-\delta)]$,即给博弈方 A 分配 $10\,000\delta$,给自己分配 $10\,000(1-\delta)$。

从以上子博弈完美纳什均衡结果来看,各回合中博弈方 A 和博弈方 B 分配数量取决于损失系数 δ。 当 δ 越接近 0,意味着博弈方 B 的争夺越可能会导致其损失全部份额,博弈方 A 越接近获得全部份额。分析第一回合博弈方 A 提出的分配方案,容易发现博弈方 B 分配到的份额与表达式 $\delta-\delta^2$ 正相关。当 $\delta=0.5$ 时,$\delta-\delta^2$ 存在最大值 0.25。这时,博弈方 B 可以分到三个回合议价中最多的现金 2 500 元,博弈方 A 被分到三个回合议价中最少的现金 7 500 元。由此可见,损失系数 δ 是博弈方 B 在议价博弈中关键的筹码。

在实际生活中,有许多问题与以上论述的议价博弈类似。例如,生活中的遗产争夺、债务纠纷或利润分配等,都是以这个博弈问题为原型。可以将这个议价博弈的前两回合看成是这些生活问题的调节过程,而第三回合相当于是这些生活问题的司法仲裁过程。特别地,若议价博弈中本身就是博弈方 A 具有合法权益,那么在第三回合博弈方 A 通过司法仲裁一定可以取胜,并进行强制执行。在这个议价博弈中,损失系数反映了谈判和诉讼所要花费的时间、金钱成本。因此,该博弈给我们解决实际问题提供了有意义的参考。

2)无限回合议价博弈

基于上述的三回合议价博弈,本节进行拓展,提出无限回合议价博弈。也就是说,只要博弈方双方不接受对方提出的分配方案就可以拒绝,并提出自己的分配方案,以此类推,一直循环延续下去。且该无限回合议价博弈中,同样假设博弈方 A 先提出分配方案,若博弈方 B 拒绝则在第二回合提出自己的分配方案;若博弈方 A 拒绝则在第三回合再次提出自己的分配方案……如此循环往复下去。由此,可以总结为该无限回合议价博弈中,奇数回合为博弈方 A 提出分配方案,博弈方 B 选择是否接受;偶数回合由博弈方 B 提出分配方案,博弈方 A 选择是否接受。如果与现实相结合,可以将上述过程理解为缺乏强制力的仲裁情景下的议价博弈过程。由于无限回合议价博弈无法找到逆推归纳法中最后一阶段博弈,那么无法按照常规思路使用逆推归纳法对其进行分析。但在 1984 年时,萨顿(Sutton)和夏克德(Shaked)利用从

第三回合开始的无限回合议价博弈与从第一回合开始的无限回合议价博弈是相同的这一点,巧妙地解决了这个问题。

具体而言,我们先假设该博弈存在子博弈完美纳什均衡,同时可以通过逆推归纳法进行分析。如果从第三回合来看该无限回合议价博弈,那么此回合是由博弈方 A 提出的分配方案。不失一般性,设定满足逆推归纳法分析无限回合议价博弈时,第三回合博弈方 A 提出分配方案为 $[S,\ 10\,000-S]$,即给自己分配 S,给博弈方 B 分配 $10\,000-S$。 基于该分配方案,应用三回合议价博弈分析同样的思路,写出该无限回合的第一回合分配结果:博弈方 A 给出的分配方案为 $[10\,000-10\,000\delta+\delta^2 S,\ 10\,000\delta-\delta^2 S]$,即给自己分配 $10\,000-10\,000\delta+\delta^2 S$,给博弈方 B 分配 $10\,000\delta-\delta^2 S$。 根据萨顿(Sutton)和夏克德(Shaked)提出的在无限回合议价博弈中从第三回合开始的无限回合议价博弈的结果与从第一回合开始的无限回合议价博弈的结果一样。因此,存在方程组

$$\begin{cases} S=10\,000-10\,000\delta+\delta^2 S \\ 10\,000-S=10\,000\delta-\delta^2 S \end{cases}$$

求解该方程组得到 $S=\dfrac{10\,000}{1+\delta}$。 因此,对于无限回合议价博弈来说,博弈方 A 在第一回合采用的分配方案为 $\left[\dfrac{10\,000}{1+\delta},\ \dfrac{10\,000\delta}{1+\delta}\right]$,即给自己分配 $\dfrac{10\,000}{1+\delta}$,给博弈方 B 分配 $\dfrac{10\,000\delta}{1+\delta}$。 且在第一回合博弈方 B 就会接受该分配方案,这也是无限回合议价博弈的子博弈完美纳什均衡的均衡路径。从这个均衡结果来看,博弈方 A 的得益是关于 δ 的减函数,而博弈方 B 的得益是关于 δ 的增函数。当 $\delta=0$ 时,博弈方 A 获得全部份额;但当 $\delta=1$ 时,两个博弈方平分所有份额。所以在无限回合议价博弈中,博弈方 B 最多只能获得 50% 的份额。这个结果实际上比三回合议价博弈的结果要好。因为在三回合议价博弈中,博弈方 B 最多只能获得 $2\,500$ 元,也就是 25% 的份额。因此,议价博弈中的后行为的博弈方更偏好进行无限回合议价博弈,而先行为的博弈方更偏好进行有限回合议价博弈。

4. 两方委托代理博弈

委托代理博弈是管理学领域常见的一种博弈类型,指的是由一部分博弈方委托另一部分博弈方去完成某项工作。其中,委托工作的博弈方被称为委托方,接受工作的博弈方被称为代理方。最常见的委托代理形式是两方委托代理,是由一个博弈方委托另一个博弈方进行某项工作,如某人聘请律师代理诉讼、房主委托中介卖房子、

老板委托雇佣员工做某项工作、股东委托职业经理人管理公司等。在日常生活中,存在很多委托与代理关系。这些关系的共同特征是委托人的利益与代理人的行为密切相关,但是委托方无法控制代理方的行为。

不同的委托代理人,其委托的内容、方式等都是不同的。但究其根本,最大的差异实际是代理方的工作过程是否可被监督与代理方的工作结果是否存在不确定性两个问题。对于代理方工作过程是否可被监督问题来说,常表现为委托方是否可以了解代理方工作的努力程度与工作态度。例如,流水线工人的工作过程容易被监督;但外派采购人员,以及驻外工作的相关人员的工作过程的监督就相对困难一些。由此引发一个问题,即存在难以监督的情况时,委托方如何让代理方的行为最大程度地满足自己的利益,这也是委托方需要考虑的最重要的问题。对于代理方工作结果是否存在不确定性来说,常表现为代理方付出同样的工作努力是否能够取得同样的确定性的工作结果。例如,流水线工人每加工一个产品的时间与努力都是差不多的,因此委托方可以通过工人的产量来衡量工人的工作努力与工作态度。但有些委托代理博弈中代理方的工作成果存在不确定性。如律师代理诉讼,努力工作的律师也不能一定保证官司能赢;又如,大型购物中心的销售人员,态度再好、工作再卖力也并不一定能够使得产品得以销售。因此,代理方工作成果的不确定性会影响委托方和代理方的决策和判断。而且代理方工作成果的不确定性也会导致委托方对代理方工作过程的监督变得更加困难,委托代理关系也会变得非常复杂。所以,博弈中委托人—代理人关系也被称为激励机制问题。实践证明,委托方能够采取的主要手段是通过和代理方签订合同来保证效率。合同中最核心的内容包括奖金、工资等薪酬制度。因此,委托代理人博弈经常被应用于人力资源管理的工资制度设计领域。

按照是否可监督与工作结果是否具有不确定性,现有博弈理论主要将委托代理博弈分为"无不确定委托代理博弈""有不确定但可监督委托代理博弈"与"有不确定且不可监督委托代理博弈"三种类型。

(1)无不确定委托代理博弈。在无不确定委托代理博弈中,代理方的工作结果是确定性的,因此委托方也可以监督到代理方的工作努力程度与工作结果。为便于后续分析,本部分假设:① 代理方的产出是个确定的关于努力的函数;② 委托方的策略选择为是否委托工作,而代理方的策略则有两层,第一层为是否接受合同;第二层为接受合同后选择努力工作或者偷懒工作;③ 若代理方选择努力工作,委托方会获得高收益,也会给代理方发放高工资;若代理方选择偷懒工作,委托方只能获得低收益,同样也只能给代理方发放低工资。因此,根据以上假设,这个委托代理博弈可以看作是一个两博弈方的三阶段动态博弈问题,如图16-3所示。

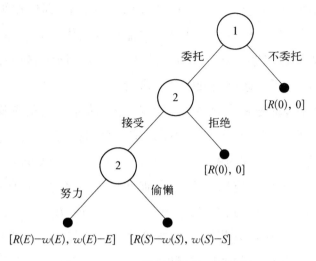

图 16 - 3　无不确定性的委托代理博弈

在图 16 - 3 中,委托方用博弈方 1 表示,代理方用博弈方 2 表示。第一阶段委托方决策是否进行委托。倘若委托方选择不委托则得益为 $R(0)$。这里 $R(0)$ 可能是 0,也可能是一个负数,因为委托方如果不委托也许会导致经营不善而亏损。委托方如果选择不委托时,很显然代理方的利益为 0。当委托方选择委托时,进入该完全且完美信息动态博弈的第二阶段,代理方进行选择。

在第二阶段,代理方可以选择的策略有两个,即接受委托方的委托或者不接受委托方的委托。当代理方选择不接受委托时,委托方委托没有成功,此时委托方与代理方的得益结果与该动态博弈第一阶段委托人选择不委托时的两方得益一样。当代理方选择接受委托时,博弈进入第三阶段。

在第三阶段,代理方选择接受委托方委托后如何工作,有两个选择,一个是努力工作,一个是偷懒工作。若代理方选择努力工作,给自己带来的负效用比较高,为 $-E$。由于是代理人工作结果确定性的委托代理博弈,那么委托方因为代理方的努力工作,可以获得一个高得益 $R(E)$,同时委托方也要支付比较高的薪酬 $w(E)$ 给代理方。因此,当代理方选择努力工作时,委托方和代理方的得益分别是 $R(E)-w(E)$ 和 $w(E)-E$。若代理方选择偷懒工作,给自己带来的负效用比较低,为 $-S$。但由于代理方偷懒,委托方的收益比较低,因此得益只有 $R(S)$。当然,代理方的偷懒工作也都体现在委托方的收益上,委托方知道代理方是在偷懒。因此,也只能给代理方偷懒的报酬为 $w(S)$。当代理方选择偷懒时,委托方与代理方的双方得益分别是 $R(S)-w(S)$ 和 $w(S)-S$。

因此,在无不确定性的委托代理博弈中,博弈方 1(委托方)与博弈方 2(代理方)

都能够观察到对方的行动,也清楚对方的选择和得益结果,即使在第三阶段委托方无法看到代理方的选择,但是最后的工作结果也能显示出代理方选择努力还是偷懒,因此委托方仍然可以算作能够看到代理方的选择。所以该博弈属于一个完全且完美信息动态博弈,故本博弈可以通过逆推归纳法进行分析。

根据逆推归纳法,首先来分析第三阶段代理方(博弈方2)的选择。根据理性假设原则易知,如果 $w(E) - E > w(S) - S$,代理方会选择努力。这个不等式也被称为代理方努力工作的"激励相容约束"(Incentive Compatibility Constraint),也就是委托方在提出委托且代理方接受委托的前提下,促使代理方努力工作所必须满足的条件。将该不等式进行转化,可以得到不等式 $w(E) > w(S) + E - S$。该不等式的经济含义为只有当努力工作的代理方获得的报酬超过了其选择偷懒工作的报酬,同时弥补了努力工作比偷懒工作付出的效用差额时,代理方才会选择努力工作。换言之,若委托方想让代理方选择努力工作,至少不能比他偷懒时工作获得的工资低,同时也要弥补代理方由于努力工作所多付出的效用(成本等)。

反之,如果 $w(S) - S > w(E) - E$,代理方一定会选择偷懒。因此,该不等式是代理方偷懒的"激励相容约束"。特别地,这里只考虑利益不相同的情况,不考虑利益相同的情况,由于利益相同的情况下很难判断博弈方的行为选择,后面的其他情况也是如此。从代理方偷懒的激励相容约束可以发现,由于偷懒的负效用肯定小于努力的负效用($S < E$)。因此,如果委托方给代理方的报酬不依据代理方的努力程度,即代理方不论偷懒工作还是努力工作,委托方都给相同的报酬 $w(S) = w(E)$,那么偷懒的激励相容约束会自动满足,代理方必然选择偷懒工作。这也是为什么委托方在可以观察到代理方工作努力程度时给出不同薪酬的原因。实际上,在很多工作结果确定性的委托代理博弈中,委托方会设计薪酬,根据代理方不同的工作结果来分发不同的工资。例如,对于工厂的工人,会采用底薪+计件工资的方式,保障生产产品数量多的工人可以获得更高的工资。这样代理方才会有动力投入更多的努力,在工作中争取表现出色。

逆推回到该动态博弈的第二阶段,代理方有两个选择,即接受委托和不接受委托。因为第三阶段代理人可以选择的策略分别是努力工作和偷懒工作两种策略,不同的选择其得益是不同的,所以需要在第二阶段分两种情况进行讨论。图16-4(a)(b)分别表示了代理方选择努力工作和选择偷懒工作的情况。

根据图16-4所示,易知出现这两种情况的代理方选择接受委托而不是拒绝委托的条件分别是 $w(E) - E > 0$ 和 $w(S) - S > 0$。这两个不等式分别称为代理方在第三阶段选择努力工作与选择偷懒工作两种情况下的"参与约束"(Participation

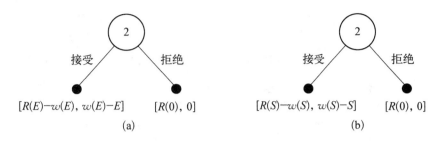

图 16-4　第二阶段代理方的选择

Constraint)，也就是代理方愿意接受委托方委托的基本条件。将这两个不等式进行化简可以得到 $w(E) > E$ 和 $w(S) > S$。这两个约束说明委托方设置的代理方努力工作与偷懒工作的工资分别要大于代理方在努力工作下的负效用与偷懒工作下的负效用时，代理方才会在第二阶段接受委托方的工作。这一点在现实生活工作中很容易理解，企业付给员工的工资需要满足其为这份工作付出的一些成本（例如工作的辛苦成本或者一些生活成本），否则对于员工来说基本不会接受这份工作。因为当员工接受了满足不了自己为此项工作付出的成本时，会导致员工做这份工作一直是负效用，表现在生活中就是无法支付自己的生活成本等费用，时间长了这个员工可能会选择跳槽，或者在工作中浑水摸鱼，然后自己利用其他时间做其他的工作来增加每月的收入。

最后逆推到该动态博弈的第一个阶段。第一个阶段是委托方进行选择的阶段，如果代理方在第二阶段选择不接受委托，那么这里委托方选择委托与否的结果都是一样的。若代理方在第二阶段选择接受委托，那么仍然要考虑代理方在第三阶段是否努力工作这个情况。基于理性共识假设，委托方很清楚代理方如果在第二阶段选择了接受委托后在第三阶段会有努力工作与偷懒工作两种选择及这两种选择下大家的得益。而且由于代理方在第三阶段选择努力工作与偷懒工作时委托方与代理方的得益都不同，因此即便分析第一阶段委托方的选择，也需要根据第三阶段代理方的不同选择将委托方第一阶段的选择分两种情况进行分析。图 16-5（a）表示了第三阶段代理方选择努力工作时委托方选择委托与不委托的得益结果；图 16-5（b）表示了第三阶段代理方选择偷懒工作时委托方选择委托与不委托的得益结果。

根据图 16-5，当代理方在第三阶段选择努力工作时，如果 $R(E) - w(E) > R(0)$，委托方才会选择委托。因为此时委托会给委托方带来更多的得益。反之，如果 $R(E) - w(E) < R(0)$，委托方则不会委托，因为此时委托反而使得委托方产

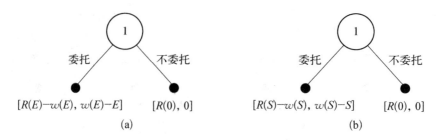

图 16-5 第一阶段委托人的选择

生损失。而代理方在第三阶段选择偷懒工作时,如果 $R(S)-w(S)>R(0)$,即便代理方选择偷懒工作,委托方也可以从委托工作中获得额外的得益,此时委托方选择委托。但如果 $R(S)-w(S)<R(0)$,代理方偷懒工作时,委托方并不能从委托中获得额外的得益,反而会遭受损失,此时委托方不会选择委托。将以上两个不等式进行转化,我们可以得到 $R(E)>w(E)+R(0)$ 和 $R(S)>w(E)+R(0)$。这两个不等式说明不论代理方选择努力工作还是选择偷懒工作,只有当委托方通过委托获得的收益,能够弥补不委托时的收益与代理方工资以外还存在剩余时,委托方才有意愿进行委托。

根据以上对三个阶段委托代理动态博弈的分析,当委托方通过委托获得的收益同时满足 $R(E)-w(E)>R(0)$ 和 $R(S)-w(E)>R(0)$ 时,委托方在第一阶段选择委托。否则,委托方在第一阶段选择不委托;当代理方接受代理的工资同时满足 $w(E)-E>0$ 和 $w(S)-S>0$ 时,代理方在第二阶段选择接受委托。否则,代理方在第二阶段选择不接受委托。当代理方努力工作获得的工资满足 $w(E)-E>w(S)-S$ 时,代理方在第三阶段选择努力工作。否则,代理方在第三阶段选择偷懒工作。这就是该博弈的子博弈完美纳什均衡。

为了更加清楚阐述该博弈,本书应用具体数值进行说明。假设代理方投入努力的产出函数关系为 $R(e)=10e-e^2$,代理方若选择努力工作,对应的努力工作水平为 2 单位;若选择偷懒工作,对应的努力工作水平为 1 单位。因此,对于代理方来说,努力工作的负效用为 2 单位,即 $E=2$;而偷懒工作的负效用为 1 单位,即 $S=1$。将代理方进行努力工作与偷懒工作的努力水平分别代入产出函数,可知 $R(E)=16$ 和 $R(S)=9$。如果委托方不委托或者这个代理方没有接受,那么委托方的得益为 0,即 $R(0)=0$。假设当代理方接受委托工作后,委托方为努力工作的代理方支付的工资为 $w(E)=4$,为偷懒工作的代理方支付的工资为 $w(S)=2$。因此,在委托博弈的第一阶段,如果委托方不委托,合作未达成,两方得益都为 0。若委托方决定委托,第二阶段代理方选择拒绝,合作也未达成,两方得益也都为 0。只有当第二阶段代理方选择接受委托时,委托方与代理方才会有正向的得益。在第三阶段,如果代理方选择努力工作,那么委托方的得益为代理方进行努力工作带来的高收益 16 单位与需要支付给代理方进行努力工作的工资 4 单位的差,即 $16-4=12$ 单位。代理方的得益为努力工作获得的工资 4 单位与努力工作付出的负效用 2 单位的差,即 $4-2=2$ 单位。但如果代理方选择偷懒工作,那么委托方的得益为代理方偷懒工作带来的低收益 9 单位与需要支付给代理方偷懒工作工资 2 单位的差,即 $9-2=7$ 单位。代理方的得益为偷懒工作获得的工资 2 单位与偷懒工作付出的负效用 1 单位的差,即 $2-1=1$ 单位。此时,该博弈的得益结果如图 16-6 所示。

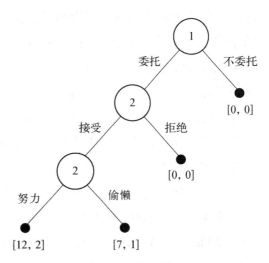

图 16-6　无不确定性委托代理博弈(数值例子)

接下来,运用逆推归纳法首先验证该博弈的第三阶段代理方的努力激励相容约束 $w(E)-E>w(S)-S$ 与偷懒激励相容约束 $w(E)-E<w(S)-S$ 哪个被满足。依据图 16-5 博弈的第三阶段代理方在努力工作与偷懒工作时得益的表达式,容易发现代理方的努力相容约束被满足,即 $w(E)-E=2>w(S)-S=1$。因此,若该博弈发生到第三阶段,代理方会选择努力工作。继续沿用逆推归纳法的分析思想,考虑该博弈的第二阶段,即代理方选择是否接受委托。这是需要判断代理方的参与约束 $w(E)-E>0$ 和 $w(S)-S>0$ 是否被满足。由于当博弈进入第三阶段时,代理方不论选择努力工作还是选择偷懒工作的得益都大于零,因此代理方的参与约束 $w(E)-E=2>0$ 和 $w(S)-S=1>0$ 被同时满足。这意味着如果该委托代理博弈发展到第二阶段,代理方会选择接受委托。最后,分析该博弈的第一阶段,在该阶段委托方选择是否需要委托这项工作。因此,需要判断委托方的委托条件 $R(E)-w(E)>R(0)$ 和 $R(S)-w(E)>R(0)$ 是否被同时满足。从图 16-6 中容易看出,如果委托方委托该工作,在代理方接受工作后,不论其是否努力工作,还是偷懒工作,委托方获得的得益都超过他不委托工作时的得益,即 $R(E)-w(E)=12>R(0)=0$ 和 $R(S)-w(E)=7>R(0)=0$。所以,委托方会在第一阶段选择委托。总结以上分析结论,"委托方在第一阶段选择委托;代理方在第二阶段选择接受委托,第三阶段选择努力工作"组成了这个无不确定委托代理博弈的子博弈完美纳什均衡,同时也是该博弈的子博弈完美均衡路径。

(2) 有不确定但可监督委托代理博弈。与无不确定委托代理博弈不同,在有不确定但可监督委托代理博弈中,代理方的工作结果存在不确定性,但是比较幸运的是这种工作结果的不确定性可以被委托方完全监督到。因此,代理方工作结果存在不确定性,这并不是代理方本身意愿所能决定的,而是工作性质决定的。委托方目的是希望代理方能够努力地执行委托工作。所以这种情况下,委托方通常依据代理方工作情况而不是工作结果来支付报酬。这同时说明了委托方需要承担工作结果不确定性的全部风险,其原因是工作结果不确定性是由外界随机因素导致的,与代理方工作无关。如果委托方不承担工作结果的不确定带来的全部风险,随着日积月累,将不会有代理方愿意为该委托方工作。

为了方便讨论,本书仍然沿用无不确定委托代理博弈的三阶段完全且完美信息动态博弈,即第一阶段委托方(博弈方 1)选择委托工作还是不委托工作,第二阶段代理方(博弈方 2)选择接受委托还是拒绝委托,第三阶段代理方选择努力工作还是偷懒工作。同时,给出该有不确定但可监控委托代理博弈的一些假设:① 委托方如果不委托工作将不会获得任何得益;② 代理方工作结果的不确定性表现为高产和低产两种情况,高产时产出结果为 20 单位,低产时产出结果为 10 单位;③ 委托方获得的高产与低产的产出结果与第三阶段代理方选择努力工作与偷懒工作有关,当第三阶段代理方选择努力工作时,高产的概率为 0.9,低产的概率为 0.1,当第三阶段代理方选择偷懒工作时,高产的概率为 0.1,低产的概率为 0.9;④ 委托方根据观察到的代理方的努力与偷懒给其不同的薪资,代理方选择努力工作时的收入为 $w(E)$,选择偷懒工作时的收入为 $w(S)$;⑤ 代理方选择努力工作的负效用为 E,偷懒工作的负效用为 S。

基于以上假设,我们可以整理出该博弈三阶段中各博弈方的得益。在第一阶段,委托方有两个选择,即委托和不委托。且不委托时,双方的得益都是 0。若委托方选择委托,则进入该博弈的第二阶段,由代理方决策。在第二阶段,代理方有两个选择,一个是接受委托方的委托,一个是拒绝委托方的委托。如果代理方在第二阶段拒绝该委托,则两方的得益仍然都为 0。只有当代理方在第二阶段接受了委托方的委托,博弈才能进入第三阶段。在该阶段,同样是代理方进行选择,分别为努力工作与偷懒工作两种策略。当代理方选择努力工作时,由于委托方可监督代理方的努力与偷懒。因此,不论代理方选择努力工作后的结果是高产还是低产,代理人得益永远都是 $w(E)-E$。同样地,当代理方选择偷懒工作时,他的得益永远都是 $w(S)-S$。但在第三阶段代理方选择努力工作与偷懒工作会影响到高产与低产的概率,这直接影响到委托方的得益。因此,委托方在第三阶段获得的得益因代理方选择的不同而不同。当代理方选择努力工作时,高产的概率是 90%,低产的概率为 10%。在高产下,委托方的得益为取得高产的 20 单位与代理方努力工作的工资 $w(E)$ 之差,即 $20-w(E)$;但在低产下,由于委托方只获得 10 单位的产量,此时的得益为 $10-w(E)$。因此,当代理方选择努力工作时,委托方的期望收益为 $0.9\times[20-w(E)]+0.1\times[10-w(E)]$。而当代理方选择偷懒工作时,高产的概率为 10%,低产的概率为 90%。且在高产下,委托方的得益是取得高产的 20 单位与代理方偷懒工作的工资 $w(S)$ 之差,即 $20-w(S)$;但在低产下,委托方的得益是取得低产 10 单位与代理方偷懒工作的工资 $w(S)$ 之差,即 $10-w(S)$。因此,当代理方选择偷懒工作时,委托方的期望收益为 $0.1\times[20-w(S)]+0.9\times[10-w(S)]$。将以上分析的三阶段的有不确定但可监督的委托代理博弈绘制成如图 16-7 所示的博弈树。

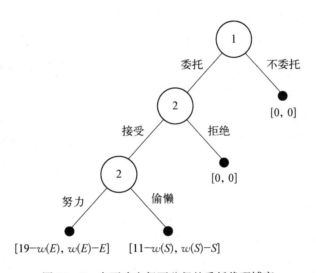

图 16-7　有不确定但可监督的委托代理博弈

对该博弈应用逆推归纳法,首先分析第三阶段代理方努力的"激励相容约束"。容易知道,只有当代理方选择努力时的期望得益大于选择偷懒时的期望得益时,代理方才会选择努力工作,即 $w(E)-E>w(S)-S$。因此,这个不等式成为该博弈中代理方努力的"激励相容约束"。相反,$w(E)-E<w(S)-S$ 就是该博弈中代理方偷懒的"激励相容约束"。将该结果与"无不确定代理委托博弈"的分析结果进行对比,发现两个博弈第三阶段代理方选择努力与偷懒的"激励相容约束"都相同。这主要是因为在这两个博弈中,虽然代理方的工作结果是否确定存在差异,但是由于委托方对代理方工作努力与偷懒具有可监控特点,因此在两个博弈中委托方都是基于代理方在第三阶段选择努力或偷懒给与的薪酬区分,并不是根据工作结果

来进行区分。

倒推回第二阶段,考虑代理方的"参与约束"。同样由于委托方是基于第三阶段代理方选择努力工作或偷懒工作来给出薪酬的,因此本博弈中第二阶段代理方的"参与约束"与"无不确定委托代理博弈"一致,即同时满足 $w(E)-E>0$ 和 $w(S)-S>0$ 即可。此时,不论代理方在第三阶段选择努力工作还是偷懒工作,所获得的得益都是比拒绝这个委托的得益高,代理方当然有意愿参与这个委托。

继续倒推回第一阶段,考虑委托方进行委托的条件。由于委托方委托的得益会受到第三阶段代理方选择努力工作还是选择偷懒工作的影响。因此,我们同样需要分代理方选择努力工作与选择偷懒工作两种情况来考虑。当第三阶段代理方选择努力工作时,委托方在第一阶段选择委托的期望得益为 $0.9\times[20-w(E)]+0.1\times[10-w(E)]$。如果委托方愿意委托,一定是其委托获得的得益大于不委托获得的得益,即满足条件 $0.9\times[20-w(E)]+0.1\times[10-w(E)]>0$。而当第三阶段代理方选择偷懒工作时,委托方在第一阶段选择委托的期望得益变为 $0.1\times[20-w(S)]+0.9\times[10-w(S)]$。如果委托方愿意委托,需要满足其在委托时获得的得益大于不委托获得的得益,即 $0.1\times[20-w(S)]+0.9\times[10-w(S)]>0$。将这两个不等式进行简化有 $w(E)<19$ 和 $w(S)<11$。这正是该博弈中委托方愿意委托的条件。从该条件容易发现,该博弈中只有委托方制定的薪资政策使得付给努力工作的代理方的工资不超过 19 单位,付给偷懒工作的代理方的工资不超过 11 单位时,他才会愿意委托。

进一步结合该博弈第二阶段中代理方愿意接受该委托的条件,只有当 $E<w(E)<19$ 与 $S<w(S)<11$ 同时满足时,该委托代理才会发生,即委托方愿意委托,代理方愿意接受委托。这两个不等式对工作性质提出了要求,委托方委托的工作需要满足让代理方选择努力工作与偷懒工作时付出的效用分别低于 19 单位与 11 单位。

由此可见,在以上这个有不确定但可监控的委托代理博弈中,"委托方在第一阶段当 $w(E)<19$ 和 $w(S)<11$ 同时满足时选择委托,否则选择不委托;代理方在第二阶段当 $w(E)-E>0$ 和 $w(S)-S>0$ 同时满足时选择接受委托,否则选择拒绝委托;同时代理方在第三阶段当 $w(E)-E>w(S)-S$ 满足时选择努力工作,否则选择偷懒工作"是该博弈的一个子博弈完美纳什均衡。

(3) 有不确定且不可监督委托代理博弈。有不确定且不可监督委托代理博弈中,不仅代理方的工作结果存在不确定性,同时委托方对代理方的工作状态(如上例中代理方是选择努力工作还是选择偷懒工作)不能进行监督。对于这种博弈,委托方没有办法根据代理方本身工作是否努力来设计薪酬。因为代理方工作努力程度委托方根本无法判断。因此，只能采用对代理方工作后的结果来支付薪酬。例如，如果将以上"有不确定且可监督委托代理博弈"进行更改，假设博弈中委托方对代理方在第三阶段是选择努力工作还是选择偷懒工作不可判断。且在这个博弈中，委托方根据代理方第三阶段工作后的结果给报酬，即当委托方获得高产时支付给代理方高报酬，获得低产时支付给代理方低报酬。

这个三阶段的有不确定且不可监督委托代理博弈可以描述成第一阶段委托方选择"委托"与"不委托"两个策略。当委托方选择不委托时，双方得益都为0。当委托方选择委托时，博弈进入第二阶段。在第二阶段，代理方选择"接受"委托与"拒绝"委托，如果拒绝委托，双方得益都为0，如果接受委托，则博弈进入第三阶段。在第三阶段，代理方选择"努力"工作与"偷懒"工作。如果代理方选择努力工作，他需要付出效用 E。此时，委托方有 90% 的概率获得高产 20 单位，10% 的概率获得低产 10 单位。同时，委托方会在获得高产时支付代理方 $w(E)$ 的高工资，而在获得低产时支付代理方 $w(S)$ 的低工资。因此，当代理方在第三阶段选择努力工作时，代理方的期望得益为

$$0.9 \times w(E) + 0.1 \times w(S) - E$$

委托方的期望得益为

$$0.9 \times 20 + 0.1 \times 10 - [0.9 \times w(E) + 0.1 \times w(S)]$$
$$= 19 - 0.9 \times w(E) - 0.1 \times w(S)$$

而当代理方选择偷懒工作时，其需要付出的效用为 S。而此时，委托方有 10% 的概率获得高产 20 单位，90% 的概率获得低产 10 单位。同样地，委托方会在获得高产时支付代理方 $w(E)$ 的高工资，而在获得低产时支付代理方 $w(S)$ 的低工资。因此，当代理方在第三阶段选择偷懒工作时，代理方的期望得益为

$$0.1 \times w(E) + 0.9 \times w(S) - S$$

委托方的期望得益为

$$0.1 \times 20 + 0.9 \times 10 - [0.1 \times w(E) + 0.9 \times w(S)]$$
$$= 11 - 0.1 \times w(E) - 0.9 \times w(S)$$

将以上分析结果绘制成图 16-8。

同样采用逆推归纳法分析该博弈。首先考虑博弈的第三阶段代理方选择努力工

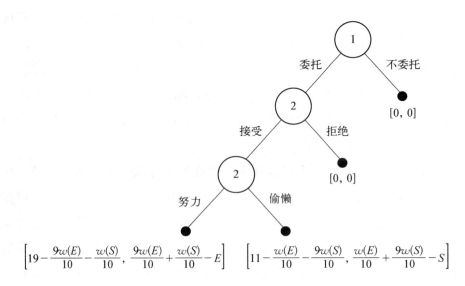

图 16-8 有不确定且不可监督的委托代理博弈

作的"激励相容约束"。与前两个委托代理博弈分析类似，只有当代理方选择努力工作时获得的得益大于其选择偷懒工作时获得的得益，他才会选择努力工作。因此，需要满足如下不等式

$$0.9 \times w(E) + 0.1 \times w(S) - E > 0.1 \times w(E) + 0.9 \times w(S) - S$$

化简该不等式，得到 $w(E) - w(S) > \dfrac{5}{4}(E-S)$。这是该博弈中代理方的努力"激励相容约束"。对比以上两个委托代理博弈的结果，发现当委托方对代理方工作努力程度不可监督时，要求委托方高工资与低工资的差额变大了 $\dfrac{1}{4}(E-S)$。实际上，这种差额正是委托方付给代理方由于工作结果的不确定性带来的代理方工资存在被"误判"的弥补。因为，当委托方不可监督代理方工作是否努力时，代理方即便选择了工作努力也会由于工作结果的不确定性出现低产的结果。因此，为了让代理方愿意选择努力，必须要付出更高的工资弥补代理方的这种损失。相反，$w(E) - w(S) < \dfrac{5}{4}(E-S)$ 是这个博弈中代理方的偷懒"激励相容约束"。

接下来看该博弈的第二阶段，代理方是否愿意接受该委托的"参与约束"。与前两个委托代理博弈一致，只有当代理方接受委托时的得益大于拒绝委托时的得益时，他才会接受委托方的委托。而且，由于第三阶段代理方选择努力工作与偷懒工作时获得的得益不同，因此考虑代理方的第二阶段的参与约束也要分两种情况。当第三阶段代理方选择努力工作时，代理方接受委托的得益大于拒绝委托时的得益，即不等

式 $0.9 \times w(E) + 0.1 \times w(S) - E > 0$ 需要被满足。而当第三阶段代理方选择偷懒工作时,代理方接受委托的得益大于拒绝委托时的得益,即不等式 $0.1 \times w(E) + 0.9 \times w(S) - S > 0$ 需要被满足。因此,这两个不等式组成了这个委托代理博弈第二阶段代理人接受委托方委托的"参与约束"。

最后,分析该博弈的第一阶段,委托方是否愿意委托的条件。实际上,委托方是否愿意委托是根据自己在选择委托时获得的得益是否大于不选择委托时的得益来判断的。由于委托方是否愿意委托与第三阶段代理方选择努力工作还是偷懒工作有关。因此,在分析这个阶段委托方的选择时同样需要分两种情况进行讨论。当代理方第三阶段选择努力工作时,委托方愿意委托的条件需要满足不等式 $19 - 0.9 \times w(E) - 0.1 \times w(S) > 0$,简化后得 $0.9 \times w(E) + 0.1 \times w(S) < 19$。而当代理方第三阶段选择偷懒工作时,委托方愿意委托的条件则需要满足不等式 $11 - 0.1 \times w(E) - 0.9 \times w(S) > 0$,简化后得 $0.1 \times w(E) + 0.9 \times w(S) < 11$。这两个不等式就是该博弈中委托人愿意委托的条件。

由此可见,在以上有不确定且不可监督委托代理博弈中,"委托方在第一阶段同时满足 $0.9 \times w(E) + 0.1 \times w(S) < 19$ 和 $0.1 \times w(E) + 0.9 \times w(S) < 11$ 条件时选择委托,否则选择不委托;代理方在第二阶段同时满足 $0.9 \times w(E) + 0.1 \times w(S) - E > 0$ 和 $0.1 \times w(E) + 0.9 \times w(S) - S > 0$ 条件时选择接受该委托,否则拒绝该委托;在第三阶段满足 $w(E) - w(S) > \dfrac{5}{4}(E - S)$ 条件时选择努力工作,否则选择偷懒工作"组成了该委托代理博弈的子博弈完美纳什均衡。

第二节　有同时选择的完全且完美 信息动态博弈分析

以上章节介绍了很多无同时选择的完全且完美信息动态博弈如何应用逆推归纳法寻找子博弈完美纳什均衡的例子。但在实际的经济管理中,有些完全且完美信息动态博弈在某一个博弈阶段存在两个以上博弈方同时进行决策的时候。例如,在本篇提到的委托代理博弈,有时存在两个委托方与一个代理方的博弈;还有供应链中多个供应商与多个生产商的动态博弈等。这类博弈与无同时选择的完全且完美信息动态博弈有很大的不同,不能只考虑完全且完美信息动态博弈,因为在这类完全且完美信息动态博弈中存在某一阶段有两个或者两个以上博弈方同时决策的情况,换言之就是完全且完美信息动态博弈中包含着一个或者若干个完全信息静态博弈,导致寻找子博弈完美纳什均衡的过程变得十分复杂。本节将通过"国际贸易关税博弈"与"多方委托代理博弈"两个博弈案例来说明有同时选择的完全且完美信息动态博弈如何应用逆推归纳法与完全信息静态反应函数获得子博弈完美纳什均衡的。

1. 国际贸易关税博弈

随着各个国家贸易往来越来越密切,各国相互制约的经济手段之一就是优化进口税。因此,国际贸易博弈中优化最优关税模型已成为国际经济中一个比较经典的应用之一。国际贸易关税博弈最简化形式由国家 1 和国家 2 组成。他们都需要决策本国进口商品的关税率。国家 1 有企业 1、国家 2 有企业 2,这两个企业生产同一种既内销又相互出口的商品。因为这两个企业生产的产品具有完全的可替代性。因此,两国的消费者既可以买国货,也可以买进口货。

假设国家 i 的企业 $i(i=1, 2)$ 有 h_i 数量商品用于内销,有 e_i 数量商品用于出口。因此,国家 i 中该商品的供应总量为 $Q_i = h_i + e_{3-i}$,市场出清价格为 $P_i = a - Q_i$。为了分析简单,不考虑商品在两国的固定生产成本。同时,设定两个国家中的两个企业具有同样的技术水平与除关税以外的外界条件,两个企业的边际生产成本相同,都为 c。因此,对于企业 i 来说,商品生产成本为 $c(h_i + e_i)$。此外,企业 i 向国家 $3-i$ 出口商品,需要向该国家缴纳进口关税。设定国家 i 的进口关税税率为 t_i。则企业 i 的总成本为 $c(h_i + e_i) + t_{3-i}e_i$。其中,$ch_i$ 为企业 i 内销商品的成本,$e_i(c + t_{3-i})$ 为企业 i 出口销售商品的成本。

因此,该国际贸易关税博弈的事件发生顺序为:在第一阶段,两国政府同时制定各自的关税税率 t_1 和 t_2;进入第二阶段,两国企业根据两国发布的关税税率 t_1 和 t_2,同时决策各自的内销量(h_1 和 h_2)与出口量(e_1 和 e_2)。这是一个两阶段都有同时选择的完全且完美信息动态博弈。该博弈中包含两个完全信息静态博弈。第一个完全信息静态博弈是在该完全且完美信息动态博弈的第一阶段,两国政府博弈同时选择关税税率。第二个完全信息静态博弈是在该完全且完美信息动态博弈的第二阶段,两企业同时决策内销量和出口量。

下面对这个有同时选择的完全且完美信息动态博弈进行分析。首先,应用逆推归纳法,分析这个完全且完美信息动态博弈的第二个阶段,即两国的两个企业同时决策内销量与出口量。由于这是一个完全信息静态博弈,通过寻找两企业内销量与出口量分别关于对方内销量与出口量的反应函数进行分析。容易知道,这两个企业的得益就是它们关心的利润,分别表示为

$$
\begin{aligned}
\pi_1(t_1, t_2, h_1, h_2, e_1, e_2) &= P_1 h_1 + P_2 e_1 - c(h_1 + e_1) - t_2 e_1 \\
&= [a - (h_1 + e_2)]h_1 + [a - (h_2 + e_1)]e_1 \\
&\quad - c(h_1 + e_1) - t_2 e_1 \\
\pi_2(t_1, t_2, h_1, h_2, e_1, e_2) &= P_2 h_2 + P_1 e_2 - c(h_2 + e_2) - t_1 e_2 \\
&= [a - (h_2 + e_1)]h_2 + [a - (h_1 + e_2)]e_2 \\
&\quad - c(h_2 + e_2) - t_1 e_2
\end{aligned}
$$

根据完全信息静态博弈寻找反应函数的思路,该动态博弈的第二阶段就是在给定第一阶段两国关税税率 t_1 和 t_2 的前提下,企业 1 通过选择 h_1 和 e_1 来实现 $\pi_1(t_1, t_2, h_1, h_2, e_1, e_2)$ 的最大化;企业 2 通过选择 h_2 和 e_2 来实现 $\pi_2(t_1, t_2, h_1, h_2, e_1, e_2)$ 的最大化,即

$$
\begin{cases}
\max\limits_{h_1 \geqslant 0, \, e_1 \geqslant 0} \pi_1(t_1, t_2, h_1, h_2, e_1, e_2) \\
\max\limits_{h_2 \geqslant 0, \, e_2 \geqslant 0} \pi_2(t_1, t_2, h_1, h_2, e_1, e_2)
\end{cases}
$$

由于两个企业生产商品没有固定成本,边际成本又是常数,因此供给国内外市场数量对两市场平均成本没有影响,两国市场商品不存在竞争。所以,可将两个企业的利润都分为国内市场利润与国外市场利润两部分。且两个国家的国内市场利润都表现为受本国企业内销量与他国企业出口量的联合影响。例如,对于企业 i 来说,它在本国销售利润受自身内销量 h_i 与竞争国企业 $3-i$ 的出口量 e_{3-i} 的共同影响;而它在竞争国销售利润受自身出口量 e_i 与竞争国企业 $3-i$ 的内销量 h_{3-i} 的共同影响。且企业 i 在这两个国家的销售利润互相之间不存在相互作用。因此,对任何一个企业来说,上述最大值问题可被分解为两个最大值问题。

对于企业 1 来说,问题转化为

$$
\max\limits_{h_1 \geqslant 0}\{[a - (h_1 + e_2)]h_1 - c h_1\} \tag{16-1}
$$

$$
\max\limits_{e_1 \geqslant 0}\{[a - (h_2 + e_1)]e_1 - (c + t_2)e_1\} \tag{16-2}
$$

对于企业 2 来说,问题转化为

$$
\max\limits_{h_2 \geqslant 0}\{[a - (h_2 + e_1)]h_2 - c h_2\} \tag{16-3}
$$

$$
\max\limits_{e_2 \geqslant 0}\{[a - (h_1 + e_2)]e_2 - (c + t_1)e_2\} \tag{16-4}
$$

为了确保市场出清价格不低于零,且两个企业内销与出口有利润,因此,假设 $\begin{cases} e_1 \leqslant a - c \\ e_2 \leqslant a - c \end{cases}$ 和 $\begin{cases} h_1 \leqslant a - c - t_1 \\ h_2 \leqslant a - c - t_2 \end{cases}$。联合优化式(16-1)和式(16-4)、式(16-2)和式

(16-3),可以得到这两企业的内销量与出口量分别关于另一个企业的出口量与内销量的反应函数

$$\begin{cases} h_1^* = \dfrac{1}{2}(a - e_2^* - c) \\ h_2^* = \dfrac{1}{2}(a - e_1^* - c) \end{cases} 和 \begin{cases} e_1^* = \dfrac{1}{2}(a - h_2^* - c - t_2) \\ e_2^* = \dfrac{1}{2}(a - h_1^* - c - t_1) \end{cases}$$

联立以上四个反应函数,可以分别求得企业 1 和企业 2 的最优内销量与最优出口量的解

$$\begin{cases} h_1^* = \dfrac{1}{3}(a - c + t_1) \\ e_1^* = \dfrac{1}{3}(a - c - 2t_2) \end{cases} 和 \begin{cases} h_2^* = \dfrac{1}{3}(a - c + t_2) \\ e_2^* = \dfrac{1}{3}(a - c - 2t_1) \end{cases}$$

这就是该动态博弈第二阶段两个企业完全信息静态博弈的纳什均衡。接下来,倒推回该动态博弈的第一阶段,分析两个国家同时决策关税税率的完全信息静态博弈。此时,两个国家的得益都是该国的社会总福利,包括本国企业利润、消费者剩余和国家从进口关税中所得的税收三部分。具体写出国家 1 和国家 2 的得益分别为

$$w_1(t_1, t_2, h_1, h_2, e_1, e_2) = \pi_1 + \frac{1}{2}(h_1 + e_2)^2 + t_1 e_2$$

$$w_2(t_1, t_2, h_1, h_2, e_1, e_2) = \pi_2 + \frac{1}{2}(h_2 + e_1)^2 + t_2 e_1$$

且根据博弈论的理性共识假设,两个国家在第一阶段可以分析出第二阶段两个企业的最优商品内销量与出口量。因此,将 h_1^*、e_1^*、h_2^* 和 e_2^* 的表达式代入两个国家的得益,化简得

$$w_1(t_1, t_2) = \frac{(2a - 2c - t_1)^2}{18} + \frac{(a - c - t_1)^2}{9} + \frac{(1 + 3t_1)(a - c - 2t_2)^2}{9}$$

$$w_2(t_1, t_2) = \frac{(2a - 2c - t_2)^2}{18} + \frac{(a - c - t_2)^2}{9} + \frac{(1 + 3t_2)(a - c - 2t_1)^2}{9}$$

$$w_1(t_1, t_2) = \frac{(2a - 2c - t_1)^2}{18} + \frac{(a - c + t_1)^2}{9} + \frac{(a - c - 2t_2)^2}{9} + \frac{t_1(a - c - 2t_1)}{3}$$

$$w_2(t_1, t_2) = \frac{(2a - 2c - t_2)^2}{18} + \frac{(a - c + t_2)^2}{9} + \frac{(a - c - 2t_1)^2}{9} + \frac{t_2(a - c - 2t_2)}{3}$$

两个国家通过选择最优进口关税税率以实现自身得益最大化

$$\begin{cases} \max\limits_{t_1>0} w_1(t_1,\, t_2) \\ \max\limits_{t_2>0} w_2(t_1,\, t_2) \end{cases}$$

分别令 $w_1(t_1,\, t_2)$ 关于 t_1 的一阶导数与 $w_2(t_1,\, t_2)$ 关于 t_2 的一阶导数为零，获得两个国家最优进口关税税率关于彼此最优进口关税税率的反应函数为

$$t_1^*(t_2) = \frac{4}{3}(a-c) - (a-c-2t_2)^2$$

$$t_2^*(t_1) = \frac{4}{3}(a-c) - (a-c-2t_1)^2$$

$$\begin{cases} \dfrac{\partial w_1(t_1,\, t_2)}{\partial t_1} = \dfrac{a-c-3t_1}{3} = 0 \\ \dfrac{\partial w_2(t_1,\, t_2)}{\partial t_2} = \dfrac{a-c-3t_2}{3} = 0 \end{cases}$$

联立 $t_1^*(t_2)$ 和 $t_2^*(t_1)$ 两个反应函数，得到两个国家的最优进口关税税率分别为

$$\begin{cases} t_1^* = \dfrac{a-c}{3} \\ t_2^* = \dfrac{a-c}{3} \end{cases}$$

以上两式正组成该完全且完美信息动态博弈第一阶段中两国同时决策进口关税税率的完全信息静态博弈的纳什均衡。同时，从以上表达式可见，两个国家应设置相同的进口关税税率。实际上这主要是因为在该动态博弈中，两个国家具有对称性，因此它们最后选择的最佳进口关税税率的策略是相同的。同时，从这个进口关税可以发现，如果两个国家购买该商品的市场容量较大（表现为 a 较大），两国可以设置较高的进口关税税率。并且如果当商品的生产边际成本较低（表现为 c 较小）时，两国也可以设置较高的进口关税税率。将两国设置的最优进口关税税率代入企业 1 和企业 2 的最优内销量与最优出口量的解析式，可得两企业应制定的商品最优内销量与最优出口量分别为

$$\begin{cases} h_1^* = h_2^* = \dfrac{4}{9}(a-c) \\ e_1^* = e_2^* = \dfrac{1}{9}(a-c) \end{cases}$$

可见，由于两企业的对称性，导致两企业选择的商品最优内销量相同，选择的商

品最优进口量也相同。两个企业的总产量都是 $h_i^* + e_i^* = \frac{5}{9}(a-c)$。因为两个阶段的选择都是纳什均衡,因此组合在一起肯定不存在不可信的承诺与威胁,是该完全且完美信息动态博弈的一个子博弈完美纳什均衡。

2. 多方委托代理博弈

在"无同时选择的完全且完美信息动态博弈"介绍时,我们介绍了几个委托代理博弈的例子。但是在这些例子中,代理方都是一个决策主体,导致委托方委托的工作只能由该代理方进行代理。但是现实的委托代理问题往往是同一个委托方会有多个代理方,而不是唯一的代理方。这些代理方之间存在竞争。例如,一个企业雇佣工人,可能会有很多人进行应聘,这些应聘者之间是竞争关系。如果考虑多个代理方,那么工作激励的思路就会发生变化。针对此,1981 年拉齐尔(Lazear)和罗森(Rosen)提出了一个包含多个代理方的委托代理博弈,在该博弈中委托方通过让代理方竞争实现更好的激励效果。

该博弈的具体场景是这样的:一个委托方雇用了两个代理方。其中,代理方为委托方工作,工作产出与代理方的努力呈正向关系。例如,设定代理方 i 的工作产出函数为 $y_i(e_i) = e_i + \varepsilon_i$。其中,$e_i$ 表示代理方 i 的工作努力程度;ε_i 表示代理方 i 产出的随机因素,该因素服从密度函数为 $f(\varepsilon_i)$ 且期望为 0 的概率分布。同时,代理方工作需要的负效用也是自己工作努力程度 e_i 的函数,这里设定为 $g(e_i)$。且根据心理效用规律,随着代理方不断付出努力,边际努力给代理方带来的负效用绝对量上升。因此,$g(e_i)$ 是上升的凸曲线,即满足 $g'(e_i) > 0$ 和 $g''(e_i) > 0$。委托方监督不到代理方的努力水平,但是可以知道由代理方接受委托并进行工作所获得的工作产出。所以,委托方只能根据获得的产量支付给代理方报酬。为了激励代理方努力工作,委托方制定薪资方案,产量高的代理方将获得高工资 w_h,但产量低的代理方只能获得低工资 w_l。

整个动态博弈的决策顺序为:第一阶段,委托方选择薪酬方案中的高工资 w_h 和低工资 w_l;第二阶段,两个代理方决策是否会选择接受委托方的动作;第三阶段,两个代理方同时选择努力程度 $e_i(i=1, 2)$。因此,在该动态博弈中,只有第二阶段是完全信息静态博弈。接下来,应用逆推归纳法进行分析。首先,考虑第二阶段两个代理方选择努力程度的纳什均衡。由于每个代理方都是通过选择不努力程度追求最大化自己的得益,且两个代理方的得益都是获得工资与付出负效用之差的期望。因此,不失一般性,我们考虑任意代理方 i,他的得益最大化问题可表示成

$$\max_{e_i \geq 0}\{w_h \cdot P[y_i(e_i) > y_{3-i}(e_{3-i})] + w_l \cdot P[y_i(e_i) \tag{16-5}$$
$$< y_{3-i}(e_{3-i})] - g(e_i)\},\, i \in \{1,\, 2\}$$

其中，$P(\cdot)$ 表示括号中不等式成立的概率。因此，将式(16-5)代入 $y_i(e_i) = e_i + \varepsilon_i$ 后进行化简，并求其最大化的一阶条件得

$$(w_h - w_l)\frac{\partial P[y_i(e_i) > y_{3-i}(e_{3-i})]}{\partial e_i} = g'(e_i),\, i \in \{1,\, 2\} \tag{16-6}$$

式(16-6)也是代理方努力程度必须满足的基本条件。该基本条件隐含着代理方最优努力程度的边际收入应等于边际负效用。利用条件概率的贝叶斯法则，$P[y_i(e_i) > y_{3-i}(e_{3-i})]$ 可以进一步被化简

$$P[y_i(e_i) > y_{3-i}(e_{3-i})] = \int[1 - F(e_{3-i} - e_i + \varepsilon_{3-i})] \tag{16-7}$$
$$f(\varepsilon_{3-i})d\varepsilon_{3-i},\, i \in \{1,\, 2\}$$

将等式(16-7)代入到式(16-6)中，得

$$(w_h - w_l)\int f(e_{3-i} - e_i + \varepsilon_{3-i})f(\varepsilon_{3-i})d\varepsilon_{3-i} = g'(e_i),\, i \in \{1,\, 2\} \tag{16-8}$$

如果给出具体的 $f(\varepsilon_i)$ 和 $g(e_i)$ 的表达式，通过式(16-8)可以推导出代理方 i 的最优努力程度关于代理方 $3-i$ 的最优努力程度的反应函数 $e_i^*(e_{3-i}^*)$，$i \in \{1,\, 2\}$。根据我们之前完全信息静态博弈介绍的诸多案例可知，在第二阶段，两个代理方是一样的，因此选择的努力水平应该是相同的，设定为 $e_i^* = e_{3-i}^* = e^*$。因此，式(16-8)进一步化简为

$$(w_h - w_l)\int f(\varepsilon_{3-i})f(\varepsilon_{3-i})d\varepsilon_{3-i} = g'(e^*),\, i \in \{1,\, 2\} \tag{16-9}$$

同样地，如果给出具体的 $f(\varepsilon_i)$ 和 $g(e_i)$ 表达式，可以通过式(16-9)求出两个代理方选择一致的最优努力程度 e^* 的解析式。这正是该动态博弈第二阶段两个代理方选择努力水平的纳什均衡。从式(16-9)发现，由于 $g'(e^*) > 0$，如果高工资与低工资的差额 $w_h - w_l$（也可以被看成是由于高产，委托方支付给代理方的奖金）越大，两个代理方选择的努力程度 e^* 也就会越大。这正好符合员工被激励的常识，即给的奖金越高，员工越愿意努力工作。如果奖金 $w_h - w_l$ 固定，代理方工作产出随机因素的影响扩大，也就是说两个代理方竞争的结果更多取决于运气而不是代理方的努力，这时代理方会选择较小的努力程度。因为在代理方看来工作的运气成分太大了，根

本不取决于自己的努力,当然努力工作也就没有价值了。因此,委托方应该尽量采用一切措施减少委托工作成果的随机因素。如果工资与奖金的水平过低,代理方付出努力的负效用很大,或者代理方可以找到更好的工作,那么代理方可能不会付出任何努力,即此时 $e^* = 0$。实际上,这种情况更多表现为代理方不会接受委托方的委托工作。因此,委托方需要考虑自己设定的工作是否能给代理方带来额外收益。

倒推回该动态博弈的第二阶段,两个代理方需要决策是否接受委托方的工作。由于在该博弈中代理方之间博弈均衡是对称均衡,双方的策略选择相同,因此两个代理方各有50%的机会赢得高工资。这样,代理方愿意接受委托方的工作并参与高低产量争夺的条件是该工作提供的期望得益至少不低于代理方替代工作机会的得益。因此,不失一般性,设定两个代理方其他工作的机会相同,且其他工作的得益为 U_a。所以,代理方接受委托工作的"参与约束"为

$$0.5w_h + 0.5w_l - g(e^*) \geqslant U_a$$

因为委托方只要两个代理方愿意接受委托工作即可,因此,我们取上式的边界解,并对其进行简化,得

$$w_h + w_l = 2U_a + 2g(e^*)$$

如果两代理方上述的参与条件已经被满足,那么委托人所委托的工作可以被执行。这样委托方设计的薪酬方案将被使用。因此,继续倒推至该完全且完美信息动态博弈的第一阶段,由委托方选择薪酬方案 w_h 和 w_l。通过以上分析,基于博弈的理性共识假设,委托方知道在该薪酬方案下两个代理方的努力都为 e^*。此时,委托方的得益,即其期望利润函数为

$$\mathbb{E}[\pi(w_h, w_l)] = \mathbb{E}[y_1(e^*) + y_2(e^*) - w_h - w_l] = 2e^* - w_h - w_l$$

由于委托方追求期望利润最大化的薪酬方案,实际上是通过优化 w_h 和 w_l 实现 $\mathbb{E}[\pi(w_h, w_l)]$ 的最大化

$$\max_{w_h \geqslant w_l > 0} \mathbb{E}[\pi(w_h, w_l)] = \max_{w_h \geqslant w_l > 0} \{2e^* - w_h - w_l\}$$

将 $w_h + w_l = 2U_a + 2g(e^*)$ 代入上式,简化后变为优化如下问题

$$\max_{w_h \geqslant w_l > 0} \{e^* - U_a - g(e^*)\}$$

由于 U_a 是常数,因此委托方得益最大化要求的委托方努力程度需要满足的一阶条件为 $g'(e^*) = 1$。将该结果代入到式(16-9),有 $(w_h - w_l) \int [f(\varepsilon_i)]^2 d\varepsilon_i = 1$。因

此，委托方支付较高产量的代理方的奖金应设定为 $(w_h - w_l) = \dfrac{1}{\displaystyle\int [f(\varepsilon_i)]^2 \mathrm{d}\varepsilon_i}$。只有这样设定薪酬方案，委托方才能激励代理方努力工作。同时，该结果也说明委托方利益的奖金水平 $(w_h - w_l)$ 只与工作成绩的不确定性有关，与产出函数随机因素概率分布的方差正相关。

实际上，如果给出 $g(e)$ 的具体形式，就可以通过等式 $g'(e^*) = 1$ 求解出满足委托方得益最大化要求的 e^* 表达式。然后将该结果代入到两代理方的参与约束 $0.5w_h + 0.5w_l - g(e^*) \geqslant U_a$ 和努力的纳什均衡解析式（16-9），就可以求出委托方应选择的最优薪酬方案 w_h^* 和 w_l^*。

第十七章
完全且完美信息动态博弈扩展讨论

通过以上章节的学习,我们了解了完全且完美信息动态博弈主要是通过逆推归纳法寻找子博弈完美纳什均衡。但是并不是所有完全且完美信息动态博弈都有子博弈完美纳什均衡,也不是所有完全且完美信息动态博弈都可以采用逆推归纳法进行分析。因此,本章主要阐述逆推归纳法在分析某些完全且完美信息动态博弈时存在的问题,并考虑博弈方偶尔犯错误的情况,引入颤抖手完美均衡的分析方法,最后通过蜈蚣博弈给出即使博弈方不具有理性局限性,逆推归纳法与子博弈完美纳什均衡分析仍然可能存在问题的情况。

第一节　逆推归纳法的问题

子博弈完美纳什均衡分析的关键方法是逆推归纳法。但逆推归纳法的应用也存在一些强要求,且这些要求导致用逆推归纳法对一些比较特殊的完全且完美信息动态博弈或者比较特殊的情况进行分析时会存在问题,无法获得最终的子博弈完美纳什均衡。

(1)逆推归纳法要求完全且完美信息动态博弈需要明确被设定。它要求完全且完美信息动态博弈的结构(如规则、次序和得益等情况)都要设定得非常清楚,而且所有博弈方都要了解正在执行的博弈的结构,并相互知道对方也了解这些结构。但是在现实中,所有完全且完美信息动态博弈并不都具有清晰的结构,而且各博弈方也不都对博弈结构具有清晰的认识,同时也不可能完全相信其他博弈方也会像自己一样了解博弈的结构,或者也不会认为其他博弈方比自己更加了解博弈的结构。因此,在很多完全且完美信息动态博弈中,逆推归纳法的适用性就成了很大的问题。

（2）我们在应用逆推归纳法时，明显发现无法用逆推归纳法分析很复杂的完全且完美信息动态博弈。因为按照逆推归纳法，需要从完全且完美信息动态博弈的最后一阶段分析博弈方的最优选择行为，如果该博弈的最后一阶段有很多种情况，或者说有很多博弈方，那么这个博弈将很难被分析。同时，对于一个很多阶段甚至是无穷阶段的博弈来说，就无法运用逆推归纳法进行分析，因为这个分析将耗费很长的时间都不一定获得正确的子博弈完美纳什均衡。例如，我们常提到的完全且完美信息动态博弈——象棋博弈。这个博弈中虽然只有两个博弈方，但每个博弈方的选择路径过多，且先行为的博弈方在不同选择路径下另外的博弈方仍然有很多可选路径。因此，很难分析到底这个博弈会进行到哪一阶段才是该完全且完美信息动态博弈的结束。所以，这个象棋博弈如果用逆推归纳法分析，将很难分析出最终的子博弈完美纳什均衡。

（3）如果某个完全且完美信息动态博弈的两条路径利益相同，也会导致逆推归纳法面临选择困难，最终无法运用。这种情况与我们之前介绍完全信息静态博弈时提到的多重纳什均衡导致的分析困难是一致的，都是难以预测各博弈方将如何进行选择。例如，在图 17-1 所示的完全且完美信息动态博弈中，运用逆推归纳法对该动态博弈的第三阶段进行分析时，由于博弈方 1 在 A 和 B 两个选择下自己的得益相同，因此无法判断博弈方 1 最后将做何种选择。虽然此时博弈方 1 在不同策略选择下给博弈方 2 带来的得益不同，但由于无法判断博弈方 1 的心理，是会乐于助人选择也让博弈方 2 得益多一些的 B，还是会见不得别人好而选择让博弈方 2 得益少一些的 A。如果再继续运用逆推归纳法分析该博弈的第二个阶段，博弈方 2 因为不知道博弈方 1 在第三阶段如何选择，因此也不知道自己最终应该选择 C 还是选择 D。由此可见，逆推归纳法无法准确地分析出这类博弈最终子博弈完美纳什均衡结果。

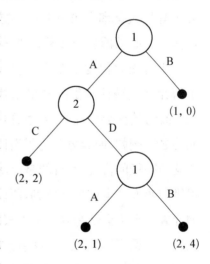

图 17-1　具有相同利益路径的动态博弈例子

（4）逆推归纳法要求所有博弈方具有非常极致的理性与理性共识，即不允许任何博弈方犯错误，同时要求所有博弈方都互相了解和相互信任彼此的理性。但在现实中，参加博弈的决策者基本上都有理性局限的，必然会存在犯错误的可能性。同时，所有博弈方对理性保有相同的理解且具备理性共识的要求很难满足。因此，很难保证逆推归纳法的结论与他们的行为一致，导致运用逆推归纳法预测的子博弈完美纳什均衡结果的可靠性受

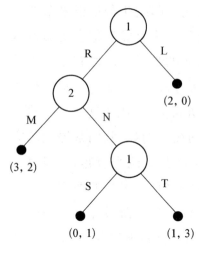

图 17-2　博弈方犯错误的
动态博弈例子

到很大影响。例如,我们来看如图 17-2 所示的博弈。

该博弈是一个三阶段的完全且完美信息的动态博弈,如果应用逆推归纳法很容易找出该博弈的子博弈完美纳什均衡,即"博弈方 1 在第一阶段选择 L,第三阶段选择 T;博弈方 2 在第二阶段选择 N"。博弈均衡路径是第一阶段博弈方 1 选择 L,博弈结束。但是这个结果是基于两个完全理性的博弈方做出的。如果博弈方 1 在第一阶段决策时犯了错误,没有选择 L,而选择 R。那么轮到第二阶段博弈方 2 做选择时他该如何呢?如果博弈方 2 是理性的,按照以上子博弈完美纳什均衡,博弈方 2 应该选择 N。但是由于他看到了博弈方 1 在第一阶段未按照子博弈完美纳什均衡的结果进行选择,他实际上对是否再相信博弈方 1 能在第三阶段回归理性选择 T 是心存疑虑的。如果他相信博弈方 1 是理性的,在第一阶段选择 R 是一次偶然性的错误,那么理性的博弈方 2 可能会选择 N。因为偶然错误不会经常发生,所以博弈方 1 有很大概率在第三阶段会按照子博弈完美纳什均衡的结果去执行,在第三阶段选择 T。如果博弈方 2 从博弈方 1 第一次犯错误就认定博弈方 1 是不理性的,认为博弈方 1 有很大程度上在第三阶段不会选择 T,那么博弈方 2 在第二阶段也不会按照子博弈完美纳什均衡的结果来执行,即不会选择 N,转而选择让自己更加保险的 M。而且有时情况会更加复杂,也许博弈方 1 并不是不理性,也不是偶然犯错误,而是故意而为之。例如,博弈方 1 为了引诱博弈方 2 认为自己是不理性的,故意在第一阶段选择非均衡路径的行为 R,目的是让博弈方 2 选择 M,自己获得得益 3。而博弈方 1 的这种思维博弈方 2 也许也会猜到,所以有时即便博弈方 1 未按照子博弈完美纳什均衡执行,博弈方 2 也不会认为其不理性或犯错误,反而会认为博弈方 1 很理性,只是在给自己设圈套。可见,考虑了以上这些理性、犯错误、故意引诱等因素后,逆推归纳法的应用将无从下手,现实完全且完美信息动态博弈是否按照子博弈完美纳什均衡执行也将无法给出准确的定论。这正是逆推归纳法与子博弈完美纳什均衡的问题与局限所在。

第二节　颤抖手完美均衡

在上一节中提到理性的博弈方可能会偶尔犯错误,那么如何理解这种偶然的犯错误呢？同时面对先行为的博弈方的犯错误，后行为的博弈方将如何对其进行判断和如何选择行为呢？1975年泽尔腾提出了一种分析方法"颤抖的手完美均衡"解决了这个问题。大致来说，在任何一个博弈中，每个博弈方都有一定的犯错误的可能。这就类似于现实生活中手发生颤抖时会抓不住东西，在博弈时也存在博弈方会发生轻微的失误而影响整个结果。颤抖手完美均衡就是在动态博弈中即使博弈方有一些极小机会犯错误，选择了偏离均衡的行动策略，但另一些博弈方仍将继续优化其应变策略，最终所有其他博弈方都按照原来选定的子博弈完美纳什均衡策略组合执行。所以颤抖的手的均衡仍然是一个纳什均衡。

　　图17-3是一个四阶段的完全且完美信息动态博弈，对该博弈应用逆推归纳法进行分析。博弈的第四阶段博弈方2由于选择U的得益是0，选择V的得益是3，因此在第四阶段理性的博弈方2会选择V。然后向上追溯到第三阶段，在第三阶段博弈方1选择S的得益是1，选择T的得益是2，因此在第三阶段理性的博弈方1会选择T。继续向上讨论第二阶段博弈，在第二阶段博弈方2选择M的得益为2，选择N的得益为3。因此，在第三阶段理性的博弈方2会选择N。最后我们分析这个博弈的第一阶段，在第一阶段博弈方1选择L的得益为2，选择R的得益也为2，因此在第一阶段博弈方1选择L和选择R无差别。所以这个动态博弈存在两个子博弈完美纳什均衡，分别是"博弈方1在第一阶段选择L，第三阶段选择T；博弈方2在第二阶段选择N，第四阶段选择V"与"博弈方在第一阶段选择R，第三阶段选择T；博弈方2在第二阶段选择N，第四阶段选择V"。这两个子博弈完美纳什均衡对应的均衡路径分别为"L"和"R-N-T-V"。

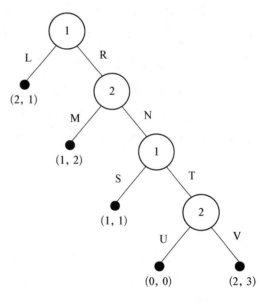

图17-3　动态博弈中颤抖的手均衡

　　这是在两个理性的博弈方都不犯任何错误时的均衡结果。如果考虑到进行博弈时各博弈方都可能犯错误，即出现颤抖的手，很小概率地选择了非子博弈完美均衡的策略。那么，这两个子博弈完美纳什均衡哪一个是颤抖的手均衡呢？换句话说，这两个子博弈完美纳什均衡在理性的博弈方犯错误的时候，哪一个会更加稳定呢？在这两个子博弈完美纳什均衡中，显然第一个均衡，即其均衡路径为"L"，相对稳定性更强。而第二个均衡，即其均衡路径为"R-N-T-V"，稳定性很弱。因为在第一个均衡中,只需要考虑博弈方1出现颤抖的手的情况,即便博弈方1没有选择L,犯错误选择了R,然后博弈方2仍然可以在第二阶段选择N与第四阶段选择V,博弈方1仍然在第三阶段选择T,是符合第一个子博弈完美纳什均衡中排除第一阶段博弈方1偏离后的均衡"博弈方1在第三阶段选择T;博弈方2在第二阶段选择N,第四阶段选择V"中各博弈方的最优选择的。此时,博弈方1的得益仍然是2,博弈方2的得益反而从1增加到了3。这种均衡是我们不担心的。对于第二个均衡来说,如果博弈方2在第二阶段有偏离N的可能性,即在第二阶段选择了M,此时博弈方1的得益受到了损失,由得益2降至得益1;博弈方2的得益也下降了,由得益3降至得益2。所以博弈方1只要考虑到博弈方2有犯错误的可能就不会在一开始选择R,也不会考虑"R-N-T-V"这个均衡路径。因为对于博弈方1来说,两个子博弈完美纳什均衡下的得益都相同,如果第二个子博弈完美纳什均衡中博弈方2发生了偏离,自己的得益就会下降,所以他宁愿让命运掌握在自己的手中,也不愿意交给他人,所以理性的博弈方1不会选择R,而只会选择L。由此可见,第二个子博弈完美均衡不是稳定的。因此,本博弈的颤抖手完美均衡是第一阶段博弈方1选择L而结束该博弈。

如果我们上述博弈改成如图17-4所示的博弈,即将第四阶段中博弈方2选择V时博弈方1的得益由2增加至3。那么情况就会发生变化。对这个新的完全且完美信息动态博弈运用逆推归纳法发现,同样存在一个子博弈纳什均衡,即"博弈方1在第一阶段选择R,在第三阶段选择T;博弈方2在第二阶段选择N,第四阶段选择V"。相应的均衡路径仍然是"R-N-T-V"。此时,该子博弈完美纳什均衡会不会像分析图17-3一样,由于博弈方2在第二阶段存在偏离N选择M的可能而不稳定呢? 答案是否定的。因为即便博弈方2在第二阶段由于颤抖的手,存在偏离N而选择M的可能,但是只要这个可能性比较小(具体来说小于50%),那么博弈方1会在第一阶段仍然选择R策略。由此可见,该子博弈完美纳什均衡在这个博弈中是一个颤抖手完美均衡。因为只要博弈方1和博弈方2偏离该子博弈完美纳什均衡的概率比较小,两个博弈方就都有坚持它的愿望。

根据以上两个动态博弈的对比分析可以看出,颤抖手完美均衡是一种子博弈完

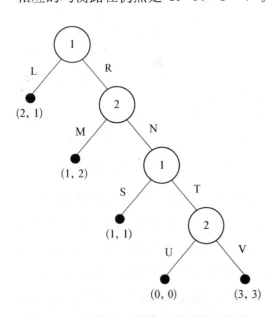

图17-4 更新后动态博弈的颤抖的手均衡

美纳什均衡的概念。可以通过颤抖手完美均衡检验的子博弈完美纳什均衡的稳定性更强,预测也就更加可靠。当然,颤抖手完美均衡本身并不能解决完全且完美信息动态博弈中各博弈方的犯错误问题,所以也就不能保证该均衡的预测一定是完全且完美信息动态博弈实际出现的结果,即使像图17-4中有唯一的颤抖手完美均衡,也不一定能保证一次博弈实行中大家一定按照这个均衡的策略执行。

如果我们回溯逆推归纳法问题介绍时提到的图17-2所示的博弈,依据颤抖手完美均衡的思想,子博弈完美纳什均衡"博弈方1在第一阶段选择L,第三阶段选择T;博弈方2在第二阶段选择N",即以第一阶段博弈方1选择L结束博弈,同样是一个颤抖手完美均衡。如果博弈方1在第一阶段偏离了L选择R,博弈方2根据颤抖手完美均衡思想,第二阶段还是会选择N而不会选择M。所以从第二阶段博弈方2选择开始的子博弈中,"N-T"既是这个完全且完美信息动态博弈的子博弈完美纳什均衡路径,也是颤抖手完美均衡路径。因此,我们可以总结出颤抖手完美纳什均衡核心思想是把博弈方各阶段的错误看作互不相关的小概率事件,博弈方1第一阶段的错误不会导致博弈方2不敢选择N。

第三节　蜈　蚣　博　弈

如果动态博弈中各博弈方不是理性的,或者局部理性的,或者出现偶尔犯错误,逆推归纳法与子博弈完美纳什均衡都会受到挑战,而且在以上情况出现时,逆推归纳法常常不能再使用,子博弈完美纳什均衡也不会再稳定。但是实际上,有时即便动态博弈中各博弈方不存在任何程度的不理性局限,逆推归纳法与子博弈完美纳什均衡同样可能也会存在问题。博弈论中经典的"蜈蚣博弈"正是说明了这个现象。

蜈蚣博弈是1981年罗伯特·罗森塞尔(Robert Rosenthal)提出的一个完全且完美信息动态博弈问题。该博弈具有不同的版本,之所以被称为"蜈蚣博弈",是因为这个动态博弈的展开形式像一条蜈蚣一样,各博弈方之间进行多次博弈。同时,为了简便地说明逆推归纳法与子博弈完美均衡的不稳定性,每个博弈方只设定两个可选行为。该完全且完美信息动态博弈的每阶段中博弈方的决策像是蜈蚣的两条脚,多阶段完全且完美信息动态博弈的博弈方的行为选择就组成了一条蜈蚣的多条脚。以下我们以一个博弈案例来展示蜈蚣博弈(见图17-5)。在该博弈中有两个企业进行长期合作,因此有多阶段的动态博弈,共有198个阶段,所有得益数组的第一个数字表示企业1的得益,第二数字表示企业2的得益。

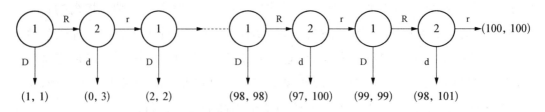

图 17 - 5 蜈蚣博弈

运用逆推归纳法分析蜈蚣博弈。从该博弈的最后一个阶段,企业 2 会选择 d,因为此时可以获得的得益 101 大于选择 r 的得益 100。然后逆推回倒数第二阶段,企业 1 会选择 D,此时企业 1 可以获得得益 100,大于选择 R 的得益 98。类似逆推回倒数第三阶段,企业 2 同样会选择 d。再逆推回倒数第四阶段,企业 1 同样会选择 D。由此可见,不论逆推回第几阶段,由于在企业 2 决策时选择 d 总比选择 r 多 1 单位的得益,因此企业 2 会一直选择 d 策略。而企业 1 决策时选择 D 总比选择 R 的得益多 1,企业 1 也总会选择 D。因此,该博弈的子博弈完美纳什均衡为"企业 1 在单数阶段选择 D;企业 2 在双数阶段选择 d"。对应的均衡路径是以第一阶段企业 1 选择 D,结束博弈。

蜈蚣博弈将从个体理性出发的最优策略选择导致的比较差的结果问题发展到了极致。在现实中,两个博弈方进行如上博弈时,实际上不可能发生我们分析的子博弈完美纳什均衡结果。这一点已经在很多学者开展的实验或者现实的企业博弈中所体现。那么为什么会产生理论结果与现实结果相矛盾的情况呢?原因是当企业 1 进行第一阶段的行为选择时,虽然看似选择 D 的得益会比选择 R 的得益大,但是这个大的基础是基于在第二阶段企业 2 会选择 d 而不是 r 的结论上的。实际上第二阶段企业 2 未必会选择 d,如果企业 2 选择 r 就会有未来大家的合作,谋取更多得益的可能。同样地,对于第一阶段的企业 1 也是一样的。如果他选择 R 与企业 2 进行合作,就有可能获得比较大的得益。就算企业 1 选择 R 时企业 2 不与自己的合作,那么企业 1 的损失也比较低,只有 1 单位的得益损失。所以此时的企业 1 会选择 R 来试探企业 2 是否愿意与自己合作。同样地,企业 2 在第二阶段也会试探地选择 r,向企业 1 展示合作的意愿,目的是引导第三阶段企业 1 采取合作而选择 R。即便在第三阶段企业 1 背叛了企业 2 的合作,选择了 D,那么企业 2 也只会少 1 单位得益。因此,两个企业就会一直这样采用合作的意愿进行很多轮博弈,即企业 1 不是选择子博弈完美信息均衡中的一直选择 D,而是选择 R,企业 2 也不是选择子博弈完美信息均衡中的一直采用 d,而是选择 r。

但是这种违背子博弈完美纳什均衡的两企业的选择,会不会一直持续到最后一个阶段呢？答案是否定的。假设两个企业违背到最后一个阶段,也就是说在 197 阶段企业 1 选择 R,到了 198 阶段企业 2 进行选择时,因为之后企业 1 不会再进行选择了,那么企业 2 根据选择 r 和 d 时自己的得益,一定会选择 d。当然,这个企业 2 的这种选择方式企业 1 也知道。所以,企业 1 会在第 197 阶段选择 D,不会再给企业 2 机会。因此,蜈蚣博弈的博弈均衡结果是既不会是"企业 1 一直选择 R,企业 2 一直选择 r",也不会是"企业 1 一直选择 D,企业 2 一直选择 d"。而是可能一开始企业 1 选择 R 且企业 2 选择 r 用以试探的方式在摸索中进行合作,然后这种合作并不一直持续下去,而是到了博弈进入某个快要结束的阶段,动态博弈中各博弈方行为选择的序贯理性要求开始发挥作用。此时,有某个企业(可能是企业 1 也可能是企业 2)开始担心合作会被对方背叛,而开始以自身利益最大化的理性角度思考这个博弈的后续行为选择,即各博弈方开始按照逆推归纳法的逻辑开始选择。如果这个担心是企业 1,那么他将从该阶段开始一直选择 D;如果这个担心是企业 2,那么他将从该阶段开始一直选择 d。实际上,只要这个有博弈方开始按照逆推归纳法的逻辑开始思考博弈接下来阶段的行为选择,该博弈就会以企业 1 选择 D 或者企业 2 选择 d 而结束。而且如果没有进一步的信息,要预测逆推归纳法的逻辑(企业 1 和企业 2 按照序贯理性的个体理性最大化利润)到底在什么时候发挥作用,双方合作究竟在什么时候停止是很困难的。

通过对蜈蚣博弈的分析发现,如果蜈蚣博弈的阶段数减少,如减少到只有 5 阶段,甚至只有 3 阶段,那么两个企业开始合作的可能性会变得很小,甚至没有合作的意愿。因为选择合作的潜在利益减少了很多,而承担的风险却是一样的。逆推归纳法的思维逻辑发生作用会变得更早。甚至可能在第一阶段企业 1 就觉得即便是合作到博弈结束,自己获得的得益也没有多多少,所以就不愿意选择 R。同样,企业 2 也不愿意选择 r。相反,如果蜈蚣博弈的阶段数增多,那么博弈方之间合作的可能性就会比原来的蜈蚣博弈更大,博弈方之间合作的阶段数也会大大增多。由此可见,为了降低完全且完美信息动态博弈中由于各博弈方个体理性决策导致的囚徒困境所带来的利益损失,博弈方之间可以试图增加博弈的阶段数让彼此都更有合作的意愿。

第十八章
完全且完美信息动态博弈在管理领域的应用

在企业管理中,很多管理决策问题都是具有先后顺序的。同时,如果将经营过程中的历史经验利用得当或者提高信息的预测准确性,很多管理中的决策博弈都可以被近似看成是完全且完美信息的动态博弈,如企业供应链管理中上下游企业的采购管理决策、销售管理决策、预售管理决策、库存管理决策等。因此,博弈理论中最频繁被应用解决管理决策问题的博弈类型就是完全且完美信息动态博弈。本章通过"供应采购博弈""技术创新绿色信贷博弈""制造商双零售渠道供应链博弈"三个案例来说明这类博弈在管理领域的应用。

第一节　供应采购博弈

随着经济的高速发展,越来越多的企业开始重视供应链管理。企业的运作导向也从原来的"控制导向"转变为"关系导向"。真正的竞争从原本企业之间的竞争,逐渐转变为供应链之间的竞争。本节将介绍一个具有现实意义的供应采购完全信息且完美信息博弈。

首先,为了便于分析,在引入供应采购博弈之前需要给出三个假设:① 一般来说,采购商采购的产品分为两种类型:一种是采购后直接销售的成品;另一种是采购后还需要加工的半成品。为了方便讨论,本节假设采购的产品直接用于销售,不讨论第二种情况。② 假设供应链上所有成员的信息是对称的,换句话说就是各个博弈方完全清楚所有博弈方在各种情况下的相关信息。即假设该博弈是在完全且完美信息下进行的。③ 假设采购供应商的产品价格会影响到采购数量。基于此,设市场上有两个企业,分别是供应商(记为 S)和采购商(记为 P)。

采购商从供应商处采购产品,并将该产品销售给市场。供应商提供给采购商的产品单位采购价格为 P_s。采购商采购会伴随一些成本,如需要采购的产品的单位运输与信息处理成本等,这里用符号 C_p 表示采购商采购产品的单位边际成本。同时,供应商提供产品也需要付出一定的成本,如生产成本、库存成本等。因此,本节设定供应商的单位产品边际供应成本为 C_s。每次,采购商向供应商采购该产品的采购量为 Q 单位,并将采购的产品直接销售到终端市场。依据经济学原理,产品的最终售价与采购商向市场提供的该产品量呈负相关关系。因此,这里假设市场上该产品的最终售价为 $P(Q) = a - Q$。其中,a 表示市场容量,且该函数关系反映了随着订货量的增加,市场销售价格会降低这一现实情况。

该博弈的决策顺序:第一阶段,供应商先决策供应价格 P_s,并进入博弈的第二阶段;在第二阶段,采购商看到供应商发布的产品供应价格 P_s,选择自己的采购量 Q。在整个过程中供应商与采购商都是追求自己的最大利润,且供应商的利润为

$$\pi_s = P_s Q - C_s Q$$

采购商的利润为

$$\pi_p = QP(Q) - P_s Q - C_p Q = -Q^2 + (a - P_s - C_p)Q$$

运用逆推归纳法,首先对第二阶段采购商选择订货量进行分析。此时,采购商会通过优化最优采购量来实现自身的利润最大化。由采购商的一阶最优条件有

$$\frac{\partial \pi_p}{\partial Q} = -2Q + a - P_s - C_p = 0$$

因此,采购商应该选择的采购量为 $Q^* = \frac{1}{2}(a - P_s - C_p)$。可见,采购商的最优采购量是关于供应商定价的函数。然后再推回该动态博弈的第一阶段,即供应商选择产品定价。由于该博弈属于完全信息博弈,且博弈存在理性假设与理性共识假设,因此,供应商可以预判到第二阶段采购商的最优采购量关于自己选择的产品供应价格的关系为

$$Q^* = \frac{1}{2}(a - P_s - C_p)$$

因此,供应商的利润调整为

$$\pi_s = \frac{P_s}{2}(a - P_s - C_p) - \frac{C_s}{2}(a - P_s - C_p)$$

$$= -\frac{1}{2}P_s^2 + \frac{1}{2}P_s(a + C_s - C_p) - \frac{1}{2}C_s(a - C_p)$$

由于供应商通过优化产品供应价格使得自己获得利润最大。因此,由供应商利润最大化的一阶条件有

$$\frac{\partial \pi_s}{\partial P_s} = -P_s + \frac{1}{2}(a + C_s - C_p) = 0$$

因此,供应商应选择的最优产品供应价格为 $P_s^* = \frac{1}{2}(a + C_s - C_p)$。在该供应价格下,采购商选择的采购量为 $Q^* = \frac{1}{4}(a - C_s - C_p)$。此时,采购商的利润与供应商的利润分别为

$$\pi_p = \frac{3}{16}(a - C_s - C_p)^2$$

$$\pi_s = \frac{1}{8}(a - C_s - C_p)^2$$

因此,这个完全且完美信息的供应采购动态博弈的子博弈完美纳什均衡为"供应商在第一阶段设定产品供应价格为 $\frac{1}{2}(a + C_s - C_p)$,第二阶段采购商订购 $\frac{1}{4}(a - C_s - C_p)$ 单位产品"。最终供应商的得益为 $\frac{1}{8}(a - C_s - C_p)^2$,采购商的得益为 $\frac{3}{16}(a - C_s - C_p)^2$。

第二节　技术创新绿色信贷博弈

近几年,随着中国低碳循环经济体系的逐步建立,全面体现了追求绿色环保的趋势,绿色技术创先日益成为绿色发展的重要动力。在我国政府对企业绿色生产的要求约束与消费者逐渐加深的绿色偏好驱动下,各行各业企业积极开展绿色技术研发。但是由于绿色研发投资大、时间跨度长,大部分企业自由研发资金无法满足绿色研发。因此,中国政府为了帮助企业摆脱这种困难,自 2007 年起就着手"自上而下"的绿色信贷政策体系建设,绿色信贷市场成为中国相对活跃的绿色金融市场之一。绿色信贷成为促进企业绿色技术创新的最为有效的融资方式之一。但目前绿色信贷余额占国内全部信贷余额的比例仅为 10% 左右,绿色信贷在支持绿色研发融资方面的作用还有待进一步提高。同时,政府财政补贴政策能够促进绿色信贷更加发挥作用。

在现实中,这类政府补贴政策主要有两类:一类是对企业的直接补贴,如绿色产出补贴,即政府根据绿色产出的水平来给予企业补贴;另一种是对企业的间接补贴,如绿色信贷补贴,即政府给予企业绿色信贷优惠政策。绿色产出补贴是比较常见的补贴方式,绿色信贷补贴是针对绿色信贷的新兴补贴方式。因此,本节以政府绿色补贴方式分析政府绿色信贷与企业绿色创新博弈问题。

该博弈主要考虑政府与企业两个博弈方。企业的整体市场反需求函数设定为 $p = a - q + \theta x$。这里要求 $a > 1 > 0$, $x > 0$ 和 $\theta > 0$。其中,a 表示市场规模,即消费者对于企业当下产品愿意支付的最高价格;q 表示提供该产品的数量,即生产数量;x 表示单位产品的研发绿色水平,该指标越高代表企业生产的产品绿色程度越高;θ 表示消费者绿色偏好倾向,衡量研发绿色水平对消费者支付意愿的影响程度;同时,企业生产产品的单位成本为 c。因此,若要保证整个市场中有企业愿意生产该产品,需要满足条件 $a > c > 0$。所以企业的生产成本为 cq。随着产品绿色水平越高,企业为此付出的边际成本越大,因此企业进行绿色技术研发的成本为关于 x 的上凹函数,设定为 $bx^2/2$。这里的 b 为绿色研发成本系数,且存在 $b > 0$。政府为了鼓励企业投入绿色技术研发,为每个企业补贴一定的绿色技术研发专项基金 $B(B > 0)$。但是通常情况下,这部分资金很难完全满足企业进行绿色技术研发的需求,所以企业还需要向金融机构申请绿色信贷,信贷额即为研发绿色技术的成本与政府给予的绿色补贴的差额,设定为 $L = bx^2/2 - B$,且 $L > 0$。银行为企业提供绿色信贷的利润为 $r(r > 0)$。在整个博弈的过程中,政府的目标是促进社会总福利 SW 的最大化。这里社会总福利包含消费者剩余、生产者剩余、环境损失及政府补贴支出。企业的目标是追求自身利润的最大化。接下来分析政府绿色产出补贴政策下的完全且完美信息动态博弈问题。

在这种方式下,政府直接对企业生产的绿色产品的最优产量进行补贴。该完全且完美信息动态博弈为三阶段。在第一阶段,政府选择对企业单位产出量的绿色补贴额度;第二阶段,企业选择产品绿色水平;第三阶段,企业选择产品的产量,同时依据政府补贴方式获得相应的补贴。依据该完全且完美信息动态博弈各阶段情况,运用逆推归纳法求解该博弈。首先考虑第三阶段,在政府绿色产出补贴下,企业的利润可通过如下表达式表示:

$$\pi_s(q, x, s) = pq - cq - \frac{1}{2}bx^2 - rL + sq$$

其中,pq 表示企业销售产品的收益;cq 表示企业生产产品的成本;$\frac{1}{2}bx^2$ 表示企业为实现产品的绿色水平付出的成本；rL 表示企业采用绿色信贷的利息；sq 表示企业生产绿色产品时政府给予的补贴；s 是政府补贴强度，即政府采用绿色产出补贴方式时的企业单位产出补贴额。企业选择产品产量，目标是实现利润最大化，即 $\max\limits_{q\geqslant 0}\pi_s(q,x,s)$。

由于 $\dfrac{\partial^2\pi_s(q,x,s)}{\partial q^2}=-2<0$，企业生产的产量存在极大值。应用函数最大化的一阶

条件，令 $\dfrac{\partial\pi_s(q,x,s)}{\partial q}=0$，得到企业应选择的产品最优生产产量为

$$q_s^*(x,s)=\frac{a-c+s+\theta x}{2}$$

此表达式说明了企业第三阶段选择的产品生产数量关于第一阶段政府的补贴强度与第二阶段自己选择的产品最优绿色水平的反应函数。然后，逆推回该博弈的第二阶段，企业选择产品最优绿色水平。在该阶段，企业当然知道它在第三阶段产品生产数量的反应函数。因此，将该结果代入到企业的利润函数，简化后得

$$\pi_s(x,s)=\frac{1}{4}(a-c+s+\theta x)^2-\frac{1}{2}(1+r)bx^2+rB$$

在此阶段，企业通过优化产品绿色水平以追求最大化利润。由于 $\dfrac{\partial^2\pi_s(x,s)}{\partial x^2}=\dfrac{1}{2}\theta^2-(1+r)b$。因此，当 $2b(1+r)>\theta^2$ 时 $\dfrac{\partial^2\pi_s(x,s)}{\partial x^2}<0$，企业存在产品绿色水平

极大值。令 $\dfrac{\partial\pi_s(x,s)}{\partial x}=0$，求得

$$x_s^*(s)=\frac{\theta(a-c+s)}{2b(1+r)-\theta^2}$$

$x_s^*(s)$ 的表达式说明了企业在动态博弈第二阶段选择的产品绿色水平关于第一阶段政府产品产出补贴强度的反应函数。继续运用逆推归纳法推回该博弈的第一阶段，政府选择为企业生产绿色产品的单位产品补贴强度。此时政府追求社会总福利最大，具体可表示为

$$\max_{s\geqslant 0}SW_s(s,x,q)=\max_{s\geqslant 0}[CS+\pi_s(q,x,s)-D-sq]$$

其中，CS 表示消费者剩余，可以表示为 $CS=\displaystyle\int_0^q pdq-pq=\frac{1}{2}q^2$。$D$ 表示企业生产排污带来的环境损失，可以用 $D=de$ 来表示。这里 $e=q-x$ 代表企业污染物排放量，

与企业生产产品总量呈递增关系,但与企业选择产品绿色水平呈递减关系。实际上,在第一阶段,政府知道第二阶段企业制定的产品绿色水平与第三阶段企业制定的产品生产产量。因此,将 $x_s^*(s)$ 和 $q_s^*(x,s)$ 表达式代入 $SW_s(s,q)$,设定 $\gamma=1+r$,简化后有

$$\max_{s\geq 0} SW_s(s)=\max_{s\geq 0}\left\{\frac{(a-c+s)\begin{bmatrix} b\gamma(a-c)(3b\gamma-\theta^2) \\ -2d(b\gamma-\theta)(2b\gamma-\theta^2)-sb\gamma(b\gamma-\theta^2) \end{bmatrix}}{2(2b\gamma-\theta^2)^2} \right.$$
$$\left. +B(\gamma-1)\right\}$$

由于 $\dfrac{\partial^2 SW_s(s)}{\partial s^2}=-\dfrac{b\gamma(b\gamma-\theta^2)}{(2b\gamma-\theta^2)^2}<0$,因此政府追求的社会总福利存在极大值。

令 $\dfrac{\partial SW_s(s)}{\partial s}=0$,可以得到

$$s^*=\frac{b^2(a-c)(1+r)^2-d[2b(1+r)-\theta^2][b(1+r)-\theta]}{b(1+r)[b(1+r)-\theta^2]}$$

此时,将 s^* 的解代入 $x_s^*(s)$ 得第二阶段企业选择的产品绿色水平为

$$x_s^*=\frac{\theta(a-c)}{2b(1+r)-\theta^2}+\frac{\theta b(a-c)(1+r)}{[b(1+r)-\theta^2][2b(1+r)-\theta^2]}$$
$$-\frac{\theta d[b(1+r)-\theta]}{b(1+r)[b(1+r)-\theta^2]}$$

然后,将 x_s^* 和 s^* 代入 $q_s^*(x,s)$ 表达式得第一阶段企业选择的产品生产数量为

$$q_s^*=\frac{b(1+r)(a-c-d)+d\theta}{b(1+r)-\theta^2}$$

综上所述,该技术创新信贷博弈的子博弈完美纳什均衡为:第一阶段,政府选择给企业绿色产品单位补贴强度为 $\dfrac{b^2(a-c)(1+r)^2-d[2b(1+r)-\theta^2][b(1+r)-\theta]}{b(1+r)[b(1+r)-\theta^2]}$;

第二阶段,企业选择产品绿色水平为 $\dfrac{\theta(a-c)}{2b(1+r)-\theta^2}+\dfrac{\theta b(a-c)(1+r)}{[b(1+r)-\theta^2][2b(1+r)-\theta^2]}$

$-\dfrac{\theta d[b(1+r)-\theta]}{b(1+r)[b(1+r)-\theta^2]}$;第三阶段,企业选择生产的产品数量为

$\dfrac{b(1+r)(a-c-d)+d\theta}{b(1+r)-\theta^2}$。

第三节　制造商双零售渠道供应链博弈

移动电子商务时代,线下传统批发销售与线上直销销售构成了当代双零售渠道供应链,逐渐成为制造商主要的线上线下双零售渠道销售模式。如华为、小米、海尔、李宁等品牌制造商均采用线下传统批发销售渠道与线上直销渠道相结合的线上线下双零售渠道模式来销售产品。但是,品牌制造商线上直销渠道的开辟,虽然增加了收益,但是也不可避免地会与传统线下批发零售渠道产生冲突。这主要是因为线上直销渠道的增设会使部分传统零售渠道的需求转移至线上直销渠道,从而影响线下零售商的产品价格选择,进而影响制造商供应给零售商的批发价格。而这种影响也会受到供应链中制造商与零售商权力结构的影响。目前,现实中主要有三种权力结构类型。第一种权力结构类型是制造商主导型。在该种类型下,制造商的权力大于零售商的权力。因此,在制造商与零售商的博弈中,制造商先选择线上渠道产品定价,零售商后选择线下渠道产品定价。第二种权力结构类型是零售商主导型。在该种类型下,零售商的权力大于制造商的权力。因此,在制造商与零售商的博弈中,零售商先选择线下渠道产品价格,制造商后选择线上渠道产品价格。第三种权利类型是制造商与零售商具有同等权利,因此制造商与零售商同时分别选择线上渠道与线下渠道的产品价格。以下分别在不同供应链权力结构下,构建线上线下双零售渠道供应链的完全且完美信息动态博弈模型,并应用逆推归纳法寻找三种场景下的子博弈完美纳什均衡。

为了构建这两种供应链权力结构下的制造商与零售商双零售渠道供应链博弈模型,需要对市场中的一些基本情况进行假设。首先,本节主要考虑由一个品牌制造商和一个零售商组成的两层供应链结构。制造商不仅通过线下零售商销售产品,同时也在线上开设直播销售产品。制造商生产产品的单位成本为 c_p。在线下零售渠道,制造商以单位产品批发价格 w 将产品卖给零售商。然后零售商以单位产品价格 p_t 卖给消费者。除了购买产品的采购成本,假设零售商销售该单位产品的其他成本为 c_t。而在线上零售渠道,制造商采用直销模式,以单位产品价格 p_d 将产品销售给消费者。同时,制造商线上零售渠道单位产品的成本为 c_d。另外,为了保证制造商双零售渠道模式存在,即保障线下零售渠道批发机制成立,因此存在不等式 $w < p_d$。同时,依据经济学原理,两个渠道的产品需求都表现出与该零售渠道产品价格的负相关,与竞争零售渠道产品价格正相关的性质。因此,为了分析方便,这里设定线上零售渠道与线下零售渠道的产品需求函数都为线性形式。

线下零售渠道的产品需求函数为

$$D_t = \theta a - p_t + b p_d$$

线上零售渠道的产品需求函数为

$$D_d = (1-\theta)a - p_d + b p_t$$

式中,下标 t 和下标 d 分别代表线下零售商渠道与线上制造商直销渠道。因此,D_t 和 D_d 分别代表线下零售渠道与线上零售渠道的市场需求。p_t 和 p_d 分别代表线下零售渠道与线上零售渠道的单位产品价格。a 代表产品潜在市场规模。θ 和 $1-\theta$ 分别代表线下零售渠道与线上零售渠道的市场份额。b 代表两个零售渠道的交叉价格弹性系数,该系数越大说明零售渠道之间的相互影响越强。无论影响多强,本零售渠道价格对需求的影响永远大于其他零售渠道价格对本零售渠道需求的影响,因此存在 $0 \leqslant b < 1$。 最后,假设制造商和零售商在需求和成本信息方面是完全对称的,是完全且完美信息的动态博弈。制造商与零售商都是理性的,各自追求自身收益的最大化。

1. 制造商主导型的双零售渠道供应链博弈分析

在制造商为主导的权力结构中,制造商处于领导者地位,零售商处于跟随者地位。因此该完全且完美信息的动态博弈顺序为: 第一阶段,制造商首先选择销售给零售商的单位产品批发价格和自身线上直销渠道的零售价格;第二阶段,零售商根据制造商确定自身在线下零售渠道销售的单位产品价格。接下来,运用逆推归纳法分析该完全且完美信息动态博弈。首先,分析该完全且完美信息动态博弈的第二阶段,零售商通过选择线下零售渠道销售产品的单位价格以实现零售商的利润最大化。此时,零售商的利润为销售产品的收益减去购入产品成本,即

$$\max_{p_t \geqslant 0} \pi_r(p_t, w, p_d) = \max_{p_t \geqslant 0}\{(p_t - w - c_t)D_t\}$$
$$= \max_{p_t \geqslant 0}\{(p_t - w - c_t)(\theta a - p_t + b p_d)\}$$

由于 $\dfrac{\partial^2 \pi_r(p_t, w, p_d)}{\partial p_t^2} = -2 < 0$,存在使零售商利润极大化的最优线下销售单位产品价格。令 $\dfrac{\partial \pi_r(p_t, w, p_d)}{\partial p_t} = 0$,可以获得零售商选择的线下销售单位产品价格为

$$p_t^*(w, p_d) = \frac{\theta a + b p_d + w + c_t}{2}$$

$p_t^*(w, p_d)$ 反映出了零售商在线下销售产品的单位价格对制造商选择的产品单位批发价格 w 与线上零售渠道销售产品的单位价格 p_t 的反应函数。然后,逆推回该完全且完美信息动态博弈的第一阶段,此时制造商通过同时选择销售给零售商的单位产品批发价格和自身在线上销售的单位产品价格以实现利润的最大化。且制造商的利润为线上销售利润与线下批发给零售商的利润的总和

$$\max_{w>0,\, p_d \geqslant 0} \pi_d(w, p_d) = \max_{w>0,\, p_d \geqslant 0} \{(w - c_p)D_t + (p_d - c_d)D_d\}$$

$$= \max_{w>0,\, p_d \geqslant 0} \{(w - c_p)(\theta a - p_t + b p_d)$$

$$+ (p_d - c_d)[(1 - \theta)a - p_d + b p_t]\}$$

此时,制造商知道零售商在第二阶段的价格设定方式。因此,将 $p_t^*(w, p_d)$ 表达式代入 $\pi_d(w, p_d)$,有

$$\max_{w>0,\, p_d \geqslant 0} \pi_d(w, p_d) = \max_{w>0,\, p_d \geqslant 0} \left\{ \begin{aligned} &\frac{1}{2}(w - c_p)(\theta a + b p_d - w - c_t) + (p_d - c_d) \\ &\left[(1 - \theta)a - p_d + \frac{b}{2}(\theta a + b p_d + w + c_t)\right] \end{aligned} \right\}$$

由于 $\pi_d(w, p_d)$ 的海塞矩阵为

$$\left| \begin{matrix} \dfrac{\partial^2 \pi_d(w, p_d)}{\partial w^2} & \dfrac{\partial^2 \pi_d(w, p_d)}{\partial p_d \partial w} \\ \dfrac{\partial^2 \pi_d(w, p_d)}{\partial w \partial p_d} & \dfrac{\partial^2 \pi_d(w, p_d)}{\partial p_d^2} \end{matrix} \right| = \left| \begin{matrix} -1 & b \\ b & b^2 - 2 \end{matrix} \right| = 2(1 + b)(1 - b) > 0$$

因此,以上海塞矩阵负定,制造商关于线上零售渠道单位产品零售价格与线下单位批发价格同时存在极大值。令 $\dfrac{\partial \pi_d(w, p_d)}{\partial w} = 0$ 和 $\dfrac{\partial \pi_d(w, p_d)}{\partial p_d} = 0$,得出制造商应该选择的最优线上零售渠道单位产品价格与最优线下单位批发价格为

$$w^* = \frac{\theta a - c_t + c_p}{2} + \frac{ab[1 - \theta(1 - b)]}{2(1 - b^2)}$$

$$p_d^* = \frac{c_d}{2} + \frac{a[1 - \theta(1 - b)]}{2(1 - b^2)}$$

将以上获得的 w^* 与 p_d^* 代入 $p_t^*(w, p_d)$ 得 $p_t^* = \dfrac{3\theta a}{4} + \dfrac{c_p}{4} + \dfrac{c_t}{4} + \dfrac{c_d b}{4} + \dfrac{ab[1 - \theta(1 - b)]}{2(1 - b^2)}$。因此,当该供应链市场为制造商主导型时,双零售渠道供应链完

全且完美信息的动态博弈的子博弈完美均衡路径为"制造商在第一阶段以 w^* 的单位产品批发价格供应给零售商,以 p_d^* 的单位产品销售价格在线上零售渠道销售产品;零售商在第二阶段以 p_t^* 的单位产品价格在线下零售渠道销售该产品"。

2. 零售商主导型的双零售渠道供应链博弈分析

在零售商为主导的权力结构中,零售商处于领导者地位,制造商处于跟随者地位。由于在现实市场中,零售商都是在已知从制造商处采购该产品的批发价格后才进行单位零售价格选择。因此,在零售商主导型的市场结构中,往往双零售渠道供应链博弈可以被描述为三阶段的完全且完美信息动态博弈过程,具体顺序为:第一阶段,制造商选择供应给零售商的单位产品批发价格;第二阶段,零售商选择线下销售产品的单位价格;第三阶段,制造商选择线上零售渠道销售该产品的单位价格。因此,同样运用逆推归纳法对该博弈进行分析,先分析该完全且完美信息动态博弈的第三阶段,制造商在已知单位产品批发价格与线下零售渠道单位产品价格的前提下,通过选择线上零售渠道单位产品价格来实现自身利润的最大化

$$\max_{p_d \geqslant 0} \pi_d(p_d, p_t, w) = \max_{w>0, p_d \geqslant 0} \{(w-c_p)D_t + (p_d-c_d)D_d\}$$
$$= \max_{w>0, p_d \geqslant 0} \{(w-c_p)(\theta a - p_t + bp_d) + (p_d-c_d)[(1-\theta)a - p_d + bp_t]\}$$

由于 $\dfrac{\partial^2 \pi_d(p_d, p_t, w)}{\partial p_d^2} = -2 < 0$,因此 $\pi_d(p_d, p_t, w)$ 存在关于 p_d 的极大值。令 $\dfrac{\partial \pi_d(p_d, p_t, w)}{\partial p_d} = 0$, 得

$$p_d^*(p_t, w) = \frac{b(w-c_p+p_t) + (1-\theta)a + c_d}{2}$$

逆推回第二阶段,零售商在已知单位产品批发价格后,通过选择线下零售渠道单位产品价格来实现自身利润的最大化,即

$$\max_{p_t \geqslant 0} \pi_r(p_t, w, p_d) = \max_{p_t \geqslant 0} \{(p_t - w - c_t)D_t\}$$
$$= \max_{p_t \geqslant 0} \{(p_t - w - c_t)(\theta a - p_t + bp_d)\}$$

基于博弈理性共识假设,零售商可以预判第三阶段制造商线上销售产品的单位价格。因此,将 $p_d^*(p_t, w)$ 代入 $\pi_r(p_t, w, p_d)$, 得

$$\max_{p_t \geqslant 0} \pi_r(p_t, w) = \max_{p_t \geqslant 0} \left\{ \frac{1}{2}(p_t - w - c_t) \begin{bmatrix} 2\theta a + (b^2-2)p_t + b^2(w-c_p) \\ + b(1-\theta)a + bc_d \end{bmatrix} \right\}$$

由于 $\dfrac{\partial^2 \pi_d(p_t, w)}{\partial p_t^2} = b^2 - 2 < 0$，因此 $\pi_d(p_t, w)$ 存在关于 p_t 的极大值。令 $\dfrac{\partial \pi_d(p_t, w)}{\partial p_t} = 0$，得

$$p_t^*(w) = \frac{2\theta a + b(1-\theta)a - b^2 c_p + bc_d + 2w + c_t(2 - b^2)}{2(2 - b^2)}$$

因此，第三阶段制造商线上销售产品的单位价格为

$$p_d^*(w) = \frac{2wb(3 - b^2) + 2\theta ba + c_t b(2 - b^2) + [a(1-\theta) + c_d - c_p b](4 - b^2)}{4(2 - b^2)}$$

进一步逆推回第一阶段，制造商通过选择供给零售商的单位产品批发价格来实现自身利润的最大化，即

$$\max_{w>0} \pi_d(p_d, p_t, w) = \max_{w>0}\{(w - c_p)(\theta a - p_t + bp_d) + (p_d - c_d)[(1-\theta)a - p_d + bp_t]\}$$

此时制造商可以预判到第二阶段零售商线下销售产品的单位产品价格与第三阶段自身线上销售产品的单位产品价格。因此，将 $p_t^*(w)$ 和 $p_d^*(w)$ 代入 $\pi_d(p_d, p_t, w)$，设定 $A = (3b^2 - 4)c_d + a(4 - b^2)(1 - \theta) + 2ab\theta$，简化后可得

$$\max_{w>0} \pi_d(w) = \frac{(w - c_p)[2\theta a - 2(w + c_t) + ab(1-\theta) + bc_d + b^2(2w + c_t - c_p)]}{4}$$

$$+ \frac{\begin{aligned}&[A - b^3(3c_p + c_t - 2w) + 2b(2c_p + c_t - w)][A + 2b(c_t - 2c_p)\\&\quad - b^3(2w + c_t - c_p) + 6bw]\end{aligned}}{16(2 - b^2)^2}$$

由于 $\dfrac{\partial^2 \pi_d(w)}{\partial w^2} = -1 + b^2 - \dfrac{b^2(1-b)[3 - b^2(1+b)]}{2(2 - b^2)^2} < 0$，因此 $\pi_d(w)$ 关于 w 存在极大值。令 $\dfrac{\partial \pi_d(w)}{\partial w} = 0$，设定 $B = b^4 - 5b^2 + 8$，简化后可得制造商选择供应给零售商的单位产品最优批发价格

$$w^* = \frac{\begin{aligned}&\theta a(1-b)[B - b^2(1+b)] - (1 - b^2)[b^2(4c_p + bc_d - 6c_t)\\&\quad - (b^4 + 8)(c_p - c_t)] + abB\end{aligned}}{2B(1 - b^2)}$$

将 w^* 代入 $p_t^*(w)$ 和 $p_d^*(w)$，可得第二阶段零售商线下零售渠道的单位产品最优销售价格和第三阶段制造商线上零售渠道的单位产品最优销售价格

$$p_t^* = \frac{\theta a(1-b)\big[B+(4-b^2)(1+b)\big]-(1-b^2)\big[(4b-b^3)}{2B(1-b^2)}$$

$$(bc_p+bc_t-c_d)-4(c_p+c_t)\big]+abB$$

$$p_d^* = \frac{a\big[B-\theta(1-b)(b^3+3b^2+2B-2b-8)\big]-(1-b^2)}{2B(1-b^2)}$$

$$\big[c_d(3b^2-8)+b(2-b^2)(c_p+c_t)\big]$$

因此，当该供应链市场为零售商主导型时，双零售渠道供应链这个完全且完美信息的动态博弈的子博弈完美均衡路径为"制造商在第一阶段以上式 w^* 的单位产品批发价格供应给零售商；零售商在第二阶段以上式 p_t^* 的单位产品价格在线下零售渠道销售该产品；第三阶段，制造商以上式 p_d^* 的单位产品销售价格在线上零售渠道销售产品"。

3. 制造商与零售商同等权力的双零售渠道供应链博弈分析

在制造商与零售商同等权力的市场结构中，制造商与零售商同时选择线上零售渠道与线下零售渠道的单位产品价格。在这种情况下，该完全且完美信息动态博弈的博弈顺序为：第一阶段，制造商选择供应给零售商的单位产品批发价格；第二阶段，制造商选择线上销售渠道的单位产品价格，同时零售商选择线下销售渠道的单位产品价格。同样应用逆推归纳法分析该完全且完美信息动态博弈。在博弈的第二阶段，制造商与零售商同时选择各自销售渠道的单位产品价格，因此是一个完全信息静态博弈问题。根据之前的分析，可知制造商与零售商的利润函数分别为

$$\max_{p_d \geqslant 0} \pi_d(p_d, p_t, w) = \max_{p_d \geqslant 0}\{(w-c_p)(\theta a-p_t+bp_d)$$
$$+(p_d-c_d)\big[(1-\theta)a-p_d+bp_t\big]\}$$
$$\max_{p_t \geqslant 0} \pi_r(p_d, p_t, w) = \max_{p_t \geqslant 0}\{(p_t-w-c_t)(\theta a-p_t+bp_d)\}$$

同时，优化以上两个函数，同时令 $\dfrac{\partial \pi_d(p_d, p_t, w)}{\partial p_d}=0$ 和 $\dfrac{\partial \pi_r(p_d, p_t, w)}{\partial p_t}=0$，有

$$p_d^*(w) = \frac{2(1-\theta)a+\theta ab+3bw+bc_t+2c_d-2bc_p}{4-b^2}$$

$$p_t^*(w) = \frac{2\theta a+(2+b^2)w-b^2 c_p+ab(1-\theta)+bc_d+2c_t}{4-b^2}$$

逆推回第一阶段，制造商选择供应给零售商的单位产品批发价格。此时，制造商能够预判到自己与零售商分别在线上与线下零售渠道销售产品的单位价格。因此，将 $p_d^*(w)$ 和 $p_t^*(w)$ 代入到 $\pi_d(p_d, p_t, w)$ 中，有

$$\max_{w>0} \pi_d(w) = \frac{1}{(4-b^2)^2}\{(2-b^2)^2 c_d^2 + b^4 c_p^2 + b^2 c_t^2 + 2(4-3b^2)c_p c_t$$

$$-w^2(1-b^2)(b^2+8) + 2w(1-b^2)[(4+b^2)c_p - 4c_t]$$

$$+\theta a(w-c_p)(b^4+8) - 2ac_d(2-b^2)[2-(2-b)\theta]$$

$$-bc_d[c_p(b^4-3b^2+4) + 2(2-b^2)c_t + wb^2(1-b^2)]$$

$$+a^2[2-(2-b)\theta]^2 + 4ab(2w-c_p+c_t)(1-\theta)$$

$$+ab^3(w-c_p)(1-\theta) + 2\theta ab^2(c_p+c_t)\}$$

由于 $\frac{\partial^2 \pi_d(w)}{\partial w^2} = -2(1-b^2)(b^2+8) < 0$，因此同样有 $\pi_d(w)$ 关于 w 存在极大值。令 $\frac{\partial \pi_d(w)}{\partial w} = 0$，可得制造商选择供应给零售商的单位产品最优批发价格为

$$w^* = \frac{ab(b^2+8) - (1-b^2)[b^2(bc_d-2c_p) - 8(c_p-c_t)] + \theta a(1-b)(8-b^3)}{2(1-b^2)(b^2+8)}$$

将 w^* 代入 $p_d^*(w)$ 和 $p_t^*(w)$，可得第二阶段制造商线上零售渠道的单位产品最优销售价格和零售商线下零售渠道的单位产品最优销售价格

$$p_d^* = \frac{\begin{array}{c} a(b^2+8) + (1-b^2)[c_d(3b^2+8) - 2b(c_p+c_t)] \\ -\theta a(2-b)(1-b)(4+b) \end{array}}{2(1-b^2)(b^2+8)}$$

$$p_t^* = \frac{\begin{array}{c} ab(b^2+8) + (1-b^2)[bc_d(b^2+4) + 4(c_p+c_t)] \\ +\theta a(1-b)(b^3+2b^2+4b+12) \end{array}}{2(1-b^2)(b^2+8)}$$

因此，当供应链市场中零售商和制造商具有同等权力时，双零售渠道供应链这个完全且完美信息的动态博弈的子博弈完美均衡路径为"制造商在第一阶段以上式 w^* 的单位产品批发价格供应给零售商；第二阶段，制造商以上式 p_d^* 的单位产品销售价格在线上零售渠道销售该产品，同时，零售商以上式 p_t^* 的单位产品价格在线下零售渠道销售该产品"。

第十九章
完全但不完美信息动态博弈

完全但不完美信息动态博弈是博弈论中的一个重要概念,它结合了完全信息博弈和不完美信息博弈的特点。这种类型的博弈在经济学、管理学、政治学等领域都有广泛的应用。本章将围绕完全但不完美信息动态博弈的概念、表示方法、经典案例以及特征等方面,对完全但不完美信息动态博弈进行介绍。

第一节　完全但不完美信息动态博弈的概念

本书在完全且完美信息动态博弈介绍时给出了很多同时体现完全信息与完美信息的动态博弈例子。但实际在一些动态博弈中,由于客观因素制约或者博弈方故意隐瞒等原因,会出现后行动的博弈方可能没办法看到之前博弈的部分或者全部过程的情况。当然,如果各个博弈方在博弈中都仅有一次策略选择机会,并且所有后行动的博弈方在自己行动之前都无法看到前面其他博弈方的行为,那么我们可以将其当作是静态博弈去分析。因为此时各个博弈方获得的信息实际上是平等的,与同时决策的静态博弈并没有本质的区别。如果只有部分博弈方无法看到之前的博弈过程,即各博弈方对博弈进程的掌握存在差异,或者存在某些博弈方不止一次选择,但却无法观察到他们行为之前的博弈进程,就无法将其看作所有博弈方同时决策的静态博弈来分析,只能被看成是"不完美信息动态博弈"。

因此,本书给完全但不完美信息动态博弈下一个正式定义:在具有先后顺序且依次做出决策的博弈过程中,每个博弈方都对其他博弈方的策略空间、特征及得益都有准确的认识,但存在某个或者某些博弈方对其行为之前的博弈进程的所有信息未完全掌握,这类博弈被称为完全但不完美信息动态博弈。相应地,没有完全掌握自身行为之前博弈进程所有信息的博弈方被称为"有不完美信息的博弈方",而将完全掌握自身行为之前博弈进程所有信息的博弈方被称为"有完美信息的博弈方"。

第二节　有不完美信息的博弈树

依据完全但不完美信息动态博弈的定义,本节介绍一下该类博弈的表示方法,即如何能够反映不完美信息动态博弈中信息不完美的问题。回顾之前介绍完全且完美信息动态博弈时,博弈理论中对该类博弈的表示方法是博弈树。主要是博弈树可以清晰地刻画动态博弈的决策顺序,并列出在不同阶段各博弈方选择不同行为时所有博弈方的得益。但完全但不完美信息动态博弈与完全且完美信息动态博弈不同,存在某个或某些博弈方不了解之前博弈进程的情况。换言之,就是轮到有不完美信息的博弈方进行行为选择时,该博弈方并不知道他之前的博弈方选择了什么行为。例如,在"门票购买博弈"中(见图 13 - 2),如果市民小王不知道市民小李出发是选择乘坐公共汽车还是选择乘坐出租车,那么当小王进行决策时就不会明确知道该博弈的博弈树中是从小李选择乘坐公共汽车过来的线还是乘坐出租车过来的线。此时,博弈轮到小王进行行为选择时,必须对小李乘坐公共汽车与乘坐出租车两种行为都进行分析。也就是说,当小王有不完美信息时,轮到其进行行为选择时的信息集不只包含博弈树的一个节点,需要将其不完美信息下可能存在的情况都包含进一个信息集,小王才能做出行为选择。为了方便表示,本书用虚线的圈将该信息集应包含的节点都圈在一起来表示动态博弈轮到信息不完美的博弈方决策时需要考虑的上一阶段决策的博弈方的所有行为选择(见图 19 - 1)。

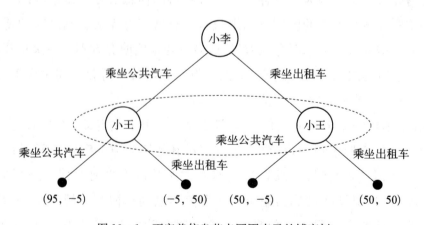

图 19 - 1　不完美信息节点圆圈表示的博弈树

有的博弈论书藉为了表示不完美信息的特点,不用一个圈,会用一个虚线将有不完美信息博弈方行为选择时的不完美信息导致的需要进行联合考虑的节点用虚线连接起来,以表现此处博弈方对博弈进程信息的不了解(见图19-2)。

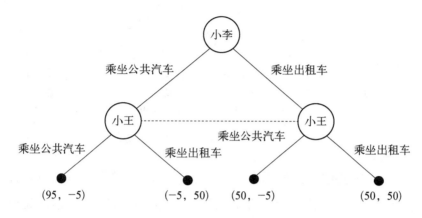

图19-2　不完美信息节点虚线表示的博弈树

实际上,对于很多博弈方不了解或者不清晰博弈中间发生了什么情况的博弈都可以通过以上表达不完美信息的方式进行表示。例如,本书在介绍博弈分类时提到的单人博弈问题——企业运输博弈。该博弈介绍的是某个企业需要完成一批货物的运输,目前可考虑的运输方案有水路运输与陆路运输两种。其中,水路运输的成本相对陆路运输成本低,但是水路运输相比陆路运输更容易受天气情况的影响。在好天气下,水路运输与陆路运输的运输成本分别为7 000元和10 000元。如果在坏天气下,陆路运输的成本仍然是10 000元;但水路运输会损坏一些货物,其运输成本与损坏的费用合起来为16 000元。这个博弈虽然是单人博弈,实际上我们可以将天气看成是自然决定的,所以可以引入一个"自然"博弈方,用0表示,它按照一定的概率选择好天气和坏天气。那么这个单人博弈问题就转化为自然与企业博弈的两人完全但不完美信息动态博弈问题。在该博弈中,第一阶段由自然选择好天气和坏天气,进入第二阶段;第二阶段企业选择走水路走陆路两个行为,且在企业进行选择时,并不知道第一阶段自然如何选择的。在这个博弈中,企业是有不完美信息的博弈方,所以当轮到第二阶段企业决策时的信息集包含两个节点,分别为自然选择好天气行为时企业决策的节点与自然选择坏天气行为时企业决策的节点(见图19-3)。

在博弈理论中,将不完美信息动态博弈中包含多个节点的信息集称为"多节点信息集"。例如,在图19-1所示的门票购买博弈中,小李选择乘坐公共汽车后小王决策的节点与小李选择乘坐出租车后小王决策的节点都被包含在一个信息集里;在

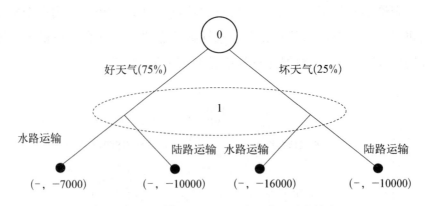

图 19 - 3　运输路线完全但不完美信息动态博弈

图 19 - 3所示的运输路线完全但不完美信息动态博弈中,自然博弈方 0 选择好天气后企业的决策节点与选择坏天气后企业的决策节点都被包含在一个信息集里。此类多节点信息集可以作为不完美信息动态博弈的一般表示方法。为了进一步理解博弈树在不完美信息存在时的表示变化,本节再引入一个"产品二手交易博弈"案例来进行说明。

　　二手产品交易博弈是我们日常生活中常见的一种经济活动。二手产品天然带有信息不透明性,这类产品与新品不同,二手产品之前如何被使用买方并不知道,产品的性能状态多通过卖方阐述了解,但是这个阐述也可能是错误的,存在误导性。因此,二手产品交易中卖方与买方呈现出信息不对称特点。本节考虑一个较为常见的二手产品交易博弈:在第一阶段,卖方选择如何使用该产品,简单分为爱惜和不爱惜两种情况,对应的二手产品的质量分别为好和差两种,即卖方如果爱惜地使用产品,那么产品被投入二手市场时质量比较好,如果不爱惜地使用产品,那么产品被投入二手市场时质量比较差。第二个阶段,卖方选择是否要卖出二手产品,卖的时候需要确定卖的价格,由于市场上提供的二手产品有好和差两种,因此该二手产品也被分为高价与低价两种。若卖方以高价向市场销售,意味着他想以好产品来卖,但实际上他的产品不一定是好产品;若卖方以低价向市场销售,意味着他想以坏产品来卖,实际上他的产品也不一定是坏产品。第三阶段,买方看到卖方卖出的二手产品,不能讨价还价,只能选择购买或者不购买。以上述描述的二手产品交易博弈,可通过如图 19 - 4所示的博弈树进行分析。

　　在图 19 - 4 中,最上方的节点代表第一阶段卖方对二手产品的使用后的情况,分别有"好"与"差"两种情况。卖方对二手产品的使用情况自然是清楚的。因此,在第二阶段卖方会根据第一阶段的二手产品情况选择"卖"或者"不卖"。若卖方选择不卖,那么无论第一阶段二手产品的使用后情况是好还是差,双方博弈就此结束,双方既无损失也没有获利。如果卖方选择卖出,那么此时就轮到买方选择买还是不买。但买方并不知道卖方在第一阶段如何使用的二手产品,即无法判断卖方卖的二手产品是"好"产品还是"差"产品。因此,该博弈中买方是有不完美信息的博弈方。买方的这种信息不完美用代表两条路径的两个节点放在同一个信息集中来表示,即第三

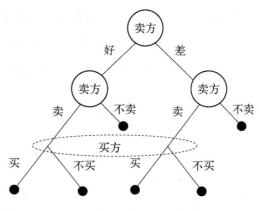

图 19 - 4　不带得益二手产品
交易博弈的博弈树

阶段买方选择的信息集为"多点信息集"。买方可选行为有两个,分别为"买"和"不买"。所以,买方最终的结果一共有四个,分别是"买了好二手产品""买了差二手产品""不买好二手产品"和"不买差二手产品"。

接下来,我们为二手产品交易博弈引入卖方与买方在不同选择下的具体得益,更直观地了解用博弈树表示这类博弈的方法,明确不完美信息对于各博弈方思考的影响。首先,为了简化现实二手产品交易市场,假设所有二手产品都按照统一价格进行销售,即不论"好"状况还是"差"状况,卖方都以 2 000 元价格销售。因此,持有"差"状况且选择"卖"的卖方需要对二手产品进行 1 000 元的"处理",如包装或者简单修理等,才能使自己的"差"状况的二手产品与别人的"好"状况的二手产品从外观上让买方无法分辨。当然,如果持有"差"状况二手产品的卖方对其进行"处理"后仍然卖不出去,那么卖方只能自己承受这 1 000 元的损失。同时,按照买方的心理预期,希望买到"好"状况的二手产品。对于买方来说,"好"状况的二手产品要比"差"状况的二手产品效用高。因此,本书设定"好"状况的二手产品对于买方来说效用为 3 000 元,而"差"状况的二手产品对买方来说效用只有 1 000 元。因此,该完全但不完美信息动态博弈在各种情况下的得益为:

(1)不论卖方持有的二手产品是"好"状况还是"差"状况,只要他选择"不卖",那么买方和卖方得益都为 0。

(2)如果卖方持有的二手产品是"好"状况的,他选择"卖"时,如果买方选择"不买",那么卖方与买方的得益都是 0;但若买方选择"买",那么卖方得益为 2 000 元,买方由于买到了"好"状况的二手产品,因此得益为 3 000 元效用减去 2 000 元购买成本的差额,即 1 000 元。

(3)如果卖方持有的二手产品是"差"状况的,他选择"卖"时,如果买方选择"不

买",那么卖方由于对该产品进行了"处理",因此得益为-1000元,买方得益为0;但若买方选择"买",那么卖方得益为1000元,买方由于买到了"差"状况的二手产品,因此得益为1000元效用减去2000元购买成本的差额,反而损失1000元,即-1000元。

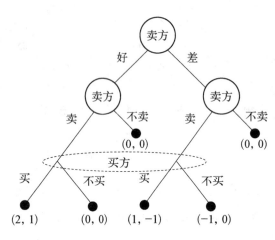

图19-5 带得益的二手产品交易博弈的博弈树

具体带有各博弈方选择路径得益的博弈树如图19-5所示。图中得益数字单位为1000元。

从以上博弈树中两博弈方的最终得益来看,在卖方第二阶段选择"卖"二手产品时,如果买方第三阶段选择"不买",那么不论第一阶段卖方的二手产品是"好"状况的还是"差"状况的,买方都没有任何损失。当然,买方的这种选择也使他失去了获益的可能。如果卖方卖的是"好"状况的二手产品,买方将获得

1000元的得益,正所谓用低价格买到了好产品。如果买方选择"买",那么虽然他有可能买到"好"状况的二手产品,获得1000元的得益,但他也有可能买到"差"状况的二手产品,损失1000元的得益。所以,对于买方选择"买"还是"不买",没有绝对的好坏之分,这完全依赖于市场上卖方提供产品的情况。

对于卖方来说,如果他持有的是"好"状况的二手产品,那么选择"卖"一定是比较有力的,因为此时买方选择"买"时他可以获得2000元的得益,即便买方选择"不买",自己也没有任何损失。若卖方持有的是"差"状况的二手产品,那么选择"卖"就不是一定有利的。因为卖方为了让"差"状况的二手产品在市场上看起来与其他卖方提供的"好"状况的二手产品无差异,需要付出1000元的处理费用。虽然说买方如果购买了这个二手产品,卖方会因为以正常产品售卖"差"状况的二手产品获得1000元的得益。但如果买方并没有购买这个二手产品,那么卖方就损失了处理费用,这种情况还不如在第二阶段一开始就选择"不卖",也就不用对"差"状况的产品进行处理了。所以对于持有"差"状况二手产品的卖方来说,在第二阶段选择"卖"与"不卖"也不具有绝对的好坏,完全依赖于第三阶段买方选择"买"的可能性。

如果按照我们上面所阐述的,持有"好"状况的二手产品的卖家一定可以获得不差的结果(要么卖掉获得2000元得益,要么没有卖掉没有损失也没有得益)。那所有的卖家应该在第一阶段选择好好使用产品,争取未来以"好"状况的二手产品投放市场销售。这也是现实中很多二手卖方在使用产品的心态,会好好地使用和维护产品,

目的是希望未来能够以很好的状态销售产品。但反过来想,很好地使用和维护产品有时可能会增加卖方在自己使用产品时候的成本。例如,一辆车如果要以"好"状况投入二手产品市场,卖方在使用时不能过多地使用,同时还要注意车身、车胎等车辆所有部位的磨损与维护问题。因此,对于所有二手产品卖方来说,虽然都是想以"好"状况将自己使用的产品投放二手产品市场,但有时因为产品的使用乐趣与效用问题,会出现当想要卖掉使用产品的时候,产品的状态是"差"的。这主要是因为二手产品的价格要远远低于新产品的价格,不论卖方再小心翼翼地使用产品,只要不是新品,那么产品的价格就会远远低于卖方一手买入该产品的价格。所以卖方在使用时还要好好对待,不能过分使用,从效用角度来说对卖方是不利的。

从以上的分析可以发现,由于在第三阶段买方没有完美信息,不知道卖方提供的二手产品是"好"还是"差",导致他不会一定选择"买"卖方提供的二手产品。而其选择"买"完全依赖于对卖方卖的产品状况信息的预判。而持有"差"状况的卖方是否愿意在第二阶段选择"卖"二手产品也是依赖于其对买方在第三阶段选择"买"信息的预判。因此,如果该博弈的双方都获得了自己想要的信息,并且产生了对决策问题的相关判断,那么就可以根据自己的获利机会和损失风险,做出符合自己风险偏好的理性选择。但是双方决策所需要的信息实际上都与博弈双方有关。可见,两个博弈方之间的判断是一个复杂的交互决定关系。实际上,这种交互决定关系正是不完美信息动态博弈分析的关键和主要的研究对象。

第三节　完全但不完美信息动态博弈经典案例

除了二手产品交易博弈问题,经济管理中还有许多完全但不完美信息动态博弈的典型案例。本节将介绍几个案例以辅助读者更清晰地了解这类博弈。

1. 企业并购博弈

企业并购(Mergers and Acquisitions,M&A)是经济资源重新配置的一种重要方式。具体含义是指企业之间的兼并与收购行为,是企业法人在平等自愿、等价有偿基础上,以一定的经济方式取得其他法人产权的行为,是企业进行资本运作与经营的一种主要形式。虽然并购企业可以通过一些财务、运营等维度的指标来了解被并购的企业,但通常被并购企业的真实情况很难了解。被并购企业之前可以选择好好经营、稳扎稳打地逐步拓展业务,进行良好的发展,成为在被并购时的"好企业"。当然,被并购企业也可以选择做表面工作,激进经营,并进行适当包装,让并购企业无法看出其存在的问题,但并购企业完成并购后就会发现自己将面临很大的难题和问题。这种被并购企业我们称为"差企业"。因此,在这个并购的完全但不完美信息动态博弈中,第一阶段,被并购企业选择自己要成为以上提到的"好企业"还是"差企业"。被并购企业的这个选择并购企业是不知道的,也就是该博弈说的并购企业的信息不完美性。在第二阶段,被并购企业进行经营并表现出自己的经营业绩。但是由于经营受到外部因素的影响,有时只观察一年的经营情况,"好企业"和"差企业"都可以产生两种经营结果,即"高业绩"与"低业绩"。只不过经营状况好的企业出现高业绩的概率高,达80%;产生低业绩的概率较低,只有20%。相反,经营状况差的企业的高业绩的概率较低,即15%;而产生低业绩的可能性较高,有85%。在第三阶段,并购企业选择是否要并购该企业,并购企业并不能通过第二阶段被并购企业的业绩精确地判断出它是"好企业"还是"差企业"。如果并购企业选择"不并购",那么两个企业得益都是0。如果并购企业在被并购企业是"好企业"且高业绩时选择"并购",那么并购企业与被并购企业的得益分别为 $a\pi_g^h$ 和 $b\pi_g^h$。而并购企业在被并购企业是"好企业"且低业绩时选择"并购",那么并购企业与被并购企业的得益分别为 $a\pi_g^l$ 和 $b\pi_g^l$。相反,并购企业在被并购企业是"差企业"且高业绩时选择"并购",那么并购企业与被并购企业的得益分别为 $a\pi_b^h$ 和 $b\pi_b^h$。而并购企业在被并购企业是"差企业"且低业绩时选择"并购",那么并购企业与被并购企业的得益分别为 $a\pi_b^l$ 和 $b\pi_b^l$。具体可将以上介绍的并购博弈通过博弈树表示出来(见图19-6)。图中1代表被并购企业,2代表并购企业。

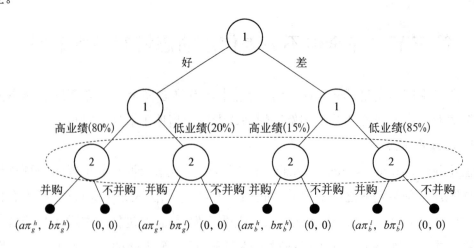

图 19-6 企业并购完全但不完美信息动态博弈

由上可见,并购企业是否选择"并购"实际上完全依赖其对被并购企业是否为"好企业"的判断。因为在实际中,只有当被并购企业是比较好的企业,并购比较有利。但是,单从经营业绩上看也不能完全对其经营好坏进行真实判断。虽然说在第二阶段取得好业绩的企业是好企业的概率要大一些,但是仍然存在由于外部环境等不可抗力的情况使得本来是好企业但却只有比较低的业绩的情况。可见,并购企业当遇到不完美信息时,需要根据自己看到并购企业的高业绩或低业绩后,才能对其进行好、差的判断,否则无法做出是否应该进行并购的选择。

2. 银行储蓄提前取款博弈

某地一个银行由于其利息给的比其他银行高,所以很多储户纷纷将钱存入此银行。显然高收益意味着高风险。当银行经营状况较好的时候,储户们不仅可以到期取款还能够获得应有的高额利息。另外,此时储户也可以选择提前取款,提前取款虽然没有利息,但是可以得到本金。因此,储户提前取款也不会遭受任何损失。但是,如果银行经营状况不好的时候,所有储户都是到期取款,那么所有储户都需要平摊银行经营不善所带来的损失,如果有一部分储户提前取款,就可以免于这个损失,但是剩下的储户将会承担更大的损失。显然,如果有些储户能够尽早发现银行的经营状况问题,提前取款会让他们不用一起分摊损失。

为了便于理解,可以将以上问题抽象为一个完全但不完美信息动态博弈问题:第一阶段,银行先选择自己的经营状况是"好"还是"差"。这里需要说明的是,尽管这不是银行可以主动选择的,但是我们不需要关注这个选择本身,因为这个选择其实主要为了反映后续进行储蓄的博弈方的信息不完美。第二阶段,有小道消息的储户选择是否提前取款,这些储户是知道银行具体的经营状况的,也就是说了解第一阶段中银行的经营状况是"好"还是"差"。第三阶段,没有任何消息来源的一般储户选择是否要提前取款,但是他们虽然只看到第二阶段的储户取款了,并不知道为什么他们是提前取款,还是到期取款。换言之,没有任何消息来源的一般储户并不知道第二阶段中有小道消息的储户是因为知道了银行经营状况差而选择的提前取款,还是说因为钱到期了而取款。

假设所有的储户都存款相同的金额 π,且不论是有小道消息的储户还是没有任何消息的储户,不提前取款都可以获得 $\pi+\pi'$ 的得益,其中 π' 为存款利息。如果银行没有倒闭,这些储户选择提前取款,那么可以拿回原来的本金 π;如果银行倒闭了,那么就只能拿到很少的补偿 $\underline{\pi}(\underline{\pi}<\pi)$。这种情况通常发生在第一阶段银行经营状况"差",且第二阶段有小道消息的储户选择提前取款后,第三阶段没有任何消息来源的一般储户也选择提前取款的时候。所以,由于第二阶段有小道消息的储户在其他储户还未反应过来银行经营"差"时就提前取款了,所以这些储户的本金收回了,但是那些一般储户也要求提前取款,导致经营状况"差"的银行无法应对,最后只能倒闭,所

以这些一般储户只能得到补偿$\underline{\pi}$。同时,当银行经营状况差的时候,如果所有储户都是到期取款的话,而银行未能通过其他途径筹集到充足的资金,那么所有储户都需要平摊银行经营不善所带来的损失,此时,所有储户的得益均为$\bar{\pi}(\underline{\pi}<\bar{\pi})$。在有小道消息的储户和一般储户两类储户中,如果有一类储户提前取款而另一类储户到期取款,提前取款的储户就可以收回本金并免于这个损失。但由于部分储户提前取款后,银行虽然持续经营,但这段时间一直保持亏损,到期取款的储户承担损失后可获得的得益为$\pi_1(\pi_1<\underline{\pi})$。因此,整个银行提前取款的完全但不完美信息动态博弈,如图19-7所示。

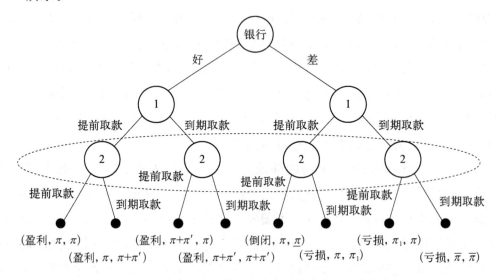

图19-7 银行提前取款的完全但不完美信息动态博弈

在图19-7中,第二阶段的1代表的是有小道消息的储户,第三阶段的2代表的是没有任何消息来源的一般储户。从这个博弈的博弈树可以发现,没有任何消息的一般储户是否选择提前取款取决于对第二阶段有小道消息的储户行为含义的判断。同时,银行是否倒闭取决于第二阶段有小道消息的储户的行为及第三阶段一般储户对有小道消息储户提前取款与到期取款行为的判断。

3. 消费信贷博弈

近年来,随着互联网的快速发展,消费信贷开始成为部分消费者用于缓解经济压力的一种途径。具体来说,这部分群体主要由于迫于生活压力或者是追赶潮流,总是超前消费。为了实现这种超前消费,他们有时会通过贷款平台借贷来满足自己当下的购买欲望。这部分借款人由于收入不够或者根本就没有稳定的收入来源,所以"过度消费"常常发生。这里的过度消费是指借款人超前消费,并且预期收入无法还清贷款。如果借款人超前消费但是预期收入可以还清贷款,那么这种消费类型可以定义为"预期消费"。但不论是过度消费还是预期消费,都是借款人本身的个人信息,贷款平台在借贷时是无法知道借款人属于哪种消费类型的。显然,借款人与贷款平台之间的博弈问题实际上是信息不完美博弈。而在整个博弈结束时,由于双方的得益大家都是清楚的,并且借款人与贷款平台之间的博弈问题也存在先后顺序,因此这个博弈问题也属于完全但不完美信息动态博弈。

为了更加清晰地反映以上的问题,可以将其抽象为:第一阶段,借款人自己选择是"预期消费"还是"过度消费"。第二阶段,贷款平台不知道借款人在第一阶段的行为选择,因此具有信息不完美性,然后选择"贷款"给借款人,还是"不贷款"给借款人;如果贷款平台选择"不贷款"给借款人,博弈结束,但是贷款平台会损失一个贷款机会,假设该机会成本为 R_1,即贷款平台此时的得益为 $-R_1$;借款人没有获得贷款不得也不失,因此得益为 0。如果在第二阶段贷款平台贷款给借款人,博弈进入第三阶段。在第三阶段,借款人选择"履约"与"不履约"贷款合约进行还款。如果履约,贷款平台因为借款人如期还款,不论借款人第一阶段选择什么,贷款平台的得益都是相同的,为 X_1;但是在借款人履约下,由于借款人第一阶段的选择不同会导致其具有不同的得益。第一阶段选择"预期消费"的借款人相对于选择"过度消费"的借款人,所得到的效用大一些,因为过度消费的借款人依旧选择还款的难度要大,所以获得的得益就少。因此,设预期消费的借款人在第三阶段选择履约还款的得益为 Y_1,过度消费的借款人在第三阶段选择履约还款的得益为 Y_2,即 $Y_2 < Y_1$。在第四阶段,消费者信贷平台对在第三阶段选择"不履约"的借款人选择"诉讼"和"不诉讼"。假设消费信贷平台采用诉讼就可以成功追回款项,但诉讼需要一些成本。同时,由于过度消费的借款人没有偿还能力,因此即便银行对其进行诉讼也只能追回很少的贷款额。但对于预期消费的借款人可以通过诉讼的方式追回贷款额。因此,设定贷款平台通过诉讼途径从不履约的预期消费的借款人与过度消费的借款人追回的款项分别为 X_3 和 X_5,$X_3 > 0 > X_5$。同时,被贷款平台诉讼后,预期消费的借款人的得益 Y_3 大于过度消费的借款人的得益 Y_5,即 $Y_3 > Y_5$。当第四阶段贷款平台选择"不诉讼"借款人时,消费者平台就自己承担损失,此时的得益为 $-X_4$;预期消费的借款人与过度消费的借款人的得益分别为 Y_4 和 Y_6。由于过度消费的借款人的不还款的效用要大于预期消费的借款人不还款的效用,因此存在 $Y_6 > Y_4$。该博弈可以通过如图 19-8 所示的博弈树来分析。

从图 19-8 可以看出,实际上信贷平台是否能从借款人贷款中获益取决于借款人在第一阶段的选择,但该选择是贷款平台所不知道的信息。所以贷款平台只能通过预判第一阶段借款人的选择来决策是否贷款给借款人。

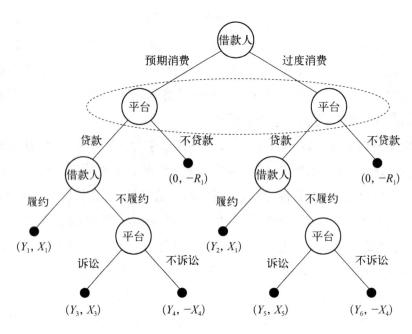

图 19 - 8　消费信贷的完全但不完美信息动态博弈

以上介绍的银行储蓄提前取款博弈中,银行其实是无法主动选择自己的经营状况的。因此,也可以将这种博弈方看成是"自然"博弈方。而在消费信贷博弈中,借款人其实是可以主动选择自己的消费类型的。理性的借款人可以依据自己的经济状况选择合理的消费行为。这说明了类似银行储蓄提前取款博弈和运输路线博弈,引入无实际意义的"自然"博弈方,并不是构成不完美信息动态博弈所必需的。但是,我们在分析某些信息不完美的博弈时,常常采用引入一个不能主动选择的博弈方,例如"自然",能够更方便地反映不完美信息动态博弈问题。

第四节　完全但不完美信息动态博弈的特征

完全但不完美信息动态博弈首先属于动态博弈大类,所以该博弈的所有博弈方策略选择具有序列理性的特征。因此博弈方不是同时进行策略选择的特点使得博弈方之间的地位具有不对等性。在相同的外部环境下,先行为的博弈方可以通过预判后行为博弈方的行为使自己获得最有力的得益。但不意味着先行为的博弈方一定比后行为的博弈方得益高,只是因为先行为的博弈方通过自己有先发优势来最大程度地优化自己的得益。而后行为的博弈方只能在被动了解先行为博弈方的结果后优化自己的得益。

其次,完全但不完美信息动态博弈中所有博弈方都了解各博弈方的策略空间,知晓各博弈方在不同策略组合下的得益。因此,各博弈方具有信息完全性特征。在这种情况下,各博弈只需要确定或者判断每个博弈方选择了什么行为,并以此为基础比较各博弈方不同策略组合下所获得的得益,最终确定自己在博弈轮到选择的阶段选择什么行为。

最后,也是完全但不完美信息动态博弈最主要的特征是各博弈信息存在不对称性,如前面提到的二手产品交易博弈的案例。二手产品本身状况"好"还是"差"只有卖方知道,买方是无法了解二手产品这个状况的。而博弈中的信息不对称性会直接影响到部分博弈方的得益。如果买方买到状况"好"的二手车,就会有正的得益;如果买方买到状况"差"的二手产品,就会发生损失。因此,买方不会100%购买二手产品,即信息不对称性会影响博弈方的选择。由于博弈中各博弈方的策略依存特点,买方的不确定性购车结果又进一步影响持有状况"差"的二手产品的卖方的策略选择。如果买方不会购买二手产品,那么持有状况"差"的二手产品的卖方如果选择"卖"的话,自己需要承受处理车的成本。此时,不仅车没有卖出去,反而还有损失。在现实中,这种信息不对称性对持有状况"好"的二手产品的卖方也有影响。因为既然想将自己使用过的产品当作二手产品卖掉,就是希望能够真的卖出去。由于市场上有状况"差"的二手产品的存在,且买方无法分辨出二手产品的状态,也就是存在信息不对称性,导致买方即便面对的是状况"好"的二手产品,也不会百分之百买,导致持有状况"好"的二手产品的卖方也不能全部卖掉。如果二手交易市场长期存在,买方经常买这类二手产品,且市场中卖方与买方可以进行讨价还价。那么对持有状况"好"的二手产品的卖方更不利。因为当买方买到状况"差"的二手产品时,心里会产生这个产品不值2 000元钱的感觉。下次再购买这类二手产品时,会讨价还价至1 000元或1 000元以下才会购买。如果持有状况"好"的二手产品的卖方认为应该高于1 000元钱,那么他就会不卖。如此往复以上过程,导致持有"好"状况二手产品的卖方只能退出市场,这就造成了著名的"劣币驱逐良币的现象"。所以持有状况"好"的二手产品的卖方应该想办法进行宣传或者取得某种认证,让买方知道他销售的二手产品是状况"好"的。这也是为什么很多企业愿意花大价钱进行某些认证的原因。认证本身不会给企业带来价值,但认证会让消费者了解企业的产品等级,给企业带来更多的销量和利润。同时,这种信息的不对称性使得具有不完美信息的博弈方必须对先行为的博弈方选择的行为进行判断。这也是完全但不完美信息动态博弈分析的关键点,将会在后续章节进行详细介绍。

第二十章
完美贝叶斯均衡

依据之前对完全且完美信息动态博弈的分析,我们发现存在许诺不可信与威胁不可信是由于这类博弈中各博弈方在轮到行为选择时具有序贯理性行为。实际上,只要是动态博弈,各博弈方不是同时决策,而是先后决策,就存在博弈方决策时的序贯理性行为,就存在许诺不可信与威胁不可信现象。因此,完全但不完美信息动态博弈中各博弈方也有可能存在许诺不可信与威胁不可信的时候。所以,博弈均衡方法必须要排除掉完全但不完美信息动态博弈的这些不可信行为。在介绍完全且完美信息动态博弈时,我们通过定义子博弈,并应用逆推归纳法寻找每个子博弈的纳什均衡来获得完全且完美信息动态博弈的子博弈完美纳什均衡。由于完全但不完美信息动态博弈中存在有不完美信息的博弈方,因此存在多点信息集。所以我们需要寻找新的均衡方法来分析完全但不完美信息动态博弈。完美贝叶斯均衡正是博弈理论体系中用来解决完全但不完美信息动态博弈的方法。这种方法提供了一种更加精细的博弈均衡解的概念,能够更好地描述在不完美信息条件下的博弈行为。它在博弈论和经济学等领域得到了广泛的应用,尤其是在研究涉及不确定性和信息不对称的复杂博弈情境时。本章将系统介绍完全但不完美动态博弈的子博弈概念与完美贝叶斯均衡的定义、要求及实现。

第一节　完全但不完美信息
动态博弈的子博弈

就像介绍完全但不完美信息动态博弈特征时所描述的一样,这类博弈也是动态博弈。因此,各博弈方策略选择也存在序贯理性行为,需要应用逆推归纳法排除动态博弈中许诺与威胁的不可信现象。所以,在分析时也需先确定这类博弈的子博弈概念。但不完美信息动态博弈中存在多点信息集,使得沿用完全且完美信息动态博弈中子博弈的划定办法,即只从单个选择节点开始包含后续集合,存在不适应问题。因为若某个子博弈只包含多点信息集的一个选择节点,该子博弈将无法进行分析。这对子博弈完美纳什均衡分析方法的应用造成问题。例如,在二手产品交易博弈中,如果没有不完美信息的存在,当持有状况"差"的二手产品的卖方决定卖二手产品后,买方决策"买"与"不买"的选择节点到该博弈结束的所有阶段是一个子博弈。如果这个博弈中买方在该阶段存在信息不完美性,实际上他是没有办法分析这里所要购买的二手产品是持有状况"好"的卖方提供的还是持有状况"差"的卖方提供的。也就是说,在不完美信息多点信息集处,如果子博弈不包含整个多点信息集,那么有不完美信息的博弈方将无法进行判断和选择行为。

实际上,按照本书介绍完全且完美信息动态博弈给出的子博弈的定义,即"子博弈是指由一个动态博弈第一阶段以外的某个阶段开始的后续博弈阶段构成的,有初始信息集和进行博弈所需的全部信息,能够自成一个博弈,且为原博弈的一部分"。这个定义隐含着三方面的含义:

(1) 原博弈不是自己的子博弈。

(2) 包含所有初始节点之后的选择节点和终点,但不包括不在此初始节点之后的节点。

(3) 子博弈不能分割任何信息集,换言之,如果一个选择节点包含在某个子博弈中,那么该子博弈应该包含该节点的信息集中的所有节点。因此,对于包含多个节点的多点信息集,它必须被完整地包含在一个子博弈中。

在以上完全且完美信息动态博弈提出的子博弈概念中,隐含含义(1)和(2)对完美信息动态博弈与不完美信息动态博弈的子博弈的寻找无差别。但是对于隐含含义(3)两类博弈就存在不同了,因为在完全且完美信息动态博弈中不存在包含多个节点的多点信息集,所有子博弈都是从单点信息集开始。而在不完美信息动态博弈中,存在不完美信息博弈方进行行为选择时的多点信息集,该条隐含含义专门针对不完美信息动态博弈给出,指出如果一个子博弈必须包含多点信息集中的所有节点,不能分割多点信息集。例如,图 20-1 所示的二手产品交易博弈中虚框就不是该博弈的一个子博弈。

因为该虚框分割了有不完美信息的买方在博弈第三阶段进行行为选择时的多点信息集。之所以将图 20-1 中虚框排除完全但不完美信息动态博弈的子博弈范畴,其根本原因在于在卖方选择卖后,轮到买方进行行为选择时买方不能给出明确的选择。因为此时买方选择时并不知道卖方在第一阶段选择的是状况"好"的二手产品,还是状况"差"的二手产品,只知道卖方在第二阶段选择"卖"。而问题就是这个卖方第二阶段的"卖"可以从两个路径获得,即第一阶段卖方选择状况"好"二手产品的"卖"和第一阶段卖方选择状况"差"二手产品的"卖"。因此,买方在第三阶段必须在权衡两种可能性的基础上做出行为选择,而不能针对两个节点分别做出策略选择。

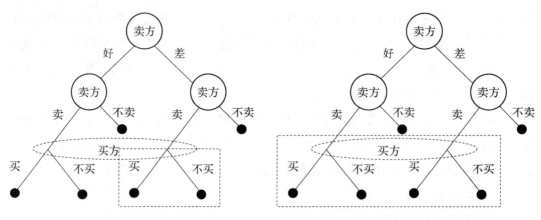

图 20-1 二手产品交易博弈中多点信息   图 20-2 二手产品交易博弈中从多点
　　　　　集被分割开的子博弈　　　　　　　　　　　　信息集开始的子博弈

　　如果按照这个逻辑是不是可以将第三阶段买方行为选择的多点信息集都包含后形成的图 20-2 中的虚框部分看成该博弈的一个子博弈呢?答案是不可以。因为此时虽然满足以上子博弈概念的三条隐含含义,但由于图 20-2 虚框形成的博弈在买方决策时需要了解第二阶段卖方选择"卖"时其持有的二手产品是"好"状况还是"差"状况。所以单独从这个多点信息集开始的后续博弈并不能构成一个完整的子博弈。

　　所以,如果给完全但不完美信息动态博弈的子博弈一个比较全面的定义是:子博弈是指由一个动态博弈第一阶段以外的某个阶段单点信息集开始的后续博弈阶段构成的,有初始信息集和进行博弈所需的全部信息,能够自成一个博弈,且为原博弈的一部分。

　　在如图 20-3 所示的四阶段完全但不完美信息动态博弈中,如果要包含不完美信息博弈方多点信息集的子博弈,只能是从第二阶段博弈方 2 开始选择的单点信息集开始直到该分支下的所有博弈阶段,即图 20-3 中虚框部分。

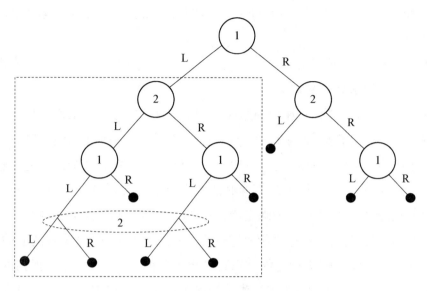

图 20 - 3　完全但不完美信息动态博弈的子博弈

第二节　完美贝叶斯均衡

根据之前对完全但不完美信息动态博弈案例二手产品交易博弈的分析可知,若分析这类博弈的均衡,必须对具有不完美信息博弈方的多点信息集中各节点发生的概率进行判断。这导致原来用于分析完全且完美信息动态博弈的子博弈完美纳什均衡已不能满足要求。因为根据子博弈完美纳什均衡的定义与应用可知,这种均衡分析只适合于全部为单点信息集的完全信息动态博弈的分析。换言之,它并未考虑由于不完美信息带来多点信息集的处理。基于此,本节给出适合分析完全但不完美信息动态博弈的均衡方法,即完美贝叶斯均衡。该均衡需要满足如下四个条件。

条件 20 - 1　在各个信息集处,轮到选择的博弈方必须有关于博弈达到该信息集中每个节点可能性的"判断"(belief)。通常有两种情况,对于单节点信息集,轮到选择的博弈方"判断"该节点发生概率为 1;对非单节点信息集,轮到选择的博弈方"判断"是各节点发生的概率分布。

条件 20 - 2　给定各博弈方的"判断",他们的策略必须满足序贯理性行为要求。换言之,在这类博弈的各个信息集处,给定选择博弈方的判断和其他博弈方的"后续策略",该博弈方的行为及以后阶段的"后续策略",必须使自己的得益或期望得益最大。这里提到的"后续策略"指的是相应博弈方在该信息集后的所有博弈阶段中,针对所有可能情况如何选择行为的完整计划。

条件 20 - 3 在均衡路径上的信息集处,"判断"由贝叶斯法则和各博弈方的均衡策略决定。

条件 20 - 4 在不处于均衡路径上的信息集处,"判断"由贝叶斯法则和各博弈方在此处可能有的均衡策略决定。

这里条件 20 - 3 提到的"在均衡路径上的信息集"指的是如果博弈按照均衡策略进行一定会达到的信息集;而条件 20 - 4 提到的"不在均衡路径上的信息集"指的是如果博弈按照均衡策略进行肯定不会达到的信息集。且由于完全但不完美信息动态博弈中的信息存在不完美性,导致博弈必然有多点信息集,使得这类博弈过程中至少存在博弈方在部分信息集处无法确定前面的博弈路径。因此,如果将有不完美信息的博弈方对不完美信息路径的判断考虑进来,以上提到的"在均衡路径上的信息集"意味着博弈按照均衡策略进行时能够以正概率达到的信息集;而以上提到的"不在均衡路径上的信息集"意味着博弈按照均衡策略进行时以 0 概率不会发生的信息集。

所以,当一个策略组合及相应的判断满足以上四个条件时,称为该完全但不完美信息动态博弈的一个"完美贝叶斯均衡"。有些书中也将"完美贝叶斯均衡"称为"精炼贝叶斯均衡"。同时,从以上完美贝叶斯均衡的名称及需要满足的四个条件可以看出:① 条件 20 - 1 是不完美信息动态博弈可分析的第一步,如果多节点信息集对应策略选择的博弈方不对各节点发生的概率分布进行判断,那么将无法对不完美信息博弈方的策略选择进行分析,进而影响到所有博弈方的策略选择。② 条件 20 - 2 中的序贯理性行为和子博弈完美纳什均衡中的子博弈完美性要求类似,说明条件 20 - 2 使完全但不完美信息博弈仍然保持动态博弈分析的要求。③ 条件 20 - 3 和条件 20 - 4 中规定"判断"的形成必须符合贝叶斯法则。这也是不完美信息动态博弈区别于完美信息动态博弈最核心的条件。

不难看出,我们在完全且完美信息动态博弈中讨论的"子博弈完美纳什均衡"其实是"完美贝叶斯均衡"的一个特例。这主要是因为在完美贝叶斯均衡的要求中,所有博弈方的序贯理性行为在子博弈中完全体现了子博弈的完美性,完全满足博弈的纳什均衡行为,所以在整个博弈中就是纳什均衡。而且在完全且完美信息动态博弈中所有信息集都是单节点的,因此博弈方对博弈到达每一个节点的"判断"概率都是1,满足贝叶斯法则并建立在其他博弈方后续策略的基础上。由此可见,完美贝叶斯均衡在静态博弈中就是纳什均衡。

为了使完美贝叶斯均衡的 4 个条件更加容易理解,我们通过一个两阶段的完全但不完美信息动态博弈的例子(见图 20 - 4)来说明这四个条件。在该博弈的第一阶段,由博弈方 1 来选择行为,共有 3 个选择,分别为 L、M 和 R,且若博弈方 1 在第一阶段选择 R,博弈结束。博弈方 1 和博弈方 2 双方得益分别为 1 和 3。若博弈方 1 在第一阶段没有选择 R,而选择了 L 和 M 中任何一个,那么博弈进入第二阶段。在第二阶段,博弈方 2 看不到博弈方 1 在第一阶段选择了 L 还是 M,只知道博弈方 1 做了选择,并且现在轮到自己做选择,且他有两个可选行为,分别为 U 和 D。但是当博弈方 1 在 L 和 M 中选择不同行为时,会影响到第二阶段博弈方 2 选择相同行为时的获益。如果博弈方 1 在第一阶段选择 L,那么博弈方 2 第二阶段选择 U 后,两博弈方的得益分别为 2 和 1;若博弈方 2 在第二阶段选择了 D,两博弈方的得益都是 0。如果博弈方 1 在第一阶段选择 M,那么博弈方 2 第二阶段选择 U 后,两博弈方得益都是 0;如果博弈方 2 第二阶段选择了 D,两博弈方得益分别为 0 和 1。对比以上得益结果,如果博弈方 1 在第一阶段选择 L,那么博弈方 2 最好的选择是在第二阶段选择 U;如果博弈方 1 在第一阶段选择 M,那么博弈方 2 最好的选择是在第二阶段选择 D。可见,博弈方 2 在第二阶段选择何种策略,完全依赖于博弈方 1 在第一阶段的选择。由于轮到博弈方 2 第二阶段选择时,不了解博弈方 1 在第一阶段选择了什么策略,即博弈方 2 是有不完美信息的博弈方,因此轮到博弈方 2 选择时只能依赖他对第一阶段博弈方 1 选择的“判断”。

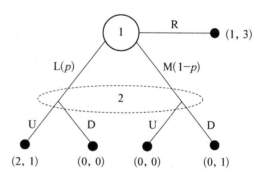

图 20-4　二阶段完全但不完美信息动态博弈案例

若要寻找该博弈的完美贝叶斯均衡,需分别考察该均衡要求的四个条件。首先,如果该博弈进入第二阶段,说明在第一阶段博弈方 1 没有选择 R,而是选择了 L 或 M,但是具体博弈方 1 在第一阶段选择的是 L 还是 M 呢? 此时博弈方 2 是不知道的。因此,根据条件 20-1,第二阶段博弈方 2 进行行为选择时需要判断博弈方 1 在第一阶段做了什么选择。不失一般性,假设此时博弈方 2 判断在第一阶段博弈方 1 分别以概率分布 p 和 $1-p$ 对应选择 L 和 M。这正是完美贝叶斯均衡中条件 20-1 的要求。

条件 20-2 说明在多节点信息集开始的不构成子博弈的部分中,也需要要求各博弈方遵守最大利益原则来排除动态博弈中各博弈方策略的不可信的许诺或威胁。显然,各博弈方的序贯理性行为首先要求策略组合在给定各博弈方判断下是纳什均衡。从以上的分析不难看出,序贯理性的要求对保证完美贝叶斯均衡的稳定性具有重要意义。例如,在图 20-4 的博弈例子中,如果不考虑序贯理性,只要求满足纳什均衡,博弈方 2 存在一个能够为自己争取到最大得益 3 的策略,但是这个策略包含不可信威胁,即博弈方 2 威胁当轮到自己选择时将只选 D。如果博弈方 2 真的选择 D,那么博弈方 1 的最优行为选择就是第一阶段选择 R,博弈就此结束,双方得益为 (1,3)。以上的这个策略组合显然是一个纳什均衡。如果博弈方 1 没有选择 R 而是选择了 L 的可能性更大时,而且这个选择 L 的可能性大也是博弈方 2 对博弈方 1 的判断,那么轮到博弈方 2 选择时选择 D 就是个不可信的威胁。因为当博弈方 1 选择 L 时,博弈方 2 选择 D 的期望得益要小于选择 U 的期望得益,不符合利益最大化原则,实际上也不符合序贯理性行为。完美贝叶斯均衡的条件 20-2 保证了博弈方 2 在多节点信息集处,如果判断博弈方 1 选择 L 的概率 p 大于选择 M 的概率 $1-p$ 时,博弈方 2 必须选择 U 而不是 D。这样,博弈方 1 在第一阶段也不会选择 R,而是会选择 L。当博弈方 1 第一阶段不选 R 而选 L 时,第二阶段博弈方 2 则选择 U 而非 D,再加上前述博弈方 2 对博弈方 1 选择 L 和 M 的概率分布判断,即 $(p, 1-p)$ 且 $(p \geqslant 1-p)$,才有可能构成一个稳定的策略组合。

依据完美贝叶斯均衡中的条件 20-3 中对均衡路径上信息集发生概率的解释,在图 20-4 的博弈中,若第一阶段博弈方 1 的均衡策略是 R,那么博弈方 2 的信息集就不在均衡路径上;而当博弈方 1 第一阶段的均衡策略不是 R,博弈方 2 的信息集就在均衡路径上。

了解清楚什么是在均衡路径上和不在均衡路径上后,让我们进一步说明条件 20-3。还是在图 20-4 所示的博弈中,可以先假设博弈双方的均衡策略是"博弈方 1 第一阶段选择 L,博弈方 2 第二阶段选择 U"。条件 20-3 要求在均衡路径上的信息集处,"判断"由贝叶斯法则和各博弈方的均衡策略决定,就是针对博弈方 2 在该信息集处的"判断",需要由贝叶斯法则来确定。由于该博弈中博弈双方都是主动选择自己的策略,不需要额外信息来帮助"判断"。博弈方 2 的判断直接基于上个阶段博弈方 1 的选择,不涉及条件概率问题,自动满足贝叶斯法则。同时,条件 20-3 要求博弈方 2 的"判断"应符合各博弈方的均衡,换言之,就是需要符合博弈方 1 在第一阶段的 L 选择与博弈方 2 在第二阶段的 U 选择。既然假设该博弈完美贝叶斯均衡中博弈方 1 在第一阶段选择 L,这意味若要满足完美贝叶斯均衡的条件 20-3,博弈方 2 对博弈方 1 第一阶段选择 L 的概率判断是 $p=1$。因为只有这样才与我们假设的完美贝叶斯均衡策略组合相符。同时,该判断也与博弈方 2 自己在第二阶段选择 U 相符,只有满足以上条件,该博弈中双方策略均衡才可以稳定。例如,我们用反向思维来思考这个问题,假设博弈方 2 判断 p 不为 1,而是 $p=0.8$。那么在这个概率下,博弈方 1 不会一定选择 L,这与博弈方 1 的选择不完全相符。而且这个概率也会影响博弈方 2 选择 U 的信心,因为毕竟博弈方 1 会有 20% 的概率不选择 L,那么上文假设的均衡就不稳定。

为了进一步明确条件 20-3 所述的"判断"需符合贝叶斯法则。我们把该博弈进一步复杂化，即博弈方 1 在第一阶段选择 L 和 M 后增加一个选择阶段。例如，当博弈方 1 第一阶段选择了 L 和 M 后，仍然需要进行第二阶段的选择 A 和 B。且第三阶段博弈方 2 只能看到博弈方 1 在第二阶段选择的 A 和 B，并不知道是因为第一阶段博弈方 1 选择 L 后选择的 A 或 B，还是选择 M 后选择的 A 或 B，即形成如图 20-5 所示的新的三阶段完全但不完美信息动态博弈问题。

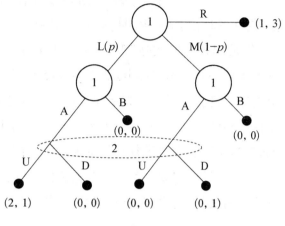

图 20-5　三阶段完全但不完美
信息动态博弈案例

若在图 20-5 所示的三阶段完全但不完美信息动态博弈中，博弈方 2 在第三阶段仍然判断在第一阶段博弈方 1 选择 L 与 M 的概率分别为 p 和 $1-p$。且假设"博弈方 1 在第一阶段选择 L，第二阶段选择 A，博弈方 2 在第三阶段选择 U"是这个完全但不完美信息动态博弈的完美贝叶斯均衡。那么按照条件 20-3，当第三阶段博弈方 2 进行策略选择时，根据其观察到第二阶段博弈方 1 的策略（A 或者 B），应用贝叶斯法则"判断"博弈方 1 在第一阶段选择 L 和 M 的概率，即 $p(L \mid A)$、$p(M \mid A)$、$p(L \mid B)$ 和 $p(M \mid B)$。然后基于这个计算选择 U 的期望得益与选择 D 的期望得益，最后按照序贯理性行为比较两个期望得益，最终确定选择期望得益较高的策略。同时，博弈方 2 在博弈方 1 第二阶段不同行为选择下对博弈方 1 第一阶段行为选择的判断也应符合各博弈方的均衡策略。换言之，在以上的这个判断下，两个博弈方应该能自然而然稳定到均衡，而不是偏离均衡。

接下来，我们分析完美贝叶斯均衡的条件 20-4，即在不处于均衡路径上的信息集处，"判断"也应由贝叶斯法则和各博弈方在此处可能有的均衡策略决定。根据之前的假设，图 20-5 的完美贝叶斯均衡为"博弈方 1 第一阶段选择 L，博弈方 2 第二阶段选择 U"。那么博弈方 2 的多节点信息集就在均衡路径上，没有不在均衡路径上需要判断的信息集，因此自动满足条件 20-4。但为了说明条件 20-4 的内在含义，这里假设均衡路径是"第一阶段博弈方 1 选择 R，第二阶段博弈方 2 选择 D。"此时，博弈方 2 的多节点信息集不在均衡路径上。条件 20-4 要求博弈方 2 在这个信息集"判断"需同时满足贝叶斯法则和双方均衡策略。同条件 20-3 类似的原因，贝叶斯法则自动满足。此时,只需要讨论博弈方 2 的"判断"与双方均衡策略的一致性。不难看出,如果第一阶段博弈方 1 偏离均衡策略 R,那么博弈方 2 判断博弈方 1 选择 L 的概率 $p=1$ 就不符合条件 20-4,因为这与第二阶段博弈方 2 的均衡策略 D 不符。为了使"判断"符合均衡策略,博弈方 2 的"判断"只能是博弈方 1 选择 M 的概率 $1-p=1$。但是博弈方 2"判断" $1-p=1$,博弈方 1 一定选择 M 是有很大问题的。因为博弈方 1 在第一阶段不选择 R,他也会选择 L,而不是 M。M 对博弈方 1 来说是最差的一个选择。这说明博弈方 2"判断" $1-p=1$ 也不符合条件 20-4。实际上,该博弈不可能存在和"第一阶段博弈方 1 选择 R,第二阶段博弈方 2 选择 D"相符的不在均衡路径上的"判断",这也意味着此策略组合不可能是一个完美贝叶斯均衡。

由上可见,图 20-5 所示的完全但不完美信息动态博弈中,符合四个条件的完美贝叶斯均衡是"博弈方 1 第一阶段选择 L,博弈方 2 第二阶段选择 U"。

第三节　完美贝叶斯均衡中"判断"的含义

基于前面介绍的关于完美贝叶斯均衡的四个条件,本节将引入几个实例来进一步说明完美贝叶斯均衡中"判断"的计算与稳定均衡的实现。首先,让我们回顾一下之前提到的"二手产品交易博弈"。该博弈存在唯一多点信息集,即第三阶段买方"判断"卖方第一阶段选择的"好"状况的二手产品还是"差"状况的二手产品,然后自己做出选择"买"还是"不买"。实际上,在买方进入市场之前,或者说在博弈之前,可以通过实地考察和市场调研等方式了解或者事先"判断"具有二手产品的卖方中持有状况"好"和状况"差"的概率,也可称其为买方的"先验概率"。如果用 g 表示状况"好"的二手产品,b 表示状况"差"的二手产品。那么买方对卖方类型判断的先验概率可用 $p(g)$ 和 $p(b)$ 表示。

然后当买方进入二手产品市场,选择一个卖二手产品的卖方展开完全但不完美信息动态博弈时,轮到第三阶段买方进行行为选择后,面对这个选择"卖"的卖方,买方需要重新对其提供的是状况"好"的二手产品或状况"差"的二手产品进行"判断"。换句话说,需要修正原来的先验概率。此时知道卖方是在第二阶段选择了"卖"的卖方。如果用 s 表示卖方在第二阶段选择了"卖"。那么,第三阶段买方需要"判断"条件概率 $p(g\mid s)$ 和 $p(b\mid s)$。由于市场中卖方提供的二手产品只有这两种,因此,$p(g\mid s)+p(b\mid s)=1$。

显然,买方仅有这两个概率肯定是不够的。这主要是因为卖方在二手产品状况

"好"和"差"两种情况下,卖与不卖的选择可能是不同的。

如果已知卖方所卖二手产品状况"好"和状况"差"时选择"卖"与"不卖"的概率分别为 $p(s\mid g)$、$1-p(s\mid g)$ 与 $p(s\mid b)$、$1-p(s\mid b)$。可以根据贝叶斯法则计算条件概率 $p(g\mid s)$ 和 $p(b\mid s)$,也就是完美贝叶斯均衡中买方需要的"判断",即

$$p(g\mid s)=\frac{p(g)\cdot p(s\mid g)}{p(s)}=\frac{p(g)\cdot p(s\mid g)}{p(g)\cdot p(s\mid g)+p(b)\cdot p(s\mid b)}$$

并且 $p(b\mid s)=1-p(g\mid s)$,所以只要求出 $p(g\mid s)$ 就可以得到 $p(b\mid s)$。总之,这个问题的关键就是求出在确定了二手产品状况"好"与状况"差"这两种情况下,卖方分别选择"卖"出的概率,即 $p(s\mid g)$ 和 $p(s\mid b)$。由于卖方是理性的,并且是主动进行行为选择的。因此,这两个概率主要取决于卖方的均衡策略。

为了更加直观地说明以上讨论的问题,再用如图 20-6 所示的数值例子进一步说明。如果二手产品状况"好",卖方卖掉二手产品可以获得一定收益,而卖不掉也不会有任何损失。因此,卖方此时肯定会选择卖,即 $p(s\mid g)=1$。但当二手产品状况"差"时,如果卖方在第二阶段选择"卖",但是实际在第三阶段买方并没有选择"买"时,卖方会产生损失。因此,持有状况"差"二手产品的卖方需要考虑他是否会在第三阶段将该二手产品卖出。实际上,卖方无论选择什么策略(卖、不卖或者混合)都需要考虑第三阶段买方选择"买"的概率。不失一般性,假设第三阶段买方选择"买"与"不买"概率相同,即都为 0.5。那么,当卖方持有的是状况"差"的二手产品且选择"卖"时的期望得益为 $0.5\times$

$1+0.5\times(-1)=0$,即此时卖的期望得益和不卖时相同。因此,对于风险中性的卖方而言,在第二阶段选择"卖"与"不卖"得益无差别。那么持有状况"差"二手产品的卖方在第二阶段会采用概率分布(0.5,0.5)选择(卖,不卖)的混合策略。此时,买方"判断"市场上卖二手产品的卖方持有的是状况"差"的二手产品的条件概率为 $p(b\mid s)=0.5$,就符合自身的均衡策略(因为之前设定买方会以 0.5 的概率选择买),也符合卖方的均衡策略。

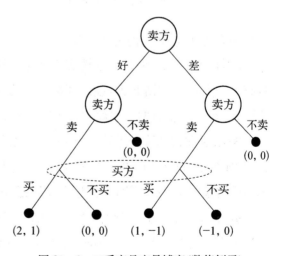

图 20-6　二手产品交易博弈(数值例子)

根据以上给出的 $p(s\mid g)=1$ 和 $p(b\mid s)=0.5$,和二手产品状况"好"和状况"差"的概率 $p(g)=p(b)=0.5$,应用贝叶斯法则可以获得

$$p(g \mid s) = \frac{p(g) \cdot p(s \mid g)}{p(g) \cdot p(s \mid g) + p(b) \cdot p(s \mid b)}$$

$$= \frac{0.5 \times 1}{0.5 \times 1 + 0.5 \times 0.5} = \frac{0.5}{0.75} = \frac{2}{3}$$

这就是买方当看到市场上有卖方卖二手产品时,对其持有的是状况"好"二手产品的"判断"。相反,买方对于卖方选择卖时持有的是状况"差"二手产品的"判断"就是 $1 - p(g \mid s) = \frac{1}{3}$。

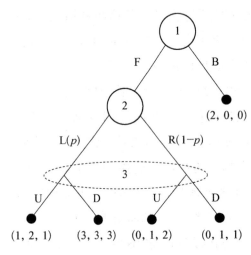

图 20-7　三方决策的三阶段完全
但不完美信息动态博弈

由于卖方在上述策略下,买方选择的信息集大概率会达到,所以买方选择的信息集就在均衡路径上,也就是上述买方的"判断"满足完美贝叶斯均衡的条件 20-3。为了进一步说明,这里还可以引入一个如图 20-7 所示的三方博弈例子。

由上图可见,该博弈为一个由三个博弈方组成的三阶段完全但不完美信息动态博弈问题。第一阶段博弈方 1 可以选择的策略有两个,分别是 F 和 B,并且他的选择博弈方 2 和博弈方 3 都是可以看到的。显然,如果博弈方 1 在第一阶段选择 B,那么博弈到此结束。

如果博弈方 1 选择 F,博弈进入第二阶段。第二阶段博弈方 2 可以选择的策略仍然是两个,分别是 L 和 R。但是后面博弈方 3 是无法看到博弈方 2 的选择。因此,博弈方 3 是具有不完美信息的博弈方,该博弈第三阶段是一个包含两个节点的多点信息集。第三阶段,博弈方 3 也有两个策略,分别是 U 和 D,最后三个博弈方的得益如图 20-7 所示。

根据逆推归纳法的思路,我们先来分析第三阶段博弈方 3 的选择。首先,假设博弈方 3"判断"博弈方 2 选择 L 的概率为 p,选择 R 的概率是 $1-p$,那么博弈方 3 选择 U 的期望得益和选择 D 的期望得益分别是 $p \times 1 + (1-p) \times 2 = 2-p$ 和 $p \times 3 + (1-p) \times 1 = 1 + 2p$。显然,当 $p > 1/3$ 时博弈方 3 应选择 D;而当 $p < 1/3$ 时博弈方 3 应选择 U。另外,当 $p = 1/3$ 时,博弈方 3 选择哪个行为都可以。这里,我们不妨先假设 $p > 1/3$,那么博弈方 3 的最佳策略是 D。

再分析第二个阶段,即博弈方 2 的选择。从图中可以看出,对于博弈方 2 而言,在第二阶段的策略其实只有一种,就是选择 L。因为 L 是博弈方 2 的严格上策。再回顾一下博弈方 3 的"判断" $p > 1/3$。 显然,该"判断"也符合博弈方 2 在第二阶段的选择。如果精确地要求完全符合博弈方 2 均衡策略,那博弈方 3 的"判断"应为 $p = 1$。

最后,讨论第一阶段博弈方 1 的选择。因为博弈方 1 清楚从博弈方 2 开始的子博弈均衡一定是"第二阶段博弈方 2 选择 L,第三阶段博弈方 3 选择 D",不难看出博弈方 1 此时选择 F 的收益 3 大于选择 B 的收益 2,所以选择 F 是博弈方 1 的均衡策略。

因此,最后的策略组合 (F,L,D) 是该博弈的完美贝叶斯均衡。相应的博弈方 3 的"判断"是博弈方 2 选 L 的概率 $p = 1$。 由于该博弈只有第三阶段博弈方 3 存在多点信息集,因此策略组合 (F,L,D) 不存在不在均衡路径上的信息集,完美贝叶斯均衡的条件 20 - 4 自动满足,可以肯定这是一个完美贝叶斯均衡。

为了进一步说明完美贝叶斯均衡的条件 20 - 4 的必要性,我们可以考虑策略组合 (B,L,U),以及对应的博弈方 3 对博弈方 2 第二阶段选择 L 的"判断",即 $p = 0$。 这个策略组合显然要比完美贝叶斯均衡的策略组合 (F,L,D) 差很多。但若没有完美贝叶斯均衡的条件 20 - 4,就无法排除这种较差的结果。

不难发现,以上较差结果的策略组合也是一个纳什均衡。其实,当博弈方 1 在第一阶段选择 B 以后,其他两个博弈方并没有选择的机会。而对于博弈方 1 而言,如果博弈方 2 选择 L 且博弈方 3 选择 U,博弈方 1 选择 B 最符合自身利益。特别地,当博弈方 3 对第二阶段博弈方 2 选择 L 的"判断"满足 $p = 0$ 时,策略组合 (B,L,U) 满足序贯理性要求。最后,因为均衡路径上没有需要判断的信息集,完美贝叶斯均衡的条件 20 - 3 自动被满足。换言之,策略组合 (B,L,U) 及博弈方 3 对博弈方 2 选择 L 的判断 "$p = 0$" 满足完美贝叶斯均衡的条件 20 - 1 至条件 20 - 3。

此时,完美贝叶斯均衡的条件 20 - 4 就发挥作用了。因为该条件要求不在均衡路径上的信息集处的"判断"也必须符合各方均衡策略。当完美贝叶斯均衡策略是 (B,L,U) 时,存在不在均衡路径上的信息集。显然,博弈方 3 在此处对博弈方 2 选择 L 的"判断" $p = 0$ 就不符合博弈方 2 的均衡策略。因此,该策略组合及"判断"就无法构成一个完美贝叶斯均衡。通过条件 20 - 4 就可以把策略组合 (B,L,U) 排除,充分体现了完美贝叶斯均衡的价值。

完美贝叶斯均衡的四个条件是判断完全但不完美信息动态博弈中各博弈方策略组合和相应"判断"是否具有真正稳定性的重要标准。完美贝叶斯均衡不再仅由策略组合构成,还需要包含博弈方理性的"判断"。尽管"判断"增加了逆推归纳法在分析不完美信息动态博弈的复杂性,但是完美贝叶斯均衡的四个要求提供了寻找均衡的思路和方法。

第二十一章
完美贝叶斯均衡的应用

本章分别以"单一价格二手产品交易博弈"与"双价二手产品交易博弈"为例,进一步分析这两个完全但不完美信息动态博弈的市场结构,最终获得该博弈的完美贝叶斯均衡,使大家更加系统地了解完全但不完美信息动态博弈的分析过程。

第一节　单一价格二手产品交易博弈

正如前文所提到的,由于市场上存在不同品质的二手产品,因此提供"差"的二手产品的卖方为了能让自己的二手产品卖出去,会做一些信息不对称的宣传,导致买方在面对二手产品市场时,无法真实知道各个卖方的二手产品的真实品质。导致所有产品的二手交易博弈都具有不完美信息,二手产品交易博弈自然也就是一个典型的完全但不完美信息动态博弈问题。此外,二手产品在市场上的价格相同与价格不同,会导致这个不完美信息博弈的分析难度与分析角度有所差异。本节先分析二手产品市场中所有产品都卖相同价格的单一价格二手产品交易博弈问题,分析该博弈中持有不同质量二手产品的卖方与买方的行为选择,探析可形成的不同市场结构及其均衡,找出这个博弈的纯策略完美贝叶斯均衡与混合策略完美贝叶斯均衡,形成这个博弈的完整的完美贝叶斯均衡。

1. 单一价格二手产品交易博弈介绍

本节以二手产品交易博弈一般形式为例。所有卖方持有的二手产品按照产品质量分为"好"和"差"两种。二手产品的不同质量给买方带来的价值不同,质量"好"的二手产品买方认为其值 V,质量"差"的二手产品买方认为其值 W,且在买方的心目中 $V >$ W。 结合实际,买方从二手产品市场购买产品,目的是购买质量"好"的二手产品,而不想购买质量"差"的二手产品。而持有质量"差"的卖方为了能够把产品卖出去,需要对产品进行"伪装",且"伪装"的成本为 C。此外,在二手产品市场上,所有产品的售价都是相同价格,即单一价格 P。基于以上,我们可以获得在该博弈不同阶段选择不同策略形成的各博弈方的每个策略组合下的得益,如图 21-1 所示。

为了让这个场景具有现实合理性,需满足不等式条件 $P > C$ 和 $V > P > W$。其中, $P > C$ 指的是二手产品市场售价要高于质量"差"产品的伪装成本。这一点很容易理解,因为只有这个条件满足时,持有质量"差"的卖方才会对自己的二手产品进行"伪装",否则他伪装自己的二手产品即便被卖出,也获不到任何利益,甚至会导致损失,那么持有

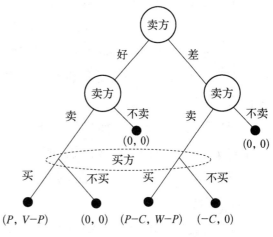

图 21-1　单一价格二手产品交易博弈

"差"质量二手产品的卖方就不会卖自己的二手产品,市场上就不会有质量"差"的二手产品,买方也不会犹豫买或不买。另一个不等式要求 $V > P > W$ 是表示对于买方来说,他们愿意买质量"好"的二手产品,不愿意买质量"差"的二手产品。因为当他们买到质量"好"的二手产品后,由于 $V > P$ 的不等式要求,使得他们有正得益 $V - P$,当他们买到质量"差"的二手产品后,由于 $P > W$ 的不等式要求,导致他们负得益 $W - P$。而买方不愿意买质量"差"的二手产品,才构成持有这类产品的卖方会愿意付出成本对其二手产品进行伪装的动机,使得买方分辨不出产品质量是好还是差。因此,以上两个不等式要求是本节这个完全但不完美信息动态博弈问题描述成立的基础。

通过图 21-1 中各博弈方的策略组合可以发现,在这个博弈中,持有质量"差"二手产品的卖方与买方都存在一定的损失风险。对于持有"差"质量二手产品的卖方而言,如果积极选择卖,则有可能因为卖不出去而白白损失伪装成本;如果选择不卖,也会失去潜在的获利机会。对于买方而言,如果积极选择买,那么可能会买到质量"差"的二手产品,产生损失;如果选择不买也会丧失买到质量"好"的二手产品的机会。因此,在这种情况下,对双方而言都没有绝对的上策策略。但这个博弈中买方又存在不完美信息,需要对卖方第一阶段的策略选择进行"判断",因此就会涉及混合策略的可能。这也使得该完全但不完美信息动态博弈存在混合均衡的情况。当然,还可以讨论上述条件不成立情况下双方的选择问题,或者其他大小关系下对应的双方的选择,这些讨论都可以为现实决策提供参考。

在分析二手产品交易博弈均衡问题之前,根据市场中买卖双方最后的选择行为

导致的市场效率差异,商品市场可以被分为"完全失败""完全成功""部分成功"与"接近失败"四种市场类型。这种分类不仅仅适用于单一价格二手产品交易博弈,同样也适用于本书后续将要介绍的双价二手产品交易博弈或者其他市场交易问题。

(1) 完全失败市场。若市场上所有的卖方,包括质量"好"商品的卖方,都由于担心商品卖不出去而不敢将商品投放到市场上销售,那么市场就无法运作。如果该商品买卖交易的潜在市场贸易利益确实存在,那么卖方全部选择不卖的这种市场结构被称为"完全失败"市场。

(2) 完全成功市场。如果只有质量"好"商品的卖方将商品投放市场,质量"差"商品的卖方不敢将商品投放市场,那么此时市场上只有质量"好"的商品。在这种情况下,买方会买下市场所有商品,实现最大的贸易利益,那么这种市场结构被称为"完全成功"市场。

(3) 部分成功市场。如果不论质量"好"商品的卖方,还是质量"差"商品的卖方都有动机将自己的商品投放市场,即都可以从产品市场销售过程中获利。而买方不论市场是何种质量的产品都会进行购买,那么这种市场结构被称为"部分成功"市场。因为在这种市场结构下,买卖双方在市场上可以发生交易,并且潜在的贸易利益也可以实现,但是市场上存在一部分"不良交易",买方买到质量"差"商品时会遭受一定的损失。

(4) 接近失败市场。如果所有质量"好"商品的卖方都将商品投放市场,只有部分质量"差"商品的卖方将商品投放市场,同时买方不是买下市场上全部商品,而是以一定概率随机决定是否买进,即双方都采用混合策略。这样的市场结构被称为"接近失败"市场。这种市场的总体效率低于完全成功市场和部分成功市场,但比完全失败市场要强。这种市场均衡意味着市场上质量"差"商品的总体比重或危害更大,很容易变成完全失败市场。

市场交易问题中实现哪一种市场类型,或者说出现上述的哪一种情况,实际上取决于买卖双方风险与收益的大小关系。而买卖双方的利益和风险又取决于买方对不同商品价值 V 和 W、交易价格 P、伪装费用 C,以及质量"好"商品出现的概率 p_g 与质量"差"商品出现的概率 p_b 几个因素的影响。

根据以上四种市场结构下最后卖方与买方的行为,可知市场博弈均衡存在一些特例。① 在一些市场类型中,所有的卖方,也可以说是拥有完美信息的博弈方,不论商品的质量是"好"还是"差"都采取同样的策略,这种市场最终形成的均衡被称为"合并均衡"(Pooling Equilibrium)。例如,完全失败市场中所有卖方都选择"不卖",部分成功市场中所有卖方都选择"卖"。可见,在合并均衡中,具有完美信息博弈方的行为不会透露任何有用的信息,所以具有不完美信息的博弈方在形成对其他博弈方行为选择的"判断"时,可以忽略完美信息博弈方的行为,只能直接从市场基本情况中寻找依据。② 在另一些市场均衡中,不同商品质量的卖家采取的策略完全不同,这种市场最终形成的均衡被称为"分开均衡"(Separating Equilibrium)。例如,在完全成功市场中,质量"好"商品的卖方将其商品投放市场,而质量"差"商品的卖方不敢将其商品投放市场。在这种市场类型中,卖方的行为完全反映他持有商品的质量,能给具有不完美信息买方的"判断"提供充分的依据。当买方看到市场中的商品时,就知道这些商品是质量"好"的商品。

当然,如果根据以上提到的合并均衡与分开均衡的定义。那么,接近失败市场形成的均衡既不属于合并均衡,也不属于分开均衡。因为根据接近失败市场定义,卖方的行为既不是完全相同的,也不是完全不同的。在这种市场结构里,卖方的行为会给买方提供一些信息,但是这些信息又不足以让买方得出"判断",只能得到一个概率分布的"判断"。这也是在这类完全但不完美信息动态博弈分析中最复杂的一类市场类型。

引入以上四种市场类型及"合并均衡"与"分开均衡"的定义,实际上是为了更清晰地分析商品市场的完全但不完美信息动态博弈。因为,引入这些概念后可以分别在不同的市场均衡类型下来讨论这类博弈问题。在分析一个完全但不完美信息的市场交易动态博弈时,如果能先判断出市场均衡的类型,那么后续的分析就会比较容易。

2. 单一价格二手产品交易博弈完美贝叶斯均衡分析

在上章定义的基础上,对单一价格二手产品博弈问题进行分析,并使用逆推归纳法导出在各种市场类型下的均衡。

1) 部分成功市场的合并均衡

首先,先对部分成功市场的合并均衡进行分析。假设质量"差"的二手产品出现的概率 p_b 很小,即买方相信市场上大部分二手产品都是质量"好"的。并且卖方将质量"差"的二手产品伪装成质量"好"的二手产品的成本 C 相比售价 P 而言很低,则以下策略组合和判断可以构成部分成功市场的完美贝叶斯均衡。

(1) 不论二手产品质量"好"或质量"差"的卖方都选择"卖"。

(2) 只要卖方选择"卖",那么买方肯定选择"买"。

(3) 买方对卖方的"判断"为 $p(g \mid s) = p_g$ 和 $p(b \mid s) = p_b$。

为了证明以上是完美贝叶斯均衡,可以采用逆推归纳法进行分析。首先分析买方的选择,结合之前给出的假设 $V > P > W$ 与本节假设出现质量"差"的二手产品的概率 p_b 很小,可以认为买方第三阶段选择"买"的期望得益 $p_g(V-P) + p_b(W-P)$ 是正的。而买方第三阶段如果选择"不买"的期望得益为 0。因此,只要卖方第二阶段选择"卖",买方第三阶段肯定选择"买"。

接着,再分析卖方的选择。根据理性共识假设,卖方清楚买方第三阶段肯定会选择"买",所以自己第二阶段选择"卖",肯定能将二手产品卖出去。具体来说,如果二手产品质量"好",卖方选择卖的收益 P 大于选择不卖的收益 0,卖方自然会选择"卖"。如果二手产品质量"差",卖方选择卖的收益 $P-C$ 也大于选择不卖的收益 0,卖方仍然会选择"卖"。换言之,无论卖方持有的二手产品是质量"好"还是质量"差",第二阶段选择"卖"则帕累托优于选择"不卖"。在这种市场中,任何卖方都会选择"卖"。因此,买方在第二阶段对卖方的"判断"并没有改变买方在未进入市场前对卖方持有二手产品状况的"先验概率"的"判断",即卖方的均衡策略与买方对其的"判断" $p(g \mid s)=p_g$, $p(b \mid s)=p_b$ 相符合。

因此,以上策略组合及"判断"符合完美贝叶斯均衡的条件 20-1~条件 20-3。由于该博弈中只有第三阶段轮到买方选择时存在多点信息集,且该信息集在均衡路径上。因此,上述均衡策略不存在不在均衡路径上需要判断的信息集,完美贝叶斯均衡的条件 20-1 自动被满足。这就证明了上述策略组合及"判断"是完美贝叶斯均衡。根据逆推归纳法可以发现,这也是该博弈在以上假设条件下唯一的完美贝叶斯均衡。而且由于两个博弈方在该完美贝叶斯均衡中采用的都是纯策略而不是混合策略,因此也可以称以上(1)至(3)为"纯策略完美贝叶斯均衡"。

根据以上市场类型的分类方法,上述完美贝叶斯均衡属于部分成功市场的均衡,也是一个合并均衡,卖方的行为不能传递所卖二手产品质量的任何信息。在这样的市场里,尽管多数情况下的商品是好的,双方交易可以实现贸易利益,但是也有少数时候买方会上当受骗。

从以上分析容易发现,要保障以上的纯策略完美贝叶斯均衡存在,需要满足两个关键条件。首先,$P>C$,这个条件使得拥有质量"差"的二手产品的卖方愿意在第二阶段选择"卖"。其次,$p_g(V-P)+p_b(W-P)>0$,这个条件使得买方在信息不完美时第三阶段选择"买"。这两个条件能够使信息不完美的市场得以运作。而且此时尽管买卖双方存在信息不对称,但是总体而言这种市场还算是有效率的。

2) 完全成功市场的分开均衡

接下来分析完全成功市场的分开均衡。将以上的假设修改为质量"差"的卖方将其二手产品伪装成质量"好"的产品的成本很高,以至于高于二手产品售价,即 $P<C$。并且这个信息买方也非常清楚,此时均衡结果就会发生很大变化。因为当 $P<C$ 时,即使持有质量"差"二手产品的卖方通过伪装成功将质量"差"的二手产品卖出,但其仍然是亏损的;如果他没有卖出二手产品,那么最终也是亏损,亏损额为 C。因此,持有质量"差"二手产品的卖方第二阶段的最优选择是"不卖"。假设其他条件都不变,那么卖方在二手产品质量"好"时第二阶段仍然会选择"卖"。这样,下列策略组

合和"判断"构成的完全成功市场的分开均衡的完美贝叶斯均衡为：

（1）质量"好"的二手产品的卖方选择"卖"，质量"差"的二手产品的卖方选择"不卖"。

（2）买方都选择"买"。

（3）买方对卖方的"判断"为 $p(g \mid s)=1$ 和 $p(b \mid s)=0$。

由于买方非常清楚卖方将质量"差"的二手产品伪装成质量"好"的二手产品的成本巨大，导致卖方这样做不经济，也不会这样做。因此，买方知道卖方只要在第二阶段选择"卖"，那么他卖的二手产品质量一定是"好"的，即轮到选择的买方在第三阶段对卖方的"判断"为 $p(g \mid s)=1$ 和 $p(b \mid s)=0$。在此"判断"下，我们可以通过逆推归纳法对以上的完美贝叶斯均衡进行验证。

先分析买方的选择。当买方第三阶段进行策略选择时，选择买的期望得益为 $1 \times (V-P)+0 \times (W-P)=V-P>0$，选择不买的得益为 0。因此，"买"是买方第三阶段的唯一选择。再分析卖方的选择。给定买方第三阶段一定选择"买"的策略，持有质量"好"二手产品的卖方第二阶段选择"卖"的得益 $P>0$；而持有质量"差"二手产品的卖方第二阶段选择"卖"的得益 $P-C<0$，不卖的得益为 0。因此，持有质量"好"二手产品的卖方在第二阶段一定选择"卖"，但持有质量"差"二手产品的卖方在第二阶段一定选择"不卖"。

综上所述，双方策略都符合序贯理性的要求。显然，在均衡路径上的信息集的买方的"判断"符合双方的均衡策略和贝叶斯法则，同时不存在不在均衡路径上需要"判断"的信息集。这就证明了上述策略组合和判断构成完美贝叶斯均衡。

3）完全失败市场的合并均衡

类似地，再分析完全失败市场的合并均衡。以上两种均衡实际上都是根据与得益相关的两个数据（P 和 C）直接得到的。但是在多数情况下，买方的"判断"并不能从得益情况中直接得出，往往需要通过以往的经验及其他信息的推算来获得。如果买方通过以往多次在二手产品市场购买的经验，总是买到质量"差"的二手产品。那么就会出现最差的情况，即买方根据以往的经验，判断市场上卖出的二手产品都是质量"差"的二手产品，即 $p(g \mid s)=0$ 和 $p(b \mid s)=1$，则下列策略组合及买方的"判断"可以构成完全失败市场的完美贝叶斯均衡：

（1）卖方无论持有的二手产品是质量"好"还是质量"差"都选择"不卖"。

（2）买方都选择"不买"。

（3）买方对卖方的"判断"为 $p(g \mid s)=0$ 和 $p(b \mid s)=1$。

依据以上策略组合下的完美贝叶斯均衡，买方第三阶段选择"买"与"不买"的多点信息集不在均衡路径上。因此，买方的"判断"需要符合完美贝叶斯均衡的条件

20-4，即不在均衡路径上的信息集处的"判断"需符合买卖双方的均衡策略和贝叶斯法则。在以上完美贝叶斯均衡中买方的"判断" $p(g\mid s)=0$ 和 $p(b\mid s)=1$ 下，买方第三阶段选择"买"的期望得益为 $0\times(V-P)+1\times(W-P)=W-P<0$，选择"不买"的得益为 0。对比后，买方肯定选择"不买"。若给定买方第三阶段选择"不买"，卖方在第一阶段二手产品质量"好"时第二阶段选择"卖"的得益为 0，二手产品质量"差"时第二阶段选择"卖"的得益为 $-C$，都没有比第二阶段选择"不卖"时得益 0 好。因此，不论持有什么质量二手产品的卖方，第二阶段的最优选择都为"不卖"。

显然，上述策略组合符合各博弈方的序贯理性行为要求，并且判断也满足了完美贝叶斯均衡的条件 20-4。所以，以上策略组合和买方的"判断"构成了完全失败市场的完美贝叶斯均衡。

4）接近失败市场的混合策略均衡

最后再对接近失败市场的均衡进行分析。根据前面对接近失败市场类型的具体描述，可以得出这种市场类型的完美贝叶斯均衡需要满足两个条件：① 需要满足不等式 $P>C$，即二手产品的市场销售价格要大于质量"差"二手车的伪装成本。因为只有这个条件成立时，持有质量"差"二手产品的卖家才会愿意在第二阶段选择"卖"。② 需要满足不等式 $p(g)(V-P)+p(b)(W-P)<0$，即若质量"好"与质量"差"的二手产品都在市场上销售，买方第三阶段选择"买"的期望得益小于 0。这种情况下，如果买卖双方的策略都是纯策略，买方只能不买，卖方也只好不卖，市场完全失败。为了避免这种情况发生，双方只能采用混合策略。

这里提到的混合策略是指持有质量"差"的二手产品的卖方在第二阶段以一定的概率随机选择"卖"或"不卖"，而持有质量"好"的二手产品的卖家在第二阶段选择"卖"。而买方在第三阶段也是以一定的概率随机选择"买"或"不买"。如果这是一个均衡，那么就是接近失败市场的完美贝叶斯均衡。

为了便于讨论，这里引入数值进行说明。假设 $V=3\,000$，$W=0$，$P=2\,000$ 及 $C=1\,000$。再假设质量"好"的二手产品与质量"差"的二手产品的先验概率为 $p_g=p_b=0.5$。此时，$P=2\,000>C=1\,000$，质量"差"二手产品的卖方也有卖出的意愿。如果买方不论二手产品质量好还是差都会购买，卖方第二阶段肯定选择"卖"，此时买方的期望得益为

$$p_g(V-P)+p_b(W-P)=0.5\times1\,000+0.5\times(-2\,000)=-500<0$$

因此，买方不论二手产品质量"好"还是"差"第三阶段都选择"买"显然不是一个最优策略。如果限制此策略，那么结果肯定是完全失败市场。此外，该博弈符合构成

接近失败市场类型均衡的两个基本条件。

如果可以使用混合策略，那么该博弈可以避免出现完全失败市场的结果。这里先给出接近失败市场类型下的完美贝叶斯均衡：

（1）质量"好"二手产品的卖方选择"卖"，而质量"差"二手产品的卖方以（0.5，0.5）的概率分布随机选择"卖"和选择"不卖"。

（2）买方以（0.5，0.5）的概率分布随机选择"买"和"不买"。

（3）买方对卖方的判断为 $p(g \mid s) = 2/3$ 和 $p(b \mid s) = 1/3$。

为了说明以上策略组合及判断是完美贝叶斯均衡，我们可以先验证买方的判断是否符合卖方策略和贝叶斯法则。结合已知 $p_g = p_b = 0.5$，根据卖方策略容易得到 $p(s \mid g) = 1$，$p(s \mid b) = 0.5$。再根据贝叶斯法则，卖方选择卖的情况下二手产品质量好的概率为

$$p(g \mid s) = \frac{p_g \cdot p(s \mid g)}{p_g \cdot p(s \mid g) + p_b \cdot p(s \mid b)} = \frac{0.5 \times 1}{0.5 \times 1 + 0.5 \times 0.5} = \frac{0.5}{0.75} = \frac{2}{3}$$

显然，以上结果与买方的判断完全一致。再来验证双方的策略是否符合序贯理性行为要求。给定卖方的策略及买方自己的判断，买方选择购买的期望得益为

$$p(g \mid s)(V - P) + p(b \mid s)(W - P) = \frac{2}{3} \times 1\,000 + \frac{1}{3} \times (-2\,000) = 0，不难发现这$$

与买方选择不买时的得益相同，因此买方选择混合策略符合序贯理性要求。再来分析卖方的选择。对于拥有质量"好"的二手产品的卖方而言，当买方以 0.5 的概率随机选择"买"与"不买"时，自己选择"卖"的期望得益为 $0.5 \times 1\,000 + 0.5 \times 0 > 0$，这比选择"不卖"时的期望得益要大。因此，对于卖方来说，选择"卖"是最优选择。最后，对于质量"差"的二手产品的卖家而言，在买方的策略下，自己将质量"差"的二手产品伪装后卖出的期望得益为 $0.5 \times 1\,000 + 0.5 \times (-1\,000) = 0$，这与不卖时的得益相同，因此他的混合策略也符合序贯理性的要求。

不难发现，双方上述策略组合和判断构成完美贝叶斯均衡。根据市场类型的分类方法，这是一种接近失败市场的均衡结果。尽管这不是一种非常理想的均衡，但是至少比完全失败市场要好。

从本节对四种市场类型的完美贝叶斯均衡分析来看，四种类型市场的区别主要受两个部分参数的影响。第一部分影响参数为二手产品售价 P 与质量"差"二手产品伪装成本 C 之间的大小关系；第二部分影响参数为买方从市场中买到产品的期望得益 $p_g(V - P) + p_b(W - P)$ 的正负。具体分别以这两部分影响参数关系为横坐标与纵坐标轴，将以上四个市场的讨论结果继续归纳和总结绘制成图 21-2。

在图 21-2 中,横轴表示将质量"差"的二手产品伪装成质量"好"的二手产品需要花费的成本 C,纵轴表示所有卖方都选择"卖"时买方买二手产品可以获得的期望得益 $p_g(V-P)+p_b(W-P)$。在 $C=P$ 处的虚线将坐标平面分成了四个区域。当 $C>P$ 时,对应图 21-2 中的虚线右边区域。此时,质量"差"的二手产品的卖家通过伪装二手产品将其进行销售是无利可图的,因此他们不会将质量"差"的二手产品卖进市场,也就是说选择"不卖"。市场上只有质量"好"的二手产品,买方不用担心买到质量"差"的二手产品,所以会全部选择"买",实现了市场完全成功均衡。在左上方的区域,同时满足关系 $P>C$ 与 $p_g(V-P)+p_b(W-P)>0$。此时,

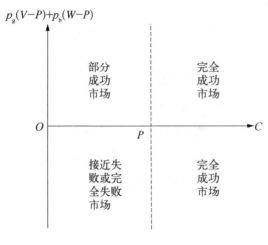

图 21-2 单一价格二手产品交易博弈的市场分类

卖方不论持有质量"好"还是质量"差"的二手产品,都会选择"卖",而买方也会选择"买",可实现市场部分成功的均衡。在左下方的区域,同时满足关系 $P>C$ 与 $p_g(V-P)+p_b(W-P)<0$。此时,由于买方如果一定选择"买"会导致自己遭受损失,所以会以一定的概率分布选择"买"和"不买",那么持有质量"差"二手产品的买方就也不会全部选择"卖",而是会按照一定的概率分布选择"卖"和"不卖"。所以在这个情况下,卖方与买方是通过采取混合策略实现接近失败市场的均衡,若不采取混合策略则只能实现较差的市场完全失败均衡。

本节以上介绍的二手产品交易博弈是一个一般的市场交易博弈问题。因此,该博弈可以被应用于很多产品市场中。通过给定该博弈中的一些参数值就可以获得具体的市场类型及其完美贝叶斯均衡结果。

第二节 双价二手产品交易博弈

上一节介绍了单一价格二手产品交易博弈。而且在该博弈中不论是二手产品的质量"好"还是质量"差",都被以相同价格在市场中销售,买方不可能从产品价格获得信息来分辨产品的质量。但在实际经济市场中,相同商品通常根据产品的质量差异被以不同价格在市场中销售。所以,商品的实际价格也可以在一定程度上提供商品

的质量信息,帮助买方做出购买决策。随着销售市场管理的逐步完善,部分平台提供退款保证服务。在退款保证服务下,买方买到不满意的二手产品可以通过退货的方式收回货款。基于此,本节以一个具有高低两种商品价格的二手产品市场为背景,分别分析无退款保证与有退款保证的双价二手产品交易博弈的完美贝叶斯均衡。

1. 无退款保证的双价二手产品交易博弈

与上一节假设一样,二手产品存在质量"好"与质量"差"两种情况。但与单一价格二手产品交易博弈不同,卖方不是选择"卖"或"不卖",而是选择卖"高价 P_h"还是卖"低价 P_l"($P_h > P_l$)。 假设卖方不仅在二手产品质量"好"时可以选择卖"高价 P_h"或卖"低价 P_l",在二手产品质量"差"时也可以选择卖"高价 P_h"或卖"低价 P_l"。如果二手产品质量"差",卖方想要卖"高价 P_h",必须要对二手产品进行伪装,伪装成本为 C。此外,卖方不提供退货保证服务,即如果买方购买了产品,不论满不满意都不能退回货款。其他方面与单一价格二手产品交易博弈背景相同。基于此,该博弈对应的博弈树如图 21-3 所示,博弈树中最下方括号中的数字与参数表示买卖博弈双方的得益。特别地,第一个数字代表卖方的得益,第二个数字代表买方的得益。

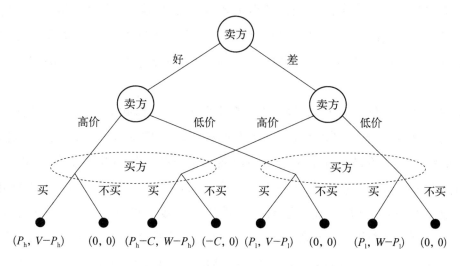

图 21-3　无退货保证的双价二手产品交易博弈的博弈树

为了使买方购买到质量"好"的二手产品带来的得益大于其购买到质量"差"的二手产品带来的得益,要求不等式 $V > W$ 成立。为了真实体现二手产品市场中买方以不同价格购买不同质量产品的感知价值,这里假设 $V - P_h > W - P_l > 0 > W - P_h$ 成立。该不等式表明高价购买的质量"好"的二手产品比低价购买的质量"差"的二手产品给买方带来的效用更大。因此,市场上买方更愿意用高价来购买质量更好的二手产品。但这个假设也说明买方用低价购买质量"差"的二手产品也不至于亏损,只是没有高价购买到质量"好"的二手产品的收益大。但若买方不幸以高价购买质量"差"的二手产品就会出现亏损。当然,在这个市场中,对于买方来说,还存在一种更理想的情况,即以低价购买到质量"好"的二手产品,此时的得益肯定高于高价买到质量"好"二手产品的得益,即 $V-P_l > V-P_h$。但这种情况出现的概率很小。

从图 21-3 不难发现,本博弈比较让买方难以判断的是市场上二手产品分高价和低价两种价格,并不是只有质量"好"的二手产品的卖方才会选择卖高价,质量"差"的二手产品的卖方也会选择卖高价;同样地,不是只有质量"差"的二手产品的卖方才会愿意卖低价,质量"好"的二手产品的卖方也有卖低价的可能。因此,买方并不能完全根据二手产品价格的高低就确定卖方提供的产品质量。换言之,正如我们当今消费市场一样,即便是质量"好"的产品通常因为成本较高而以高价销售至市场中,但也有部分不良卖方虽然本身持有的商品的质量不算高质量,但是也会选择通过一些手段冒充质量好的产品以高价在市场上销售。卖方的这类行为导致买方仍需结合自己的经验、卖方可能的策略应用贝叶斯法则"判断"卖方提供不同质量商品的概率分布。如果卖方将质量"差"的二手产品伪装成质量"好"的二手产品的伪装成本 C 接近 0,那么意味着质量"差"二手产品无需花费成本就可以伪装成质量"好"的二手产品,因此卖方都会选择卖高价。所以,如果想要让二手产品价格至少可以透露产品质量状况的部分信息,就必须使质量"差"的二手产品伪装成质量"好"二手产品的伪装成本 C 大于 0。

根据上述对双价二手产品交易博弈场景的基本假设,我们可以对该博弈的完美贝叶斯均衡进行分析。实际上从上一节对四种市场的均衡分析可以发现,我们引出多个商品销售多个价格实际上是为了通过商品价格能够体现出商品的质量信息,最终能够实现完全成功市场的分开均衡。在这样的均衡下,市场上二手产品的价格能够完全显示产品质量信息,买方没有风险地购买市场上的产品。因此,依据上文所述,二手产品质量"差"伪装成质量"好"时的伪装成本是关键。如果这个成本比卖方伪装时预计获得的收益大,即大于二手产品高价与低价的差异 P_h-P_l,那么持有质量"差"二手产品的卖方没有动力进行伪装,还不如以质量"差"的二手产品在市场中低价销售。以下我们讨论不等式条件" $C > P_h-P_l$ "可以实现完全成功市场的完美贝叶斯均衡。该完美贝叶斯均衡的双方策略组合及买方对卖方的"判断"为:

(1)卖方在二手产品质量"好"时选择"卖高价",但二手产品质量"差"时选择"卖低价"。

(2)买方不论市场中的二手产品质量如何都一直选择"买"。

(3)买方对卖方的"判断"为 $p(g \mid h)=1$、$p(b \mid h)=0$、$p(g \mid l)=0$ 和

$p(b \mid l) = 1$。

这里,概率 $p(g \mid h)=1$、$p(b \mid h)=0$、$p(g \mid l)=0$ 和 $p(b \mid l)=1$ 依次表示卖方选择"卖高价"时二手产品质量"好"、质量"差"和卖方选择"卖低价"时二手产品质量"好"、质量"差"时的概率。接下来采用逆推归纳法对以上给出的完美贝叶斯均衡的策略组合和买方对卖方的"判断"进行验证。首先,我们先来验证买方的策略选择。对于买方而言,给定以上"判断",如果卖方选择"卖高价",那么买方选择"买"的期望得益为

$$p(g \mid h)(V-P_h) + p(b \mid h)(W-P_h) = V-P_h > 0$$

如果卖方选择"卖低价",那么买方选择"买"的期望得益为

$$p(g \mid l)(V-P_l) + p(b \mid l)(W-P_l) = W-P_l > 0$$

两种情况下买方选择"不买"的得益都为 0。因此,对于买方来说,"买"是相对于"不买"的上策策略。换言之,买方应该选择"买"。这与以上完美贝叶斯均衡的策略组合中买方的策略选择相符。

接下来我们来验证卖方的策略选择。给定以上完美贝叶斯均衡中买方的策略,卖方在二手产品质量"好"时,由于高价优于低价($P_h > P_l$),自然选择"卖高价";当二手产品质量"差"时,由于卖低价的收益高于将其伪装后以高价销售的收益,即 $P_l > 0 > P_h - C$。因此,当二手产品质量"差"时,卖方会选择"卖低价"。因此,卖方在二手产品质量"好"时选择"卖高价",在质量"差"时选择"卖低价"的确是唯一的序贯理性策略,正好符合以上完美贝叶斯均衡的策略组合中卖方的策略选择。

最后再验证买方对卖方的"判断"。当卖方采取以上策略时,买方在市场上看到卖高价的二手产品,也会自然判定其为质量"好"的产品,而看到卖低价的二手产品,会自然判定其为质量"差"的产品,买方对卖方的这种"判断"显然是很合理的。这样,以上策略组合和买方对卖方的"判断"满足了完美贝叶斯均衡的 4 个条件。实际上,这也是上述假设下该博弈的唯一的完美贝叶斯均衡,也是完全成功市场的分开均衡。

有时市场并不是总是可以实现以上较为理想的均衡,市场也不总是完全成功的。在有些情况下,尤其是当卖方将质量"差"的二手产品伪装成质量"好"的二手产品时的伪装成本 C 比较小时,通常会导致比较差的市场均衡,甚至会出现完全失败的市场均衡。例如,我们以比较极端的情况来进行分析,假设 $C=0$,即卖方以次充好根本不需要成本。此时,卖方不论持有什么质量的二手产品,都一定会选择"卖高价",而买方从产品价格的角度根本无法获得任何有关二手产品质量的信息。若此时再满足不等式 $p_g(V-P_h)+p_b(W-P_h)<0$,即买方选择"购买"的期望得益小于 0,那么买方

肯定不会一定选择"买"。这时,不论是质量"好"的二手产品的卖方,还是质量"差"的二手产品卖方都有卖不出的可能。这样市场就无法运作,卖方只能退出市场。这种在信息不完美的情况下,劣质品赶走优质品,搞垮整个市场的机制,最先由乔治·阿克罗夫(George Akerlof)在讨论柠檬市场交易问题时提出,称为"柠檬原理"。

特别地,在价格可以变化的情况下,不完美信息对市场的破坏存在多种表现形式。假设市场中的劣质品和优质品都各占一半,消费者没办法辨别产品的优劣。如果商品价格是可以变化的,消费者能够讨价还价,厂商为了能够出清商品会适当的降低售价,理性的消费者愿意付的最高价格不会高于所购商品的"期望价值"。这个期望价值是优质品价格和劣质品价格的平均值。消费者压低价格会让优质品逐渐退出市场,因为此时优质品的销售价格低于自身价值,甚至低于生产成本。优质品退出市场会导致消费者购买的期望价值进一步降低,愿意付的价格也会随之降低,这又加剧了质量相对较高产品的退出。这种恶性循环会导致市场上最后只剩下劣质的商品,不存在任何优质商品。此时,除非消费者愿意购买劣质品,否则市场就无法运作。这种由于消费者对商家或者产品质量的信息存在不完美性,不能识别商品质量,最终导致优质品全部被劣质品挤出市场的机制,被称为"逆向选择"现象,博弈论中也称之为"劣币驱逐良币"现象。

2. 有退款保证的双价二手产品交易博弈

根据前述对两种不同类型的二手产品交易博弈的分析发现,在不完美信息的市场博弈中,外界条件不同会导致不同性质和效率的市场均衡。但是,在所有的市场类型中,只有完全成功的市场均衡效率比较高。部分成功市场和接近失败市场,这两种市场均衡都意味着有一部分买方会上当受骗,或者一部分优质的产品无法卖出,这些都不利于社会发展。即使在这两种市场均衡中有部分卖方或者买方可以获利,但是都是以其他卖方或者买方的损失为代价的,不仅不会增加社会福利,还存在道德方面的不良影响。此外,完全失败市场则使整个市场无法运作,严重影响了经济发展。

因此,如何才能避免以上低效率的均衡,提高整个社会福利,有效地防止"劣币驱逐良币"的现象发生呢? 这成为市场管理中比较关注的问题之一。实际上,在现实中有很多方法可以改善这个问题。但是最根本的解决方法就是消除买卖过程中的信息不完美性。简而言之,就是提高消费者对于产品的辨别能力。如果消费者有较高的产品辨别能力,就意味着卖方需要花费更高的成本用于伪装。但是,提高消费者对于产品的辨别能力往往需要花费较长的时间与金钱,而且单方面将这种由于产品质量不好的问题归结为让消费者提高辨别能力来解决,着实有点不现实,也不合理。因此,尽管消除信息不完美是一个最根本的解决方法,但是并不一定实用。

　　根据前面介绍的两种二手产品交易博弈,我们发现关键症结在于卖方持有质量"差"二手产品时,伪装成质量"好"的二手产品的伪装成本是否足够高。如果这个伪装成本足够高,高到导致卖方以次充好无利可图时,卖方就不会选择以次充好,而是转而退出市场或者以与产品质量相符的低价在市场中销售,从而实现完全成功市场的分开均衡。如果这个条件也没办法满足,但能够满足第二个条件 $p_g(V-P_h)+p_b(W-P_h)>0$,即劣质品的比例 p_b 不是很大,买方买到劣质品的损失不至于太严重,买方从市场上购买二手产品的期望得益大于0,那么买方仍然会参与到市场中,实现部分成功市场的合并均衡。实际上,这个条件 $[p_g(V-P_h)+p_b(W-P_h)>0]$ 与第一个关于伪装成本的条件 $(C>P_h-P_l)$ 密切相关。如果伪装成本很低时,销售劣质商品的数量一定很高,因为此时卖方销售劣质商品可以赚到更多,市场上优质商品就必然不会多,所以第二个条件 $[p_g(V-P_h)+p_b(W-P_h)>0]$ 自然无法满足。因此,第一个关于伪装成本的条件 $(C>P_h-P_l)$ 是决定市场类型的关键因素。

　　如果只是将 C 仅仅理解为一个狭义的伪装成本,即卖方将劣质商品包装成优质商品的花费,那么 C 的大小主要受客观因素的影响,由于前面分析的提高消费者的辨别能力的现实实施具有很大的难度,所以我们很难通过它来改善市场均衡类型。但是,如果将伪装成本 C 的含义扩大,理解成不仅包括交易之前的整修、清洁等费用,也包括事后索赔和追责的代价,那么就掌握了调控 C 的更多方法。例如,可以加大对假冒伪劣商品的处罚力度,从而提高 C 的水平;也可以通过给消费者承诺,如包换、包赔等,实现同样的目的。

　　但是,加大假冒伪劣商品的处罚力度是有条件的,这种办法通常只能在短期内见效。如果想要长期起效必须要靠加强对相关管理部门的监管和失职行为的处罚来保证。诚实经营的卖方也是假冒伪劣行为的受害者。因为假冒伪劣行为会将整个市场搞垮,造成的柠檬原理和逆向选择现象,将给诚实经营的卖方带来巨大的损害。因此,诚实经营的卖方对于打击假冒伪劣行为具有很强的意愿。诚实经营的卖方没有监管和处罚的权力。他们抑制假冒伪劣的主要手段就是为消费者提供各种承诺,包括对商品的退换,双倍赔偿等。这意味着一旦销售给消费者的商品出现质量问题,那么卖方会付出更大的代价,因此称为"昂贵的承诺"。昂贵的承诺能够对假冒伪劣商品产生抑制作用的原因在于,它让假冒伪劣的卖家处于两难的境况,如果对消费者给出同样的承诺,那么将付出巨大的赔偿成本;如果不给消费者承诺,那么就暴露了商品的质量问题,这样消费者就克服了信息不完美的困难。例如,我国颁布的产品质量三包条例,还有很多销售平台提出的退货退款服务等。

　　下面将以一个有退款保证的二手产品交易博弈为例,进一步分析昂贵承诺的作用。假设在双价二手产品交易博弈中出现了最不利的情况，即 $C=0$。在这种情况下，按照我们上一节的分析，无论质量"好"或是质量"差"的二手产品的卖方都会选择"卖高价"，市场肯定不会出现完全成功的分开均衡。若质量"差"的二手产品比例较高，那么可能会出现完全失败市场或者接近失败市场。

现在假设市场引进一个退款保证制度，即要求卖方在买方买到不符合价格的质量"差"的二手产品时，必须赔偿买方的损失 $V-W$，也可以理解为退回买方的产品期望值差价。对买方而言，退款保证制度可以确保他购买高价二手产品可以获得的收益为 $V-P_h$，不需要担心高价买到质量"差"的二手产品而吃亏，因此可以放心购买。如果二手产品质量"好"时，卖方也不必担心卖不出去，更不需要担心买方索赔。只有当二手产品质量"差"时，卖方才会担心以高价售出时，买方会进行索赔或者退差价，导致出现得不偿失的情况。所以，对于质量"差"二手产品的卖方，还不如一开始就选择"卖低价"。这个有退款保证的双价二手产品交易博弈的博弈树如图 21-4 所示。且买卖双方不同策略选择时的得益展现在该博弈树的最后括号中，第一个数字代表卖方的得益，第二个数字代表买方的得益。

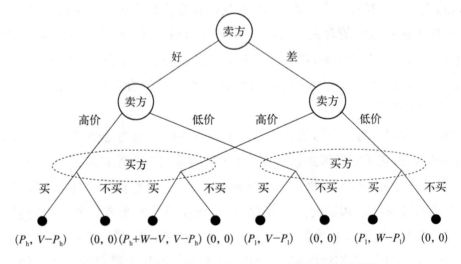

图 21-4　有退款保证的双价二手产品交易博弈的博弈树

对比买卖双方在不同策略组合下的各自得益，若不等式满足 $P_h+W-V<0$ 或者 $P_h+W-V<P_1$，那么卖方将质量"差"的二手产品伪装成质量"好"的二手产品后，买方索赔反而会导致卖方出现亏损，此时卖方伪装质量"差"的二手产品不划算，还不如直接选择"卖低价"。如果博弈中其他条件均与上一节无退款保证的双价二手产品交易博弈一致，那么以下策略组合和买方对卖方的"判断"可以构成完全成功市场的完美贝叶斯均衡：① 质量"好"的二手产品的卖方选择"卖高价"，质量"差"的二

手产品的卖方选择"卖低价";② 不论二手产品卖低价还是卖高价买方都选择"买";
③ 买方对卖方的"判断"为 $p(g \mid h)=1$, $p(b \mid h)=0$, $p(g \mid l)=0$ 和 $p(b \mid l)=1$。
对比完美贝叶斯均衡的四个条件,可以验证该策略组合和买方对卖方的"判断"是一
个完美贝叶斯均衡,并且是一个完全成功市场的分开均衡。具体证明同上一节无退
款保证的双价二手产品交易博弈对其完美贝叶斯均衡的验证分析思路一致,这里留
给读者自行验证。

第二十二章
完全但不完美信息动态博弈在管理领域的应用

完全但不完美信息动态博弈在管理领域有许多应用,特别是在面对不确定性、信息不对称和动态环境的情况下,如危机管理、市场竞争及投资和风险管理等。总体而言,完全但不完美信息动态博弈提供了一个有力的工具,帮助管理者更好地理解和应对复杂的管理环境,使得决策更具有适应性和灵活性。本章主要介绍通过双价房产购买博弈与知识共享伙伴选择博弈对完全但不完美信息动态博弈在管理领域的应用。

第一节 双价房产购买博弈

房地产行业作为我国国民经济的重要支柱产业之一,对我国社会经济发展作用巨大。近年来,随着我国其他行业经济的持续发展,房地产行业逐渐趋于平缓。众所周知,房地产市场是典型的信息不对称市场,通常房地产商比购房者拥有更多的房市房价信息。在房产建设与交易的过程中,涉及政府、房地产商、购房者三方,且整个交易博弈过程为动态博弈。在购房过程中,买方是具有不完美信息的博弈方。因此,这类博弈可近似看作完全但不完美信息的动态博弈。

为刻画和分析房产交易博弈,本案例对该博弈进行抽象,进行一些基本假设。首先,房产购销涉及三个博弈方,分别为政府(G)、房地产商(D)和购房者(F)。他们都是风险中立的,且假设他们博弈中不存在讨价还价行为。同时,购房者购买后没有退还保证。三个博弈方均不清楚房地产市场(M)的真实经济状态。但在购房之前的房地产市场经济状态分布是三方的理性的共同知识。政府在此博弈中占据主导地位,其出台的诸如鼓励或抑制等相关政策对房地产市场有直接影响,并对各类房地产商有同等约束力。为分析简便,这里不考虑房地产商之间的竞争。同时,假定以相同价格销售的房子具有相同的质量。房地产商按照高价和低价向购房者销售房子。这里的高价和低价可以理解为是房地产商的营销策略,也是购房者判断房地产市场运行前景好坏和购买与否的依据。此外,由于信息传递不畅或保密等因素的影响,后行动的购房者受自身能力所限,对先做出行动的房地产商不够了解,但清楚各方的收益。换言之,购房者具有完全但不完美信息。因不存在讨价还价,故处在多节点信息集上的他只能根据房地产商对房价销售的"高价"或"低价"信息,判断房地产市场运行前景的好坏,决定购买与否。房地产市场运行前景的好坏实际上是三方的一种心理预期,带有一定的投机色彩,这对三方策略的选择也十分重要。房地产商会根据之前的房产市场运行状况调整房子的定价策略,也会影响购房者的购房选择,政府会在房地产商开发销售前出台相关调整政策。以下为分析之便,称"市场前景看好的房子"为"好房子","市场前景不看好的房子"为"差房子"。

在博弈开始时,政府根据该博弈之前的房地产市场运行情况出台鼓励(R)或抑制(S)房价的政策。在"鼓励政策"与"抑制政策"下,政府所获净收益分别为U_1和U_2,并具有不等式关系$U_1 > U_2 > 0$。接着,房地产商在看到政府出台的政策后,判定房地产市场前景是好(g)还是坏(b),并分别选择以高价(P_k)或低价(P_1)销售房子($P_k > P_1 > 0$)。房地产商收益为净收入减去成本。例如,若政府出台"鼓励政策",则房地产商判定房地产市场运行前景好与前景坏的条件概率分别为α和$1-\alpha$,即$P(g \mid R) = \alpha$与$P(b \mid R) = 1-\alpha$。此时,房地产商选择"高价"与"低价"销售房子的概率分别为$P(P_k \mid g) = \beta$、$P(P_1 \mid g) = 1-\beta$、$P(P_k \mid b) = \gamma$和$P(P_1 \mid b) = 1-\gamma$。如果房地产商判断房地产运行环境前景坏,为使房子能够以"高价"卖出,需要花费一定的成本$C(C > 0)$进行房子宣传。若政府出台"抑制政策",则房地产商运行前景一定是坏的,即存在$P(g \mid S) = 0$和$P(b \mid S) = 1$。在这种情况下,理性的房地产商会选择"不卖"。那么,购房者也会判断房地产市场运行前景是坏的,由于房子不仅是消费品,同时也是保值品,此时购房者会选择"不买"。换言之,政府出台抑制政策后,房地产商选择"不卖",购房者选择"不买",博弈结束。此时政府、房地产商与购房者的得益为(U_2, 0, 0)。由于没有交易成功,为此政府需支付一定的成本救市,并在下一时期对政策做相应的调整。

购房者在房地产商进行行为选择后,即选择"高价"销售房子还是"低价"销售房子,对房地产市场运行前景的好坏进行判断,并以相等的概率(0.5)选择"买"还是"不买"。购房者的得益通过消费者剩余表示,即价值减去价格。对于消费者来说,"好房子"还是"差房子"给他带来的心理感知价值分别为V和W,且满足$V > W > 0$。为简化分析,进一步假设不等式 $V-P_k > W-P_1 > 0 > W-P_k$ 成立。这意味着购房者用高价 P_k 买到"好房子"比用低价 P_1 买到"差房子"要合算,而用低价 P_1 买到"差房子"还不至于亏本,但若用高价 P_k 买到"好房子"则是要吃亏的。对于购房者,确实有可能存在一种理想的情况,也就是用低价 P_1 买到"好房子"。这时他的收益比用 P_k 买到"好房子"的收益更大,即 $V-P_1 > V-P_k$。这种小概率的事件当然只是理想的情况。因此,设出现这种情况只是偶然的好运气,即在常规情况下,购房者都是以 P_k 买到"好房子"或者以 P_1 买到"差房子"。根据以上分析,该双价房产购销博弈的博弈树,如图 22-1 所示。

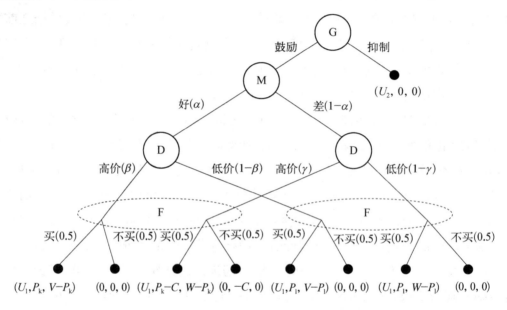

图 22-1　双价房产购销博弈的博弈树

在图 22-1 所示的博弈树中,最下方括号中的数字与参数分别表示政府、房地产商与购房者三个博弈方的得益情况,虚线圈表示购房者在不完美信息下进行行为选择的多节点信息集。该博弈的动态博弈顺序为:第一阶段,政府选择"鼓励政策"还是"抑制政策";第二阶段,房地产市场选择行业运行前景是"好"还是"差",也就是市场中的房子是"好房子"还是"差房子"。这里需要说明的是,市场的运行前景不是房地产市场可以主动选择的,但是我们不需要关注这个选择本身。即引入了房地产市场这个"自然博弈方",它对三个博弈方的"判断"和策略选择都有影响,反映了后续博弈方的信息不完美性。第三阶段,房地产商根据政府政策及房地产市场状况选择"高价"还是"低价"卖房的概率分布,也就是混合策略;第四阶段,购房者看到房地产商对房子的销售价格(高价或低价),判断房子是"好房子"还是"差房子"。此时存在四种情况,即看到"高价"判断是"好房子"、看到"高价"判断是"差房子"、看到"低价"判断是"好房子"与看到"低价"判断是"差房子"。由此对应图 22-1 中不同的房地产市场状况的四个节点的选择,构成了两个多点信息集:一个是购房者在房地产商选择"高价"销售后的多点信息集,该信息集包含购房者判断房地产商选择"高价"销售的房子是"好房子"还是"差房子"时,购房者选择"买"与"不买"的两个行为选择节点;另一个是购房者在房地产商选择"低价"销售后的多点信息集,该信息集包含购房者判断房地产商选择"低价"销售的房子是"好房子"还是"差房子"时,购房者选择"买"与"不买"的两个行为选择节点。这正是购买者所掌握信息具有不完美性的体现。

接下来对以上双价房产购买的完全但不完美信息动态博弈进行分析,寻找其完美贝叶斯均衡。根据我们之前介绍的完美贝叶斯均衡的四个条件,以及图 22-1 反映的该博弈的一般情况来看,由于房地产商在判定房地产市场状况运行前景好与前景坏两种情况下都有选"高价"与"低价"销售房子的可能性。因此,购房者并不能简单地根据房子价格的高低判断是"好房子"还是"差房子"。也就是说,购房者做出"判断"必须根据其他博弈方选择的策略(取决于收益和己方策略等)、之前对房地产市场情况的先验经验(平均来说,市场上"好房子"和"差房子"所占的比例 $P(g)=\alpha$ 与 $P(b)=1-\alpha$)及贝叶斯法则。经分析不难发现,若"好房子"伪装成"差房子"的宣传成本 C 接近 0,即房地产商在判定房地产未来运行前景"坏"时几乎不需要付出多少的代价,就能以"好房子"冒充"差房子"而不被购房者发现。那么,所有的房地产商都会选择以"高价"销售房子,因为选择"高价"是相对于选择"低价"的上策策略。因此,要想使制定的房价透露出房子好坏的信息,就必须要求 $C \neq 0$,这也意味着购房者应当具有一定的鉴别力,不会轻易上当受骗。设 $P(g \mid P_k)$、$P(b \mid P_k)$、$P(g \mid P_l)$ 和 $P(b \mid P_l)$ 分别表示购房者判断房地产商"高价"卖出"好房子"、"高价"卖出"差房子"、"低价"卖出"好房子"及"低价"卖出"差房子"四种情况下的条件概率,根据贝叶斯法则有

$$P(g \mid P_k)=\frac{P(P_k \mid g)P(g)}{P(P_k)}=\frac{P(P_k \mid g)P(g)}{P(P_k \mid g)P(g)+P(P_k \mid b)P(b)}$$

$$=\frac{\alpha\beta}{\alpha\beta+\gamma(1-\alpha)}$$

$$P(b \mid P_k)=1-P(g \mid P_k)=\frac{\gamma(1-\alpha)}{\alpha\beta+\gamma(1-\alpha)}$$

$$P(g \mid P_l)=\frac{P(P_l \mid g)P(g)}{P(P_l)}=\frac{P(P_l \mid g)P(g)}{P(P_l \mid g)P(g)+P(P_l \mid b)P(b)}$$

$$=\frac{\alpha(1-\beta)}{\alpha(1-\beta)+(1-\alpha)(1-\gamma)}$$

$$P(b \mid P_1) = 1 - P(g \mid P_1) = \frac{(1-\alpha)(1-\gamma)}{\alpha(1-\beta)+(1-\alpha)(1-\gamma)}$$

由此,引入两个算例来深入理解和分析该双价房产购销博弈的完美贝叶斯均衡。

1. 纯策略完美贝叶斯均衡

我们先分析一个比较理想的情景,令 $\alpha=0.5$, $\beta=1$, $\gamma=0$。未来房地产市场前景好和前景坏各占 50%,并且房产商在未来房地产市场前景好时以高价销售房子,在前景坏时以低价销售房子。将这个设定代入到以上条件概率表达式,得 $P(g \mid P_k)=1$, $P(b \mid P_k)=0$, $P(g \mid P_1)=0$ 和 $P(b \mid P_1)=1$。那么,当 $C>P_k-P_1$ 时,该双价房产购买博弈的纯策略完美贝叶斯均衡为"政府选择出台'鼓励政策',房地产商对市场前景看好的房子以'高价'销售,对市场前景看差的房子以'低价'销售,购房者不论什么类型的房子在售都选择'购买'"。

接下来验证以上的完美贝叶斯均衡是否符合其定义的四个条件。根据逆推归纳法,先分析购房者的策略选择。对于购房者来说,给定自己对房地产商的判断,即看到"高价"的房子认为是"好房子"或者说未来前景好的房子,而看到"低价"的房子认为是"差房子"或者说未来前景坏的房子。若房地产商定"高价",购房者选择"买"和"不买"的期望收益分别是 $P(g \mid P_k)(V-P_k)+P(b \mid P_k)(W-P_k)=V-P_k>0$ 和 0。因此,购房者会在房地产商定高价时选择买。类似地,当房地产商定"低价",购房者选择"买"和"不买"的期望收益分别是 $P(g \mid P_1)(V-P_1)+P(b \mid P_1)(W-P_1)=W-P_1>0$ 和 0。因此,购房者会在房地产商定低价时也选择买。这与上述纯策略完美贝叶斯均衡中买方的策略选择相符。

当房地产市场前景好时,对所有房子都以高价销售是上策策略。当房地产市场前景坏时,若想以高价销售出去,必须花费一些成本来包装房子,才会有购房者愿意购买。由于存在不等式 $P_1>0>P_k-C$,所以当购房者不看好房子的时候房地产商应该定低价进行销售才是合理的。因此,房地产商判定房地产市场前景好时选择"高价",判定房地产前景坏时选择"低价"是他唯一符合序贯理性的策略选择,也符合以上完美贝叶斯均衡中房地产开发商的策略选择。

政府出台"激励政策"的期望收益为 $U_1 P(g)+U_1 P(b)=U_1$;而政府出台"抑制政策"的收益为 U_2。由于 $U_1>U_2>0$,显然政府会选择出台"激励政策"。

当政府出台"激励政策"时,房地产商会在房地产市场前景好的情况下选择对"好房子"定"高价",而在房地产市场前景坏时选择对"差房子"定"低价",这与购房者对房地产商的"判断"一致,即购房者的判断是合乎理性的。因此,以上完成了对所提出的完美贝叶斯均衡满足四个条件的验证过程。

　　但不幸的是,上述理想的市场均衡在实际中并不是非常普遍的。因为在其他条件下,尤其是当差房子伪装宣传成好房子的成本水平比较低的情况下,常常会导致较差的市场均衡出现。上述一种极端的情况是,当这个伪装宣传成本为 0 时,即在房地产市场前景坏的情况下,房地产商会选择以"差房子"冒充"好房子"而完全不需要成本。在这种情况下,所有理性的房地产商都会选择以"高价"出售房子。此时,房子销售"高价"和"低价"已经完全不能透露出"好房子"和"差房子"的任何信息。再加上不等式 $P(g \mid P_k)(V-P_k)+P(b \mid P_k)(W-P_k)=V-P_k<0$ 成立,即购房者选择"买"房子的期望收益为负,购房者必然选择"不买"。这时房地产商的房子就会卖不出去,即使是"好房子"也不会有人去买,高房价的房地产商最后会选择退出市场。这种情况就是我们上一章提到的"柠檬原理",使市场丧失效率甚至处于"瘫痪"。

　　2. 混合策略完美贝叶斯均衡

　　假设房地产商在判定房地产市场前景好坏的情况下,以一定的概率分布制定"高价"和"低价"销售房子的混合策略,其概率分布为 $\alpha=0.5$, $\beta=2/3$ 和 $\gamma=1/3$。 由此可以得 $P(g \mid P_k)=2/3$, $P(b \mid P_k)=1/3$, $P(g \mid P_1)=1/3$ 和 $P(b \mid P_1)=2/3$。再令 $V-P_1>V-P_k>W-P_1>W-P_k \geq 0$ 和 $0<C<P_k+2P_1$,其他条件不变。这里 $W-P_k \geq 0$ 表示若购房者以"高价"买到"差房子"收益几乎为零。在这种情况下,该博弈的混合策略的完美贝叶斯均衡的三方策略组合和相应的判断如下:

　　(1) 政府出台"激励政策",即鼓励房市发展。

　　(2) 房地产商看到政府出台"激励政策",判断未来市场看好的房子与看坏的房子各占 50%;且对未来市场看好的"好房子",2/3 卖"高价"1/3 卖"低价",而对未来市场看坏的"差房子",1/3 卖"高价"2/3 卖"低价"。

　　(3) 购房者根据房地产商的房子定价信息,判断在未来房地产市场前景好的情况下对"好房子"以高价购买,在未来房地产市场前景坏的情况下对"差房子"以低价购买。

　　(4) 购房者对房地产商的"判断"是 $P(g \mid P_k)=2/3$, $P(b \mid P_k)=1/3$, $P(g \mid P_1)=1/3$ 和 $P(b \mid P_1)=2/3$,其中四个条件概率依次对应购房者判断房地产商以高价卖出"好房子"、以高价卖出"差房子"、以低价卖出"好房子"和以低价卖出"差房子"四种情况。

　　同理,运用逆推归纳法不难证明该混合策略组合和判断也构成完美贝叶斯均衡。但对于混合策略的情形,限制条件比较严格,毕竟完美贝叶斯均衡本身对各博弈方的理性就有很高的要求。房地产商和购房者对于彼此的收益情况是很敏感的,这种敏感效应进而会影响政府出台的政策。以上只给出了两个简单的算例,若改变相关的参数和概率分布,各方的收益情况和策略选择、博弈的结果与均衡都会发生改变。总之,房地产商给出的定价信息对于购房者判断房子为前景好的"好房子"或前景坏的"差房子"具有重大影响,从而影响其购买与否。

第二节　知识共享伙伴选择博弈

随着知识对于企业组织及企业网络发展的优势逐渐凸显,知识型网络组织作为网络组织的一种得到了迅猛发展。目前已经发展出多种不同的组织形态,如企业知识联盟、知识贡献生产网络、技术创新网络等。知识型网络组织与一般网络组织相比,主要特征在于以知识共享为前提,以知识创新为目的来驱动组织发展经营。同时,知识共享也是知识型网络组织存在与发展的根基。知识共享的效率与知识型网络组织中的节点企业的知识禀赋密切相关,高质量的知识企业能够带来较高的知识共享效率。因此,如何选择高质量的知识伙伴组建知识型网络组织,进而促进该网络组织的有效运作是至关重要的。但由于知识的复杂性极易引起信息不对称,出现逆向选择问题。很多高质量伙伴反而不参与共享,只有低质量伙伴愿意参与共享,最终使得知识共享网络组织难以发挥知识共享效率。因此,知识型网络组织在选择共享伙伴时如何避免出现这种不希望看到的逆向选择问题?怎样才能促使高质量伙伴参与知识共享,而低质量伙伴不参与共享?这些已经成为进行知识伙伴选择时最为关键的问题。本节将通过完全且不完美信息动态博弈理论知识来回答这些问题。

1. 知识共享过程中的逆向选择问题

为了找到解决知识共享伙伴选择逆向选择问题的方法,我们需要先分析这种现象是如何产生的。委托代理理论认为,逆向选择的产生源于委托人和代理人之间存在信息不对称性。同样,知识共享伙伴选择产生的根源也是源于企业之间的信息不对称问题。本节将通过建立一个博弈模型来说明企业网络的知识共享伙伴选择的逆向选择问题的形成,以供我们了解该问题的一般规律。为了便于分析,在博弈模型中有一个委托人,定义为整个企业网络;一个代理人,定义为企业网络中某个企业。代理人的知识水平用 θ 表示。这里,θ 是代理人的私人信息,委托人并不知道这个信息。委托人只知道 θ 的概率分布,只能估计 θ 的期望值 $\mathbb{E}(\theta)$。如果进行知识共享的话,知识共享价值为 $V[\mathbb{E}(\theta)]$,可以理解为代理人进行知识共享时从委托人那里获得的回报。换言之,也可以理解为委托人根据代理人的期望知识水平需要付出的知识水平成本。进一步来说,知识共享价值就是委托人根据代理人的期望知识水平 $[\mathbb{E}(\theta)]$ 选择的策略。代理人面

对不同的 $V[\mathrm{E}(\theta)]$ 情况,选择不同的策略 $s(\theta, V[\mathrm{E}(\theta)])$,可以理解为代理人的知识共享程度。

　　根据效用理论,当 $V[\mathrm{E}(\theta)] \geqslant \theta$ 时,代理人被充分激励,愿意将自己的知识水平进行全部分享,即 $s(\theta, V[\mathrm{E}(\theta)]) = 1$,我们称这种情况为"完全充分分享"。但当 $V[\mathrm{E}(\theta)] < \theta$ 时,说明代理人如果将自己的知识进行全部分享,获得的价值要低于自己分享知识的价值,此时代理人没有被充分激励,代理人的知识共享程度大大降低,我们称其为"不完全充分分享",则有 $\dfrac{\partial s(\theta, V[\mathrm{E}(\theta)])}{\partial V[\mathrm{E}(\theta)]} \geqslant 0$ 和 $\dfrac{\partial^2 s(\theta, V[\mathrm{E}(\theta)])}{\partial (V[\mathrm{E}(\theta)])^2} \geqslant 0$。 这两个不等式说明随着代理人知识分享带来价值的增加,他会愿意分享更多的知识。同时,由于知识边际报酬递增的特性,使得代理人的知识分享程度递增向量相同时,代理人的知识分享意愿更强烈,表现为代理人的边际知识分享意愿随着代理人知识分享价值的提高而提高。

　　代理人对企业网络的贡献设定为 $G(\theta, s(\theta, V[\mathrm{E}(\theta)]))$,是代理人的知识水平 θ 和知识共享程度 $s(\theta, V[\mathrm{E}(\theta)])$ 的函数。由于知识的边际报酬递增的特性,因此 θ 和 $s(\theta, V[\mathrm{E}(\theta)])$ 的边际贡献率也是递增的。即存在 $\dfrac{\partial G(\theta, s(\theta, V[\mathrm{E}(\theta)]))}{\partial \theta} \geqslant 0$、$\dfrac{\partial^2 G(\theta, s(\theta, V[\mathrm{E}(\theta)]))}{\partial \theta^2} \geqslant 0$、$\dfrac{\partial G(\theta, s(\theta, V[\mathrm{E}(\theta)]))}{\partial s(\theta, V[\mathrm{E}(\theta)])} \geqslant 0$ 和 $\dfrac{\partial^2 G(\theta, s(\theta, V[\mathrm{E}(\theta)]))}{\partial (s(\theta, V[\mathrm{E}(\theta)]))^2} \geqslant$ 0。 在假设代理人和委托人风险中性的前提下,设定代理人的效用为 $U_{\mathrm{d}}(\theta, V[E(\theta)]) = V[E(\theta)]$;委托人的效用为 $U_{\mathrm{w}}(\theta, V[E(\theta)]) = G(\theta, s(\theta, V[E(\theta)])) - V[E(\theta)]$。 委托人的策略是根据代理人的知识水平期望值 $\mathrm{E}(\theta)$ 选择给代理人的最优报酬 $V^*[\mathrm{E}(\theta)]$,目的是使自己获得的效用 $U_{\mathrm{w}}(\theta, V[E(\theta)])$ 实现最大,即

$$\max_{V[\mathrm{E}(\theta)]} U_{\mathrm{w}}(\theta, V[\mathrm{E}(\theta)]) = \max_{V[\mathrm{E}(\theta)]} \{G(\theta, s(\theta, V[\mathrm{E}(\theta)])) - V[\mathrm{E}(\theta)]\}$$

　　若代理人的知识水平 θ 是代理人和委托人的共享信息,这时代理人进行知识共享选择的博弈为完全但完美信息动态博弈。为了分析方便,我们假设知识共享价值函数形式为 $V[x] = x$。 由此,$V[\mathrm{E}(\theta)] = \mathrm{E}(\theta)$。 因此,$\mathrm{E}(\theta) = \theta$ 和 $V^*[\mathrm{E}(\theta)] = \mathrm{E}(\theta) = \theta$ 是该博弈的帕累托最优解。因为,当 $V[\mathrm{E}(\theta)] \leqslant \theta$ 时,$s(\theta, V[\mathrm{E}(\theta)])$ 关于 $V[\mathrm{E}(\theta)]$ 边际递增,$G(\theta, s(\theta, V[\mathrm{E}(\theta)]))$ 关于 $s(\theta, V[\mathrm{E}(\theta)])$ 边际递增,所以 $V[\mathrm{E}(\theta)]$ 可一直增加至 θ 时,委托人的效用最大;当 $V[\mathrm{E}(\theta)] \geqslant \theta$ 时,由于 $s(\theta, V[\mathrm{E}(\theta)]) = 1$,$G(\theta, s(\theta, V[\mathrm{E}(\theta)]))$ 将不变。此时,$\dfrac{\partial U_{\mathrm{w}}(\theta, V[\mathrm{E}(\theta)])}{\partial \theta} \leqslant 0$。 因此,在完全信息下有 $V^*[\mathrm{E}(\theta)] = \theta$,达到帕累托最优。也就是委托人如果知道代理

人的知识水平,会制定一个令代理人满意的知识分享报酬。当然,代理人也会全部共享自己的知识。

若代理人的知识水平 θ 是代理人的私人信息。此时,委托人并不知道代理人知识水平 θ 的真实情况,只能对 θ 求期望。而且很难保证 $\mathbb{E}(\theta)$ 等于 θ。企业网络知识共享的逆向选择问题就会出现。对比 $\mathbb{E}(\theta)$ 与代理人真实知识水平 θ 的大小存在以下几种情况:

(1) $\mathbb{E}(\theta)$ 略小于 θ,那么委托人制定的知识共享报酬可能会导致代理人被激励不足,代理人的最优策略 $s^*(\theta, V[\mathbb{E}(\theta)])$ 小于 1,共享企业将采取不完全充分的共享知识。此时,可通过提高 $V[\mathbb{E}(\theta)]$,达到帕累托改进,即委托人和代理人的效用都得到改善。

(2) $\mathbb{E}(\theta)$ 略大于 θ,那么委托人制定的知识共享报酬会导致代理人被过度激励,代理人的最优策略 $s^*(\theta, V[\mathbb{E}(\theta)])$ 等于 1,共享企业完全充分共享知识。此时,$G(\theta, s(\theta, V[\mathbb{E}(\theta)]))$ 保持不变。但由于 $-V[\mathbb{E}(\theta)]$ 的作用,使得委托人的效用下降。因此,适当降低 $V[\mathbb{E}(\theta)]$,委托人和代理人的总效用不变。

(3) $\mathbb{E}(\theta)$ 小于 θ 很多,那么同样委托人制定的知识共享报酬会导致代理人被严重激励不足。这时,如果高知识水平的代理人选择退出企业网络的知识共享,即极端情形是退出企业网络,那么委托人对未离开的代理人的知识水平的期望值 $\mathbb{E}(\theta)$ 会进一步降低。进而,次高知识水平的代理人也因激励不足随之退出企业网络的知识共享,最终只有低知识水平的企业留在企业网络的知识共享中。如果这种情况持续存在,则企业网络的知识共享会完全消失。

(4) $\mathbb{E}(\theta)$ 大于 θ 很多,则委托人的效用将会小于 0。此时,委托人的最佳选择将是不选择代理人参加知识共享,这样整个企业网络的知识共享也将消失。

以上(1)至(4)正好刻画了企业在进行知识共享博弈过程中由于委托企业不知道共享企业真实知识水平时可能会产生的逆向选择问题。

2. 知识共享伙伴选择的完全但不完美信息动态博弈分析

在上文中,我们给出了知识共享过程中由于选择共享企业时不知道共享企业知识水平的信息不完美博弈过程产生的逆向选择问题。那么,如何解决这样的问题呢?一般有两种解决途径:一种是选择出高质量知识共享伙伴;另一种是激励知识共享伙伴充分共享知识。出于本博弈问题分析的需要,就第一种解决方法进行研究,即解决在选择时如何促使高质量伙伴参与知识共享,而低质量伙伴不参与共享的困境。下面通过建立一个三阶段的完全但不完美信息动态博弈进行分析。

为了简化分析,假设企业 A 为知识共享伙伴的选择者,企业 B 为被选择者。企业 B 拥有的知识水平为 k_B，是企业 B 的私人信息，企业 A 不知道。该信息可以反映 B 的类型。假设这里 k_B 为离散变量，且只有两个可能：一个是高知识水平；一个低知识水平，即 $k_B \subset \{高, 低\}$。且它们的概率分别为 P 和 $1-P$。企业 A 不知道企业 B 拥有的知识质量水平，但是知道 k_B 可能的取值范围及其相应的概率分布。因此，当企业 B 隐藏自己的真实类型时，即 k_B 是企业 B 的私人信息时，逆向选择风险可能发生，企业 A 的目的就是进行伙伴甄别，以达到高知识水平伙伴参与共享而低知识水平伙伴退出共享的结果。

假设除伙伴类型，即 k_B 为私人信息之外，其他方面的信息，如知识伙伴类型的取值范围和概率分布、知识共享价值等都为公共信息。而且企业 A 和企业 B 都是风险中性的，其效用函数用知识价值增值代替。

如果企业 A 和企业 B 双方不进行知识共享，则双方的知识价值没有任何增值，都是 0。如果企业 A 和企业 B 双方进行知识共享，则知识共享双方带来两部分知识增值。第一部分来自对方知识水平的价值增值，记为 R_{ij}，表示企业 j 给企业 i 带来的直接的知识增值；第二部分是双方知识共享带来的价值增值，记为 s_i，表示企业 i 获得的知识共享价值增值。同时，知识共享也会消耗一定的成本和带来一定的负效用，这里设定为 c_i，表示企业 i 的知识共享成本和负效用。由于具有低质量知识的企业伙伴有动力将自己伪装成具有高知识的企业伙伴，且不失一般性，设定伪装成本为 c。因此，该三阶段完全但不完美信息的知识共享伙伴选择动态博弈可以通过如图 22-2 所示的博弈树进行分析。

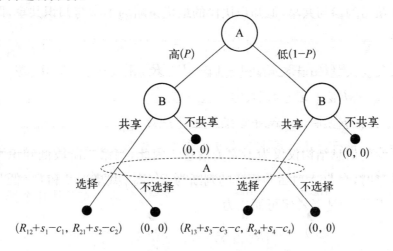

图 22-2　知识共享伙伴选择完全但不完美信息动态博弈

根据图 22-2 所示的博弈树，知识共享伙伴选择博弈为完全但不完美信息动态博弈，因此其均衡策略为"完美贝叶斯均衡"，可用逆推归纳法求解博弈均衡解。

首先,我们从该博弈的最后一个阶段企业 A 的策略选择开始分析。在分析前需要求解在选择共享条件下,高知识伙伴和低知识伙伴的两个条件概率,分别用 P'(高 | 共享) 和 P'(低 | 共享) 来表示。两个条件概率都符合贝叶斯法则,所以有 P'(高 | 共享)$=1-P'$(低 | 共享)。条件概率是主观上的后验概率,不同于企业知识类型分布概率 P(是企业 A 通过前期对分享企业合作伙伴市场的历史数据调研所得到的先验概率)。但是长期来看,因为高知识伙伴参与知识共享获得的收益越大,高知识企业分布概率越大,就会有越多的高知识伙伴选择知识共享,从而企业 A 估计条件概率 P'(高 | 共享) 也会越大。为了简化分析,设定 P'(高 | 共享)$=P$,则 P'(低 | 共享)$=1-P$。于是,得到该博弈在第三阶段,企业 A 选择知识共享策略的条件为

$$P(R_{21}+s_2-c_2)+(1-P)(R_{24}+s_4-c_4)>0$$

接下来,逆推回该博弈的第二阶段,看企业 B 选择共享还是不共享。当企业 B 为高知识水平伙伴时,企业 B 参与知识共享的条件为

$$R_{12}+s_1-c_1>0$$

同理,当企业 B 为低知识水平伙伴时,企业 B 参与知识共享的条件为

$$R_{13}+s_3-c_3-c>0$$

由以上三个条件公式求出企业 A 和企业 B 完全实现知识共享的均衡解。要实现知识共享,必须使第三阶段企业 A 的最优策略为选择共享。而在第二阶段高知识伙伴的最优策略为参与共享,低知识伙伴的最优策略为不参与知识共享,即同时满足如下的条件

$$\begin{cases} P(R_{21}+s_2-c_2)+(1-P)(R_{24}+s_4-c_4)>0 \\ R_{12}+s_1-c_1>0 \\ R_{13}+s_3-c_3-c<0 \end{cases}$$

由于博弈的信息结构仅仅为不完美信息。因此,当第二阶段低知识水平企业不参与知识共享时,企业 A 对后验概率的判断为 P'(高 | 共享)$=1$ 和 P'(低 | 共享)$=0$,即 $P=1$。于是,上述条件组可简化为

$$\begin{cases} R_{21}+s_2-c_2>0 \\ R_{12}+s_1-c_1>0 \\ R_{13}+s_3-c_3-c<0 \end{cases}$$

当以上条件组存在交集时,这个博弈的均衡结果为高知识水平的企业与企业 A

进行知识共享,低知识水平的企业不参与知识共享,形成的网络为高质量的知识共享网络,这就要求以上条件组合有解。

因此,成功的知识共享伙伴选择与对方带来的直接知识价值增值 R_{ij}、知识共享的价值增值 s_i、知识共享的负效用 c_i 及伪装成本 c 有关。

实际上,R_{21} 和 R_{12} 的值越大且(或)R_{13} 的值越小,那么成功的知识共享伙伴选择的可能性越大。由于 R_{ij} 大小主要取决于对方企业的知识质量高低和自身的知识吸收能力。而企业知识吸收能力与企业本身拥有的知识水平和知识内涵密切相关。企业所拥有的先验知识内涵将影响其吸收新知识的态度,也影响企业对新知识未来潜力的判断。通常来说,企业的先验知识的质量越高,那么企业的吸收能力越强。因此,对于高知识水平的企业来说,相应的知识吸收能力也会更强,进而不仅使得对方能够从自己较高的知识水平中获得更高的直接知识价值增值,同时也能够使自己因具有较强知识吸收能力,获得较高的直接知识价值增值。所以,对于高知识水平的企业来说,参与知识共享能够带来更大的直接知识增值。因此,愿意参加知识共享。而企业 A 也因能够从对方获得较大的直接知识价值增值,也会愿意选择高知识水平的企业进行知识共享。最终,企业的知识吸收能力成为企业知识共享伙伴选择的重要影响因素。而企业的知识吸收能力不仅与企业的先验知识有关,同时也与企业的研发投入、企业的知识学习等很多因素有关。最终使这些因素成为选择知识共享伙伴的重要考虑因素。

$s_2 - c_2$ 和 $s_1 - c_1$ 差值越大且(或)$s_3 - c_3$ 差值越小,那么成功的知识共享伙伴选择可能性越大。$s_i - c_i$ 意味着两个企业进行知识共享各自获得的净效益。从知识共享的实际来看,该差值的大小主要取决于两个因素,分别为知识共享主体之间的"认知距离"与知识主体之间良好的"共享机制"。认知距离简单的理解就是知识之间的相似性。这是影响知识共享价值的重要因素。通常随着认知距离的增加,企业间知识的内在质量逐渐趋同,而差异性却逐渐下降。企业间知识共享的价值呈现出先增大后减少的变化趋势。这样的趋势还意味着存在最优"认知距离",这为进行知识共享伙伴选择提供更有力的依据。而"知识共享机制"是指实现知识共享的内在方式和途径,它既指一个过程,又指调控的手段和方法,它也是影响知识共享价值的重要因素。机制问题比内容问题、技术问题更加能够影响知识共享的效率。但是知识共享机制对知识共享效率的影响表现为两方面:一方面能提高知识共享的收益;另一方面也会带来知识共享的损失,即对 $s_i - c_i$ 式中 s_i 和 c_i 的共同影响。而且这个影响变化方向是一致的。因此,对于高知识水平的合作伙伴来说,要使 $s_i - c_i$ 的差值越大,一方面可以通过同高知识水平的企业 A 共享,或与企业 A 建立良好的共享机制以实现

提高 s_i 的目的；另一方面可以通过一定的知识产权保护降低 c_i。对于企业 A 来说，要使 s_i-c_i 差值增大，一方面可以通过同更多的高知识水平的伙伴共享；另一方面可以通过在这些伙伴中建立良好的共享机制，使通过共享获得的收益比共享带来的损失大，弥补共享的机会成本。而对于低知识水平的伙伴来说，知识共享机制对 s_i-c_i 的影响是正向的，但由于自身知识水平较低，这种正向影响是非常有限的。综上所述，良好的知识共享机制对于减少知识共享伙伴选择中的逆向选择问题是很有益的。

最后，c 值越大，那么成功的知识共享伙伴选择可能性越大。因此，企业 A 如何设计选择方案使 c 值越大也是知识共享伙伴选择中抑制逆向选择问题的方法之一。总之，通过以上对知识共享伙伴选择的完全但不完美信息动态博弈分析可知，知识吸收能力、认知距离，以及共享机制是企业知识共享伙伴选择的重要影响因素。因此，可以通过对这些因素及其构成成分的深入考察，以正确选择出企业的知识共享伙伴，减少逆向选择的负面影响。

本篇总结

本篇系统介绍了完全信息动态博弈的两类博弈，即完全且完美信息动态博弈与完全但不完美信息动态博弈。

在完全且完美信息动态博弈理论的介绍方面，首先通过对这类博弈的概念、博弈树表示方法与三个经典案例（门票购买博弈、市场进入博弈与进入遏制博弈）与特征的阐述，让读者全面了解了完全且完美信息动态博弈。然后，通过介绍动态博弈中各博弈方存在序贯理性行为，进而引出各博弈方的许诺可信性与威胁可信性，因此指出纳什均衡对分析完全且完美信息动态博弈的不适用性。为获得完全且完美信息动态博弈的均衡，引入子博弈概念，并阐述解决这类博弈的子博弈完美纳什均衡及分析获得这个均衡的逆推归纳法。接着，采用经典博弈案例分别分析无同时选择的完全且完美信息动态博弈与有同时选择的完全且完美信息动态博弈。并简单介绍了逆推归纳法在获得子博弈完美纳什均衡时可能存在的问题，通过对颤抖手完美均衡与蜈蚣博弈问题的介绍指出了子博弈完美纳什均衡在分析某些现实的完全且完美信息动态博弈时存在的例外结果。最后，通过供应采购博弈、技术创新绿色信贷博弈与制造商双零售渠道供应链博弈来说明这些博弈在管理领域的应用。

在完全但不完美信息动态博弈理论的介绍方面，首先介绍了这类博弈的基本概念、表示方法、典型案例与特征，让读者系统了解这类博弈。并通过企业并购博弈、银行储蓄提前取款博弈与消费信贷博弈三个案例展示了完全但不完美信息动态博弈与完全且完美信息动态博弈的分析差异。在此基础上，进一步介绍了完全但不完美信息动态博弈的子博弈，阐述了这类博弈的完美贝叶斯均衡的分析方法，总结了完美贝叶斯均衡需满足的四个条件，并通过单一价格二手产品交易博弈、无退款保证的双价二手产品交易博弈与有退款保证的双价二手产品交易博弈三个完全但不完美信息动态博弈系统说明了寻找符合四个条件的完美贝叶斯均衡。最后，应用双价房产购买博弈与知识共享伙伴选择博弈来说明完全但不完美信息动态博弈在管理领域的应用。

本篇习题

（1）分析将子博弈完美纳什均衡引入到完全且完美信息动态博弈分析中的原因，并简述它与纳什均衡的关系。

（2）阐述博弈方的理性局限对完全且完美信息动态博弈分析的影响，并解释其原因。

（3）试举出生活中两个"先动优势"的例子和两个"后动优势"的例子。

（4）试具体构造一个具有"后动优势"的二人完全信息动态博弈。

（5）如果背叛行为可带来丰厚的回报或者背叛行为并不能及时被对手察觉，则通过采取背叛行为所产生的收益会非常大。请考虑当这样说的时候，所面对的博弈已经发生什么变化？

（6）试述许诺与威胁的异同。

（7）举出现实中昂贵的许诺的例子。

（8）"如果囚徒困境博弈重复进行 100 次，局中人一定会采取合作策略。"这句话正确吗？试说明理由并给出一个具体的博弈来支持你的观点。

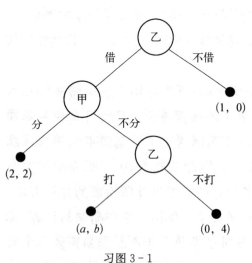

习图 3-1

（9）假如开金矿博弈中第三阶段乙选择打官司后的结果并不确定，也就是习图 3-1 中 a、b 的数值不确定。试讨论此博弈中有哪几种可能的结果。假设此博弈中的"许诺"和"威胁"是可信的，a 或 b 应该满足什么条件？

（10）习图 3-2 是一个四阶段两博弈方之间的完全且完美信息动态博弈。请找出全部子博弈，并讨论该博弈中的可信性问题，求子博弈完美纳什均衡策略组合和博弈的结果。

（11）假设三寡头市场的需求函数为 $P=100-Q$。其中，3 个厂商的产量之和是 Q 单位。并且已知 3 个厂商都无固定成本，但有常数边际成本为 2 单位。若厂商 1 和厂商 2 先同时决策产量。然后，根据厂商 1 和厂商 2 的产量，厂商 3 再进行决策，问它们的子博弈完美纳什均衡产量和相应的利润是多少？

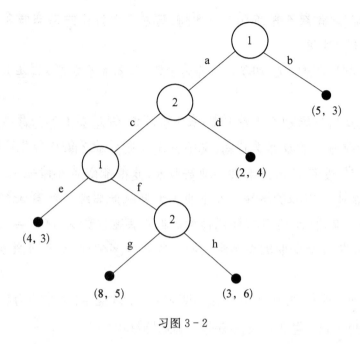

习图 3 - 2

（12）如果有人拍卖一个价值 500 元的金币，其宣布的规则为：不存在底价，参与拍卖的竞拍者都可以无限制的轮流出价，每次需要加价幅度 1 元以上，最终出价最高者可以获得该金币，但是出价次高者也需要上交自己所报的金额并且什么也得不到。假如你参加了这样的拍卖，你会如何叫价？请分析这种拍卖问题的现实意义和理论意义。

（13）根据本节对委托人-代理人关系的分析，试讨论在信息不完全的情况下，"基本工资＋提成奖金"式的工资制度与承包制和租赁相比而言，哪一种方式更加能够使雇员（承租者、承包人）的利益与雇主（出租人、发包人）的利益一致？并说明工资加提成制度与租赁、承包制各自的优缺点。

（14）现在有一对夫妻就要出门，假设丈夫（博弈方 1）和妻子（博弈方 2）要独立的决定出门时是否带雨伞。他们双方知道当天下雨与不下雨的可能性是相同的（即 50∶50）。则两人出门是否带伞的得益情况为：若仅一人带伞，下雨时带伞者的效用为 −2.5，不带伞者（搭便车者）的效用为 −3；而不下雨时，带伞者的效用为 −1，不带伞者的效用为 0；若出门两人都带伞，则下雨时每个人的效用为 −2，不下雨时每人的效用为 −1；若两人都不带伞，下雨时每人的效用为 −5，不下雨时每人的效用为 1。请给出以下四种情况的博弈树表示：

① 双方出门之前都不知道是否会下雨，并且两个人同时决策是否带伞（每一方决策时都不知道对方的决策）；

② 双方出门之前都不知道是否会下雨,但是丈夫先决定是否带伞,妻子看到丈夫的决策后再自己决策;

③ 丈夫在出门之前就已知今天是否会下雨,而妻子不知道,但是丈夫先决策,妻子后决策;

④ 丈夫在出门前就知道是否下雨,妻子不知道,但是妻子先决策,丈夫后决策。

(15) 假设存在一个双寡头市场,其中企业 1 和企业 2 的单位生产成本 $c = 2$。对于企业 1 而言,投资 F 可以引进一项新技术,使得单位成本降到 $c = 1$。而企业 2 可以观察到企业 1 的投资决策。在企业 1 先做出是否进行投资决策后,两个企业同时选择产量。显然,这是个两阶段博弈。假设需求函数为 $p(q) = 14 - q$,其中 p 是市场价格,q 是两个企业的总产量。问:当 F 是多少时,企业 1 将会引进一个新技术?

(16) "在动态博弈中,由于后行为的博弈方可以先看到对方行为后再选择行为,因此总是有利的。"问:这个说法正确吗? 请说明理由。

(17) 假设习图 3-3 是两个博弈方之间的三阶段完全且完美信息动态博弈。

① 如果 c 和 d 分别等于 100 和 150,那么此博弈的子博弈完美纳什均衡是什么?

② L-N-T 可能不可能成为此博弈的子博弈完美纳什均衡路径,为什么?

③ 什么情况下博弈方 2 能够获得 300 单位或者更高的得益?

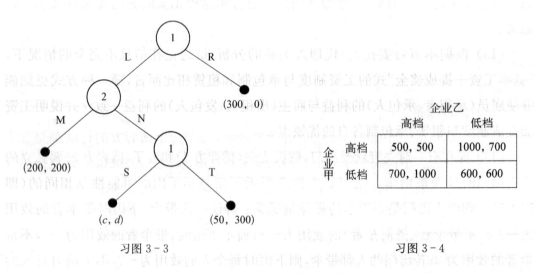

		企业乙	
		高档	低档
企业甲	高档	500, 500	1000, 700
	低档	700, 1000	600, 600

习图 3-3　　　　　　　　　　习图 3-4

(18) 企业甲和企业乙是两个家电制造商。在其制造过程中都可以选择生产低档或者高档的产品,习图 3-4 中的得益矩阵表示了每个企业在四种不同情况下的利润。若企业甲先于企业乙进行产品选择,并投入生产,即企业乙在决策产品时已知企业甲的选择,并且这一点双方都清楚。

① 请给出该博弈的博弈树。

② 此博弈的子博弈完美纳什均衡是什么？

(19) 现在有两个兄弟一起分一块冰激凌。哥哥首先提出一个划分比例，弟弟可以选择接受或者拒绝，接受则会按照哥哥提议的进行分割，如果弟弟拒绝则就自己提出一个分割比例。但此时冰激凌已经化得只剩下 1/2 了。对弟弟提出的分割比例哥哥也可以选择接受或者拒绝，如果接受那么就按照弟弟所提进行分割，若拒绝冰激凌将全部融化。由于兄弟二人不会做损人不利己的选择，因此假设接受和拒绝利益相同时兄弟二人都会选择接受。求此博弈的子博弈完美纳什均衡。若冰激凌每阶段只融化 1/3，该博弈的子博弈完美纳什均衡又是什么？

(20) A 向 B 索要 500 元，并且威胁 B 如果不给钱就会对他进行很严重的惩罚。当然 B 不一定会相信 A 的威胁，请用博弈树表示出该博弈，并找出纯策略纳什均衡和子博弈完美纳什均衡。

(21) 小明正在打一场官司，如果不请律师必然会输，请律师后的结果则与律师的努力程度有关。假设当律师努力工作（100 小时）时，其胜诉的概率为 50%；若律师不努力，仅仅应付工作（10 小时），其胜诉的概率仅为 15%。若胜诉则可以获得 250 万的赔偿，败诉则无法获得任何赔偿。由于委托方无法时刻监督律师工作的努力程度，因此双方约定根据结果付费，胜诉律师可以获得赔偿金额的 10% 作为报酬，而败诉律师一分钱都得不到。假设律师的效用函数为 $m - 0.05e$，其中 m 是报酬，e 是努力的时长，律师存在机会成本 5 万元。求该博弈的子博弈完美纳什均衡。

(22) 第(21)题如果改变以下情况后，分别求出该博弈的子博弈完美纳什均衡。

① 律师努力工作时胜诉的概率改变为 0.3；

② 胜诉时仍然按照原定比例付酬金，但败诉时委托人需要支付给律师 20 000 元固定费用；

③ 委托人可以选择委托合同中支付给律师的赔偿金比例。

(23) 结合目前所学内容，试分析博弈方的理性问题对完全信息动态博弈分析的影响与对静态博弈分析的影响哪个更大？为什么？

(24) 考虑一个政策采纳博弈，存在两个博弈方，政策建议者与政策采纳者。政策建议者首先提出政策建议 s_1，并且 $s_1 \in R$，政策采纳者观察到 s_1 决定是否采用，如果采用则执行政策 s_1，否则执行 s_0。假定政策建议者效用函数是 $u_1 = s_1$，而政策采纳者的效用函数是 $u_2 = -(s_1 - b)^2$，其中 s_2 为执行的政策，b 为外生参数，表示两者之间的利益冲突。该博弈的均衡如何分析？

（25）两位投资者各自将 D 存在银行，而银行则将他们资金用于长期投资。本博弈的规则如下：在第一期，两位投资者同时决定是否收回资金。如果任何投资者收回资金，则项目被迫清算，项目收益为 $2r$。此时抽取资金投资者收益为 D，而未抽回资金投资者收益为 $2r-D$；如果两位投资者都抽回资金，则投资者收益都为 r；如果两者都未抽回资金，博弈进入第二期，第二期项目成熟且项目收益为 $2R$。此时如果两投资者都抽回资金则收益为 R；如果只有一位抽取资金，抽回资金投资者收益为 $2R-D$，未抽回为 D；如果两者都不抽回资金则收益为 R，假定 $R>D>r>D/2$，求解子博弈完美纳什均衡。

（26）假设家长和孩子进行一个博弈：家长收入为 I_P，孩子收入为 I_c。 首先，孩子决定收入 I_c 中的多少用于储蓄 S 以备将来，并消费掉其余部分 I_c-S；第二，家长观测到孩子的选择 S 并决定给予一个赠与额 B。孩子的收益（支付）为当期和未来的效用之和：$U_1(I_c-S)+U_2(S+B)$，家长的收益（支付）为 $V(I_P-B)+k[U_1(I_c-S)+U_2(S+B)]$（其中 $k>0$ 反映出家长关心孩子的福利）。假定效用函数 U_1、U_2 和 V 递增并且严格凹函数，试证明：在逆向归纳解中，孩子的储蓄非常少，从而可诱使家长给予更高的赠与（即如果 S 增加，并使 B 相应减少，家长和孩子的福利都会提高）。

（27）用逆向归纳法求解习图 3-5 博弈的子博弈完美纳什均衡。

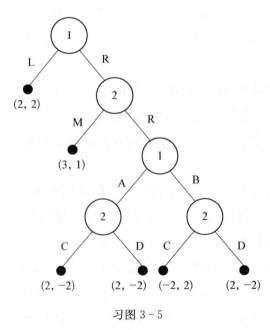

习图 3-5

（28）求解习图 3-6 所示的博弈的纳什均衡，并指出哪些是子博弈完美纳什均衡。

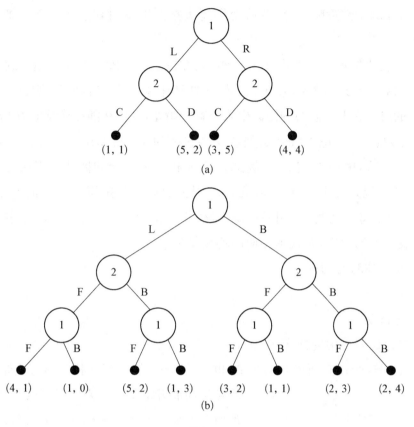

(a)

(b)

习图 3 - 6

（29）两个寡头企业进行价格竞争博弈，企业1的利润函数是 $\pi_1 = -(p-aq+c)^2 + q$，企业2的利润函数是 $\pi_2 = -(q-b)^2 + p$，其中 p 是企业1的价格，q 是企业2的价格。求：

① 两个企业同时决策时的纯策略纳什均衡；

② 企业1先决策时的子博弈完美纳什均衡；

③ 企业2先决策时的子博弈完美纳什均衡；

④ 是否存在参数 a、b 和 c 的特定值或范围，使两个企业都希望自己先决策。

（30）假设中央银行的目标通货膨胀率是 0%、目标就业水平是在自然就业水平之上的 1%，通货膨胀目标的重要性是就业目标的两倍，就业相对于通货膨胀的弹性是 0.5。求子博弈完美纳什均衡。

（31）在习图 3 - 7 的博弈树中，博弈方是 A 和 B，在各决策节点可供相应的博弈方选择的策略为 P 和 X、Q 和 Y，以及 R 和 Z。请用符号列举这个完全

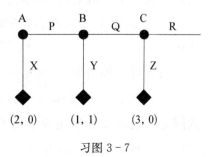

习图 3 - 7

信息动态博弈的全部策略组合,然后使用箭头指向法说明其中所有不是纳什均衡的策略组合。

(32) 按照惩罚 K 次的礼尚往来策略,双方在第一阶段从合作开始。到了第 N 阶段,如果你的对手在最近连续 min{N, K} 次博弈中采取合作的策略,则你继续跟他合作;如果你的对手在上一阶段的博弈中采取背叛策略,则你在随后连续 K 次博弈中采取背叛策略报复他。试讨论 N 和 K 的关系,并且说明为什么写 min{N, K} 而不是简单的 K。

(33) 两个人,甲和乙,进行一场选择奖金和分配奖金的博弈。甲决定总奖金数额的大小,他可以选择 10 元或 100 元。乙则决定如何分配甲所选择的奖金数额,乙也有两个选择:将这笔奖金在甲和乙之间平分;或乙得 90%,甲得 10%。请以适当的方式具体表达下列博弈,并找出相应的均衡结果。

① 甲和乙同时行动;

② 甲先行动;

③ 乙先行动。

这些博弈是囚徒困境博弈吗?

(34) 下面这个博弈所刻画的是 20 世纪 70—80 年代苏联和美国为争夺地域与政治影响而展开的对抗。双方各有两个纯策略:扩张和不扩张。苏联试图称霸世界,因此扩张是它的优势策略。美国试图阻止苏联称霸世界,因此如果苏联选择扩张,那么美国也会选择扩张,如果苏联选择不扩张,那么美国也会选择不扩张。具体来讲,博弈的支付矩阵如习图 3-8 所示。

		苏联	
		不扩张	扩张
美国	不扩张	3, 3	1, 4
	扩张	3, 1	2, 2

习图 3-8

我们采用基数效用法:对于每个博弈方而言,4 最好,1 最差。

① 如果是两个国家同时行动的博弈,找出博弈所有的纳什均衡。

② 考虑以下三种不同顺序的动态博弈:一是美国先行动,然后轮到苏联行动;二是苏联先行动,然后轮到美国行动;三是苏联先行动,然后轮到美国行动,之后苏联再获得一次行动的机会,它可以借此机会更改它在第一阶段的行动。

③ 对这两个国家而言,关键的策略性问题(许诺可信性与威胁可信性等)是什么?

请就每一种情形,画出相应的博弈树并找出相应的子博弈精炼纳什均衡。

(35) 考虑空中客车公司与波音公司之间为开发一种新型的喷气式客机而进行的博弈。假定波音率先开始研发,然后空中客车考虑是否开展研发与之进行竞争。如果空中客车不进行研发,则它在新型喷气式客机上只能得到 0 美元利润而波音得到 10 亿美元利润。如果空中客车决定进行研发,生产出与波音进行竞争的新型喷气式客机,则波音需要考虑是容忍空中客车的进入还是展开价格战。如果双方进行和平竞争,则每个公司将得到 3 亿美元利润。如果双方展开价格战,则每个公司将损失 1 亿美元。请用博弈树的形式表述这个博弈,并用倒推法找出这个博弈的均衡结果。

(36)考虑父亲和儿子之间的博弈:儿子可以选择做听话的"好"孩子或淘气的"坏"孩子;父亲可以惩罚儿子,也可以不惩罚。假设做个坏孩子可以给儿子带来程度为 1 的满足感,但如果遭到父亲的惩罚,则会遭受支付为 -2 的伤害。如果做个好孩子并且不被父亲惩罚,则没有任何满足感可言,此时儿子得到的满足感为 0。如果做个坏孩子并且遭到父亲的惩罚,则儿子的所得为 $1-2=-1$。依此类推。如果儿子做了坏事,父亲的所得为 -2,惩罚儿子的所得为 -1。

① 把这个博弈表述为一个同时行动博弈,并找出相应的均衡。

② 假定儿子首先选择做好孩子还是坏孩子,然后父亲在观察到儿子的选择后,再决定是惩罚儿子还是不惩罚儿子。请画出这个博弈的博弈树,并找出子博弈精炼纳什均衡。

③ 假定在儿子行动之前,父亲可以承诺一个策略。例如,父亲可以威胁儿子:"如果你干坏事,我将惩罚你。"父亲可以使用多少个这样的策略?用矩阵的形式表述这个博弈,并找出所有的纯策略纳什均衡。

④ 请问②和③的答案有什么不同?原因何在?

(37)请描述一个你曾经参与过的博弈,这个博弈必须包含策略性行动,如许诺、威胁等,还要说明这些策略性行动的可信性。最好还能说明导致这个博弈的最终结果的原因。在你所描述的博弈中,博弈方在进行决策时是否正确运用了策略性思维?

(38)在完全但不完美信息博弈中,如果不存在混合策略,并且各博弈方都是主动选择且行为理性的,则不完美信息从本质上说是"假的"。问这种说法是否正确?为什么?

(39)如果你正在考虑购买一家公司的 10 000 股股票,卖方给出的价格是 2 元/股。根据经营状况的好坏,此公司股票的价值对于你而言只有 1 元/股和 5 元/股两种可能,但是只有卖方清楚公司经营的真实情况,你所知道的仅仅是两种情况各占 50% 的可能性。若在公司经营状况不好时,卖方做到使你无法辨别真实情况的伪装费用是 50 000 元,问你是否会接受卖方的价格购买该公司的 10 000 股股票?若上述伪装费用只有 5 000 元,你会如何选择?

(40)现实中通常是有些厂商销售假冒伪劣产品会打出"假一罚十""质量三包"等口号,也有一些厂商销售假冒伪劣产品会声明"一旦售出,概不退换"。问:这两类厂商有何不同,他们各自策略的依据是什么?

（41）不完美信息指的是至少某个博弈方在动态博弈的一个阶段完全没有博弈进程的信息，这个说法是否正确？请给出理由

（42）结合本篇所学知识，试解释老年人投保困难的原因。

（43）"完全但不完美信息动态博弈中的信息的不完美性都是客观因素造成的，而非主观原因造成"这个说法是否正确？为什么？

（44）求习图 3-9 所示的博弈全部纯策略纳什均衡和完美贝叶斯均衡。

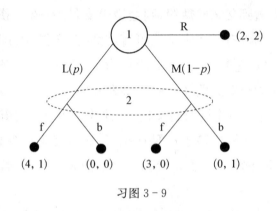

习图 3-9

（45）如果一种商品在消费者购买时无法判断其质量，而卖出这种商品的卖方又规定"一经出售，概不退换"，问这种商品的市场最后会趋向于什么情况？

（46）请结合完全但不完美信息动态博弈的思想，试着分析治理假冒伪劣现象非常困难的原因。

（47）结合本篇所学知识，请举出一个现实生活中完全但不完美信息动态博弈的例子，并用博弈树表示。

参考文献

[1] Alós-Ferrer C., Garagnani M. Part-time bayesians: incentives and behavioral heterogeneity in belief updating[J]. Management Science, 2023, 69(9): 5523 – 5542.

[2] Alwan L-C., Yang C., Fang W. An advanced buyback contract and information asymmetry[J]. Annals of Operations Research, 2020, 2023(329): 331 – 351.

[3] Anderson E., Chen B., Shao L-S. Capacity games with supply function competition[J]. Operations Research, 2022, 70(4): 1969 – 1983.

[4] Arifoglu K., Tang C-S. Luxury brand licensing: competition and reference group effects[J]. Production and Operations Management, 2023, 32(10): 3227 – 3245.

[5] Arnosti N., Weinberg S-M. Bitcoin: A natural oligopoly[J]. Management Science, 2022, 68(7): 4755 – 4771.

[6] Avinash K-D., Susan S., David H-R. Games of strategy[M]. New York: W. W. Norton & Company, 2014.

[7] Babich V., Marinesi S., Tsoukalas G. Does crowdfunding benefit entrepreneurs and venture capital investors? [J]. Manufacturing & Service Operations Management, 2021, 23(2): 508 – 524.

[8] Baggio A., Carvalho M., Lodi A., Tramontani A. Multilevel approaches for the critical node problem[J]. Operations Research, 2021, 69(2): 486 – 508.

[9] Beer R., Ahn H-S., Leider S. The impact of decision rights on innovation sharing[J]. Management Science, 2022, 68(11): 7898 – 7917.

[10] Beer R., Qi A-Y. To communicate or not? interfirm communication in collaborative projects[J]. Management Science, 2023, 0(0): 1 – 20.

[11] Bernstein F., DeCroix G-A., Keskin N-B. Competition between two-sided platforms under demand and supply congestion effects[J]. Manufacturing & Service Operations Management, 2021, 23(5): 1043 – 1061.

[12] Bian Y-W., Yan S., Yi Z-L., Guan X., Chen Y-J. Quality certification in agricultural supply chains: implications from government information provision [J]. Production and Operations Management, 2022, 31(4): 1456 – 1472.

[13] Bichler M., Fichtl M., Oberlechner M. Computing bayes-Nash equilibrium strategies in auction games via simultaneous online dual averaging[J]. Operations Research, 2023, 0(0): 1 – 26.

[14] Bimpikis K., Morgenstern I., Saban D. Data tracking under competition[J]. Operations Research, 2023, 72(2): 514 – 532.

[15] Bolandifar E., Chen Z., Kouvelis P., Zhou W. Quality signaling through crowdfunding pricing[J]. Manufacturing & Service Operations Management, 2023, 25(2): 668 – 685.

[16] Broekaert J-B., La T-D., Hafiz F. The impact of the psychological effect of infectivity on Nash-balanced control strategies for epidemic networks[J]. Annals of Operations Research, 2024, 2024(1): 1 – 32.

[17] Cai D., Agarwal A., Wierman A. On the inefficiency of forward markets in leader-follower competition[J]. Operations Research, 2020, 68(1): 35 – 52.

[18] Cao Z-G., Chen B., Chen X-J., Wang C-J. Atomic dynamic flow games: adaptive vs. nonadaptive agents[J]. Operations Research, 2021, 69(6): 1680 – 1695.

[19] Capponi A., Weber M. Systemic portfolio diversification [J]. Operations Research, 2024, 72(1): 110 – 131.

[20] Carmona R., Wang P-Q. Finite-state contract theory with a principal and a field of agents[J]. Management Science, 2021, 67(8): 4725 – 4741.

[21] Carvalho M., Dragotto G., Feijoo F., Lodi A., Sankaranarayanan S. When Nash meets Stackelberg[J]. Management Science, 2023, 0(0): 1 – 17.

[22] Chakraborty S., Swinney R. Signaling to the crowd: private quality information and rewards-based crowdfunding [J]. Manufacturing & Service Operations Management, 2021, 23(1): 155 – 169.

[23] Chellappa R-K., Mukherjee R. Platform preannouncement strategies: The

strategic role of information in two-sided markets competition[J]. Management Science, 2021, 67(3): 1527 – 1545.

[24] Chen N-Y., Chen Y-J. Duopoly competition with network effects in discrete choice models[J]. Operations Research, 2021, 69(2): 545 – 559.

[25] Chen X-R., Li Z., Ming L., Zhu W-M. The incentive game under target effects in ridesharing: a structural econometric analysis[J]. Manufacturing & Service Operations Management, 2022, 24(2): 972 – 992.

[26] Chen X., Gao J., Ge D., Wang Z. Bayesian dynamic learning and pricing with strategic customers[J]. Production and Operations Management, 2022, 31(8): 3125 – 3142.

[27] Chen Y-F., Zhong F-M., Zhou Z-B. Supply commitment contract in capacity allocation games[J]. Annals of Operations Research, 2023, 329(1 – 2): 373 – 399.

[28] Cheynel E., Zhou F-S. Auditor Tenure and Misreporting: Evidence from a dynamic oligopoly game[J]. Management Science, 2023, 0(0): 1 – 29.

[29] Christodoulou G., Gkatzelis V., Sgouritsa A. Resource-aware cost-sharing methods for scheduling games[J]. Operations Research, 2024, 72(1): 167 – 184.

[30] Dahan M., Sela L., Amin S. Network inspection for detecting strategic attacks [J]. Operations Research, 2022, 70(2): 1008 – 1024.

[31] Dierks L., Seuken S. Cloud pricing: the spot market strikes back [J]. Management Science, 2022, 68(1): 105 – 122.

[32] Doan X-V., Nguyen T-D. Technical note-robust newsvendor games with ambiguity in demand distributions[J]. Operations Research, 2020, 68(4): 1047 – 1062.

[33] Ebina T., Nishide K. Sequential product positioning and entry timing under differential costs in a continuous-time model [J]. Annals of Operations Research, 2023, 2024(332): 227 – 301.

[34] Ergun S., Usta P., Gök S-Z-A., Weber G-W. A game theoretical approach to emergency logistics planning in natural disasters [J]. Annals of Operations Research, 2023, 324(1 – 2): 855 – 868.

[35] Esenduran G., Lin Y-T., Xiao W-L., Jin M-Y. Choice of electronic waste

recycling standard under recovery channel competition[J]. Manufacturing & Service Operations Management, 2020, 22(3): 496 - 512.

[36] Fahn M. Reciprocity in dynamic employment relationships[J]. Management Science, 2023, 69(10): 5816 - 5829.

[37] Fang L-M., Yang N. Measuring deterrence motives in dynamic oligopoly games [J]. Management Science, 2023, 0(0): 1 - 39.

[38] Fudenberg D., Tirole J. Game theory[M]. Cambridge: The MIT Press, 1990.

[39] Furini F., Ljubic I., Malaguti E., Paronuzzi P. Casting light on the hidden bilevel combinatorial structure of the capacitated vertex separator problem[J]. Operations Research, 2022, 70(4): 2399 - 2420.

[40] Geng X., Krishnan H., Sohoni M-G. Operational collaboration between rivals: the impact of cost reduction[J]. Production and Operations Management, 2022, 31(4): 1856 - 1871.

[41] Gibbons R. A primer in game theory[M]. New York: Pearson Academic, 1992.

[42] Gopalakrishnan S., Granot D., Granot F. Consistent allocation of emission responsibility in fossil fuel supply chains[J]. Management Science, 2021, 67 (12): 7637 - 7668.

[43] Guo P., Haviv M., Luo Z., Wang Y. Signaling service quality through queue disclosure [J]. Manufacturing & Service Operations Management, 2023, 25(2): 543 - 562.

[44] Gupta D., Chen Y-B. Retailer-direct financing contracts under consignment[J]. Manufacturing & Service Operations Management, 2020, 22(3): 528 - 544.

[45] Haque M., Paul S-K., Sarker R., Essam D. A combined approach for modeling multi-echelon multi-period decentralized supply chain[J]. Annals of Operations Research, 2022, 315(2): 1665 - 1702.

[46] He E-J., Savin S., Goh J., Teo C-P. Off-platform threats in on-demand services[J]. Manufacturing & Service Operations Management, 2023, 25(2): 775 - 791.

[47] Hu Q-H., Kouvelis P., Xiao G., Guo X-M. Horizontal outsourcing and price competition: The role of sole sourcing commitment [J]. Production and Operations Management, 2022, 31(8): 3198 - 3216.

[48] Jena S-K., Ghadge A. Product bundling and advertising strategy for a duopoly supply chain: a power-balance perspective[J]. Annals of Operations Research, 2022, 315(2): 1729 – 1753.

[49] Jiang Z-H., Huang Y., Beil D-R. The role of feedback in dynamic crowdsourcing contests: a structural empirical analysis[J]. Management Science, 2022, 68(7): 4858 – 4877.

[50] Jung S-H., Kouvelis P. On co-opetitive supply partnerships with end-product rivals: information asymmetry, dual sourcing and supply market efficiency[J]. Manufacturing & Service Operations Management, 2022, 24(2): 1040 – 1055.

[51] Kalkanci B., Plambeck E-L. Reveal the supplier list? a trade-off in capacity vs. responsibility[J]. Manufacturing & Service Operations Management, 2020, 22(6): 1251 – 1267.

[52] Kennedy A-P., Sethi S-P., Siu C-C., Yam S-C-P. The generalized Sethi advertising model[J]. Operations Research, 2024, 0(0): 1 – 11.

[53] Kim A-J., Balachander S. Coordinating traditional media advertising and online advertising in brand marketing[J]. Production and Operations Management, 2023, 32(6): 1865 – 1879.

[54] Korpeoglu C-G., Körpeoglu E., Cho S-H. Supply chain competition: a market game approach[J]. Management Science, 2020, 66(12): 5648 – 5664.

[55] Laussel D., Long N-V., Resende J. Profit effects of consumers' identity management: a dynamic model[J]. Management Science, 2023, 69(6): 3602 – 3615.

[56] Li H., Zhu F. Information transparency, multihoming, and platform competition: a natural experiment in the daily deals market[J]. Management Science, 2021, 67(7): 4384 – 4407.

[57] Li K J., Li X. Advance selling in marketing channels[J]. Journal of Marketing Research, 2023, 60(2): 371 – 387.

[58] Li L C-Z., Wang H-J., Yan X., Bian Y-W. Forward contracting and spot trading in electricity markets[J]. Annals of Operations Research, 2023, 2023(11): 1 – 45.

[59] Li Q-Y., Ding H., Shi T-Q., Tang Y-L. To share or not to share: the optimal advertising effort with asymmetric advertising effectiveness [J]. Annals of

Operations Research，2023，329(1－2)：249－276.

[60] Li X-X.，Hou P-W.，Zhang S-H. The optimal advertising strategy with differentiated targeted effect consumers[J]. Annals of Operations Research，2023，324(1－2)：1295－1336.

[61] Li X.，Li K-J. Beating the algorithm：Consumer manipulation, personalized pricing，and big data management[J]. Manufacturing & Service Operations Management，2023，25(1)：36－49.

[62] Liang L.，Chen J-X.，Yao D-Q. Switching to profitable outside options under supplier encroachment[J]. Production and Operations Management，2023，32(9)：2788－2804.

[63] Liu A.，Luo S.，Mou J.，Qiu H. The antagonism and cohesion of the upstream supply chain under information asymmetry[J]. Annals of Operations Research，2021，2023(329)：527－572.

[64] Liu H-L.，Yu Y-M. Incentives for shared services：multi-server queueing systems with priorities[J]. M&Som-Manufacturing & Service Operations Management，2022，24(3)：1751－1759.

[65] Liu Y.，Lou B-W.，Zhao X-Y，Li X-X. Unintended consequences of advances in matching technologies：information revelation and strategic participation on gig-economy platforms[J]. Management Science，2023，70(3)：1729－1754.

[66] Maihami R.，Kannan D.，Fattahi M.，Bai C-G.，Ghalehkhondabi I. Ticket pricing for entertainment events under a dual-channel environment：a game-theoretical approach using uncertainty theory[J]. Annals of Operations Research，2023，331(1)：503－542.

[67] Maschler M.，Solan E.，Zamir S. Game theory[M]. Cambridge：Cambridge University Press，2020.

[68] Moon J.，Shugan S-M. Nonprofit versus for-profit health care competition：how service mix makes nonprofit hospitals more profitable[J]. Journal of Marketing Research，2020，57(2)：193－210.

[69] Morales S.，Thraves C. On the Resource allocation for political campaigns[J]. Production and Operations Management，2021，30(11)：4140－4159.

[70] Mutlu N.，El-Amine H.，Sahin O. Offering memories to sell goods? pricing and welfare implications of experiential retail[J]. Manufacturing & Service

Operations Management，2023，25(5)：1765 - 1778.

[71] Olsder W.，Martagan T.，Tang C-S. Improving access to rare disease treatments：subsidy，pricing，and payment schemes[J]. Management Science，2023，69(9)：5256 - 5274.

[72] Pang J.，Lin W-X.，Fu H.，Kleeman J.，Bitar E.，Wierman A. Transparency and control in platforms for networked markets[J]. Operations Research，2022，70：1665 - 1690.

[73] Papier F.，Thonemann U-W. The effect of social preferences on sales and operations planning[J]. Operations Research，2021，69(5)：1368 - 1395.

[74] Ravner L.，Snitkovsky R-I. Stochastic approximation of symmetric Nash Equilibria in queueing games[J]. Operations Research，2023，0(0)：1 - 29.

[75] Ryan J-K.，Shao L-S.，Sun D. Contracting mechanisms for stable sourcing networks[J]. Manufacturing & Service Operations Management，2022，24(5)：2558 - 2576.

[76] Sainathan A. Technical note-pricing and prioritization in a duopoly with self-selecting，heterogeneous，time-sensitive customers under low utilization[J]. Operations Research，2020，68(5)：1364 - 1374.

[77] Sajeesh S.，Araz O-M.，Huang T-T-K. Market positioning in food industry in response to public health policies[J]. Production and Operations Management，2022，31(7)：2962 - 2981.

[78] Shan X.，Li T.，Sethi S-P. A responsive-pricing retailer sourcing from competing suppliers facing disruptions[J]. Manufacturing & Service Operations Management，2022，24(1)：196 - 213.

[79] Shang W-X.，Cai G-S. Implications of price matching in supply chain negotiation[J]. Manufacturing & Service Operations Management，2022，24(2)：1074 - 1090.

[80] Shi T-Q.，Petruzzi N-C.，Chhajed D. The effects of patent extension and take-back on green[J]. Manufacturing & Service Operations Management，2022，24(2)：810 - 826.

[81] Siddiq A.，Taylor T-A. Ride-hailing platforms：competition and autonomous vehicles[J]. Manufacturing & Service Operations Management，2022，24(3)：1511 - 1528.

[82] Sun H-M., Toyasaki F., Sigala I-F. Incentivizing at-risk production capacity building for COVID-19 vaccines[J]. Production and Operations Management, 2023, 32(5): 1550 – 1566.

[83] Taleizadeh A-A., Safaei A-Z., Bhattacharya A., Amjadian A. Online peer-to-peer lending platform and supply chain finance decisions and strategies[J]. Annals of Operations Research, 2022, 315(1): 397 – 427.

[84] Tang S-Y., Song J-S. Effect of guided delegation and information proximity on multitier responsible sourcing [J]. Manufacturing & Service Operations Management, 2023, 25(6): 2314 – 2332.

[85] Von Essen E., Huysentruyt M., Miettinen T. Exploration in teams and the encouragement effect: theory and experimental evidence[J]. Management Science, 2020, 66(12): 5861 – 5885.

[86] Waiser R. Involving sales managers in sales force compensation design[J]. Journal of Marketing Research, 2021, 58(1): 182 – 201.

[87] Wang R-X., Ke C-X., Cui S-L. Product price, quality, and service decisions under consumer choice models [J]. Manufacturing & Service Operations Management, 2022, 24(1): 430 – 447.

[88] Wang Y-J., Ha A-Y., Tong S-L. Sharing manufacturer's demand information in a supply chain with price and service effort competition[J]. Manufacturing & Service Operations Management, 2022, 24(3): 1698 – 1713.

[89] Wang Z., Cui S., Fang L. Distance-based service priority: an innovative mechanism to increase system throughput and social welfare[J]. Manufacturing & Service Operations Management, 2023, 25(1): 353 – 369.

[90] Wu M-X., Amin S., Ozdaglar A-E. Value of information in Bayesian routing games[J]. Operations Research, 2021, 69(1): 148 – 163.

[91] Wu Y., Gal-Or E., Geylani T. Regulating native advertising[J]. Management Science, 2022, 68(11): 8045 – 8061.

[92] Xin B-G., Liu Y., Xie L. Data capital investment strategy in competing supply chains[J]. Annals of Operations Research, 2023, 2023(5): 1 – 34.

[93] Xu L., Li H-M., Zhao H. Outcome-based reimbursement: The solution to high drug spending? [J]. Manufacturing & Service Operations Management, 2022, 24(4): 2029 – 2047.

[94] Yi S., Wen G. Game model of transnational green supply chain management considering government subsidies[J]. Annals of Operations Research, 2023, 2023(7): 1-22.

[95] Yu J-J., Tang C-S., Sodhi M-S., Knuckles J. Optimal subsidies for development supply chains [J]. Manufacturing & Service Operations Management, 2020, 22(6): 1131-1147.

[96] Zhang F-S., Huang H., Cao C-J., Tan Z. Blockchain adoption strategies for combating deficient personal protective equipment in major public health emergencies[J]. Annals of Operations Research, 2023, 2023(10): 1-53.

[97] Zhang L-H., Wang S-S., Chang L-Y. Radio-frequency identification (RFID) adoption and chain structure decisions in competing supply chains: Bertrand competition versus Cournot competition[J]. Annals of Operations Research, 2022, 2022: 1-35.

[98] Zhang Y., Chen Y-J. Optimal nonlinear pricing in social networks under asymmetric network information[J]. Operations Research, 2020, 68(3): 818-833.

[99] Zhang Y., Zhang W. Optimal pricing and greening decisions in a supply chain when considering market segmentation[J]. Annals of Operations Research, 2023, 324(1-2): 93-130.

[100] Zhang Z., Shivendu S., Wang P. Is Investment in Data Analytics always profitable? the case of third-party-online-promotion marketplace [J]. Production and Operations Management, 2021, 30(7): 2321-2337.

[101] Zhao Y-J., Zhou H., Wang J-P. Information acquisition and sharing strategies of supply chain with supplier encroachment considering signaling effect[J]. Annals of Operations Research, 2022, 2022(10): 1-35.

[102] Zhao Y., Yang S., Shum M., Dutta S. A dynamic model of player level-progression decisions in online gaming[J]. Management Science, 2022, 68(11): 8062-8082.

[103] Zhou J-J., Fan X-S., Chen Y-J., Tang C-S. Information provision and farmer welfare in developing economies [J]. Manufacturing & Service Operations Management, 2021, 23(1): 230-245.

[104] Zhu L-J., Ou Y. Enhance financing for small- and medium-sized suppliers

with reverse factoring：a game theoretical analysis[J]. Annals of Operations Research，2023，331(1)：159－187.

[105] 罗杰·B. 迈尔森.博弈论:矛盾冲突分析[M].于寅,费剑平,译.北京：中国人民大学出版社,2015.

[106] 马丁·J. 奥斯本,阿里尔·鲁宾斯坦.博弈论教程(英文版)[M].北京：世界图书出版公司,2019.

[107] 史蒂文·泰迪里斯.博弈论导论[M].李井奎,译.北京：中国人民大学出版社,2015.

[108] 王则柯,李杰,欧瑞秋,等.博弈论教程[M].北京：中国人民大学出版社,2021.

[109] 谢识予.经济博弈论[M].上海：复旦大学出版社,2023.

[110] 张维迎.博弈与社会[M].北京：北京大学出版社,2013.

[111] 朱·弗登博格,让·梯若尔.博弈论[M].黄涛,姚洋,译.北京：中国人民大学出版社,2010.